iT교재의 진수
New
MyLove
series

JN430070

엑셀 EXCEL 2021

JD공작소 지음

(주)교학사

Preview

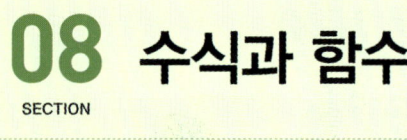

섹션 설명 해당 섹션에서 다룰 내용에 대한 전체적인 개념을 설명합니다.

완성파일 미리보기 해당 섹션에서 실습을 통해 완성하게 될 문서를 미리 살펴보며 전체적인 흐름을 파악할 수 있습니다.

MISSION 해당 섹션에서 수행할 실습 목차입니다.

CHECK POINT 해당 섹션에서 학습할 내용 중에서 특별히 유의해야 할 사항을 간단명료하게 제시합니다.

LEARN MORE 실습에서 다루지는 않았지만 알아두면 도움이 될 관련 내용, 고급 기능 등에 대한 설명을 담았습니다.

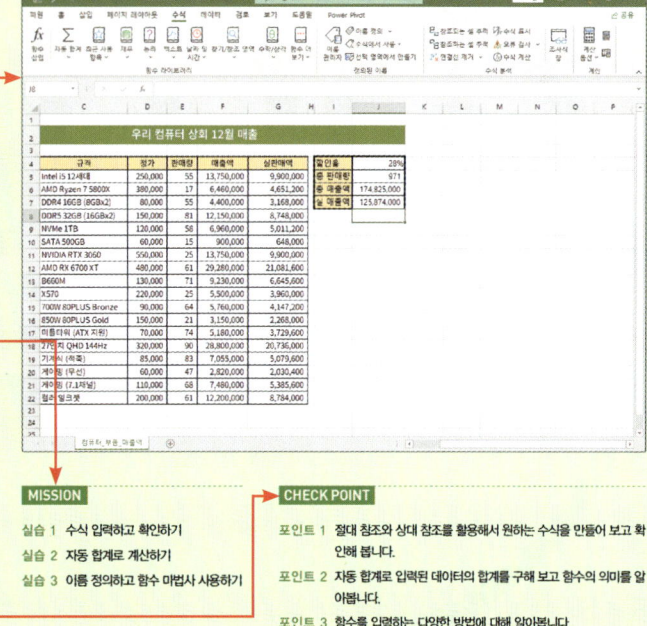

Excel 2021

08 수식과 함수
SECTION

수식이란 셀에 입력된 계산식으로 숫자, 셀 참조, 연산자, 함수 등을 조합해 원하는 결과를 도출하는 표현입니다. 함수는 특정 작업을 수행하도록 엑셀이 미리 정의해 놓은 계산 도구로, 복잡한 계산을 간편하게 처리할 수 있습니다. 함수는 수식을 구성하는 구성 요소 중 하나이며, 수식은 함수보다 더 넓은 개념이라 할 수 있습니다.

MISSION

실습 1 수식 입력하고 확인하기
실습 2 자동 합계로 계산하기
실습 3 이름 정의하고 함수 마법사 사용하기

CHECK POINT

포인트 1 절대 참조와 상대 참조를 활용해서 원하는 수식을 만들어 보고 확인해 봅니다.
포인트 2 자동 합계로 입력된 데이터의 합계를 구해 보고 함수의 의미를 알아봅니다.
포인트 3 함수를 입력하는 다양한 방법에 대해 알아봅니다.

080

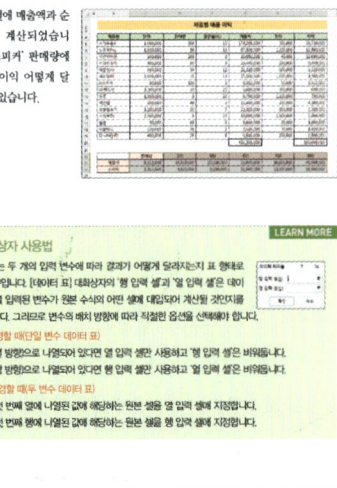

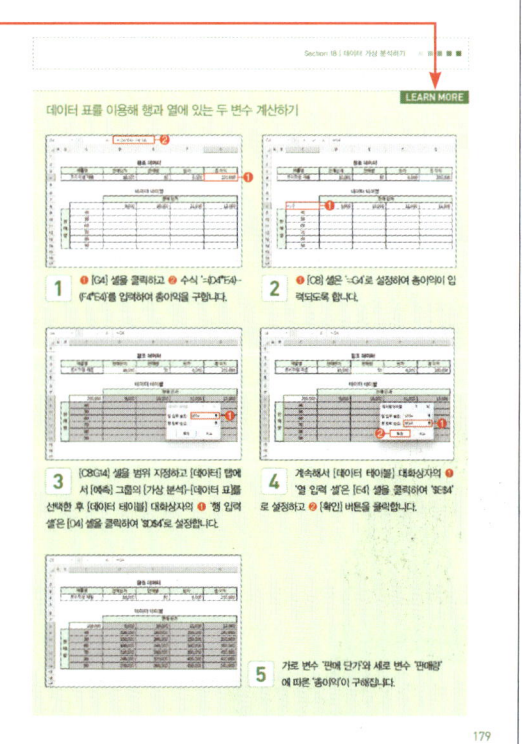

실습 1 수식 입력하고 확인하기

실습파일 Section08.xlsx

1 [F5] 셀에서 '='을 입력한 후 [D5] 셀을 클릭하고 '*'를 입력한 다음 [E5] 셀을 클릭하여 ❶ '=D5*E5'라는 수식이 생성되면 Enter 키를 누릅니다.

TIP =을 입력하고 [D5] 셀과 [E5] 셀을 클릭하지 않고 [F5] 셀에 '=D5*E5'를 입력해도 됩니다.

2 수식으로 [F5] 셀에 매출액이 계산되었으면 자동 채우기로 [F22]까지 매출액 데이터를 입력합니다.

TIP [F5:F22] 범위에는 매출액이 회계 단위인 숫자로 표시되었지만 수식 입력줄에는 수식으로 표시되어 있습니다. 수식을 수정하려면 수식 입력줄에서도 가능하며 수식으로 계산된 값이 있는 셀을 더블클릭해도 됩니다.

3 [G5] 셀에서 '=F5-(F5*'를 입력하고 [J4] 셀을 클릭한 후 F4 키를 눌러 ❶ '=F5-(F5*$J$4'로 변경되었으면 ')'를 입력하여 수식을 완성합니다.

TIP 실판매액은 매출액에서 할인율만큼 금액을 빼는 것으로 '=F5*(1-$J$4)'로 작성해도 됩니다.

081

실습 하나의 섹션에는 여러 개의 따라하기식 실습 과제가 있습니다. 순서대로 따라하다 보면 해당 기능을 자연스럽게 이해할 수 있습니다.

TIP 실습 과제를 따라하면서 알아두면 좋을 핵심 사항이나 주의해야 할 부분을 수록하였습니다.

문제 풀어보기 하나의 섹션을 끝낸 후 스스로 풀어볼 수 있는 문제를 기초와 심화로 나누어 수록하여 배운 기능을 복습할 수 있도록 하였습니다.

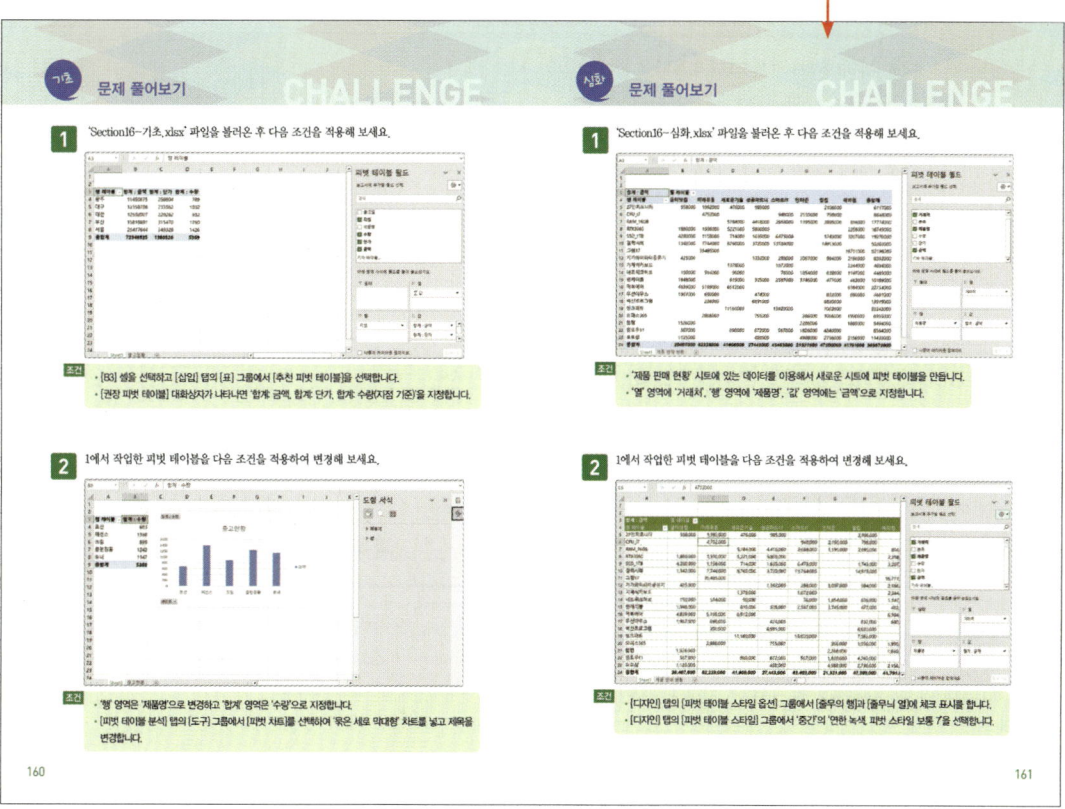

기초 문제 풀어보기 CHALLENGE

1 'Section16-기초.xlsx' 파일을 불러온 후 다음 조건을 적용해 보세요.

조건
· [B3] 셀을 선택하고 [삽입] 탭의 [표] 그룹에서 [추천 피벗 테이블]을 선택합니다.
· [권장 피벗 테이블] 대화상자가 나타나면 '합계:금액, 합계:단가, 합계:수량(지점 기준)'을 지정합니다.

2 1에서 작업한 피벗 테이블을 다음 조건을 적용하여 변경해 보세요.

조건
· '행' 영역은 제품명으로 변경하고 '합계' 영역은 '수량'으로 지정합니다.
· [피벗 테이블 분석] 탭의 [도구] 그룹에서 [피벗 차트]를 선택하여 묶은 세로 막대형 차트를 넣고 제목을 변경합니다.

160

심화 문제 풀어보기 CHALLENGE

1 'Section16-심화.xlsx' 파일을 불러온 후 다음 조건을 적용해 보세요.

조건
· '제품 판매 현황' 시트에 있는 데이터를 이용해서 새로운 시트에 피벗 테이블을 만듭니다.
· '열' 영역에 '거래처', '행' 영역에 '제품명', '값' 영역에는 '금액'으로 지정합니다.

2 1에서 작업한 피벗 테이블을 다음 조건을 적용하여 변경해 보세요.

조건
· [디자인] 탭의 [피벗 테이블 스타일 옵션] 그룹에서 [줄무늬 행]과 [줄무늬 열]에 체크 표시를 합니다.
· [디자인] 탭의 [피벗 테이블 스타일] 그룹에서 '중간'의 '연한 녹색, 피벗 스타일 보통 7'을 선택합니다.

161

샘플 예제

01 웹브라우저의 주소 입력 창에 'www.kyohak.co.kr'를 입력한 후 Enter를 누릅니다. 교학사 홈페이지에서 상단 메뉴의 [자료실]을 클릭합니다.

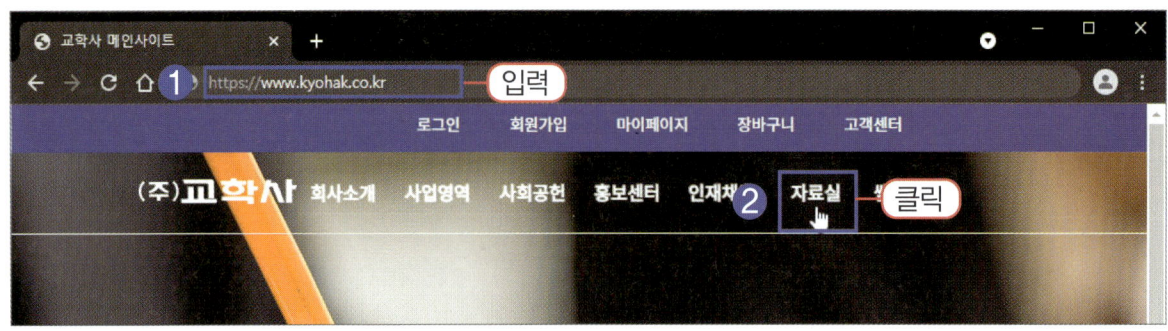

02 [출판] – [단행본] 탭을 클릭하고 검색에 **"뉴마이러브 엑셀 2021 예제파일"**을 입력한 다음 [검색]을 클릭합니다.

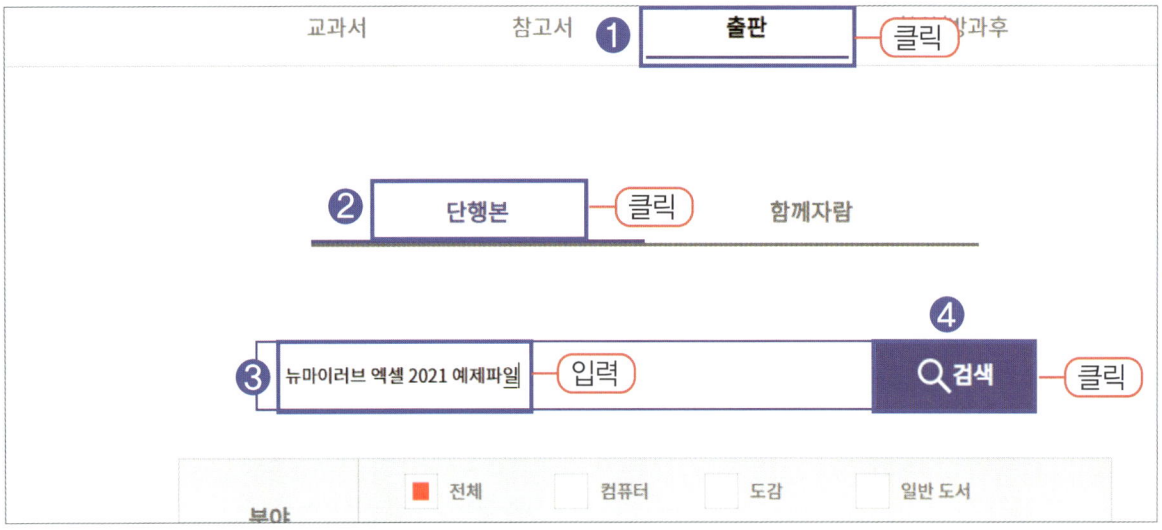

03 홈페이지 하단에 다운로드 본 교재의 예제파일이 검색되면 검색 결과를 클릭합니다.

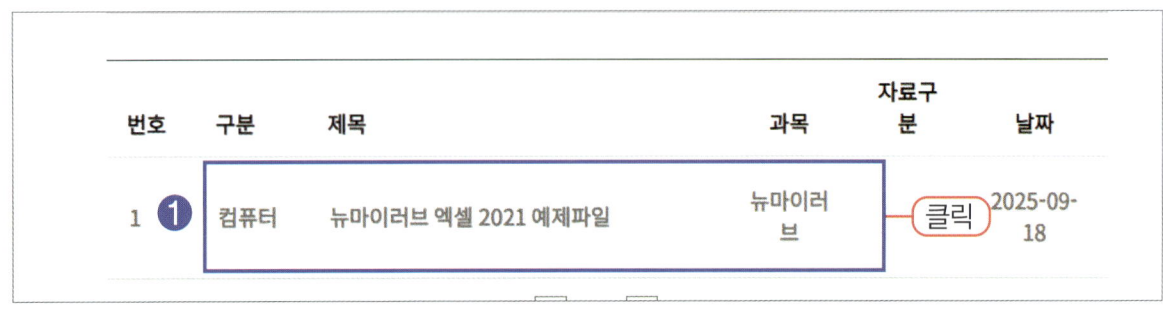

04 [다운로드]를 클릭하여 압축된 예제파일을 내려받습니다.

뉴마이러브 엑셀 2021 예제파일.z❶ 다운로드 ⟵ 클릭

내용

뉴마이러브 엑셀 2021 예제파일입니다.

05 내려받기가 설정된 경로 위치에 압축된 예제파일이 저장됩니다. 압축 프로그램을 이용하여 예제파일의 압축을 풀어줍니다.

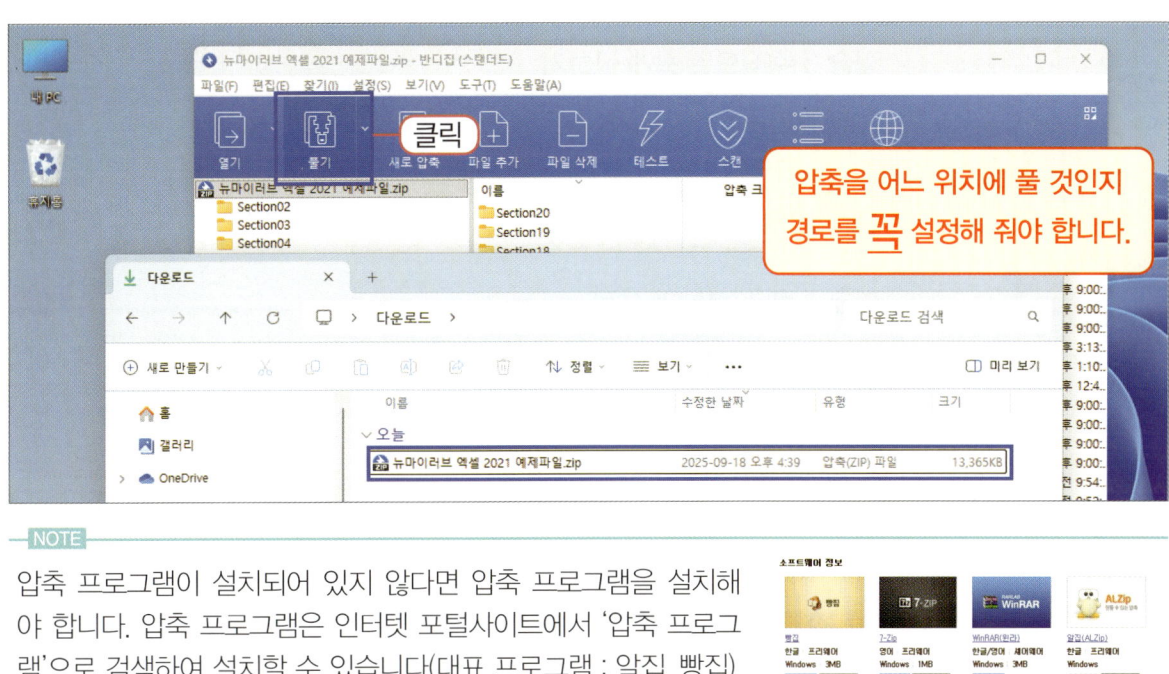

압축을 어느 위치에 풀 것인지 경로를 **꼭** 설정해 줘야 합니다.

— NOTE —

압축 프로그램이 설치되어 있지 않다면 압축 프로그램을 설치해야 합니다. 압축 프로그램은 인터텟 포털사이트에서 '압축 프로그램'으로 검색하여 설치할 수 있습니다(대표 프로그램 : 알집, 빵집).

06 바탕화면에 예제파일의 압축이 풀렸습니다. 이제 엑셀 2021을 실행하고 해당 폴더의 파일을 불러와 사용하면 됩니다.

Contents

Contents

01

SECTION

엑셀 2021 시작하기

엑셀은 데이터의 입력과 편집, 수식과 함수를 이용한 계산 작업, 데이터 검색과 분석 등 여러 가지 기능을 수행하는 대표적인 사무용 프로그램입니다. 여기서는 본격적으로 엑셀을 사용하기 위해 필요한 기본 사항들을 알아보겠습니다.

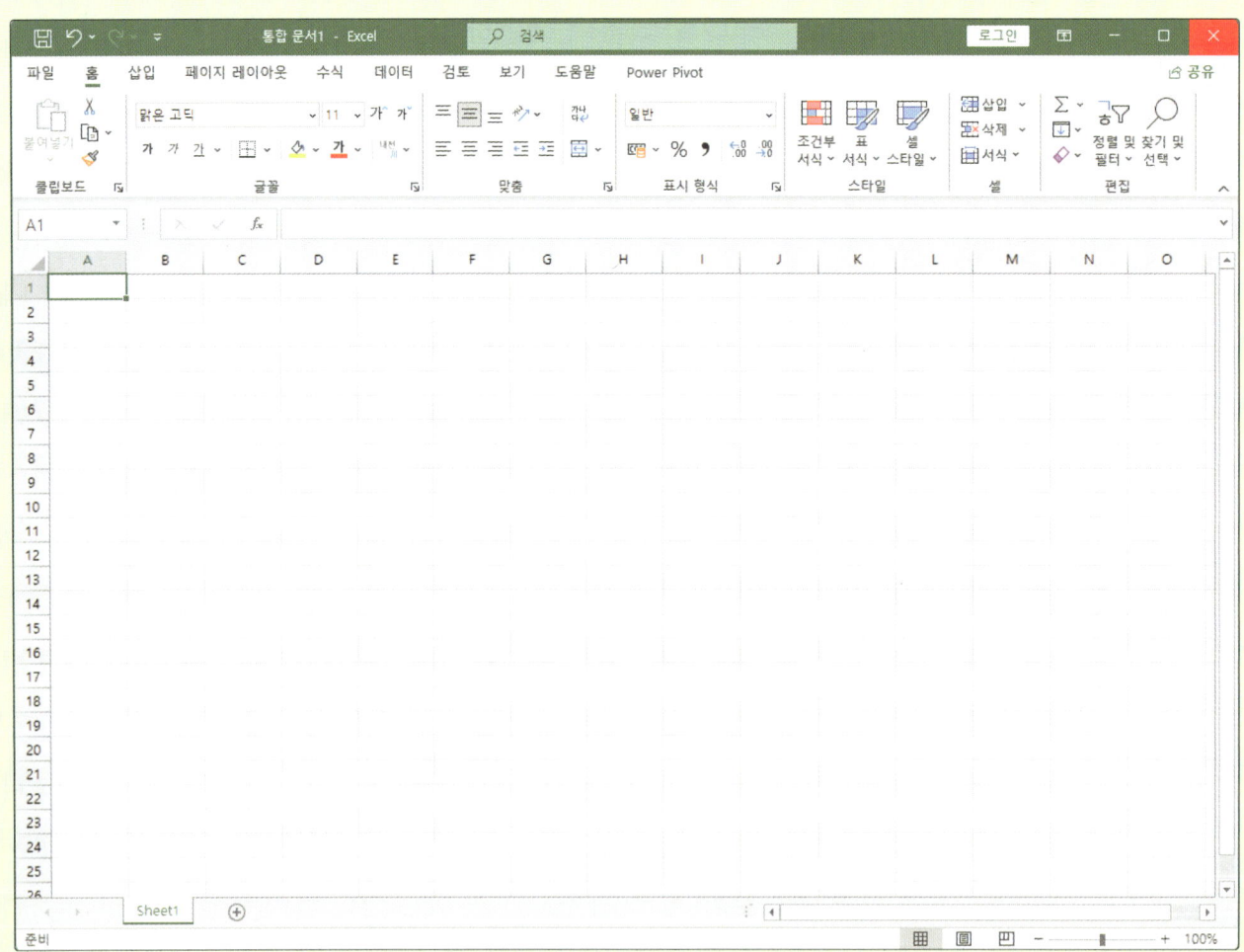

MISSION

실습 1 엑셀 2021 시작하고 종료하기

실습 2 엑셀 2021 화면 구성 알아보기

실습 3 리본 메뉴로 명령 실행하기

실습 4 빠른 실행 도구 모음 지정하기

CHECK POINT

포인트 1 엑셀을 실행하고 종료합니다.

포인트 2 엑셀의 화면 구성과 새 문서를 작성합니다.

포인트 3 빠른 실행 도구 모음의 명령을 추가하고 제거합니다.

엑셀 2021 시작하고 종료하기

1 작업 표시줄에서 ❶ [시작 버튼(⊞)]을 클릭하고 [모두]를 눌러 ❷ [Excel]을 선택합니다.

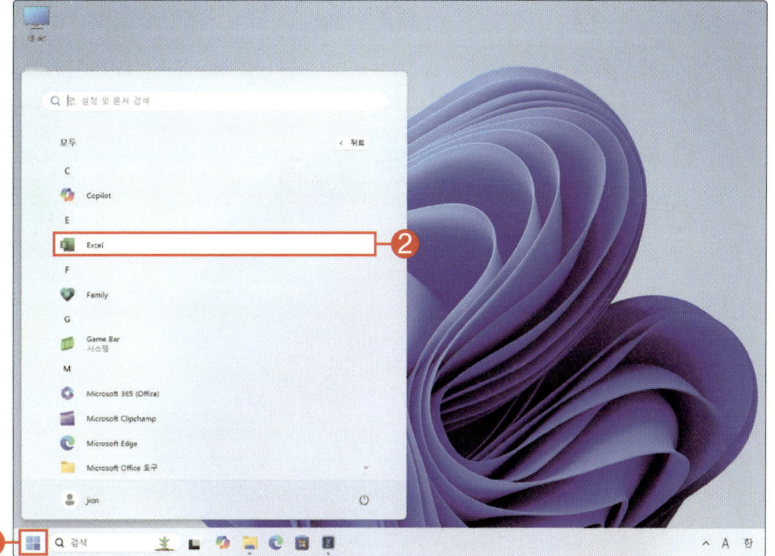

2 엑셀 2021 시작 화면이 나타나면 ❶ [새 통합 문서]를 클릭합니다.

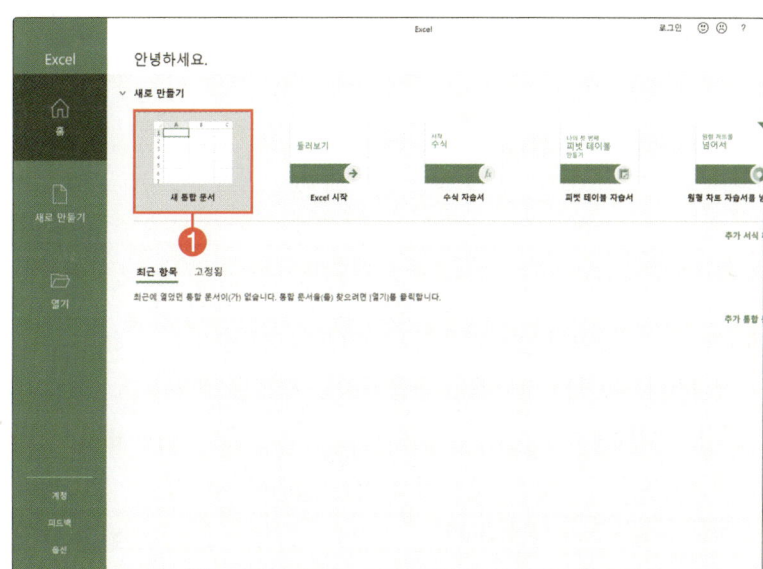

> **TIP** 시작 화면은 사용자가 엑셀을 시작할 때 새 문서를 만들거나 저장된 문서를 불러올 수 있도록 도와주는 역할을 합니다.

3 문서 작업창이 나타납니다. 화면에서 가장 넓은 부분을 워크시트(Worksheet)라고 하는데 대부분의 작업이 여기에서 이루어집니다. 엑셀 2021을 종료하려면 오른쪽 상단의 ❶ [닫기(✕)]를 클릭합니다.

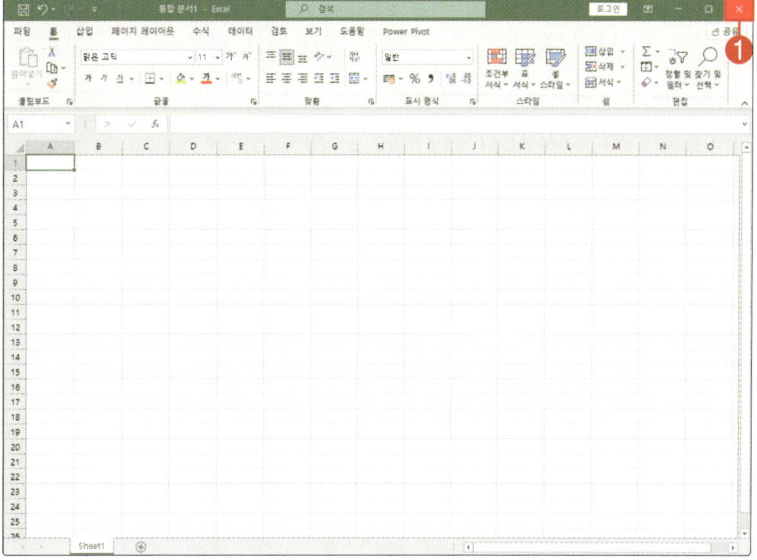

엑셀 2021 화면 구성 알아보기

MISSION

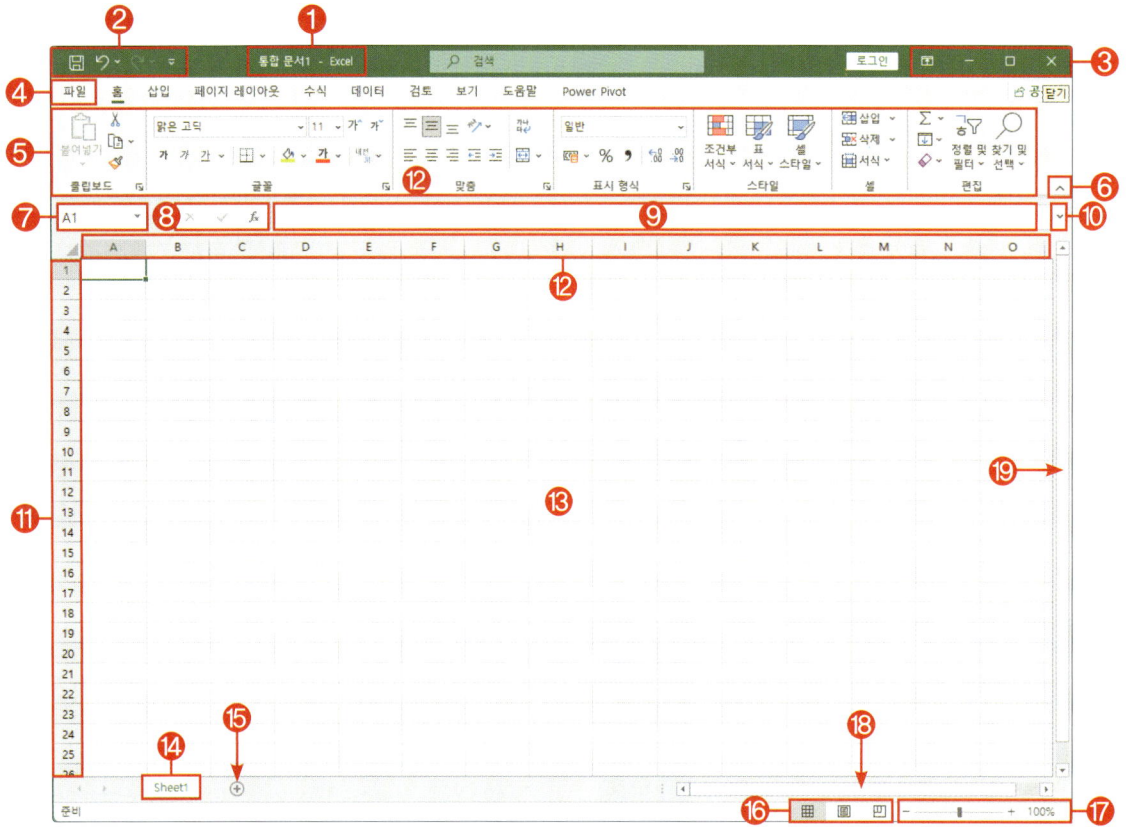

❶ **제목 표시줄** 현재 작업 중인 통합 문서의 파일 이름입니다. 저장하지 않은 문서의 이름은 '통합 문서1', '통합 문서2'와 같이 표시됩니다.

❷ **빠른 실행 도구 모음** 자주 사용하는 명령을 등록해 두고 이 용할 수 있는 도구 모음입니다.

❸ **창 조절 버튼** 엑셀 창의 최소화, 전체 화면 크기로 최대화, 창 닫기 등을 실행하는 버튼입니다.

❹ **[파일] 탭** 새로 만들기, 열기, 저장하기, 인쇄, 옵션, 계정 추 가 기능 등을 지정할 수 있습니다.

❺ **리본 메뉴** 엑셀에서 사용하는 기능을 용도별로 분류하여 모 아 놓은 곳입니다.

❻ **리본 메뉴 축소 버튼** 리본 메뉴를 감추는 기능으로 워크시 트를 넓게 사용합니다.

❼ **이름 상자** 선택한 셀의 위치나 셀 범위의 이름이 표시됩니다.

❽ **함수 삽입** 함수 마법사 대화상자를 실행하여 함수를 빠르 게 입력합니다.

❾ **수식 입력줄** 셀에 입력된 데이터나 함수식을 확인하거나 직 접 입력할 수 있습니다.

❿ **수식 입력줄 확대/축소 버튼** 수식 입력줄을 확대하거나 축 소합니다.

⓫ **행 머리글** 행 이름을 1, 2, 3,… 숫자로 표시하며, 최대 1,048,576행까지 표시합니다.

⓬ **열 머리글** 열의 이름을 A, B, C,… 알파벳으로 표시하며 XFD(16,384)열까지 표시합니다.

⓭ **워크시트** 데이터를 입력하고 계산하는 작업 공간입니다. 행과 열이 만나서 이루어지는 사각형의 셀로 구성됩니다.

⓮ **시트 탭** 워크시트의 이름을 표시합니다.

⓯ **새 시트** 새로운 워크시트를 추가합니다.

⓰ **통합 문서 보기** 기본 보기, 페이지 레이아웃, 페이지 나누어 미리 보기 등 보기 상태를 전환합니다.

⓱ **확대/축소 슬라이드 막대** 슬라이드 막대를 좌우로 움직이면 워크시트가 확대/축소됩니다.

⓲ **수평 이동줄** 작업 창에서 워크시트를 좌우로 이동할 수 있 습니다.

⓳ **수직 이동줄** 작업 창에서 워크시트를 상하로 이동할 수 있 습니다.

1 리본 메뉴는 홈, 삽입, 페이지 레이아웃, 수식, 데이터, 검토, 보기, 도움말 등의 기본 탭으로 이루어져 있습니다. 각 탭은 명령의 성격에 따라 다시 여러 개의 그룹으로 나뉩니다. ❶ [보기] 탭에서 [확대/축소] 그룹에 있는 ❷ [확대/축소]를 클릭합니다.

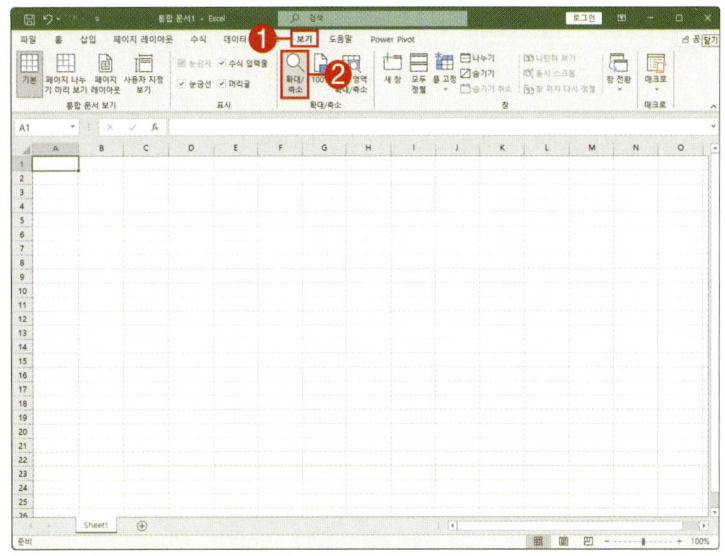

2 [확대/축소] 대화상자가 실행되면 ❶ 배율에서 '50%'를 선택하고 ❷ [확인] 버튼을 클릭합니다.

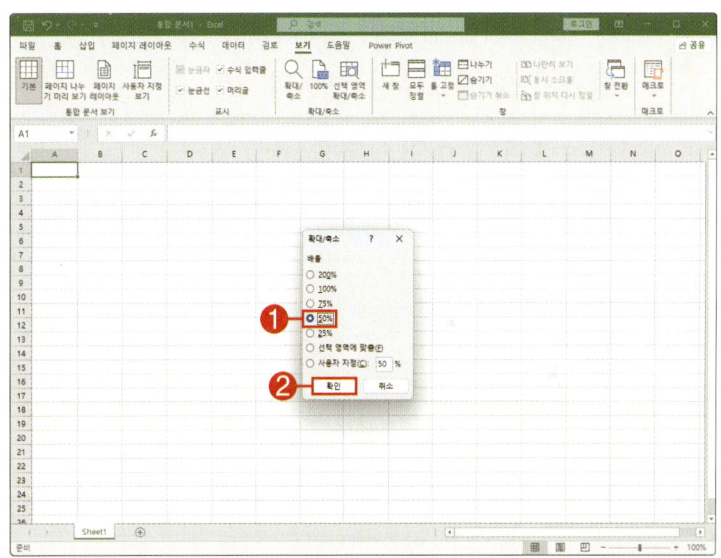

TIP '사용자 지정' 옵션을 선택한 다음, 입력 상자에 원하는 배율을 직접 입력할 수도 있습니다.

3 화면이 '50%'로 축소되어 표시됩니다. 상태 표시줄의 확대/축소 슬라이드 막대 옆에 50%로 설정되어 있는 것을 확인할 수 있습니다.

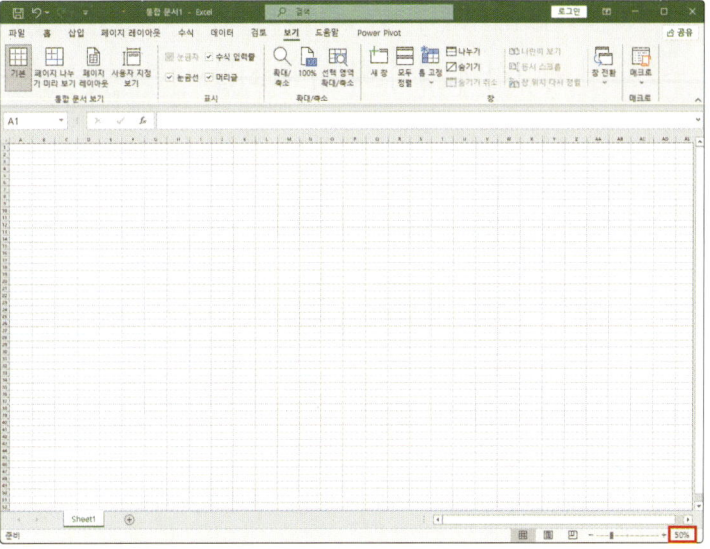

TIP 상태 표시줄의 확대/축소 배율을 클릭하면 [확대/축소] 대화상자를 실행할 수 있습니다.

4 [보기] 탭에서 [확대/축소] 그룹의 ❶ [100%]를 클릭하면 다시 화면이 100% 배율로 변경됩니다.

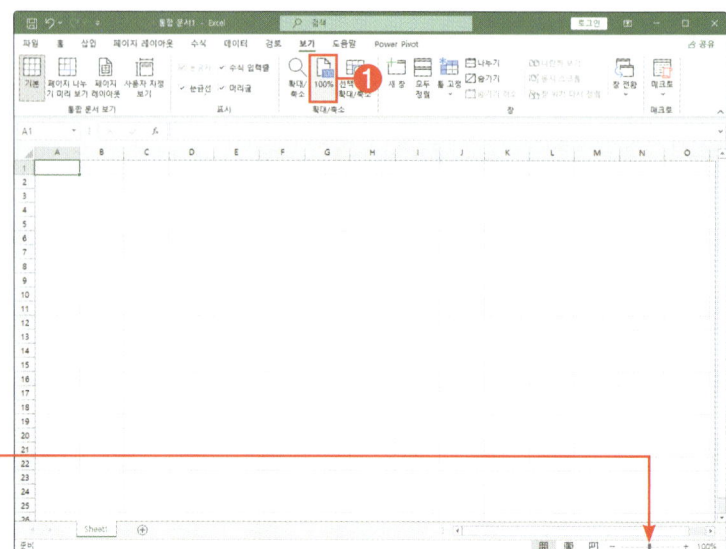

> **TIP** 하단의 확대/축소 슬라이드 막대를 왼쪽으로 드래그하면 화면이 축소되고 오른쪽으로 드래그하면 화면이 확대됩니다. 그리고 +와 −를 클릭하면 각각 10%씩 확대 또는 축소됩니다.

5 ❶ [B2] 셀을 클릭한 채로 [I19] 셀까지 드래그하면 화면과 같이 워크시트에서 범위가 지정됩니다.

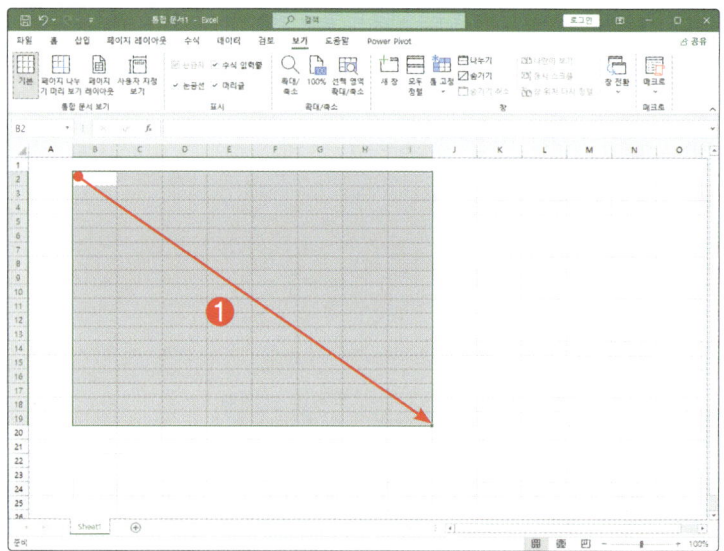

> **TIP** 셀은 워크시트에 표시된 사각형 하나를 말하며, [B2] 셀이란 B열의 2번째 행에 해당하는 셀을 말합니다.

6 [보기] 탭의 [확대/축소] 그룹에서 ❶ [선택 영역 확대/축소]를 클릭하면 범위로 지정된 영역만 확대 또는 축소됩니다.

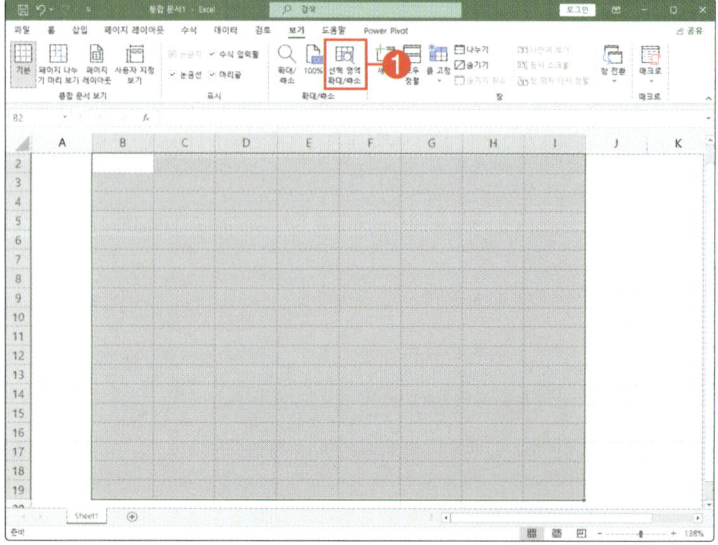

1 빠른 실행 도구 모음은 기본적으로 [저장], [실행 취소], [다시 실행]으로 표시되어 있습니다. 빠른 실행 도구 모음을 추가하려면 오른쪽의 ❶ ▾ 버튼을 클릭하고 원하는 명령을 선택하면 됩니다. 여기에서는 ❷ [열기]를 클릭합니다.

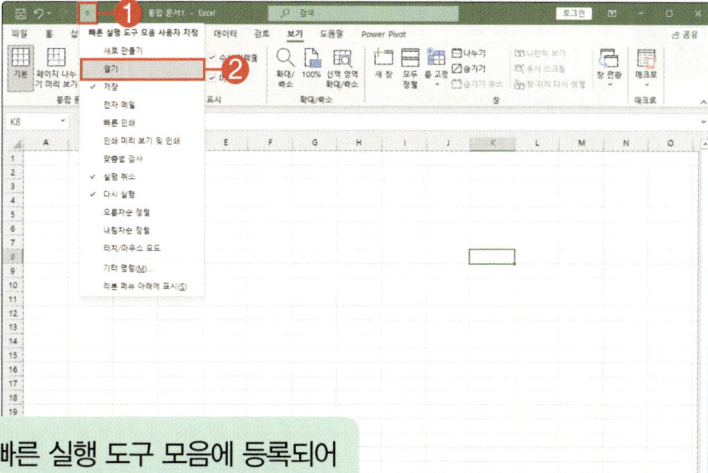

TIP 명령 앞에 체크 표시가 되어 있다는 것은 빠른 실행 도구 모음에 등록되어 있다는 것을 의미합니다. 등록된 도구의 해제는 선택된 도구를 클릭하면 됩니다.

2 빠른 실행 도구 모음에 열기(📁) 아이콘이 표시됩니다. 만약 메뉴에 원하는 명령이 없을 경우에는 직접 명령을 추가하여 사용할 수 있습니다. 새로운 명령을 추가하려면 오른쪽의 ❶ ▾ 버튼을 클릭하고 ❷ [기타 명령]을 선택합니다.

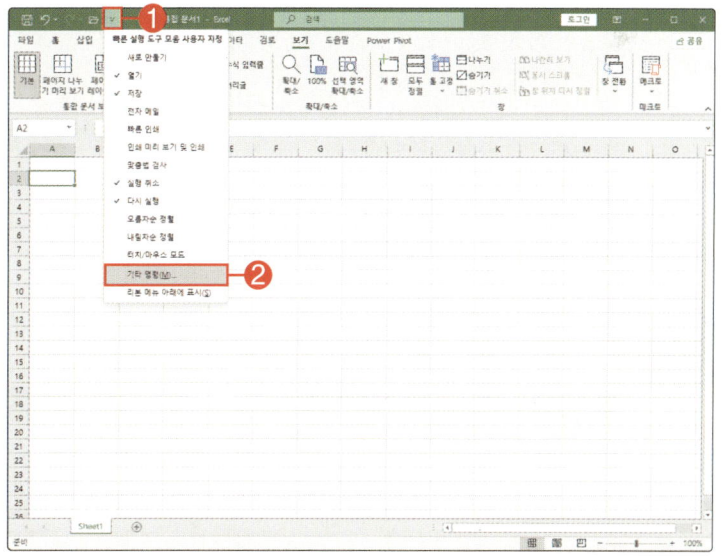

3 [Excel 옵션] 대화상자가 나타나면 ❶ [명령 선택]에서 원하는 명령을 선택하고 ❷ [추가] 버튼과 ❸ [확인] 버튼을 클릭하면 빠른 실행 도구 모음에 명령이 추가됩니다.

TIP 빠른 실행 도구 모음에 명령을 추가하는 또 다른 방법으로는 리본 메뉴의 명령에서 마우스 오른쪽 버튼을 클릭한 후 [빠른 실행 도구 모음에 추가]를 선택하면 됩니다.

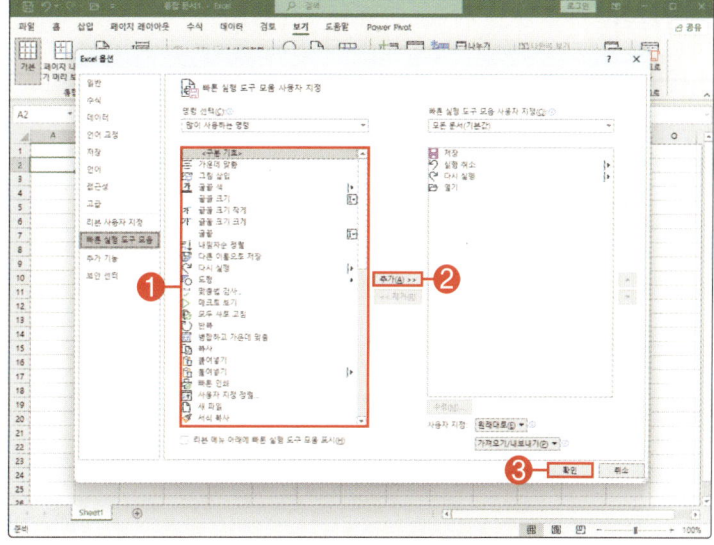

1 [A1:F12] 셀을 범위 지정하고 이 범위가 가장 크게 보이도록 화면을 확대해 보세요.

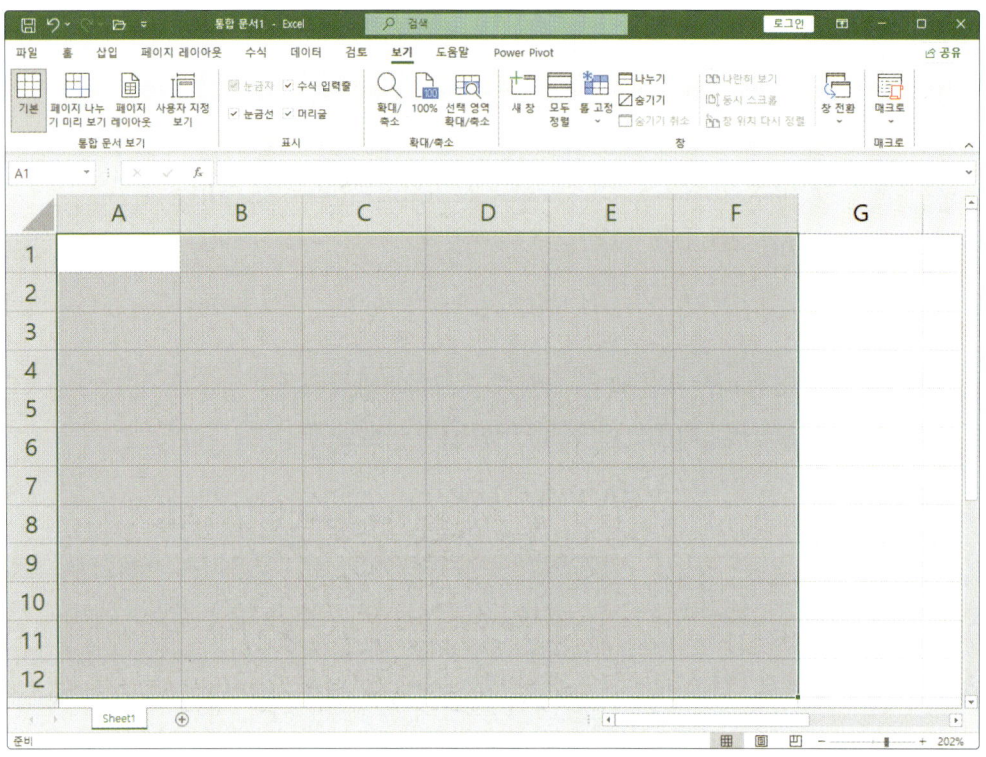

2 빠른 실행 도구 모음을 리본 메뉴 아래에 표시해 보세요.

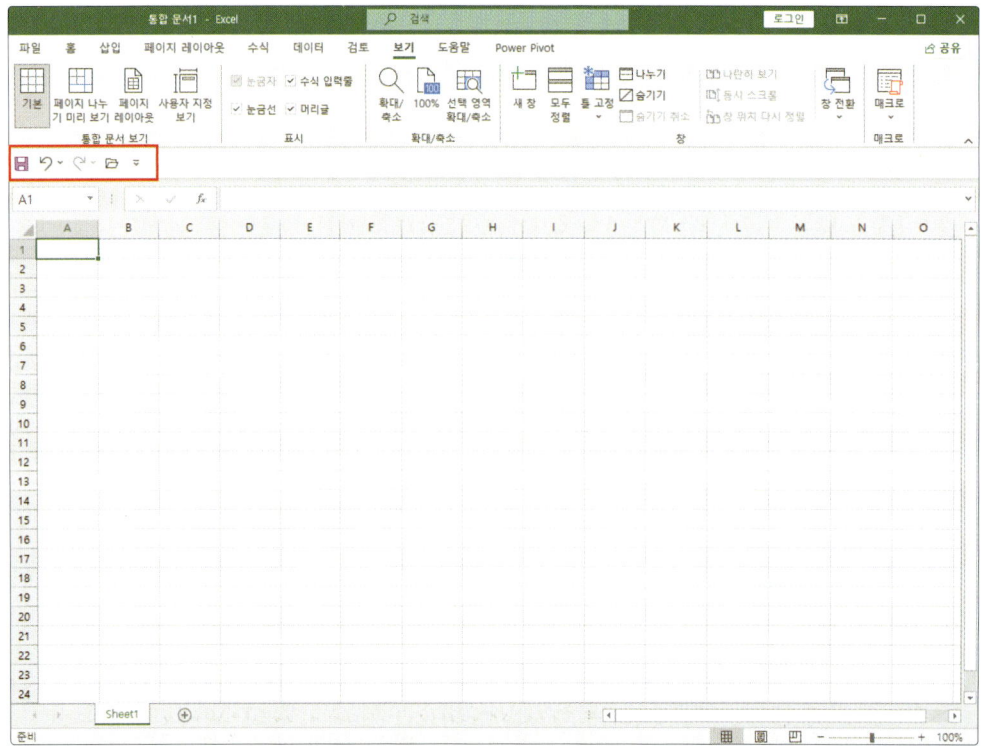

1 화면을 70%로 축소해 보고 최대 크기로 확대하면 몇 %가 되는지 확인해 보세요.

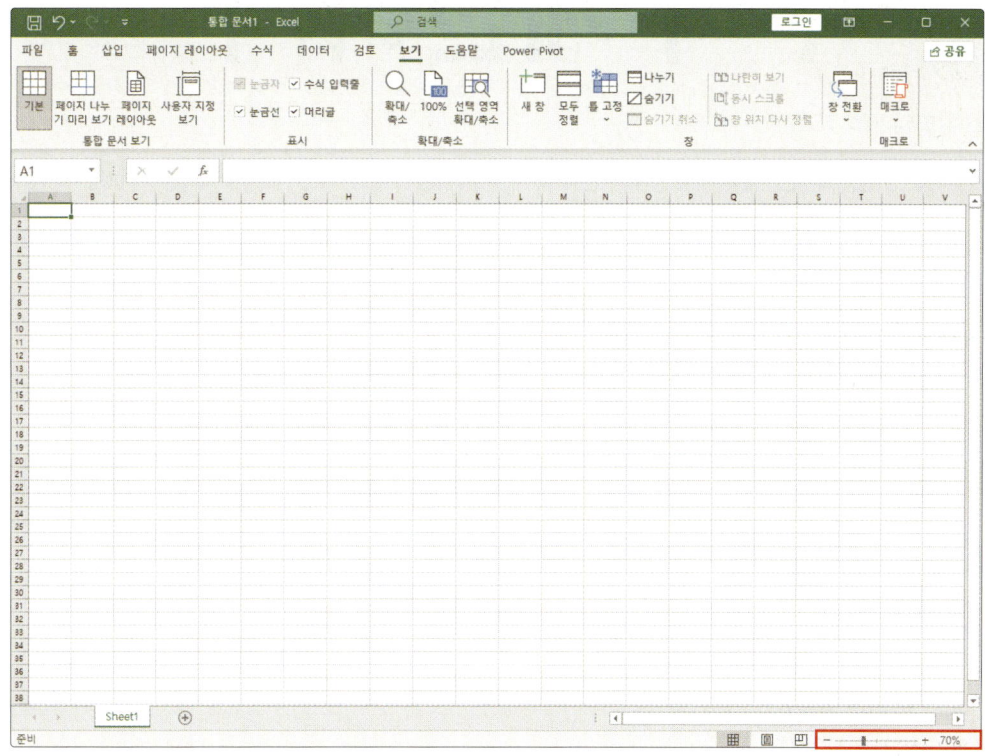

2 워크시트의 [C4] 셀에 다음과 같이 숫자를 입력하고 [닫기] 버튼을 눌러 문서를 저장하지 않고 종료해 보세요.

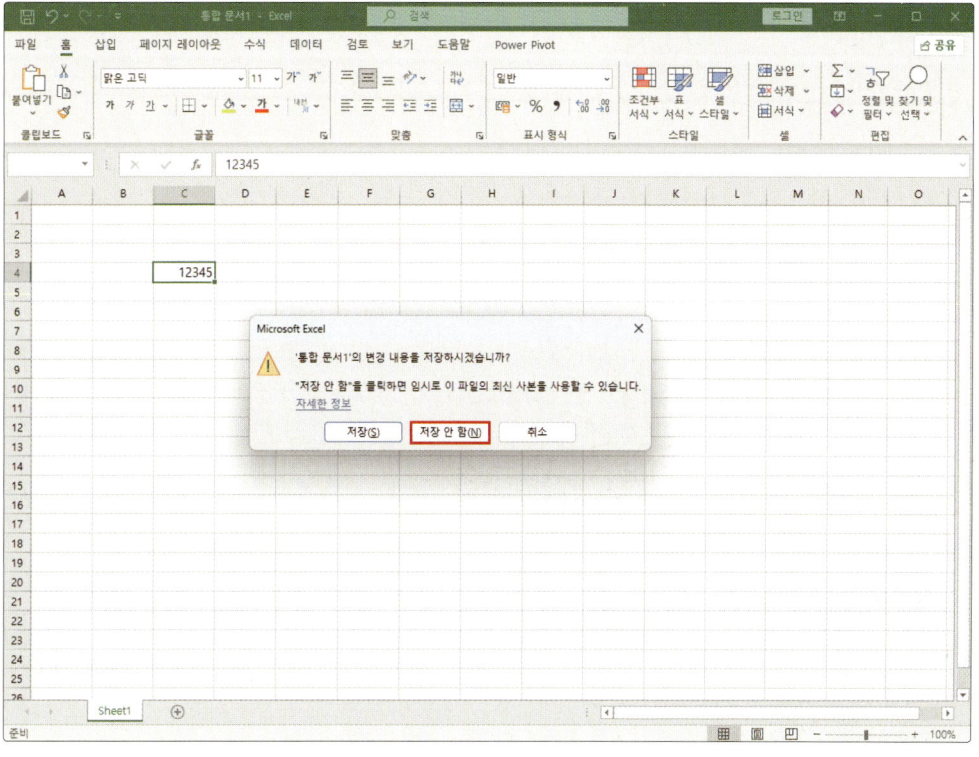

02 데이터 입력하기와 수식 계산하기

SECTION

엑셀은 문자와 숫자는 물론이고 수식, 날짜, 시간 등 다양한 데이터를 처리하는 도구입니다. 여기에서는 워크시트에 문자나 숫자를 입력하여 간단한 문서를 작성하고 입력된 데이터를 수식으로 편리하게 계산하는 방법을 알아보겠습니다.

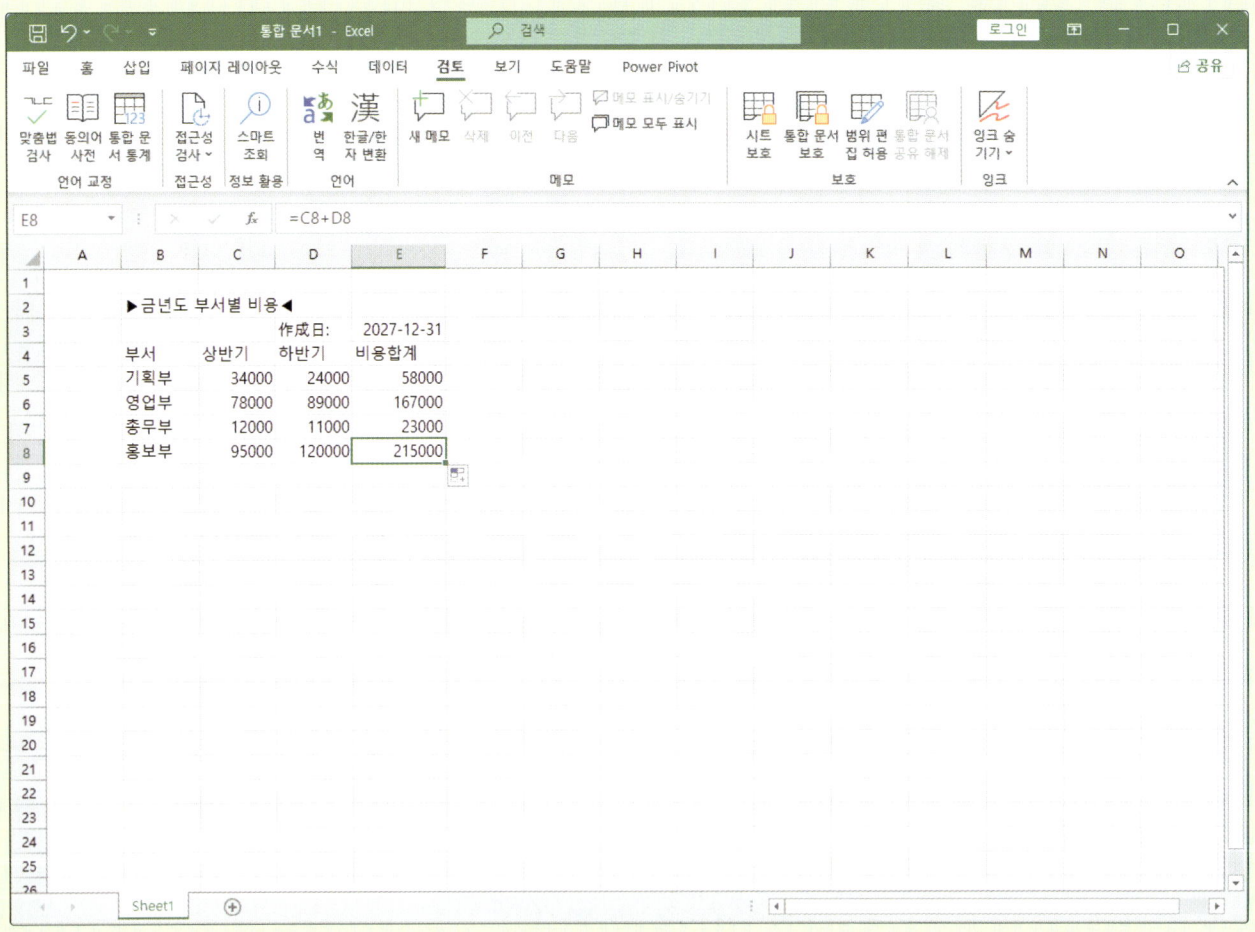

MISSION

실습 1 다양한 데이터 입력하기

실습 2 특수 문자와 한자 입력하기

실습 3 수식으로 합계 구하기

CHECK POINT

포인트 1 문자와 숫자, 날짜, 수식 등 데이터를 정해진 규칙에 따라 입력합니다.

포인트 2 메뉴와 단축키를 사용하여 특수 문자와 한자를 입력합니다.

포인트 3 간단한 수식으로 셀의 값을 계산합니다.

실습 1 다양한 데이터 입력하기

MISSION

1 화면과 같이 ❶ 각 셀에 문자 데이터를 입력합니다. 문자 데이터는 문자, 숫자 등이 텍스트 형태로 입력된 데이터를 말하며, 셀의 왼쪽 끝에서부터 표시됩니다.

> **TIP** 데이터를 입력할 때 셀을 클릭하거나 키보드의 방향키로 이동한 다음, 데이터를 입력하고 Enter 키를 누릅니다.

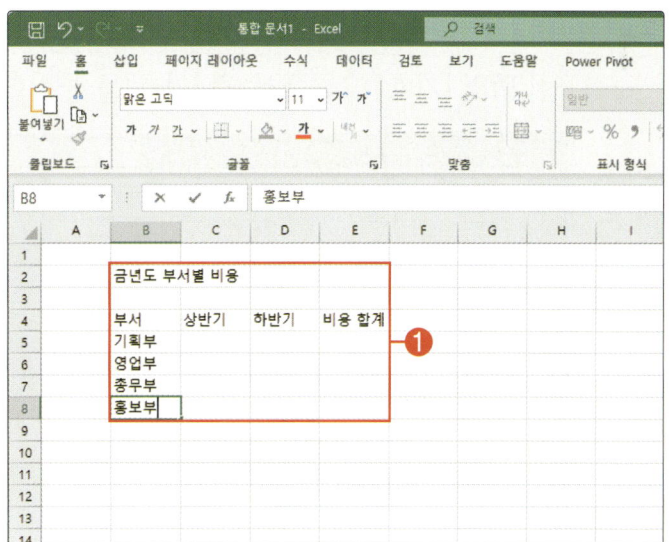

2 이번에는 화면과 같이 ❶ [C5:D8] 셀에 숫자 데이터를 입력합니다. 숫자 데이터는 0~9까지의 숫자, 소수점이나 쉼표 등으로 구성된 데이터를 말하며, 셀의 오른쪽에 정렬되어 표시됩니다.

> **TIP** [C5:D8] 셀은 [C5] 셀부터 [D8] 셀까지를 의미합니다.

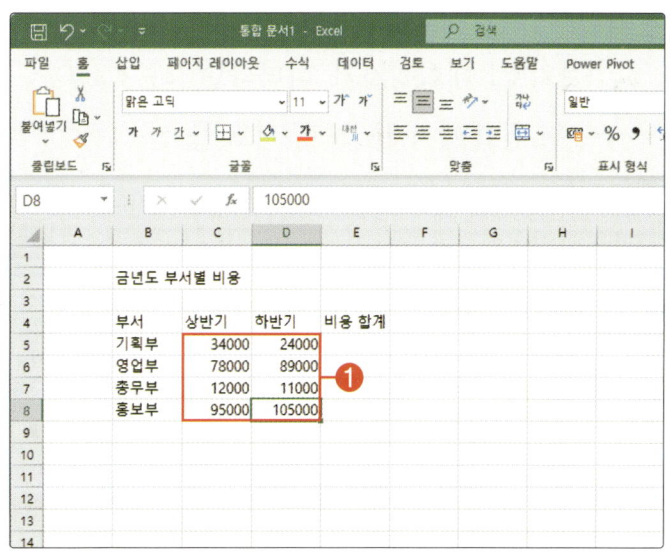

3 ❶ [D3] 셀에 '작성일:'을 입력하고 ❷ [E3] 셀에 '2027-12-31'을 입력합니다. 날짜 데이터는 연, 월, 일을 하이픈(-)으로 구분하여 '연-월-일' 형식으로 입력해야 합니다.

> **TIP** 시간 데이터는 시, 분, 초를 콜론(:)으로 구분하여 '00:00:00'으로 입력합니다. 만일 '14:00:00'으로 입력하면 수식 입력줄에는 '2:00:00 PM'으로 표시됩니다.

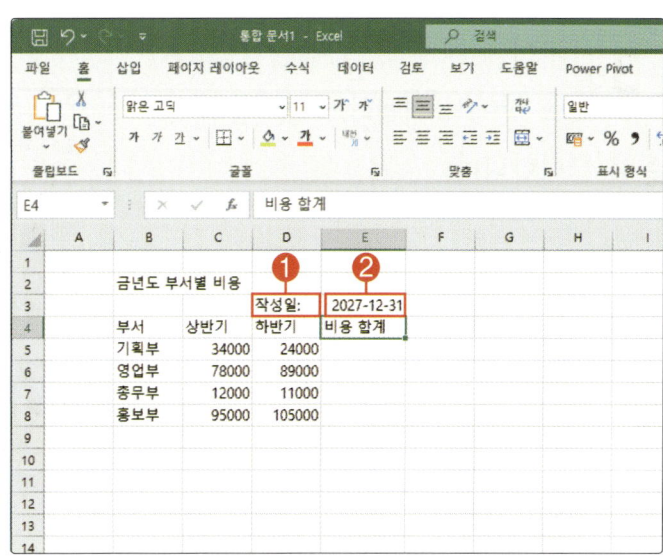

특수 문자와 한자 입력하기

1 [B2] 셀을 더블클릭하여 셀 편집 상태로 변경합니다. ❶ 문자의 맨 앞에 커서를 놓고 [삽입] 탭의 [기호] 그룹에서 ❷ [기호]를 클릭합니다.

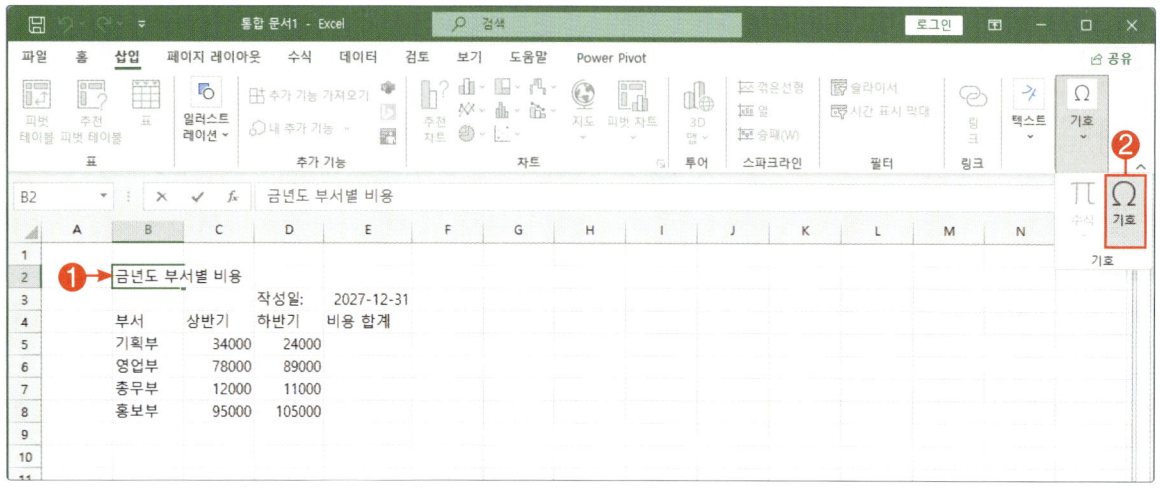

2 [기호] 대화상자가 나타나면 '하위 집합'에서 ❶ [도형 기호]를 선택합니다.

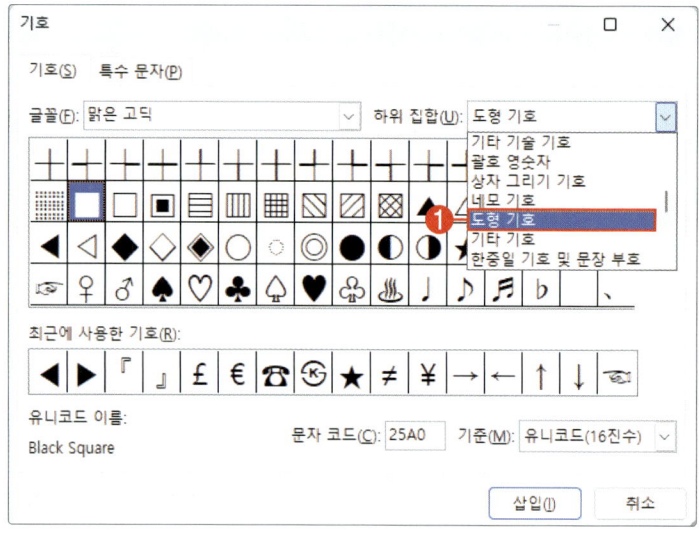

3 커서 위치에 ❶ 삽입할 기호(▶)를 찾아서 선택하고 ❷ [삽입] 버튼을 클릭합니다.

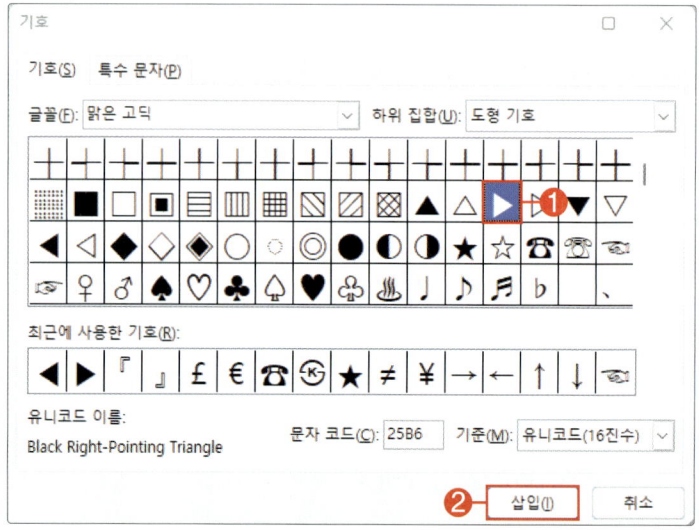

4 이번에는 단축키를 이용해서 기호를 입력해 보겠습니다. 커서를 맨 뒤로 이동한 후 키보드에서 [⊞]+[.] 키를 눌러 [이모지 등]이라는 대화상자가 나타나면 ❶ 기호(💥)를 클릭합니다.

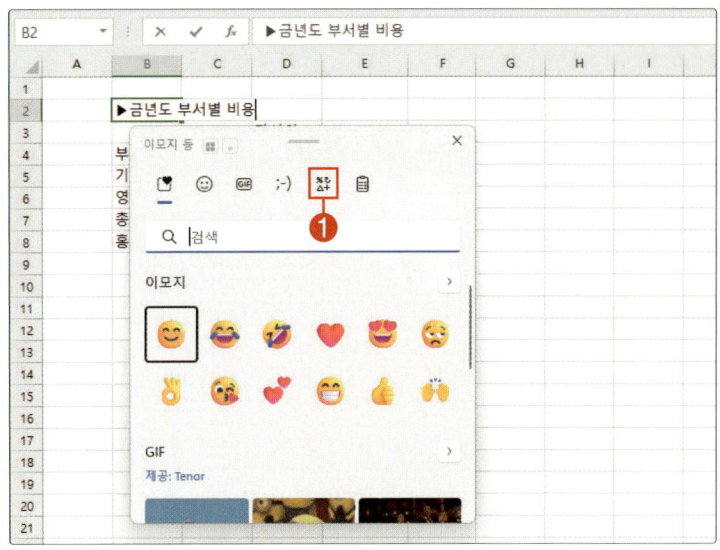

5 기호가 나타나면 오른쪽 스크롤 막대를 아래로 내려 ❶ 원하는 기호(◀)를 클릭하여 삽입한 후 ❷ [닫기(×)] 버튼을 눌러 대화상자를 종료합니다.

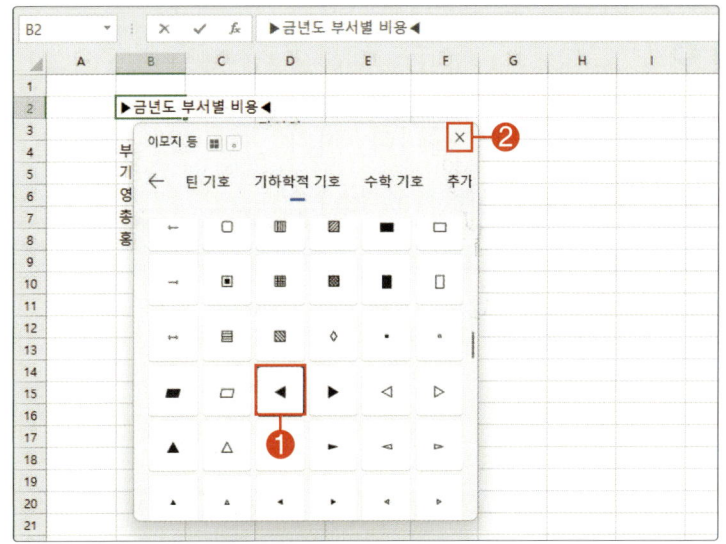

6 이번에는 셀에 입력한 한글을 한자로 변환하기 위해 '작성일:'이 입력된 ❶ [D3] 셀을 선택하고 ❷ [검토] 탭의 [언어] 그룹에서 ❸ [한글/한자 변환]을 클릭합니다.

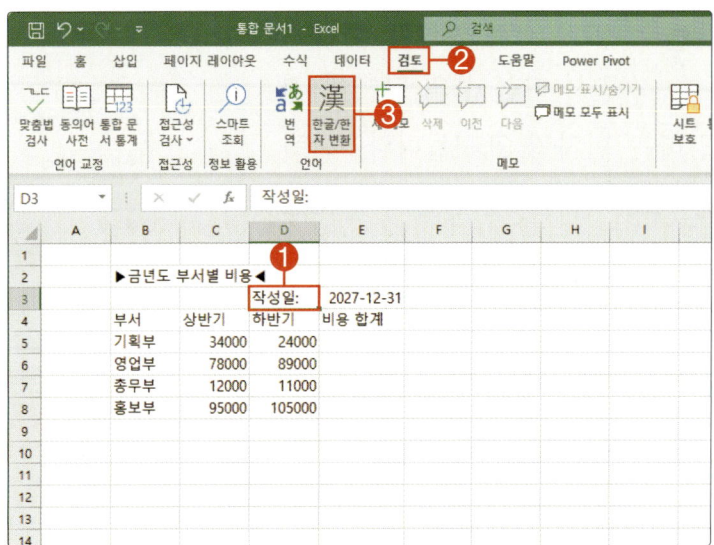

7 [한글/한자 변환] 대화상자가 나타나면 '한자 선택'에서 ❶ '作成'을 선택하고 ❷ [변환] 버튼을 클릭합니다.

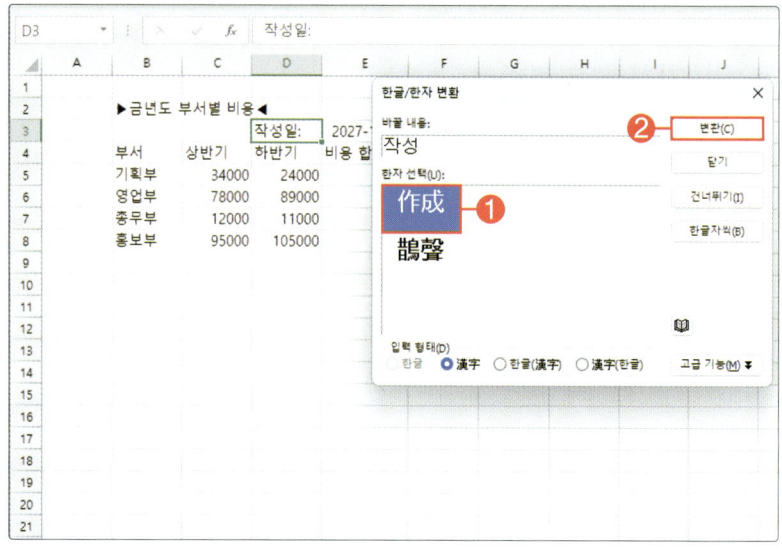

8 앞에서 '작성'까지만 한자를 변환했으므로 '일'과 관련된 한자를 추천해 줍니다. 여기에서는 ❶ '日'을 선택하고 ❷ [변환] 버튼을 클릭합니다.

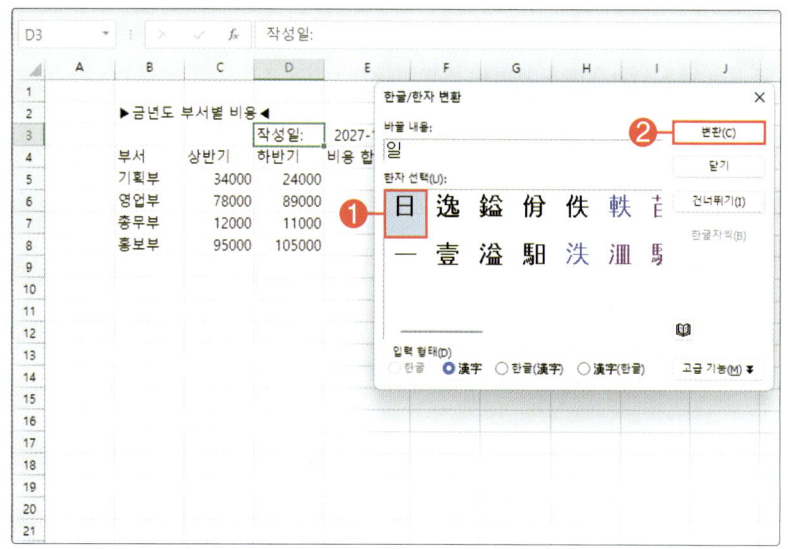

9 '작성일'이 한자로 변환되면서 다음 셀의 단어에 해당하는 한자가 표시됩니다. 선택된 셀의 한자는 변환하지 않으므로 ❶ [닫기] 버튼을 클릭합니다.

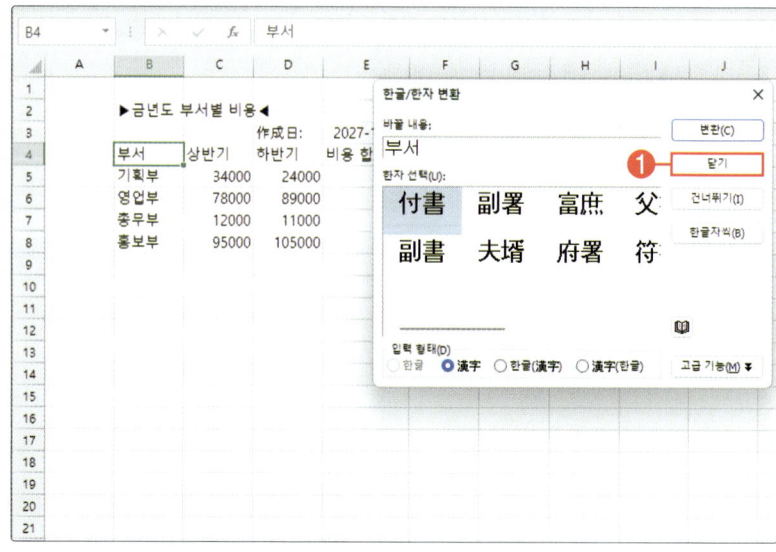

1 [C5] 셀과 [D5] 셀의 값을 더하는 수식을 입력해 보겠습니다. [E5] 셀에서 ❶ '='를 입력한 후 ❷ [C5] 셀을 클릭하면 '=C5'와 같이 자동으로 셀 주소가 입력됩니다.

TIP 수식은 항상 등호(=)로 시작합니다.

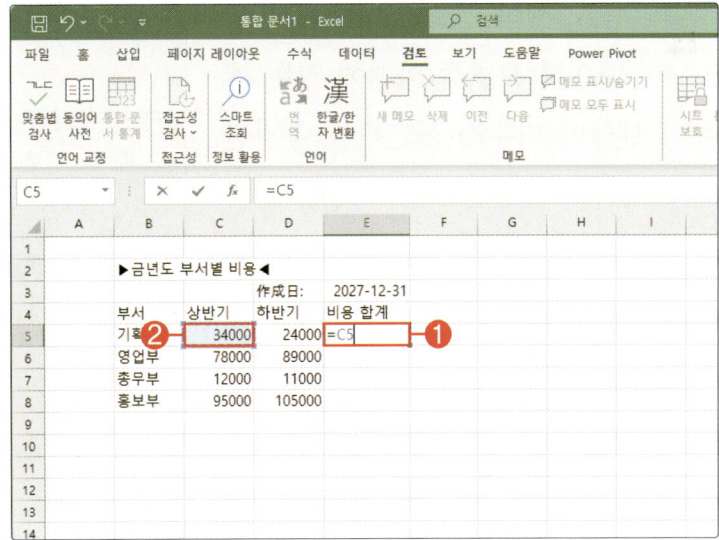

2 계속해서 ❶ '+'를 입력하고 [D5] 셀을 클릭합니다. '=C5+D5'와 같이 수식이 완성되면 Enter 키를 누릅니다.

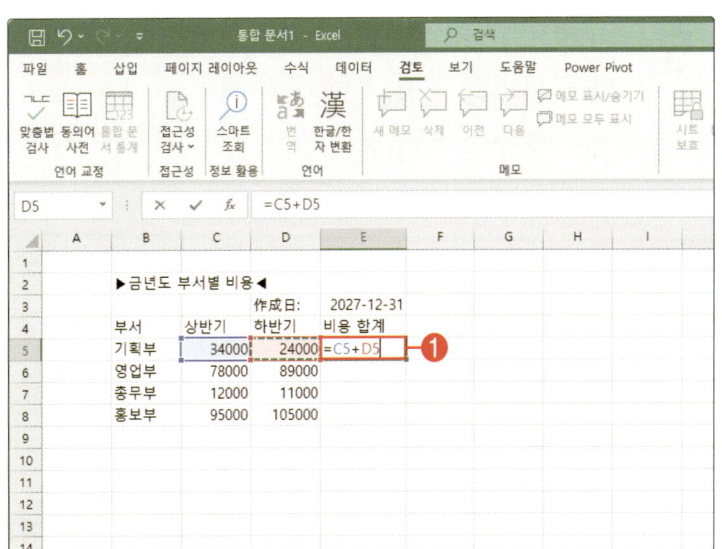

3 화면과 같이 [E5] 셀에 상반기와 하반기의 비용 합계가 표시됩니다. [E5] 셀에 입력한 수식은 수식 입력줄에서 확인할 수 있습니다.

4 [E5] 셀이 선택된 상태에서 셀 포인터 오른쪽 아래에 있는 채우기 핸들에 마우스 포인터를 올리면 '+' 모양으로 변경됩니다. 이때 ❶ 클릭한 채로 [E8] 셀까지 드래그합니다.

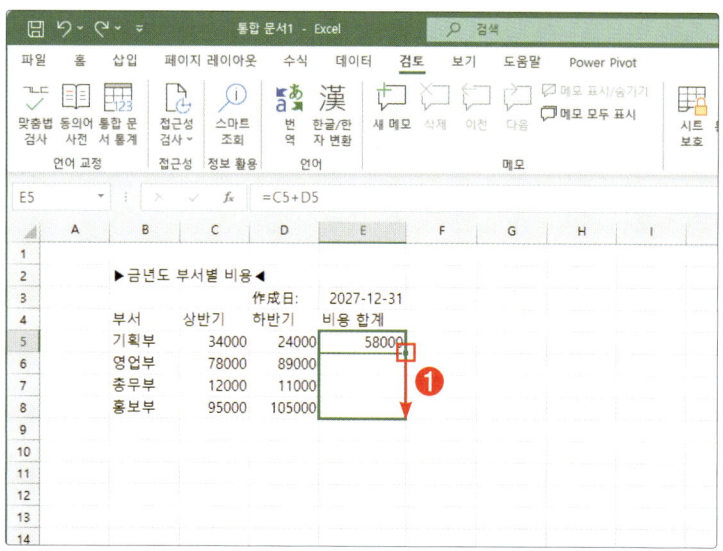

5 [E5] 셀에서 [E8] 셀까지 상반기와 하반기의 비용 합계가 구해진 것을 확인할 수 있습니다.

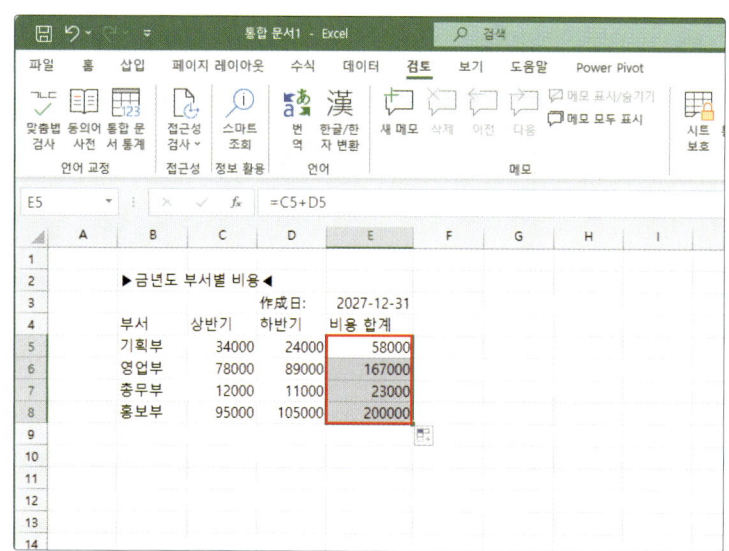

6 [E8] 셀의 수식은 [E5] 셀의 수식 '=C5+D5'가 '=C8+D8'로 자동으로 조정되어 표시됩니다. [D8] 셀의 값을 임의로 변경할 경우 [E8] 셀의 계산 결과도 자동으로 변경됩니다.

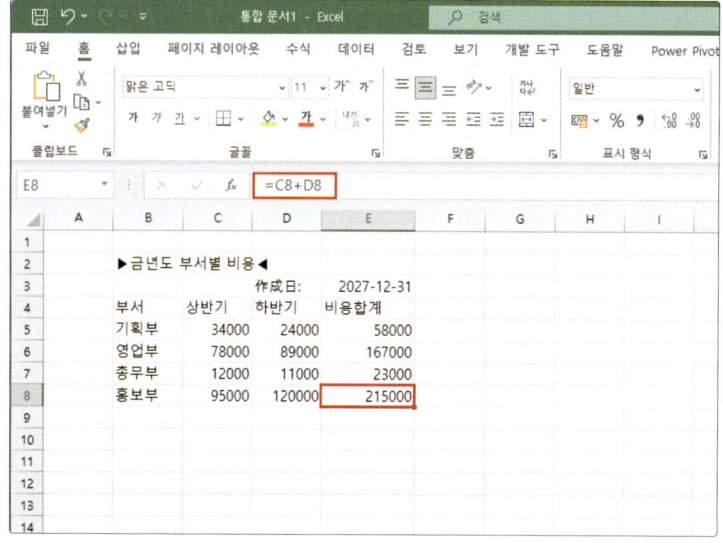

LEARN MORE

자동 채우기 핸들로 데이터 입력하기

앞의 실습에서 비용 합계를 구하는 수식을 입력한 후 마우스로 드래그하여 자동으로 채워주는 기능을 '자동 채우기'라고 합니다. 자동 채우기는 동일한 값 또는 일정하게 증가하는 값으로 채울 수 있으며 숫자, 문자, 날짜, 요일 등을 사용자가 원하는 패턴으로 채울 수 있습니다.

동일한 값 또는 연속된 값 채우기

특정 셀에 숫자를 입력하고 자동 채우기 핸들로 드래그하면 같은 숫자가 채워지면서 오른쪽 하단에 자동 채우기 옵션 버튼(📋)이 나타납니다. 자동 채우기 옵션 버튼을 클릭하면 자동 채우기 옵션 메뉴가 나타나는데 여기서 [연속 데이터 채우기]를 선택하면 숫자가 1씩 증가합니다.

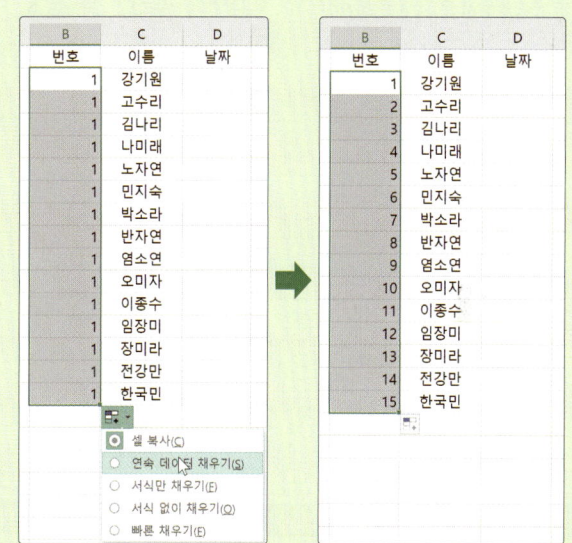

- **셀 복사** 선택한 셀 내용을 그대로 복사하여 채웁니다.
- **연속 데이터 채우기** 숫자, 날짜, 요일 등을 규칙적인 패턴으로 채웁니다.
- **서식만 채우기** 셀의 배경색, 글꼴 등 서식만 복사하고 내용은 변경하지 않습니다.
- **서식 없이 채우기** 내용만 채우고, 서식은 복사하지 않습니다.
- **빠른 채우기** 엑셀이 패턴을 인식하여 자동으로 나머지 값을 생성합니다.

날짜와 요일 채우기

날짜를 입력하거나 요일을 입력하고 자동 채우기를 할 수 있습니다. 날짜의 경우 입력한 날짜부터 하루씩 증가하면서 채워지고, 요일의 경우 '월~일'까지 순서대로 반복해서 채워집니다. '월요일'로 입력하고 자동 채우기를 하면 '화요일, 수요일…'순으로, '월'을 입력하면 '화, 수…' 순으로 채워집니다.

- **일 단위 채우기** 날짜를 하루씩 증가시켜 채웁니다.
- **평일 단위 채우기** 주말(토/일)을 제외하고 날짜를 하루씩 증가시킵니다.
- **월 단위 채우기** 날짜의 '일'은 그대로 두고, '월'만 증가시킵니다.
- **연 단위 채우기** 날짜의 '일'과 '월'은 유지하고, '연도'만 증가시킵니다.

날짜로 자동 채우기   요일로 자동 채우기

1 엑셀 2021을 실행하고 다음과 같이 데이터를 입력해 보세요.

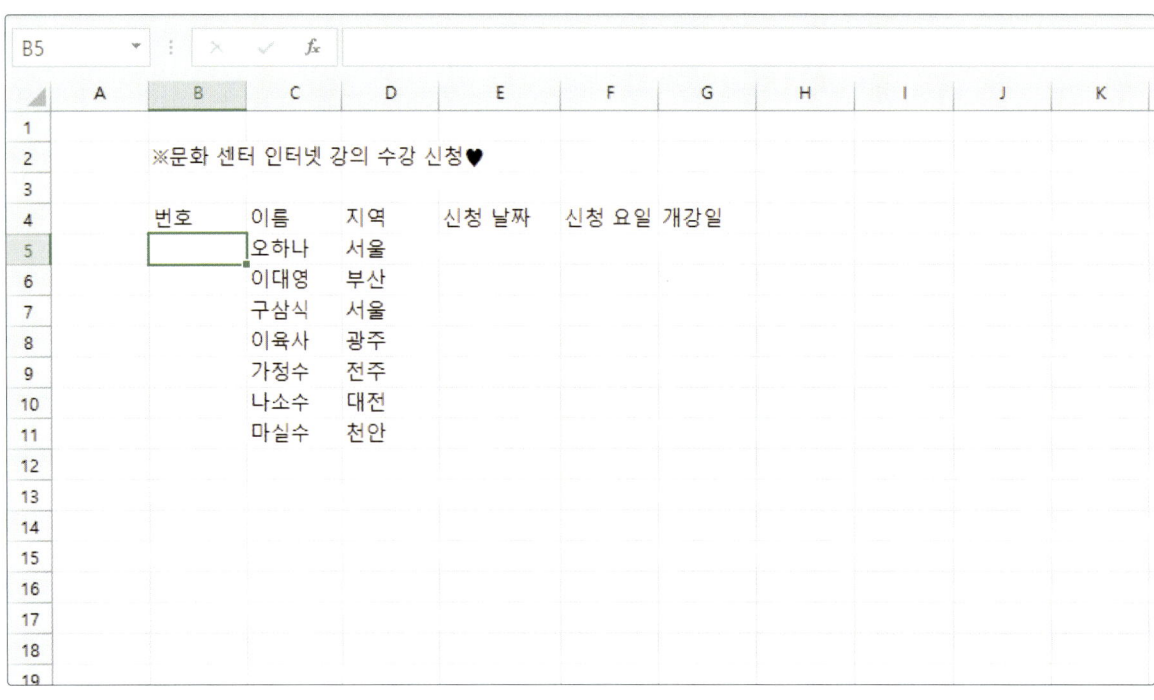

2 자동 채우기 핸들을 이용해서 다음과 같이 번호, 신청 날짜, 신청 요일, 개강일을 입력해 보세요.

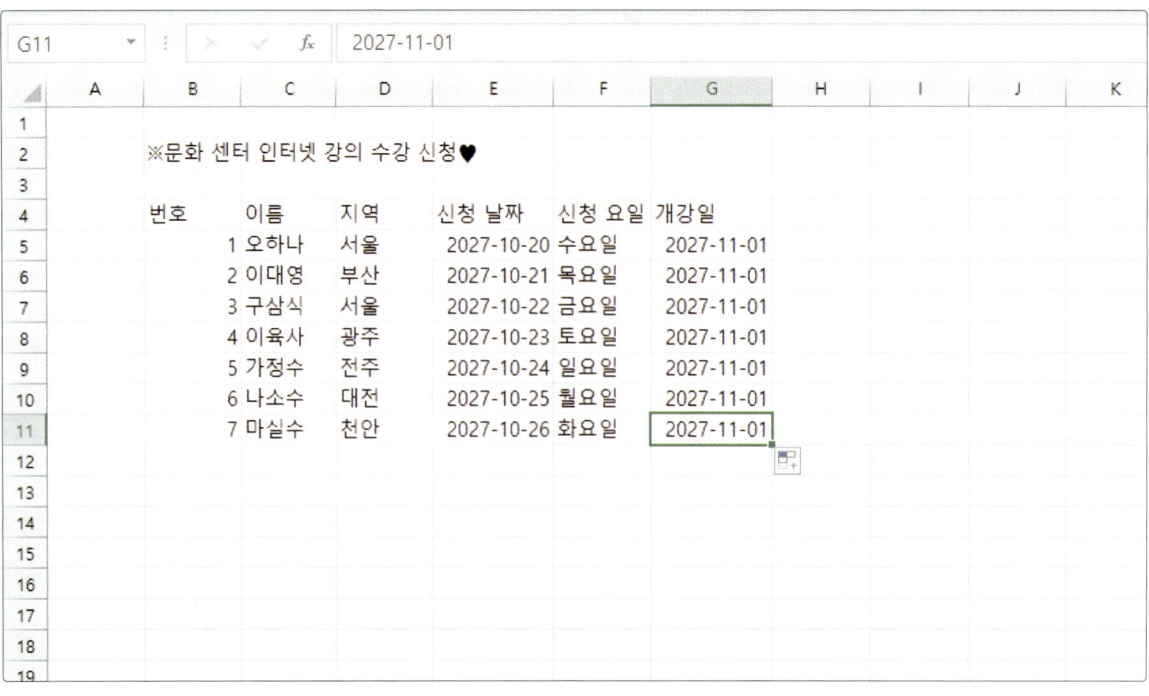

1 'Section02-심화.xlsx' 파일을 불러온 후 '신청 날짜'와 '신청 요일' 열을 [평일 단위 채우기]로 채워 보세요.

| F11 | : | × | ✓ | fx | 목요일 | | | | | |

	A	B	C	D	E	F	G	H	I	J	K
1											
2		※문화 센터 인터넷 강의 수강 신청♥									
3											
4		번호	이름	지역	신청 날짜	신청 요일	개강일	수강료1	수강료2	수강료 합계	
5		1	오하나	서울	2027-10-20	수요일	2027-11-01	33000	33000		
6		2	이대영	부산	2027-10-21	목요일	2027-11-01	33000			
7		3	구삼식	서울	2027-10-22	금요일	2027-11-01	33000	33000		
8		4	이육사	광주	2027-10-25	월요일	2027-11-01	33000	33000		
9		5	가정수	전주	2027-10-26	화요일	2027-11-01		33000		
10		6	나소수	대전	2027-10-27	수요일	2027-11-01	33000	33000		
11		7	마실수	천안	2027-10-28	목요일	2027-11-01	33000	33000		
12											
13											
14											
15											
16											
17											
18											
19											

2 다음과 같이 수강료 합계를 수식으로 계산하고 자동 채우기로 채워 보세요.

| J5 | : | × | ✓ | fx | =H5+I5 | | | | | |

	A	B	C	D	E	F	G	H	I	J	K
1											
2		※문화 센터 인터넷 강의 수강 신청♥									
3											
4		번호	이름	지역	신청 날짜	신청 요일	개강일	수강료1	수강료2	수강료 합계	
5		1	오하나	서울	2027-10-20	수요일	2027-11-01	33000	33000	66000	
6		2	이대영	부산	2027-10-21	목요일	2027-11-01	33000		33000	
7		3	구삼식	서울	2027-10-22	금요일	2027-11-01	33000	33000	66000	
8		4	이육사	광주	2027-10-25	월요일	2027-11-01	33000	33000	66000	
9		5	가정수	전주	2027-10-26	화요일	2027-11-01		33000	33000	
10		6	나소수	대전	2027-10-27	수요일	2027-11-01	33000	33000	66000	
11		7	마실수	천안	2027-10-28	목요일	2027-11-01	33000	33000	66000	
12											
13											
14											
15											
16											
17											
18											
19											

03 워크시트 관리하기

SECTION

엑셀에서 워크시트(Worksheet)는 행과 열로 구성된 표 형식의 작업 공간으로, 데이터를 입력하고 계산하거나 분석하는 영역입니다. 여기서는 워크시트의 행/열을 추가, 삭제하고 워크시트를 관리하는 방법을 알아보겠습니다.

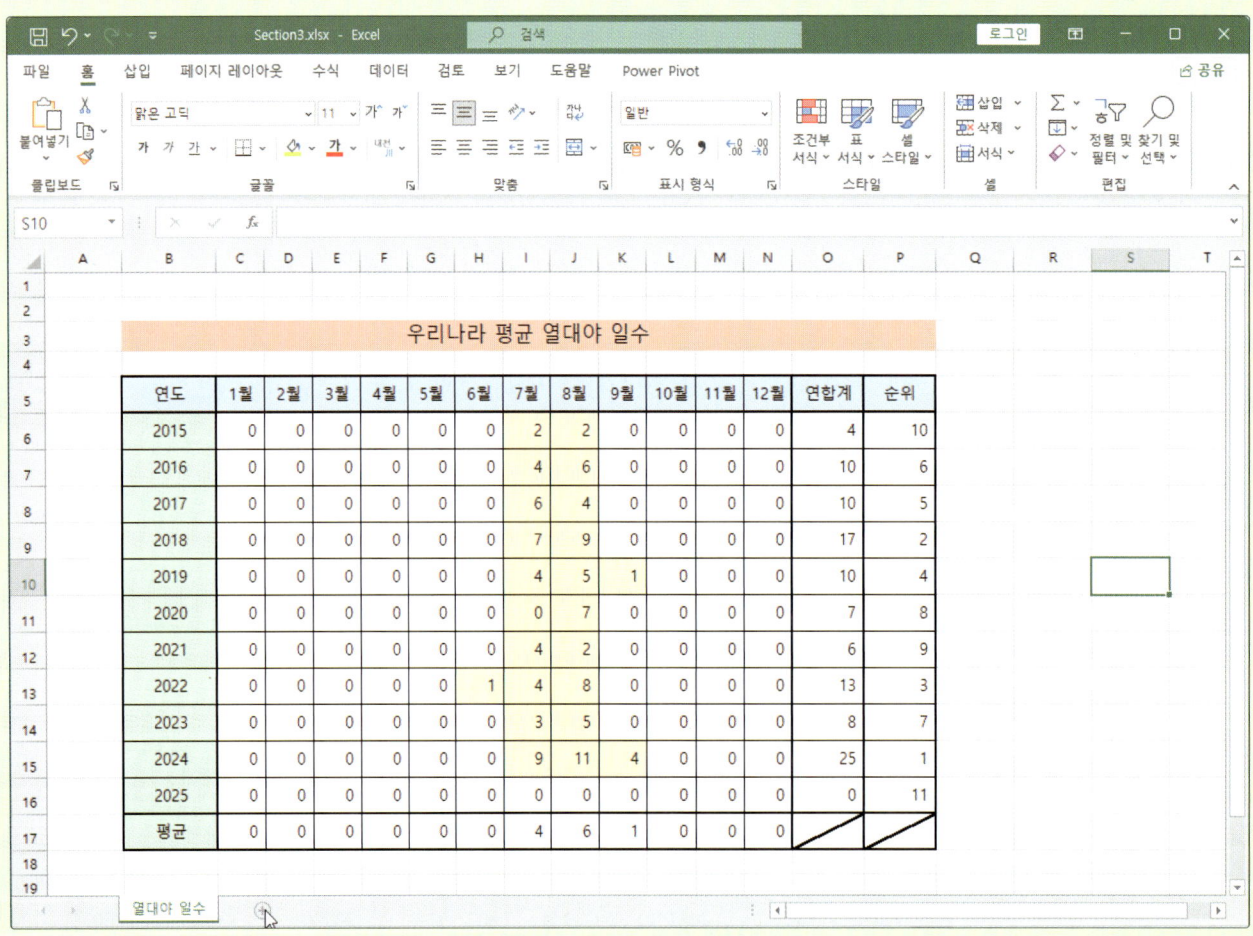

MISSION

실습 1 셀의 삽입과 삭제

실습 2 행과 열의 크기 조절하기

실습 3 워크시트 관리하기

CHECK POINT

포인트 1 셀, 셀 범위, 행과 열 등 작업 대상이 되는 범위를 블록으로 지정합니다.

포인트 2 문서 중간에 셀을 삽입하고, 필요 없는 셀을 삭제합니다.

포인트 3 행 높이나 열 너비를 원하는 크기로 변경합니다.

포인트 4 워크시트를 삽입/삭제하고 이름을 변경합니다.

실습 1 셀의 삽입과 삭제

실습파일 Section03.xlsx

1 [B17:P17] 셀을 마우스로 드래그하여 ❶ 블록으로 지정하고 [홈] 탭의 [셀] 그룹에서 [삽입]의 펼치기 버튼(⌄)을 누른 후 ❷ [셀 삽입]을 선택합니다.

> **TIP** 셀 범위의 시작 셀에서 마우스 왼쪽 버튼을 클릭한 채로 마지막 셀까지 드래그하여 블록을 지정합니다.

2 [삽입] 대화상자가 열리면 ❶ '셀을 아래로 밀기'를 선택하고 ❷ [확인]을 클릭합니다.

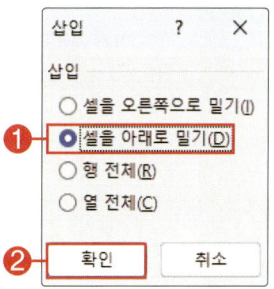

> **TIP** [삽입] 대화상자 각 항목의 기능은 다음과 같습니다.
>
> • **셀을 오른쪽으로 밀기** 선택한 위치에 새로운 셀을 삽입하고, 기존 셀을 오른쪽으로 밀어냅니다.
>
> • **셀을 아래로 밀기** 선택한 위치에 새로운 셀을 삽입하고, 기존 셀을 아래로 밀어냅니다.
>
> • **행 전체** 선택한 셀이 포함된 전체 행을 하나 삽입하고, 기존 행을 아래로 이동합니다.
>
> • **열 전체** 선택한 셀이 포함된 전체 열을 하나 삽입하고, 기존 열을 오른쪽으로 이동합니다.

3 블록으로 지정한 범위만큼 셀이 삽입되고 원래 내용이 아래로 밀려납니다. 오른쪽의 ❶ 삽입 옵션을 클릭하고 ❷ [서식 지우기]를 선택하면 삽입된 셀의 서식이 지워집니다.

> **TIP** 서식이란 셀에 적용되어 있는 글꼴이나 테두리, 색 등을 의미합니다. 삽입된 셀은 기본적으로 인접한 위쪽이나 왼쪽 셀의 서식을 따릅니다.

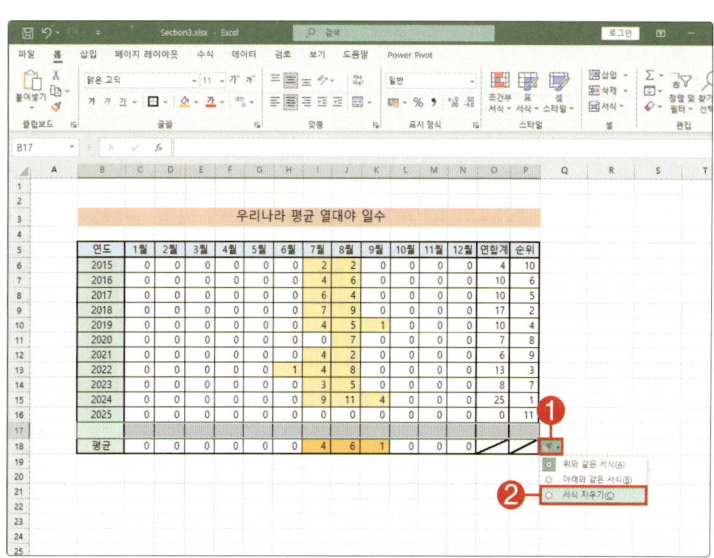

4 이번에는 열 전체를 삽입해 보겠습니다. ❶ C열과 D열의 열 머리글을 드래그하여 열 전체를 범위 지정하고 [홈] 탭의 [셀] 그룹에서 ❷ [삽입]–[시트 열 삽입]을 클릭합니다.

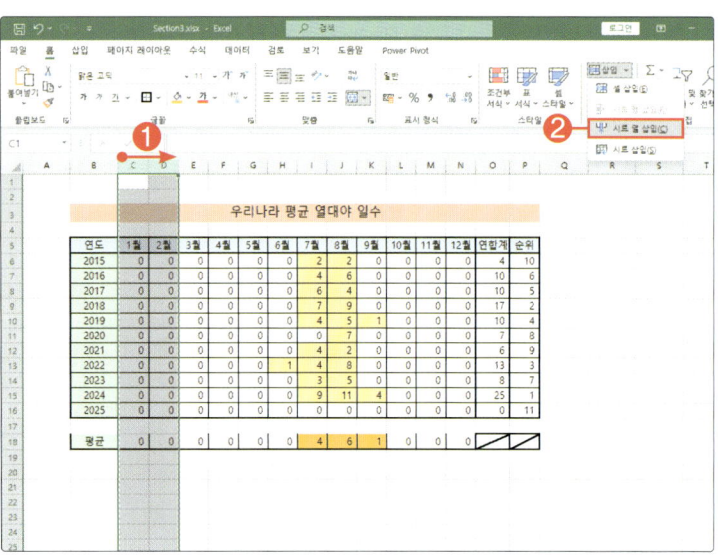

> TIP 행이나 열 전체를 범위로 지정할 때에는 행 머리글이나 열 머리글을 사용합니다.

5 오른쪽 화면과 같이 두 개의 열이 삽입되었습니다. 행을 삽입할 때에는 행 머리글을 사용하여 행 전체를 범위로 지정한 다음 [삽입]에서 [시트 행 삽입]을 선택하면 됩니다.

> TIP 행 또는 열 머리글을 선택한 후 마우스 오른쪽 버튼을 클릭하여 [삽입] 명령을 실행할 경우 별도의 대화상자 없이 바로 행이나 열이 삽입됩니다.

6 이번에는 필요 없는 셀을 삭제하는 방법을 알아보겠습니다. ❶ [B17:R17] 셀을 범위로 지정하고 [홈] 탭의 [셀] 그룹에서 [삭제]의 ❷ [셀 삭제]를 선택합니다.

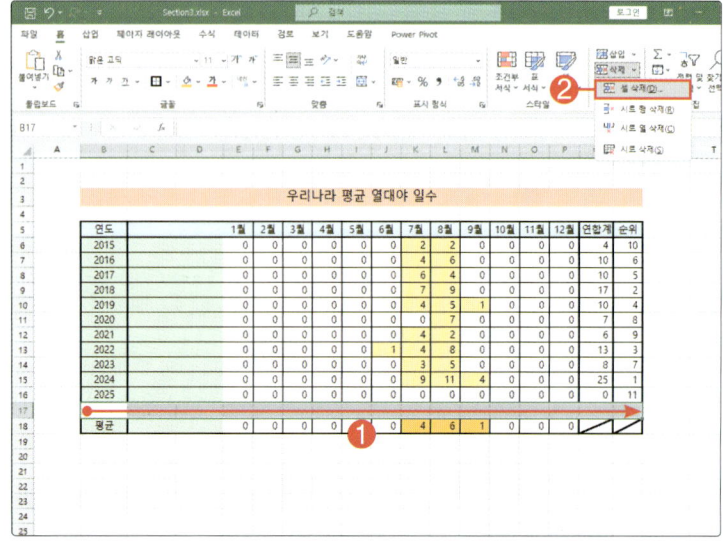

7 [삭제] 대화상자가 나타나면 ❶ '셀을 위로 밀기'를 선택하고 ❷ [확인] 버튼을 클릭합니다.

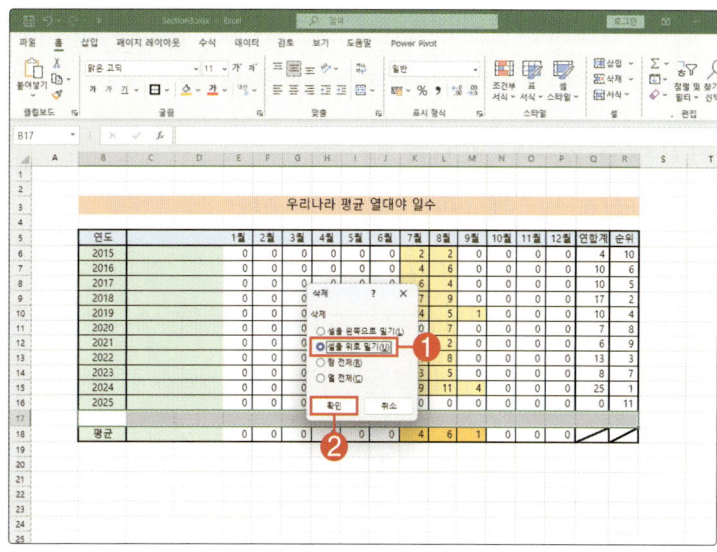

> **TIP** [삭제] 대화상자에서 [행 전체]나 [열 전체] 옵션을 선택하면 현재 선택한 셀 범위가 포함된 모든 행이나 열을 삭제할 수 있습니다.

8 이번에는 열 전체를 삭제하기 위해서 ❶ C열과 D열의 열 머리글을 드래그하여 블록을 지정합니다. [홈] 탭의 [셀] 그룹에서 [삭제]의 ❷ [시트 열 삭제]를 클릭합니다.

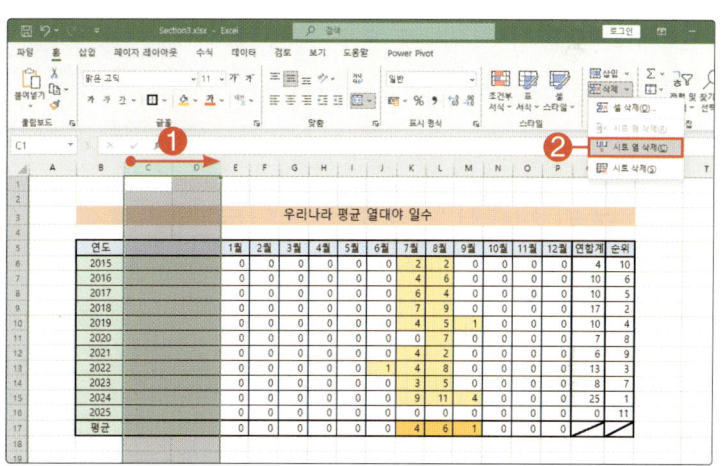

LEARN MORE

범위를 지정하는 다양한 방법

마우스로 드래그	가장 기본적이고 직관적인 방법으로, 마우스로 시작 셀을 클릭한 후 원하는 방향으로 드래그하여 범위를 지정합니다.
Shift + 방향키	마우스 없이 키보드로만 범위를 지정하는 방법으로, 시작 셀을 선택한 후 Shift 키를 누른 상태에서 방향키로 범위를 확장하여 지정합니다.
Ctrl + Shift + 방향키	대량의 데이터를 빠르게 선택할 때 유용한 방법으로, 시작 셀에서 Ctrl + Shift + 방향키를 누르면 데이터가 있는 끝까지 자동으로 선택됩니다.
Shift + 마우스 클릭	두 셀 사이의 전체 영역을 블록 지정하는 방법으로, 시작 셀을 클릭한 후 Shift 키를 누른 상태에서 마지막 셀을 클릭하여 선택합니다.
Ctrl + 마우스 클릭	여러 개의 연속되지 않은 셀을 선택하는 방법으로, Ctrl 키를 누른 상태에서 떨어진 여러 셀 또는 범위를 선택합니다.
Ctrl + A	현재 데이터 영역 전체 또는 워크시트 전체를 선택하는 단축키로, 한 번 누르면 데이터 범위가 선택되고 두 번 누르면 워크시트 전체가 선택됩니다.

1 B열 머리글의 오른쪽 경계선에서 마우스 포인트가 양쪽 방향 화살표 모양으로 바뀌면 ❶ 왼쪽 또는 오른쪽으로 드래그하여 열의 너비를 조절합니다.

> TIP 열 머리글의 오른쪽 경계선을 더블클릭하면 입력된 데이터의 너비에 맞춰서 자동으로 너비가 조절됩니다.

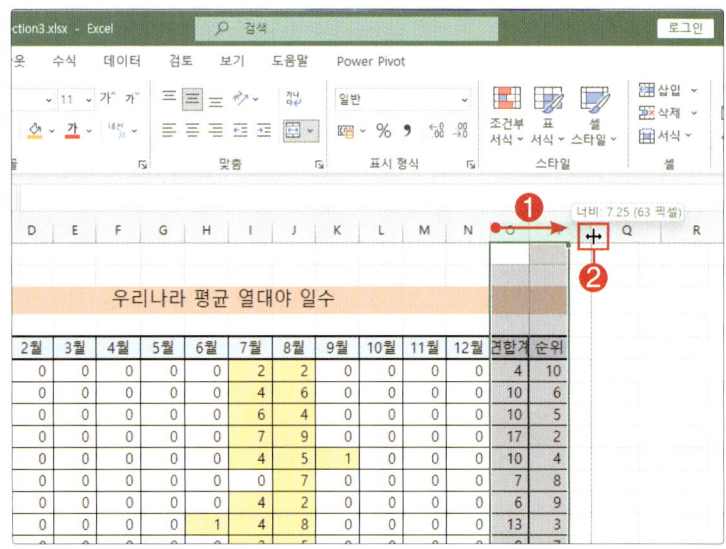

2 O열과 P열의 열 머리글을 ❶ 드래그하여 범위 지정합니다. 선택된 열 머리글의 ❷ 경계선을 드래그하면 범위 지정된 열이 같은 너비로 조절됩니다.

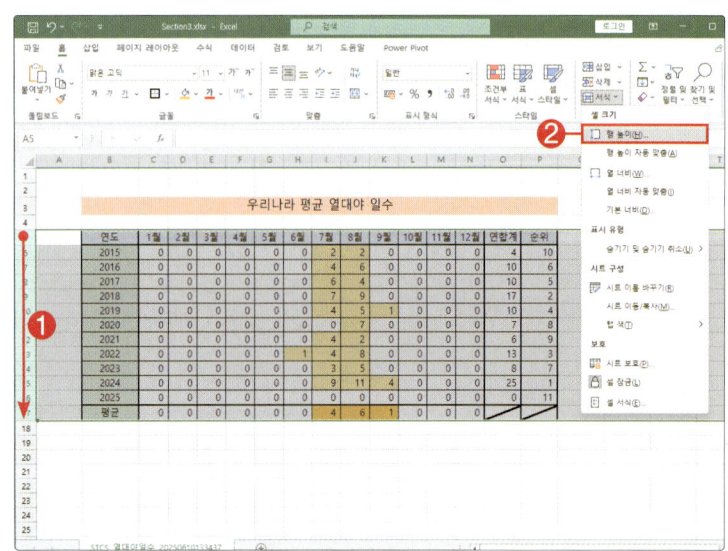

3 이번에는 숫자를 입력하여 행 높이를 지정하는 방법을 알아보겠습니다. ❶ 5행에서 17행까지 행 머리글을 드래그하여 범위를 지정합니다. [홈] 탭에서 [셀] 그룹의 [서식]을 클릭하고 ❷ [행 높이]를 선택합니다.

> TIP 행 머리글에서 범위를 지정한 다음 마우스 오른쪽 버튼을 누르고 빠른 메뉴에서 [행 높이]를 선택해도 됩니다.

4 [행 높이] 대화상자가 나타나면 '행 높이'에 ❶ '25'를 입력하고 ❷ [확인] 버튼을 클릭합니다.

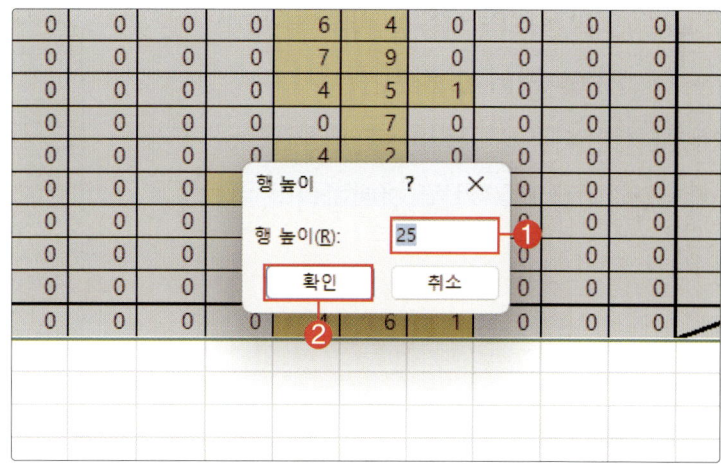

5 화면과 같이 블록 지정한 행의 높이가 똑같이 변경됩니다.

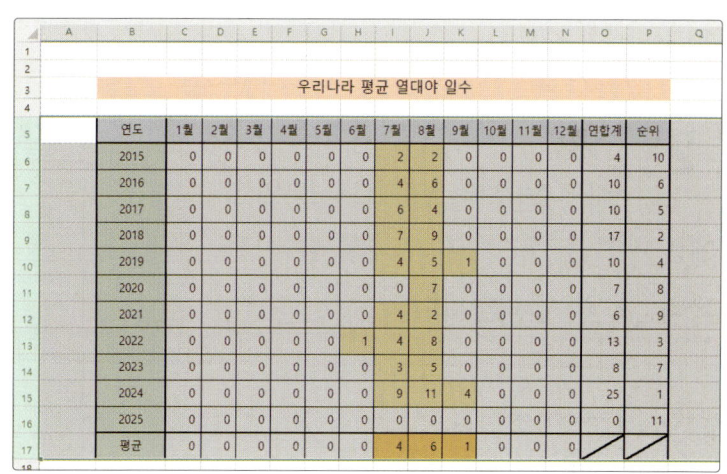

복사한 데이터 선택하여 붙여 넣는 방법

워크시트의 데이터는 숫자, 텍스트, 수식, 서식 등 여러 가지 형식으로 이루어져 있습니다. 데이터를 복사하여 붙여 넣을 때 모든 형식을 함께 붙여 넣을 수도 있지만, 필요에 따라 선택적으로 붙여 넣을 수도 있습니다. 일반적으로 데이터를 Ctrl + C 키로 복사하고 Ctrl + V 키로 붙여 넣지만, 수식이나 값 또는 서식만 Ctrl + Alt + V 키를 눌러 [선택하여 붙여넣기] 대화상자에서 원하는 요소를 선택하여 붙여 넣을 수 있습니다.

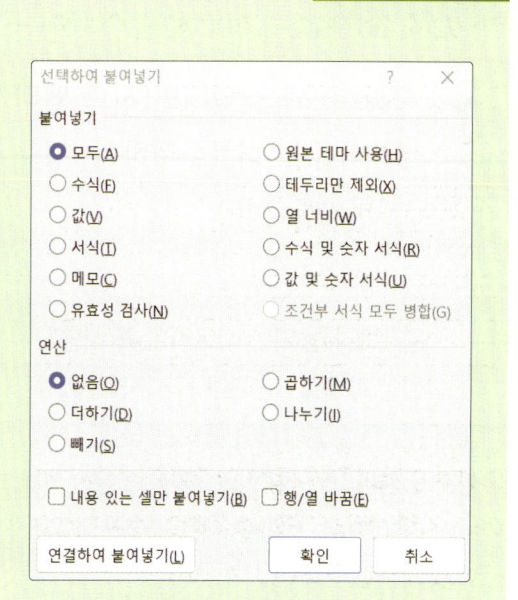

워크시트 관리하기

1 워크시트의 이름을 바꾸기 위해서 ❶ 'Sheet1' 시트 탭에서 마우스 오른쪽 버튼을 클릭한 후 빠른 메뉴에서 ❷ [이름 바꾸기]를 선택합니다.

TIP 'Sheet1' 위에서 더블클릭하면 이름을 쉽게 변경할 수 있습니다.

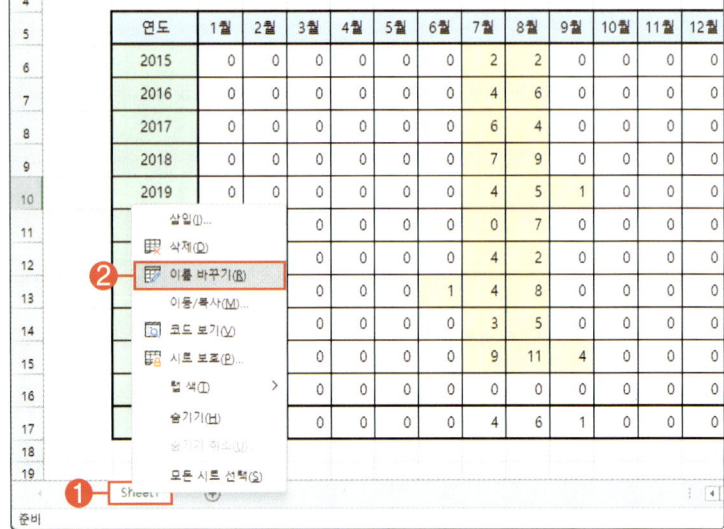

2 'Sheet1' 시트의 이름을 ❶ '열대야 일수'로 변경합니다. 이번에는 시트를 추가하기 위해서 ❷ 시트 탭의 (⊕)를 클릭합니다.

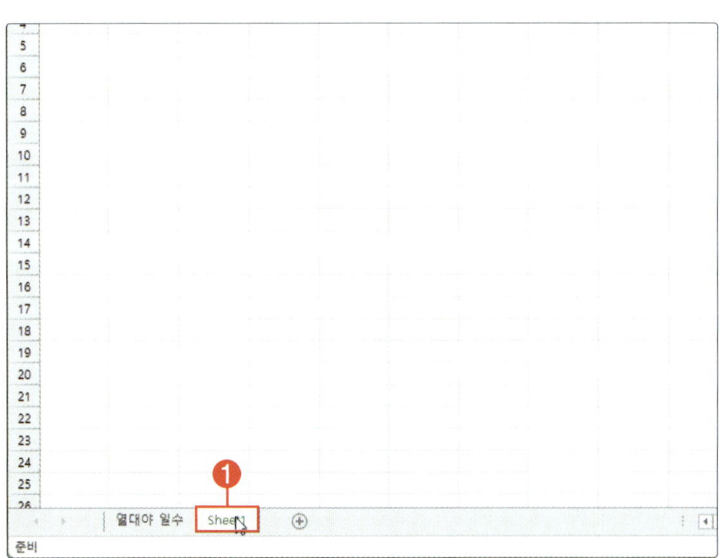

3 'Sheet2'가 삽입되면 시트 탭의 ❶ 이름을 더블클릭하여 '평균 기온'으로 변경합니다.

TIP 문서에 사용되는 시트의 수를 사용자가 설정할 조절할 수 있습니다. [파일] 메뉴에서 [옵션]을 클릭하여 [Excel 옵션] 대화상자가 나타나면 '일반'의 '새 통합 문서 만들기' 옵션에서 '포함할 시트 수'에서 지정해 줍니다.

4 '평균 기온' 시트 탭을 클릭한 채로 '열대야 일수' 시트 탭 앞으로 드래그하여 위치를 이동합니다.

> **TIP** [Ctrl] 키를 누르고 시트 탭을 드래그하면 시트가 복사됩니다.

5 ❶ '평균 기온' 시트 탭 위에서 마우스 오른쪽 버튼을 클릭하여 빠른 메뉴가 나타나면 ❷ [삭제]를 클릭합니다.

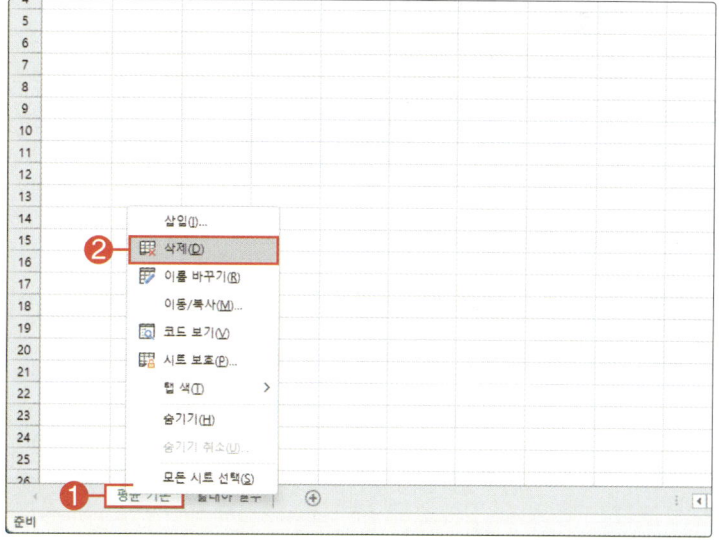

> **TIP** 여러 개의 시트를 한꺼번에 삭제하려면 [Shift] 키를 누른 채로 선택하여 삭제하면 됩니다. 시트의 삭제는 데이터까지 삭제되어 복구가 되지 않으므로 신중히 선택해야 합니다.

LEARN MORE

실행 취소와 다시 실행하기

워크시트에서 작업하면서 실수로 삭제한 데이터가 있을 경우 빠른 실행 도구 모음에 있는 실행 취소와 다시 실행을 사용하여 복구할 수 있습니다. 실행 취소와 다시 실행은 최근에 실행한 명령을 취소하거나 취소한 명령을 다시 실행하기 위해서 사용합니다.

실행 취소(↺) 클릭할 때마다 최근에 실행했던 명령을 하나씩 취소합니다. [가], [나], [다] 순서로 명령을 실행했을 때 [다], [나], [가] 순서로 명령이 취소됩니다.

다시 실행(↻) 실행 취소한 명령이 있을 때만 사용할 수 있는 기능입니다. [가], [나], [다] 순서로 명령을 실행하고 [다], [나], [가] 순서로 명령을 취소하였다면 '다시 실행'을 클릭할 때마다 [가], [나], [다] 순서로 다시 명령을 실행할 수 있습니다.

1 'Section03-기초.xlsx' 파일을 불러온 후 열 너비가 좁아서 #으로 표시된 부분의 열 너비를 조절하여 숫자가 모두 표시되게 해 보세요.

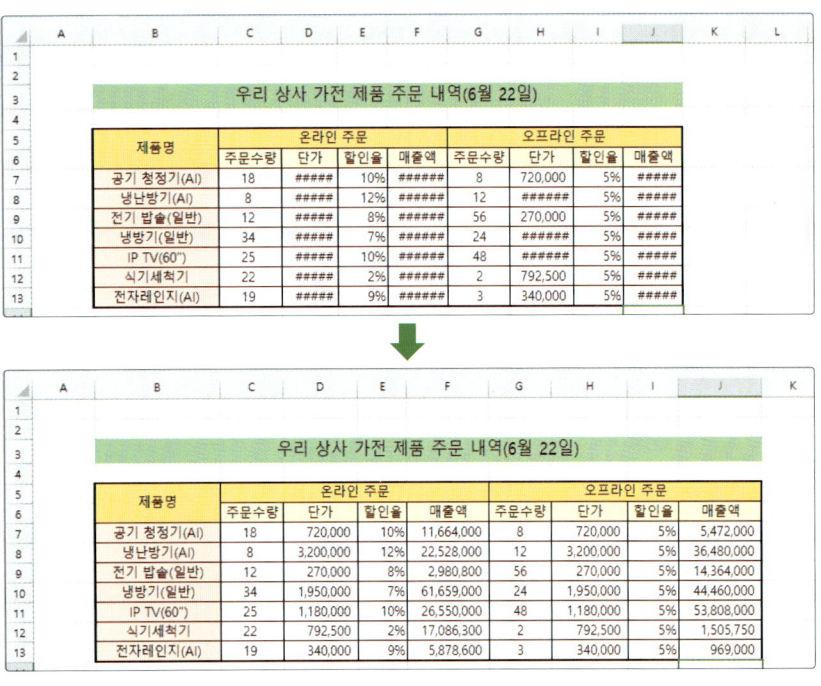

2 1에서 완성한 파일에서 3행과 5행~13행의 높이를 '25'로 변경하고 G열 앞에 셀을 삽입하여 열 너비를 좁게 변경해 보세요.

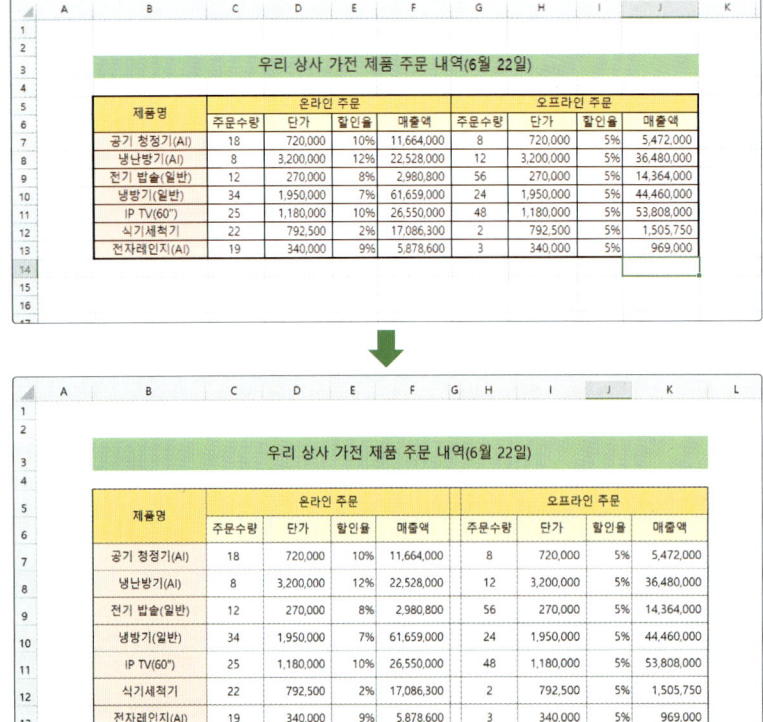

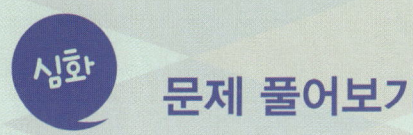

1 'Section03-심화.xlsx' 파일을 불러온 후 새로운 시트를 하나 더 추가하고 '컴마트오프라인주문' 시트로 이름을 변경해 보세요.

제품명	온라인 주문				오프라인 주문			
	주문수량	단가	할인율	매출액	주문수량	단가	할인율	매출액
메인 보드	22	310,000	10%	6,138,000	8	310,000	5%	2,356,000
CPU(인텔)	8	640,000	12%	4,505,600	1	640,000	5%	608,000
CPU(AMD)	43	720,000	8%	28,483,200	3	720,000	5%	2,052,000
메모리(SK)	34	94,000	7%	2,972,280	6	94,000	5%	535,800
메모리(삼성)	25	89,000	10%	2,002,500	3	89,000	5%	253,650
파워서플라이	22	25,500	2%	549,780	2	25,500	5%	48,450
케이스	19	32,000	9%	553,280	3	32,000	5%	91,200

컴마트온라인주문

컴마트온라인주문 | 컴마트오프라인주문

2 1에서 완성한 파일에서 '컴마트온라인주문' 시트의 데이터를 '컴마트오프라인주문' 시트에 붙여 넣고 다음과 같이 각각의 시트에 맞게 삭제해 보세요.

컴마트 부품 매출 현황

제품명	온라인 주문			
	주문수량	단가	할인율	매출액
메인 보드	22	310,000	10%	6,138,000
CPU(인텔)	8	640,000	12%	4,505,600
CPU(AMD)	43	720,000	8%	28,483,200
메모리(SK)	34	94,000	7%	2,972,280
메모리(삼성)	25	89,000	10%	2,002,500
파워서플라이	22	25,500	2%	549,780
케이스	19	32,000	9%	553,280

컴마트온라인주문 | 컴마트오프라인주문

컴마트 부품 매출 현황

제품명	오프라인 주문			
	주문수량	단가	할인율	매출액
메인 보드	8	310,000	5%	2,356,000
CPU(인텔)	1	640,000	5%	608,000
CPU(AMD)	3	720,000	5%	2,052,000
메모리(SK)	6	94,000	5%	535,800
메모리(삼성)	3	89,000	5%	253,650
파워서플라이	2	25,500	5%	48,450
케이스	3	32,000	5%	91,200

컴마트온라인주문 | 컴마트오프라인주문

04 셀 서식 지정하기

SECTION

셀 서식은 글꼴의 종류와 크기, 글꼴 스타일이나 셀의 배경색, 셀에서 데이터의 정렬 방식 등을 의미합니다. 셀 서식을 지정하면 문서를 보기 좋게 만들 수 있으며 데이터가 정리되어 내용을 쉽게 파악할 수 있습니다.

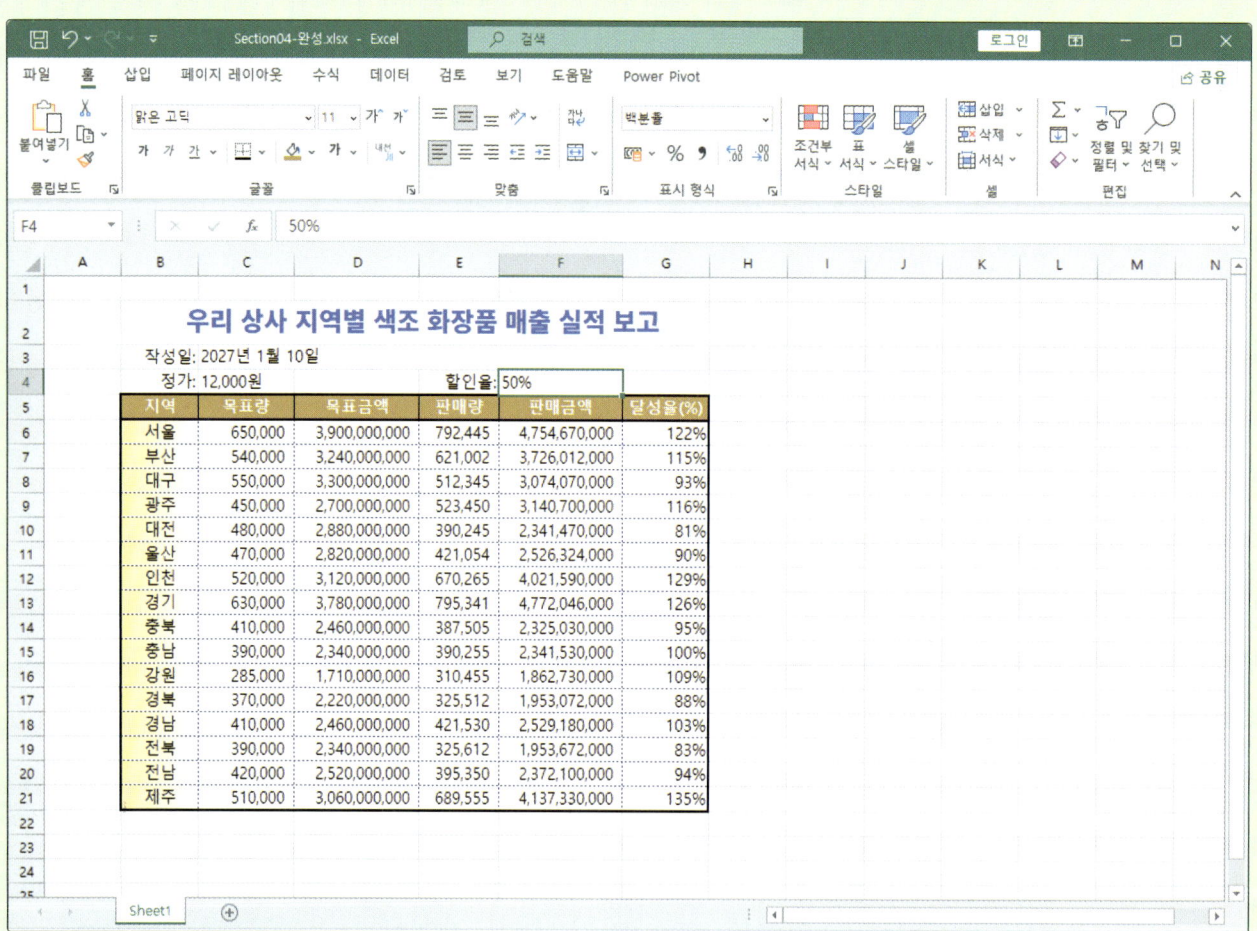

MISSION

실습 1 글꼴과 맞춤 설정하기

실습 2 테두리 넣고 배경색 지정하기

실습 3 데이터 표시 형식 지정하기

CHECK POINT

포인트 1 [홈] 탭의 [글꼴], [맞춤], [표시 형식] 그룹에 있는 도구를 이용하여 셀 서식을 지정합니다.

포인트 2 [셀 서식] 대화상자를 이용하여 서식을 지정합니다.

포인트 3 셀에 지정되어 있는 서식만 복사하여 원하는 곳에 붙여 넣습니다.

포인트 4 사용자 지정 형식으로 데이터를 표시합니다.

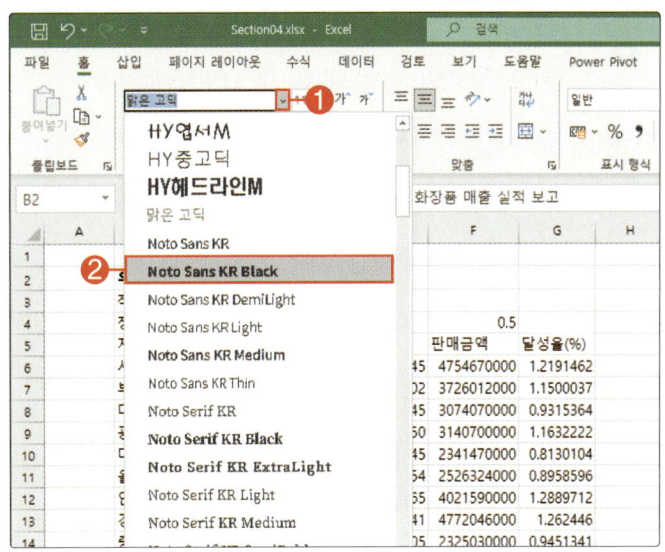

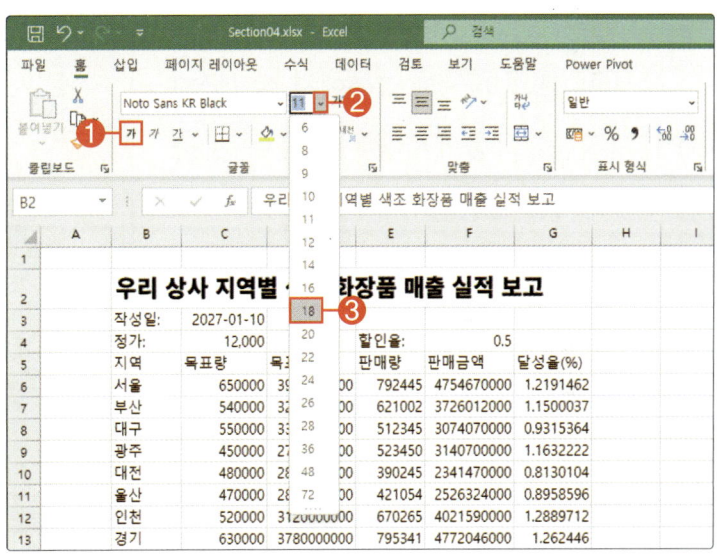

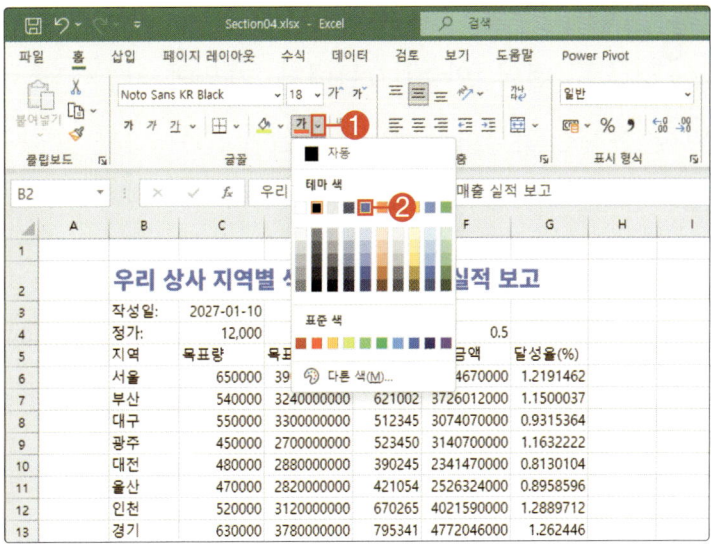

실습 1 글꼴과 맞춤 설정하기

MISSION

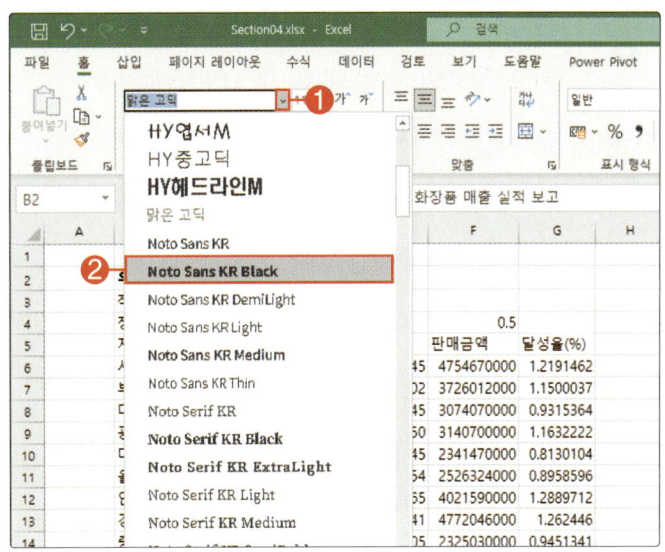

1 [B2] 셀을 선택하고 [홈] 탭의 [글꼴] 그룹에서 ❶ 글꼴의 펼치기 버튼(⌄)을 클릭하고 ❷ 원하는 글꼴의 종류를 선택합니다. 여기서는 'Noto Sans KR Black' 글꼴을 선택합니다.

> TIP Noto 글꼴은 구글에서 개발한 다국어 지원 글꼴로 https://www.google.com/get/noto/ 에 접속하면 다운로드할 수 있습니다.

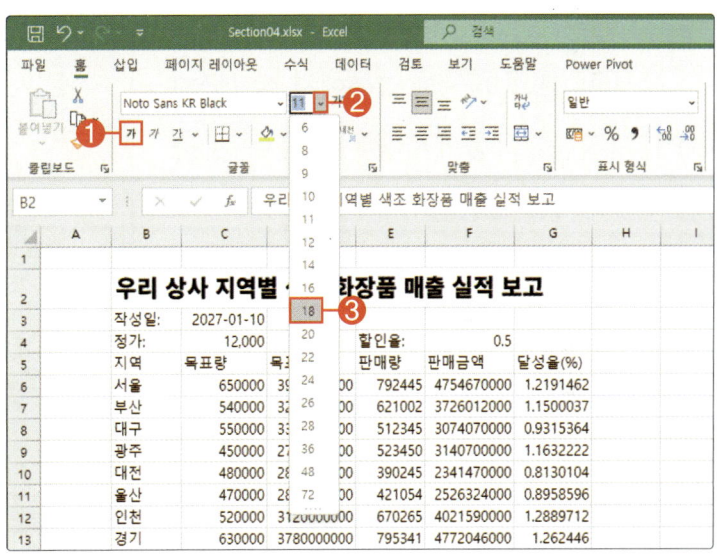

2 글꼴 아래에 있는 ❶ [굵게(가)]를 클릭하면 텍스트가 굵게 변경됩니다. 계속해서 ❷ [글꼴 크기]의 펼치기 버튼(⌄)을 클릭하고 ❸ '18'을 선택하여 텍스트의 크기를 변경합니다. 글꼴 크기에 마우스를 갖다 대면 워크시트의 텍스트에 실시간으로 반영되어 표시됩니다.

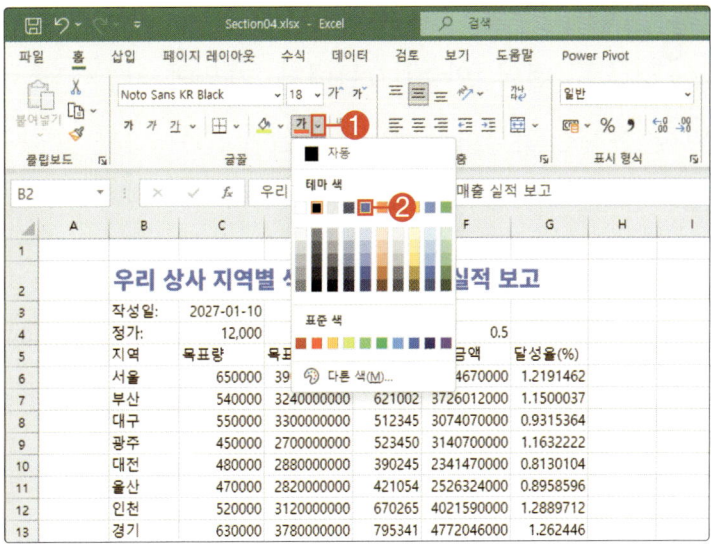

3 계속해서 ❶ [글꼴 색]의 펼치기 버튼(⌄)을 클릭하고 원하는 ❷ 텍스트 색을 선택합니다.

> TIP [글꼴 크기 크게(가)]와 [글꼴 크기 작게(가)]를 이용하면 현재의 글꼴 크기에서 한 단계씩 크게 또는 작게 조절할 수 있습니다.

실습파일 Section04.xlsx

4 [B2:G2] 셀을 범위 지정하고 [홈] 탭의 [맞춤] 그룹에서 ❶ [병합하고 가운데 맞춤(⊞)] 클릭하면 블록으로 지정된 영역이 하나의 셀로 합쳐지고 입력 내용이 셀의 가운데로 정렬됩니다.

> TIP '병합하고 가운데 맞춤'의 펼치기 버튼을 클릭하면 [전체 병합], [셀 병합], [셀 분할] 등의 병합 형식을 선택할 수 있습니다.

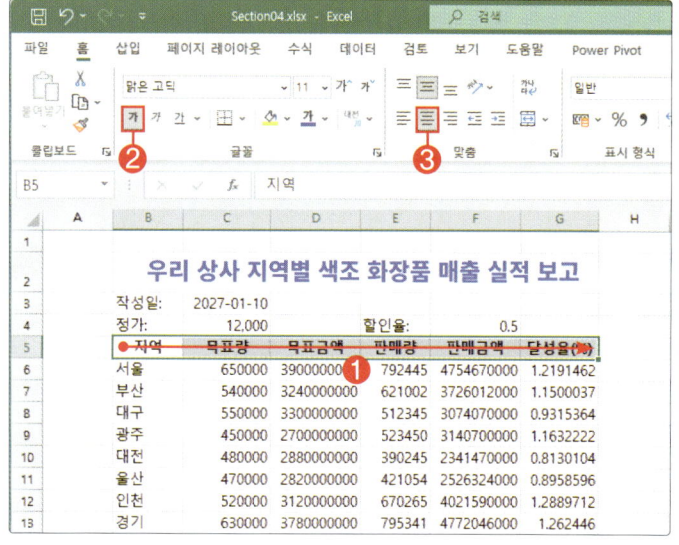

5 ❶ [B5:G5] 셀을 범위 지정하고 [홈] 탭의 [글꼴] 그룹에서 ❷ [굵게 (가)], [맞춤] 그룹에서 ❸ [가운데 맞춤 (≡)]을 클릭합니다.

> TIP [홈] 탭의 [맞춤] 그룹에서 [왼쪽 맞춤 (≡)], [가운데 맞춤(≡)], [오른쪽 맞춤(≡)]을 이용하여 셀에서 데이터의 가로 위치를 변경합니다.

6 ❶ [B6:B21] 셀을 범위 지정하고 [홈] 탭의 [맞춤] 그룹에서 [가운데 맞춤(≡)]을 클릭하고 ❷ [B4] 셀과 [E4] 셀은 [오른쪽 맞춤(≡)]을 클릭하여 텍스트의 위치를 변경합니다.

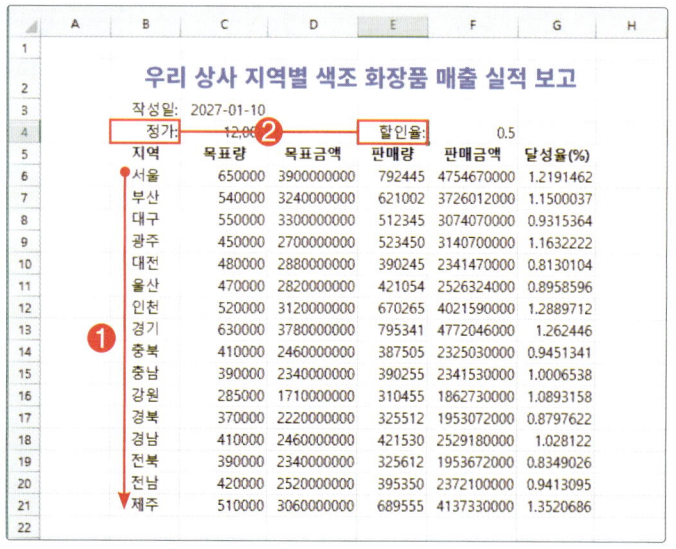

실습 2 테두리 넣고 배경색 지정하기

MISSION

1 ❶ [B5:G21] 셀을 범위 지정하고 [홈] 탭의 [글꼴] 그룹에서 ❷ [테두리]의 펼치기 버튼(⌄)을 클릭하여 ❸ [굵은 바깥쪽 테두리]를 선택합니다.

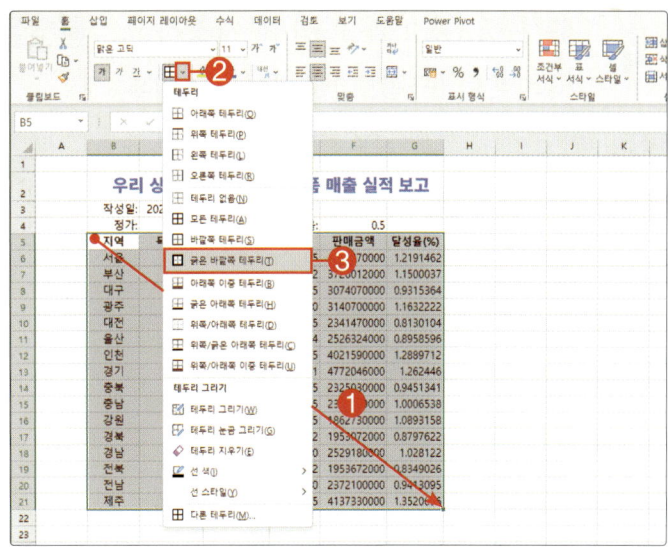

> **TIP** 워크시트의 눈금선은 인쇄가 되지 않습니다. 그러므로 인쇄를 하거나 데이터의 경계를 명확히 하기 위해서는 실제로 테두리를 넣어야 합니다.

2 [B5:G21] 셀이 범위 지정된 상태에서 이번에는 [홈] 탭의 [글꼴] 그룹에서 ❶ [테두리]의 펼치기 버튼(⌄)을 클릭하고 ❷ [다른 테두리]를 선택합니다.

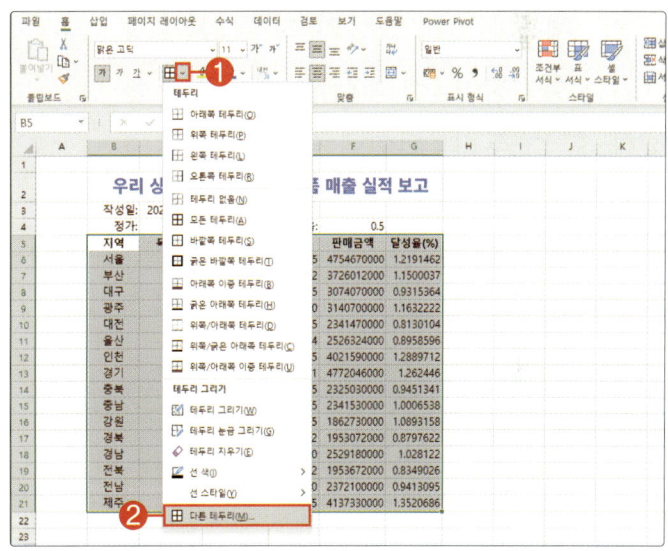

3 [셀 서식] 대화상자의 [테두리] 탭에서 ❶ '스타일'은 점선, ❷ '색'은 '파랑 강조 1, 50% 더 어둡게', ❸ '미리 설정'에서 '안쪽'을 선택한 후 ❹ [확인] 버튼을 클릭합니다.

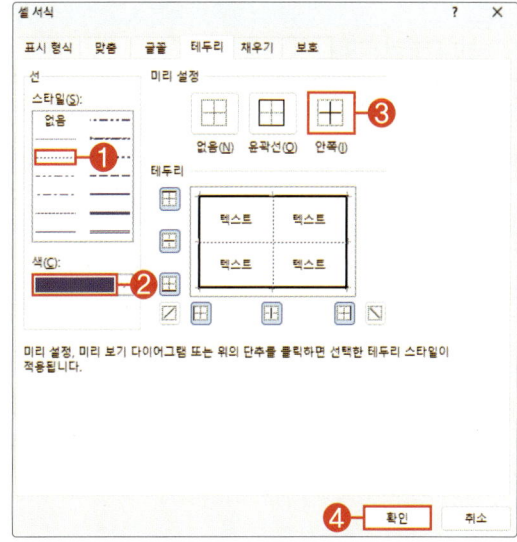

> **TIP** [셀 서식] 대화상자의 [테두리] 탭에서는 선의 '스타일'과 '색'을 먼저 설정한 다음 '미리 설정'이나 '테두리'를 선택해야 합니다.

4 ❶ [B5:G5] 셀을 범위 지정하고 [홈] 탭의 [글꼴] 그룹에서 ❷ [테두리]의 펼치기 버튼(✓)을 클릭한 후 ❸ [아래쪽 이중 테두리]를 선택합니다.

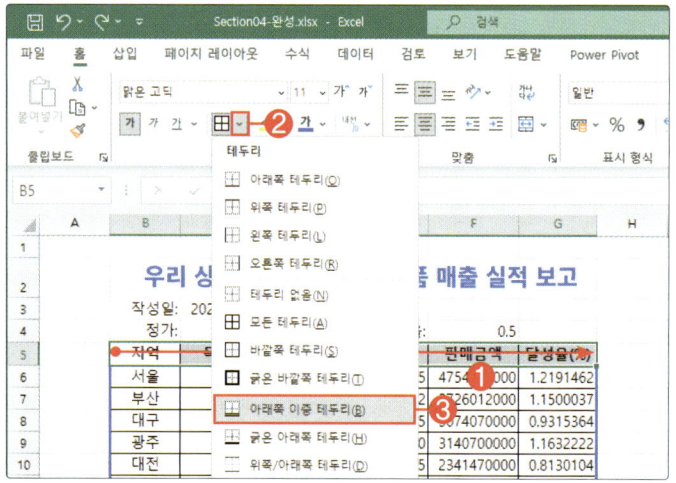

5 [B5:G5] 셀이 범위로 지정된 상태에서 [글꼴] 그룹의 ❶ 글꼴 설정(▽)을 클릭하여 [셀 서식] 대화상자를 실행한 후 [테두리] 탭으로 이동합니다. ❷ '스타일'에서 '실선'을, ❸ '테두리'에서 (⊡)을 선택한 후 ❹ [확인] 버튼을 클릭합니다.

TIP 리본 메뉴 각 그룹에서 오른쪽 하단의 (▽)를 클릭하면 대화상자가 표시됩니다.

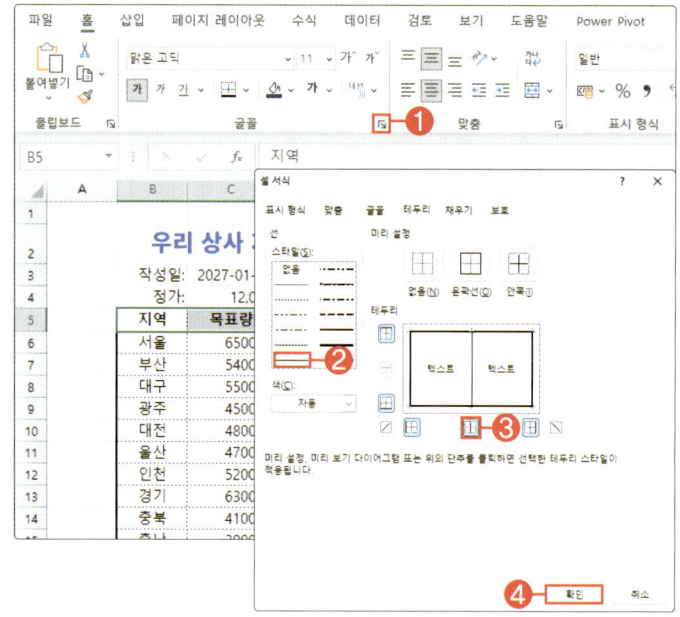

LEARN MORE

셀 안에 대각선 넣기

엑셀에서 셀 안에 대각선을 그리려면 먼저 셀을 선택한 뒤, 마우스 오른쪽 버튼을 눌러 빠른 메뉴에서 [셀 서식]을 선택합니다. [셀 서식] 대화상자가 나타나면 [테두리] 탭에서 대각선 방향의 선 (◩) 또는 (◪) 버튼을 클릭하여 셀 안에 대각선을 넣습니다.

일반적으로 표의 제목에 '번호/이름'과 같이 하나의 셀에 두 항목을 함께 넣을 때 대각선을 사용합니다. 대각선 추가 후 셀 안에 텍스트를 넣을 때는 줄 바꿈(Alt + Enter)을 사용해 적절히 위치를 조절하면 됩니다. 이 기능은 시각적인 구분을 위해 사용되며 실제 데이터에는 영향을 주지 않습니다.

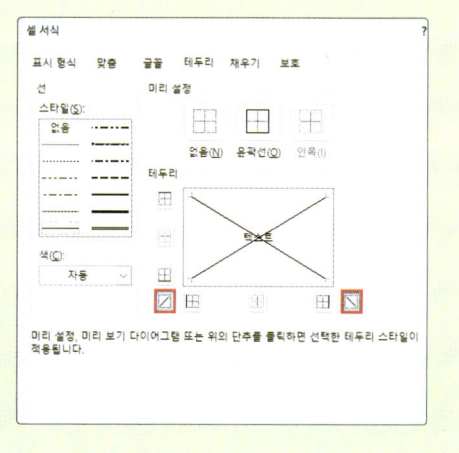

6 [B5:G5] 셀이 범위 지정된 상태에서 [홈] 탭의 [글꼴] 그룹에서 ❶ [채우기 색]의 펼치기 버튼(⌄)을 클릭하고 ❷ '황금색, 강조 4, 25% 더 어둡게'를 선택하여 셀의 배경색을 변경합니다.

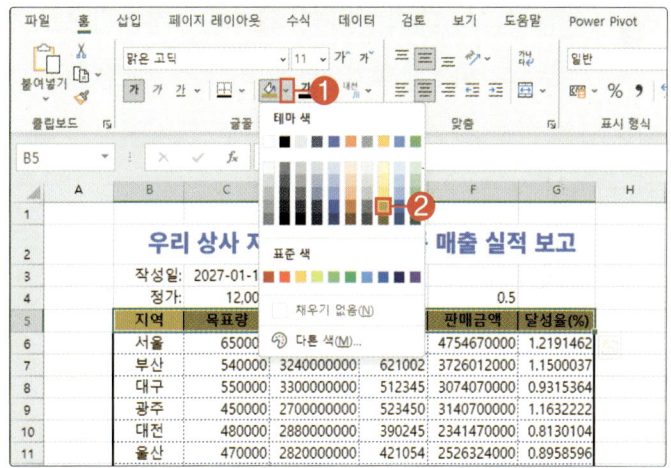

7 배경색으로 인해 텍스트가 잘 보이지 않으므로 [홈] 탭의 [글꼴] 그룹에서 ❶ [글꼴 색]의 펼치기 버튼(⌄)을 클릭하고 ❷ '흰색'을 선택하여 텍스트 색을 변경합니다.

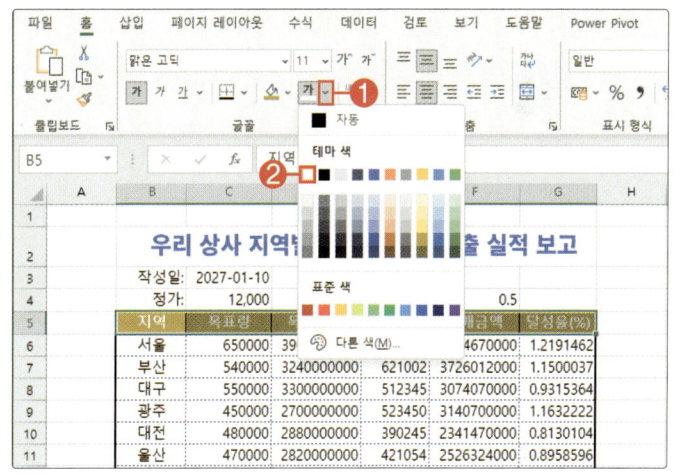

8 ❶ [B6:B21]을 드래그하여 범위 지정하고 [홈] 탭의 [글꼴] 그룹에서 ❷ 글꼴 설정(◳)을 클릭하여 [셀 서식] 대화상자를 실행합니다.

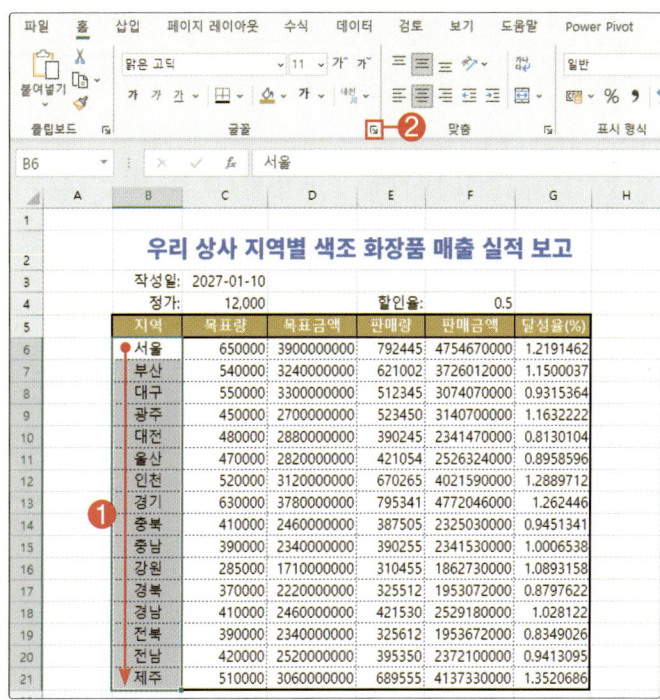

9 [셀 서식] 대화상자의 ❶ [채우기] 탭으로 이동하여 ❷ [채우기 효과] 버튼을 클릭합니다.

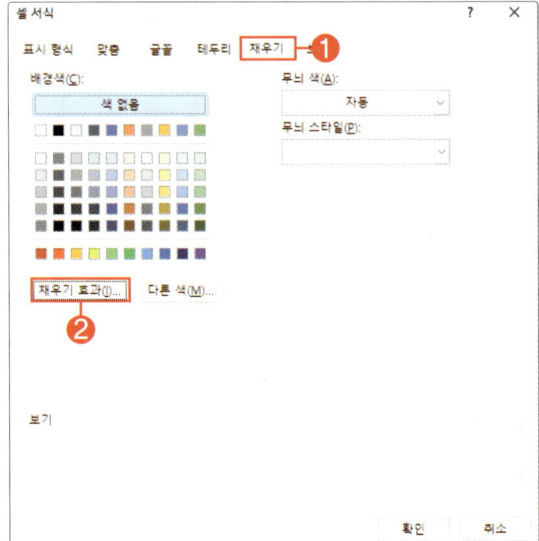

> TIP [셀 서식] 대화상자의 [채우기] 탭에서는 셀의 배경색이나 무늬색을 지정하여 무늬를 넣을 수 있습니다.

10 [채우기 효과] 대화상자가 나타나면 ❶ '두 가지 색'을 선택하고 ❷ '색 1'은 '황금색, 강조 4, 60% 더 밝게', ❸ '색 2'는 흰색으로 설정합니다. 계속해서 ❹ '음영 스타일'은 '세로'를 선택하고 ❺ [확인] 버튼을 클릭합니다.

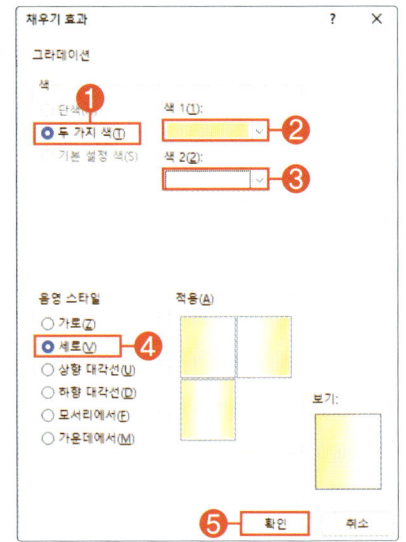

11 [셀 서식] 대화상자에서도 [확인] 버튼을 클릭하면 [B6:B21] 셀이 두 가지 색의 그라데이션 효과로 채워집니다.

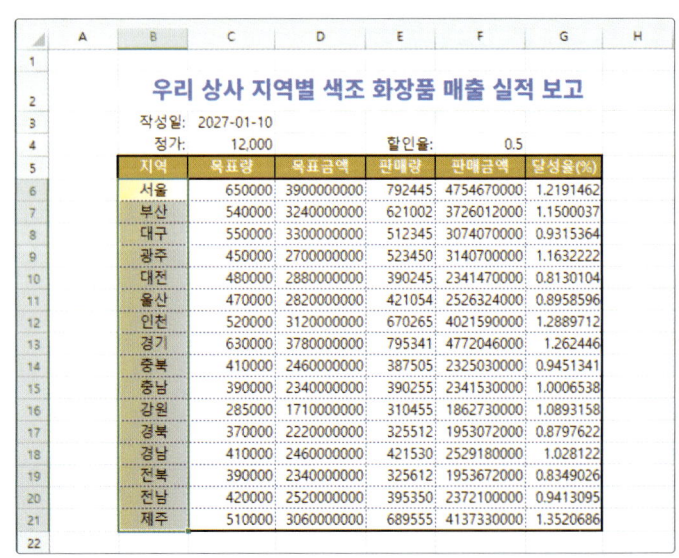

실습 3 데이터 표시 형식 지정하기

MISSION

1 셀에 입력된 데이터의 값은 그대로 두고 표시 형식을 변경할 수 있습니다. ❶ [C6:F21] 셀을 범위 지정하고 [홈] 탭의 [표시 형식] 그룹에서 ❷ [쉼표 스타일(,)]을 클릭합니다. 블록으로 지정된 영역의 숫자 데이터에 천 단위마다 쉼표가 삽입됩니다.

2 이번에는 ❶ [G6:G21] 셀을 범위 지정하고 ❷ [백분율 스타일(%)]을 클릭합니다. 숫자 데이터에 '%'를 붙인 백분율로 변경됩니다.

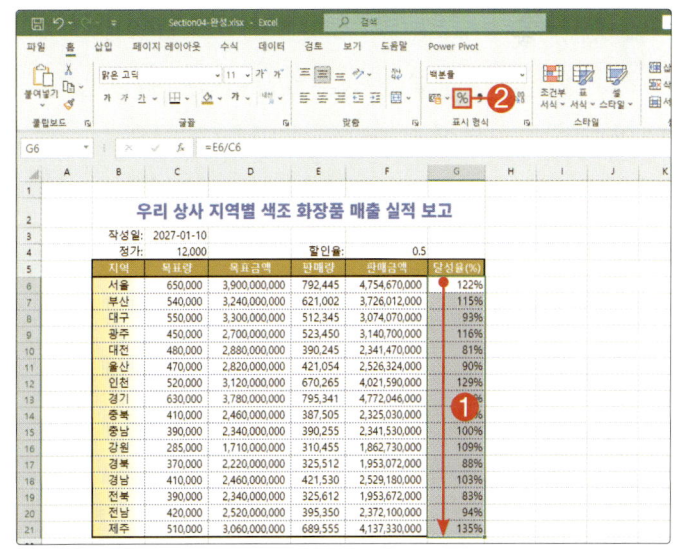

3 ❶ [C3:G3] 셀을 범위 지정하고 [홈] 탭의 [맞춤] 그룹에서 ❷ [병합하고 가운데 맞춤(🔲)]을 클릭한 후 [표시 형식] 그룹에서 ❸ 표시 형식(▫)을 클릭합니다.

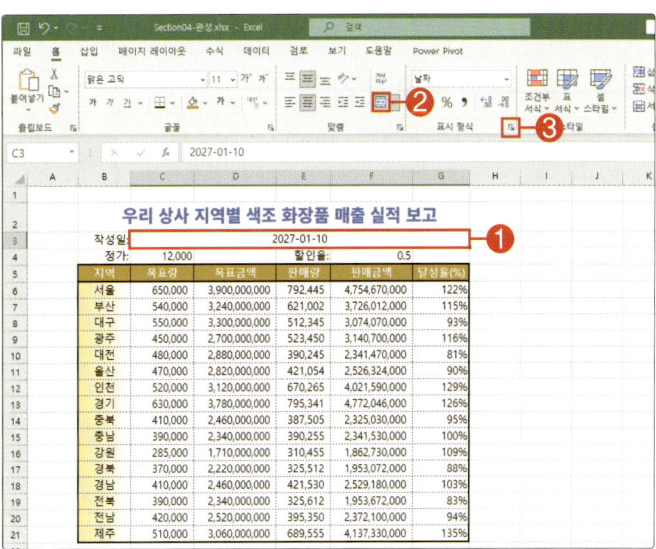

4 [셀 서식] 대화상자가 나타나면 [표시 형식] 탭의 '범주'에서 ❶'날짜'를 클릭하고 ❷ '형식'은 '2012년 3월 14일'을 선택한 뒤 ❸ [확인] 버튼을 누릅니다.

TIP 선택한 범주에 따라 오른쪽에 표시되는 설정 사항이 변경됩니다. 예를 들어 '백분율'을 선택했다면 소수 자릿수를 설정할 수 있습니다.

5 화면과 같이 날짜를 표시하는 형식이 '연월일'로 변경되었습니다. [홈] 탭의 [맞춤] 그룹에서 ❶ [왼쪽 맞춤(≡)]을 클릭해서 날짜를 왼쪽으로 정렬합니다.

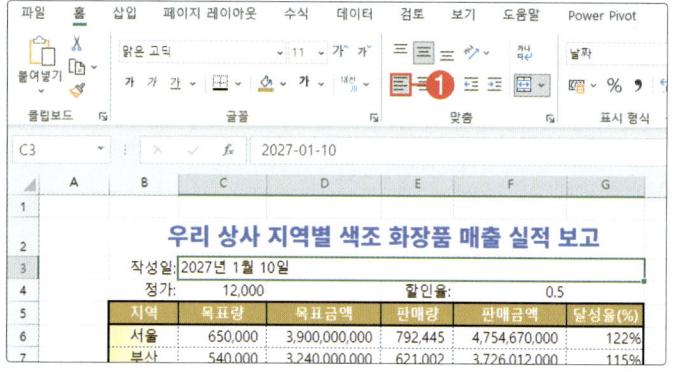

6 ❶ [C4] 셀을 선택하고 [홈] 탭의 [맞춤] 그룹에서 ❷ [왼쪽 맞춤(≡)]을 선택한 후 ❸ 표시 형식(▣)을 클릭하여 [셀 서식] 대화상자를 실행합니다. [표시 형식] 탭에서 '범주'는 ❹ '사용자 정의'를 선택하고 형식에서 ❺ '#,##0'을 클릭한 후 뒤에 ❻ "원"을 입력하고 [확인]을 누릅니다.

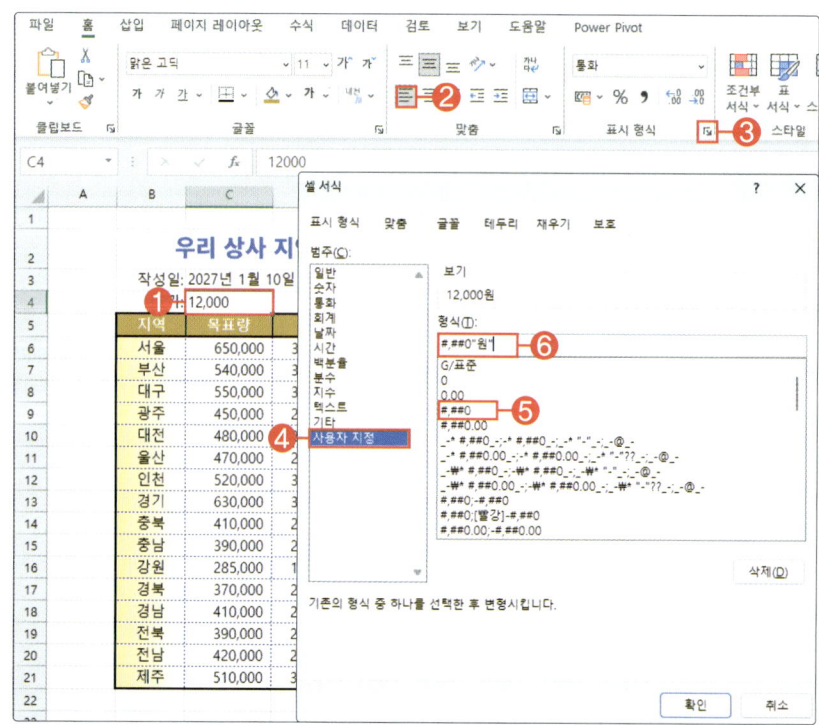

7 [F4] 셀의 텍스트도 [홈] 탭의 [맞춤] 그룹에서 [왼쪽 맞춤(☰)]을 클릭하여 텍스트를 왼쪽 정렬한 후 표시 형식을 백분율로 변경합니다.

[셀 서식] 대화상자의 사용자 지정

엑셀의 [셀 서식] 대화상자에서 [표시 형식] 탭의 '사용자 지정'은 셀 데이터를 원하는 형태로 표시할 수 있도록 도와줍니다. 예를 들어 숫자 1234를 ₩1,234처럼 통화 형식으로 만들거나 01012345678을 010-1234-5678처럼 표시할 수 있습니다. 그리고 0, #, @, "문자", [색상] 등 다양한 코드 조합으로 숫자, 텍스트, 날짜 형식을 자유롭게 꾸밀 수 있습니다.

사용자 지정 형식은 실제 값은 바꾸지 않고 보이는 형식만 변경하기 때문에 실무에서 보고서 작성이나 출력용 서식을 만들 때 매우 유용합니다.

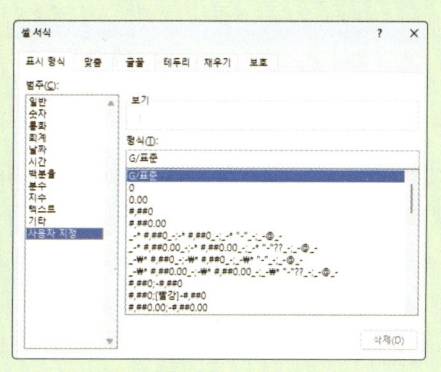

자주 사용되는 특별한 사용자 지정 형식 기능

기능	설명	예시	결과
0	자릿수 고정, 빈자리는 0으로 채움	형식에 '0000'으로 설정 → 사용자 형식이 지정된 셀에 '45'를 입력	0045
#	자릿수 표시, 빈자리는 공백	형식에 '#,##0'로 설정 → 사용자 형식이 지정된 셀에 '1234'를 입력	1,234
@	텍스트 자리 표시자	형식에 '이름: @'로 설정 → 사용자 형식이 지정된 셀에 '홍길동'을 입력	이름: 홍길동
"문자"	문자열 직접 표시	형식에 "# 개"로 설정 → 사용자 형식이 지정된 셀에 '5'를 입력	5개
[색상]	숫자에 색 적용	형식에 '#,##0;[빨강]-#,##0'으로 설정	음수만 빨간색으로 표시
yyyy. mm. dd	날짜 포맷 지정	형식에 'yyyy-mm-dd'로 설정	2025-07-09
;;;(빈 포맷 3개)	셀 내용 숨기기	형식에 ';;;'으로 설정	셀 내용이 보이지 않음

1 'Section04-기초.xlsx' 파일을 불러와 다음 조건대로 작성해 보세요.

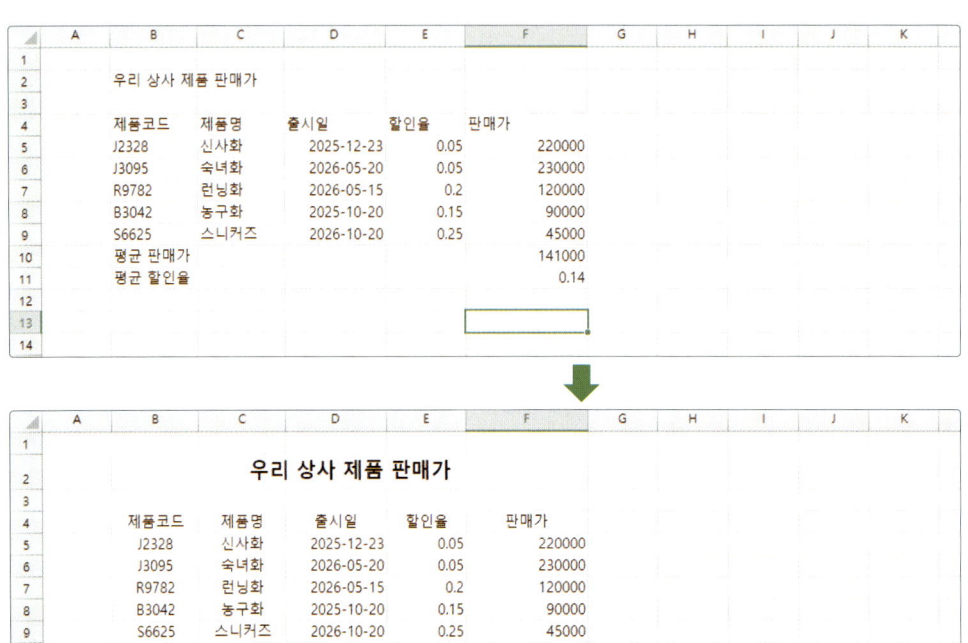

조건
- [B2:F2] 셀은 '병합하고 가운데 맞춤'으로 한 후 글자 크기는 '16', '굵게'로 지정합니다.
- [B4:F4], [B5:C9] 셀은 '가운데 맞춤'으로 지정합니다.
- [B10:E10], [B11:E11] 셀은 '병합하고 가운데 맞춤'으로 지정합니다.

2 1에 이어서 다음 조건대로 배경색과 테두리를 넣어 보세요.

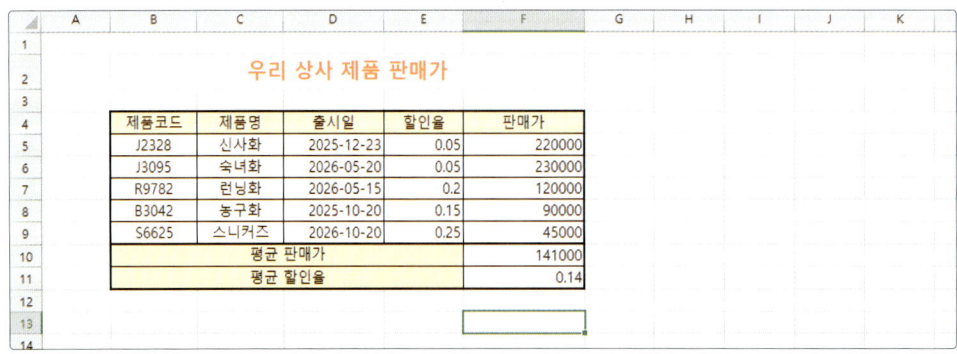

조건
- [B4:F11] 셀은 '모든 테두리'로, [B4:F9], [B10:F11] 셀은 '굵은 바깥쪽 테두리'로 지정합니다.
- 제목의 글자 색은 '주황, 강조2'로 지정합니다.
- [B4:F4], [B10], [B11] 셀의 배경색은 '황금색, 강조 4, 80% 더 밝게'로 지정합니다.

1 'Section04-심화.xlsx' 파일을 불러와 다음 조건대로 작성해 보세요.

조건
- 제목의 크기는 '18'로 지정하고, 2행~17행의 높이를 '25'로 지정합니다.
- [B4:H17], [B4:H4], [B4:B17], [B17:H17] 셀은 '굵은 바깥쪽 테두리'로 지정합니다.
- [B2], [B5:B17] 셀의 배경색은 '황록색, 강조 3, 60% 더 밝게'로 지정하고, [B4:H4] 셀의 배경색은 '주황, 강조 6, 60% 더 밝게'로 지정합니다.
- [H5:H16] 셀은 채우기 효과에서 두 가지 색 그라데이션으로 지정하고 '색 1'은 '바다색, 강조 5, 80% 더 밝게'로, '색 2'는 흰색으로 지정합니다.

2 1에서 완성한 파일을 이용하여 데이터의 표시 형식을 다음 조건으로 변경해 보세요.

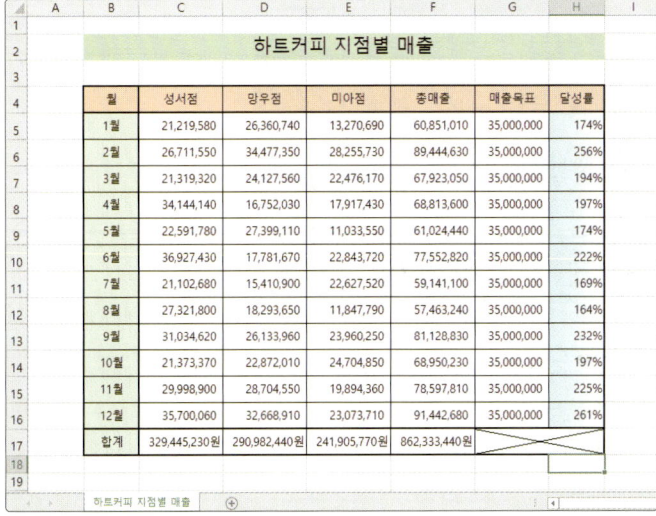

조건
- [C5:G16] 셀의 데이터는 '쉼표 스타일'을 지정하여 천 단위마다 쉼표를 넣습니다.
- [H5:H16] 셀의 데이터는 '백분율'을 지정합니다.
- [C17:F17] 셀의 데이터는 '쉼표 스타일'을 지정한 후 사용자 지정으로 맨 뒤에 '원'을 추가합니다.

Excel 2021

05
SECTION

그림 삽입하고 예쁘게 꾸미기

엑셀은 셀에 데이터를 입력하고 계산을 하는 스프레드시트의 기능만 있는 것이 아니라 워크시트에 그림을 삽입하고 밝기나 채도와 같은 그림 수정 기능도 제공합니다. 여기에서는 파워포인트나 워드프로세서의 전유물이었던 그림을 넣고 예쁘게 꾸미는 방법에 대해 알아보겠습니다.

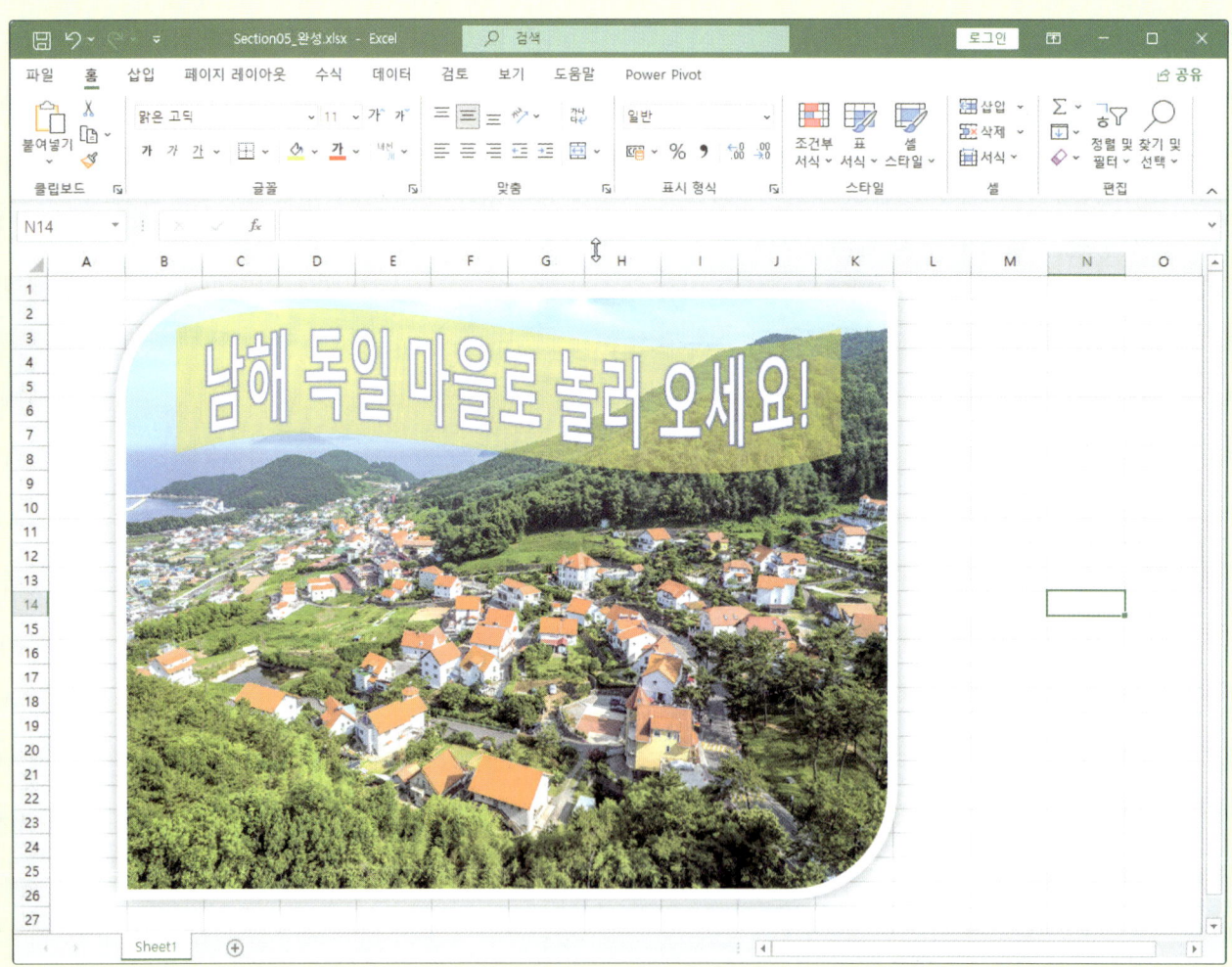

MISSION

실습 1 그림 삽입하고 수정하기

실습 2 도형으로 그림 그리기

실습 3 워드아트로 텍스트 꾸미기

CHECK POINT

포인트 1 사진이나 그림을 삽입하고 밝기나 대비를 수정합니다.

포인트 2 사진의 배경을 삭제하고 효과를 넣습니다.

포인트 3 도형을 넣고 수정합니다.

포인트 4 워드아트를 삽입하고 모양을 바꿉니다.

실습 1 그림 삽입하고 수정하기

1 워크시트에 그림을 넣어 보겠습니다. ❶ [B2] 셀을 선택하고 ❷ [삽입] 탭에서 ❸ [일러스트레이션]-[그림]-[이 디바이스]를 차례대로 선택합니다.

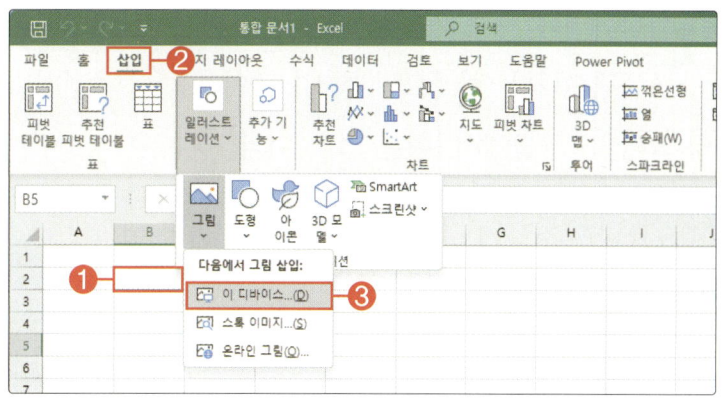

2 [그림 삽입] 대화상자가 나타나면 삽입할 ❶ 그림을 찾아 선택한 후 ❷ [삽입] 버튼을 클릭합니다. 여기에서는 예제 파일로 제공된 '독일마을.jpg' 파일을 삽입합니다.

3 그림이 삽입되었으면 밝기를 변경해 보겠습니다. ❶ [그림 형식] 탭에서 [조정] 그룹의 ❷ [수정]을 클릭한 후 '밝기/대비'에서 ❸ '밝기: +40, 대비: 0'을 선택하여 그림을 밝게 수정합니다.

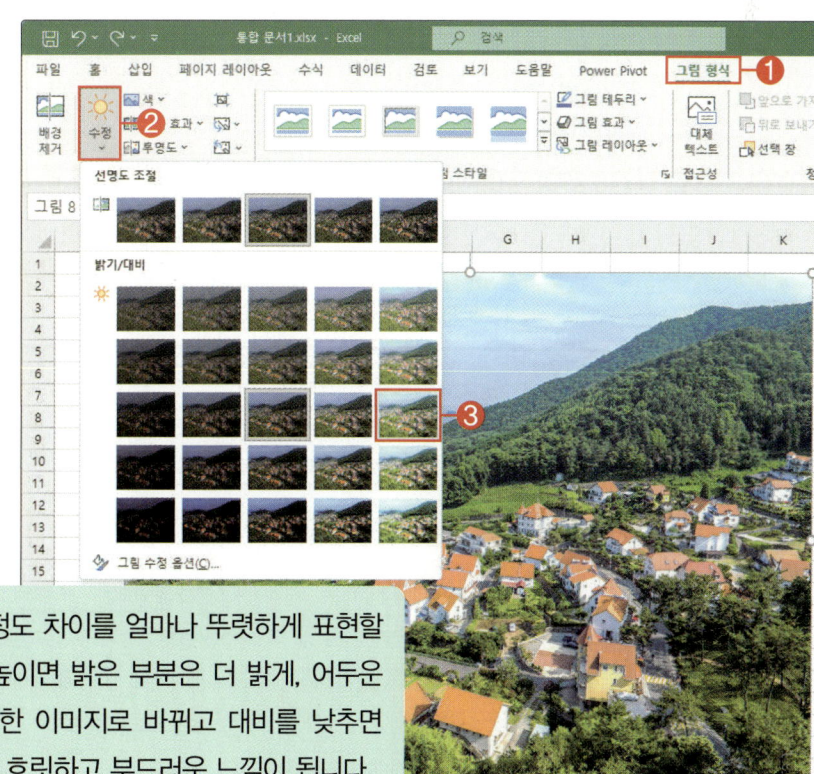

> **TIP** 대비는 이미지의 밝고 어두운 정도 차이를 얼마나 뚜렷하게 표현할지를 조절하는 기능입니다. 대비를 높이면 밝은 부분은 더 밝게, 어두운 부분은 더 어둡게 되어 선명하고 강한 이미지로 바뀌고 대비를 낮추면 밝고 어두운 부분의 차이가 줄어들어 흐릿하고 부드러운 느낌이 됩니다.

4 이번에는 그림의 스타일을 바꿔보겠습니다. ❶ [그림 형식] 탭의 [그림 스타일] 그룹에서 [빠른 스타일]의 자세히(⌄) 버튼을 클릭한 후 ❷ '둥근 대각선 모서리, 흰색'을 선택합니다.

5 왼쪽 상단과 오른쪽 하단의 모서리가 둥글게 변경되면서 그림자 스타일이 적용된 그림으로 변경됩니다.

TIP 그림 위에 표시된 노란색의 조절점을 사용하여 모서리의 둥근 정도를 조정할 수 있습니다. 노란색 조절점을 안쪽으로 드래그하면 둥글게 변경됩니다.

그림을 다양하게 수정하는 [조정] 그룹

[그림 형식] 탭의 [조정] 그룹에는 그림을 수정하는 다양한 기능들이 포함되어 있습니다. 그림의 배경을 삭제하거나 필터 효과를 넣을 수 있으며 여러 가지 스타일이나 필터가 적용된 그림을 원래대로 되돌릴 수도 있습니다.

❶ **배경 제거** 그림에서 자동으로 배경을 인식해서 제거하는 기능으로 필요한 부분만 남기고 배경을 삭제할 수 있습니다.

❷ **수정** 밝기, 대비, 선명도 등을 조절하는 기능으로 그림의 전체적인 느낌을 바꿀 수 있습니다.

❸ **색** 그림의 채도, 색조, 조절, 다시 칠하기 등으로 색상을 변경합니다.

❹ **꾸밈 효과** 그림에 특수 효과(스케치, 모자이크, 유화 효과) 등을 적용합니다.

❺ **투명도** 그림의 투명도를 조절합니다. 배경과 자연스럽게 어우러지게 만들 수 있습니다.

❻ **압축** 그림 파일을 압축하여 크기를 줄이거나 해상도를 바꿀 수 있습니다.

❼ **그림 바꾸기** 기존 그림을 삭제하지 않고 다른 그림으로 교체합니다.

❽ **그림 원래대로** 수정된 그림을 원래대로 되돌립니다.

실습 2 도형으로 그림 그리기

MISSION

1 그림 위에 도형을 넣어 보겠습니다. ❶ [삽입] 탭에서 [일러스트레이션] 그룹의 [도형]-'별 및 현수막'에서 ❷ '물결(🏳)'을 클릭합니다.

2 다음과 같이 그림 위에서 드래그하여 물결 모양의 현수막을 넣고 ❶ 노란색 조절점을 이용해서 높이를 조절합니다.

> TIP 도형의 왼쪽 상단에 있는 노란색 조절점은 높이를 조절하며, 하단 중간에 있는 노란색 조절점은 기울기를 조절합니다.

LEARN MORE

도형의 색이나 윤곽선 및 스타일을 조절하는 [도형 스타일] 그룹

[도형 스타일] 그룹은 도형의 색상, 테두리, 효과 등을 빠르게 꾸밀 수 있게 도와주는 명령이 모여 있는 곳으로 도형을 시각적으로 꾸미고 강조하는 데 매우 핵심적인 역할을 합니다.

❶ **빠른 스타일** 미리 설정된 도형 디자인(채우기 색, 테두리, 그림자 등)을 빠르게 적용할 수 있는 스타일 모음입니다. 마우스를 올리면 미리 보기로 스타일을 표시해 주어 도형이 어떻게 변경되는지 확인할 수 있습니다.

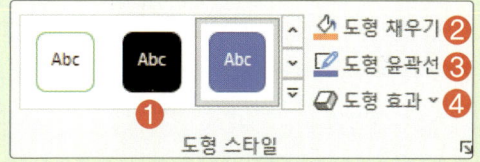

❷ **도형 채우기** 도형 내부에 색상, 그라데이션, 그림, 질감 등을 채우는 기능으로, 투명도 조절이 가능하며 이미지나 패턴도 배경으로 넣을 수 있습니다.

❸ **도형 윤곽선** 도형 테두리의 색상, 두께, 선 종류(실선, 점선 등)를 설정하는 기능으로 강조 표시나 테두리를 만들 때 유용합니다.

❹ **도형 효과** 도형에 그림자, 입체 효과, 반사, 흐림 효과 등을 넣어 입체감이나 강조 효과를 줄 수 있습니다.

053

3 삽입한 도형에 스타일을 적용해 보겠습니다. ❶ [셰이프 형식] 탭의 [도형 스타일] 그룹에서 [빠른 스타일]의 자세히(⊽) 버튼을 클릭한 후 ❷ '반투명–황금색, 강조 4, 윤곽선 없음'을 선택합니다.

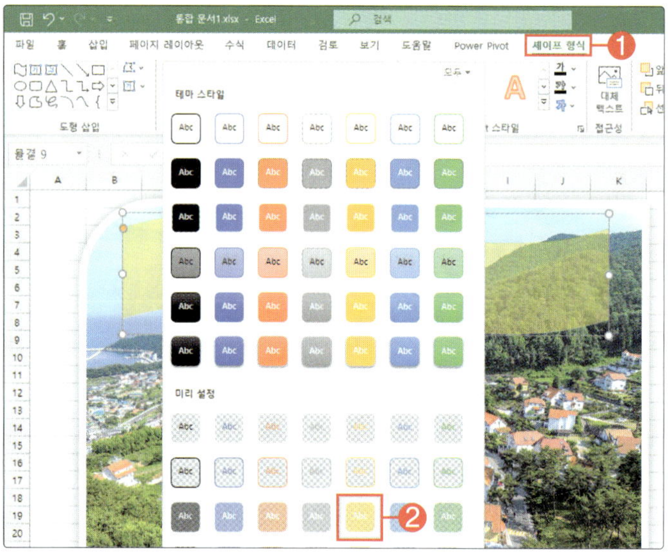

4 도형에 황금색의 반투명 효과가 적용되어서 아래의 그림이 비쳐 보입니다.

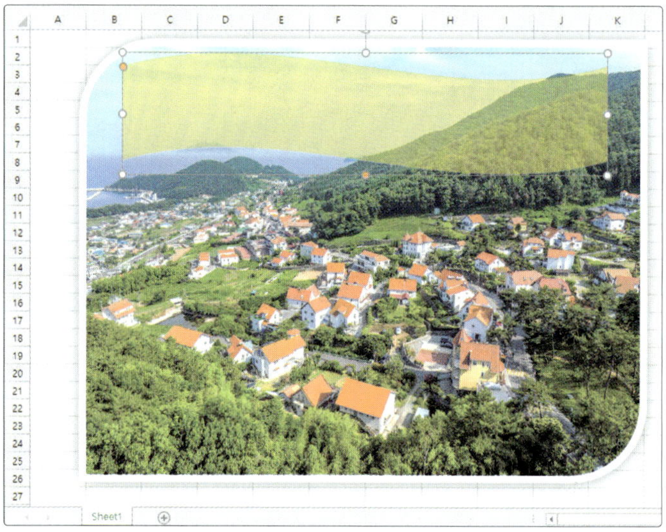

LEARN MORE

도형이나 이미지 등 개체를 정렬하는 [정렬] 그룹

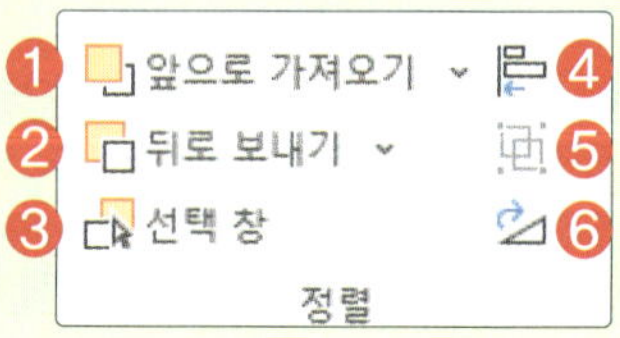

❶ 앞으로 가져오기 선택한 개체를 앞으로 이동합니다. 여러 번 클릭하면 맨 앞으로 가져올 수 있습니다.

❷ 뒤로 보내기 선택한 개체를 뒤로 이동합니다. 여러 번 클릭하면 맨 뒤로 보낼 수 있습니다.

❸ 선택 창 현재 워크시트에 있는 모든 개체(도형, 그림, 텍스트 상자 등)의 목록을 한눈에 볼 수 있습니다.

❹ 개체 맞춤 선택한 여러 개체를 왼쪽 맞춤, 가운데 맞춤, 오른쪽 맞춤 등으로 정렬할 수 있으며, 간격을 균등하게 맞출 수도 있습니다.

❺ 개체 그룹화 여러 개체를 하나의 그룹으로 묶어 함께 이동하거나 서식 적용이 가능하게 합니다. 그룹으로 묶거나 해제할 수 있습니다.

❻ 개체 회전 도형이나 개체를 회전하거나 좌우/상하 대칭시킬 수 있습니다.

워드아트로 텍스트 꾸미기 MISSION

1 ❶ [삽입] 탭의 [텍스트] 그룹에서 ❷ [WordArt]를 클릭하고 원하는 워드아트를 선택합니다. 여기에서는 ❸ '채우기: 흰색, 윤곽선: 파랑, 강조색1, 네온: 파랑, 강조색1'로 선택합니다.

2 워크시트 중앙에 '필요한 내용을 적으십시오'라는 텍스트로 기본 워드아트가 삽입되면 그림과 같은 위치에 배치합니다

TIP 워드아트 텍스트 입력 상태에서는 테두리가 점선으로 표시됩니다.

3 ❶ 원하는 텍스트를 입력한 후 워드아트 테두리를 클릭한 채로 드래그하여 현수막 도형 안에 들어가도록 크기를 수정합니다. 여기에서는 '남해 독일 마을로 놀러 오세요!'를 입력합니다.

4 입력된 내용을 드래그하여 선택한 후 마우스 오른쪽 버튼을 클릭하면 빠른 서식 도구 모음이 나타납니다. 여기에서 글꼴 크기를 ❶ '44'로 선택하여 글자 크기를 변경합니다.

5 ❶ [셰이프 형식] 탭의 [WordArt] 스타일 그룹에서 [텍스트 효과(가⌄)]를 클릭하고 ❷ [변환]에서 ❸ '물결: 아래로'를 선택합니다.

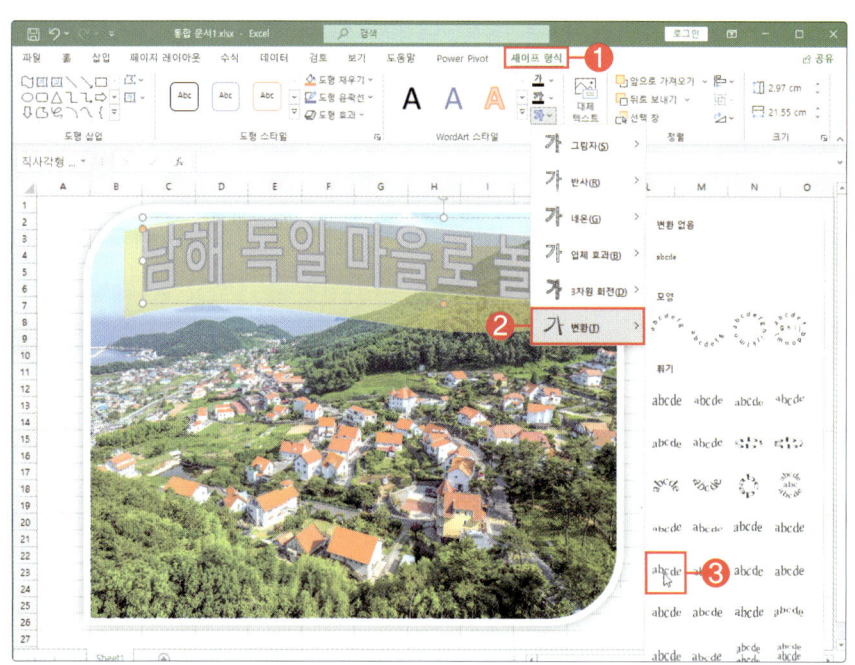

6 워드아트로 변환되면 ❶ 오른쪽 하얀색 조절점을 드래그하여 현수막 안으로 워드아트가 들어가도록 너비를 변경합니다.

TIP 위쪽과 오른쪽 조절점을 드래그하면 너비와 높이를 조절할 수 있습니다. 왼쪽 위의 노란색 조절점은 워드아트의 변형 정도를, 아래쪽의 노란색 조절점은 기울기를 조절할 수 있습니다.

7 다음과 같이 위치를 변경합니다.

그림 복사로 결재란 만들기

엑셀의 워크시트는 같은 행(열)의 모든 셀이 높이(너비)가 동일합니다. 따라서 행과 열의 너비가 다른 경우에는 그림으로 만들어서 배치해야 합니다. ITQ 자격증 시험에 등장하는 결재란의 경우가 이에 해당합니다. 여기에서는 '그림으로 복사' 기능을 이용해서 결재란을 만드는 방법에 대해서 알아보겠습니다.

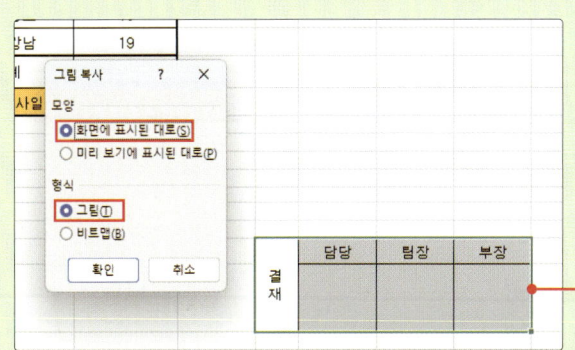

❶ 본문에 영향을 받지 않는 셀에 내용을 입력하고 테두리를 지정해서 결재란을 만듭니다.

❷ 만들어 놓은 결재란을 드래그하여 범위를 지정한 후 [홈] 탭의 [클립보드] 그룹에서 [복사]-[그림으로 복사]를 선택합니다.

❸ [그림 복사] 대화상자가 나타나면 '모양'은 '화면에 표시된 대로', '형식'은 '그림'을 선택하고 [확인] 버튼을 클릭합니다.

❹ 붙여 넣을 위치로 이동한 후 Ctrl + V 키를 눌러 붙여 넣습니다.

❺ 붙여 넣은 복사본을 드래그하여 크기와 위치를 조절합니다.

1 새로운 통합 문서에 다음 조건대로 작성하여 'Section05-기초1_완성.xlsx' 파일로 저장해 보세요.

조건

- '생일축하.jpg' 파일을 불러온 후 위치와 크기를 조절합니다.
- '물결' 도형을 삽입하고 위치와 크기를 변경한 후 배경색은 '파랑, 강조 5'로 지정합니다.
- 워드아트 스타일은 '채우기: 흰색 윤곽선: 파랑 강조색 5 그림자'로 지정하여 삽입하고 '생신 축하드려 요! 오래오래 건강하세요'를 입력합니다.
- [셰이프 형식] 탭의 [WordArt 스타일] 그룹에서 [텍스트 효과]–[변환]의 '물결: 아래로'를 선택하고 모서 리 조절점을 이용해 크기와 위치를 변경합니다.

2 새로운 통합 문서에 다음 조건대로 작성하여 'Section05-기초2_완성.xlsx' 파일로 저장해 보세요.

조건

- '바람언덕.jpg' 파일을 불러온 후 위치와 크기를 조절하고 '밝기: +20%, 대비: +20%'로 수정합니다.
- '리본: 위로 기울어짐' 도형을 삽입하고 채우기는 '파랑 강조1', 윤곽선은 '없음'으로 지정합니다.
- [가로 텍스트 상자 그리기]로 텍스트 상자를 그리고 '거제도 바람의 언덕'을 입력한 후 글자색은 '흰색', 텍스트 상자 배경과 윤곽선은 '없음'으로 지정합니다.

1 새로운 통합 문서에 다음 조건대로 작성하여 'Section05-심화1_완성.xlsx' 파일로 저장해 보세요.

조건
- '배경.jpg' 파일을 불러온 후 위치와 크기를 조절합니다.
- '로봇.jpg' 파일을 불러와 '배경.jpg' 파일 위에 올려놓고 그림의 크기와 위치를 변경합니다.
- '로봇.jpg' 파일의 배경색을 모두 삭제하고 배경의 중앙에 배치합니다.

2 새로운 통합 문서에 다음 조건대로 순서도를 완성하고 'Section05-심화2_완성.xlsx' 파일로 저장해 보세요.

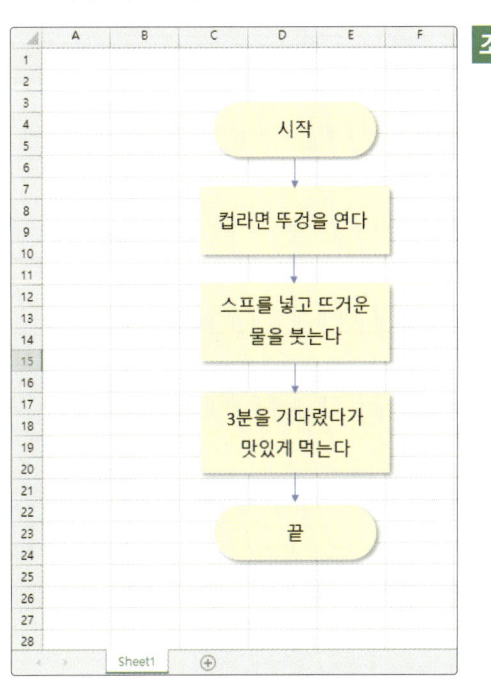

조건
- [삽입] 탭의 [일러스트레이션] 그룹에서 [도형]을 선택하고 [순서도]에서 '순서도: 수행의 시작/종료'와 '순서도: 처리' 도형을 삽입합니다.
- 삽입된 도형의 채우기 색은 '황금색, 강조 4, 80% 더 밝게', 윤곽선은 '없음', 도형 효과는 [그림자]에서 '바깥쪽'의 '오프셋: 오른쪽 아래'로 지정합니다.
- 삽입된 도형 안에 텍스트를 입력합니다.
- [삽입] 탭의 [일러스트레션] 그룹에서 [도형]을 선택하고 [선]에서 '선 화살표'를 넣은 후 색은 '파랑, 강조1'로 지정합니다.
- [셰이프 형식] 탭의 [정렬] 그룹에서 [개체 맞춤]의 '가운데 맞춤'을 이용해 정렬합니다.

06 워크시트 인쇄하기

엑셀은 워크시트에 데이터를 입력하는 형태이므로 인쇄를 하려면 미리 보기를 이용해서 페이지 단위로 설정해야 합니다. 원하는 영역만큼 인쇄 범위를 지정하거나 페이지마다 제목이나 쪽 번호, 머리글 등을 설정하여 인쇄할 수 있습니다.

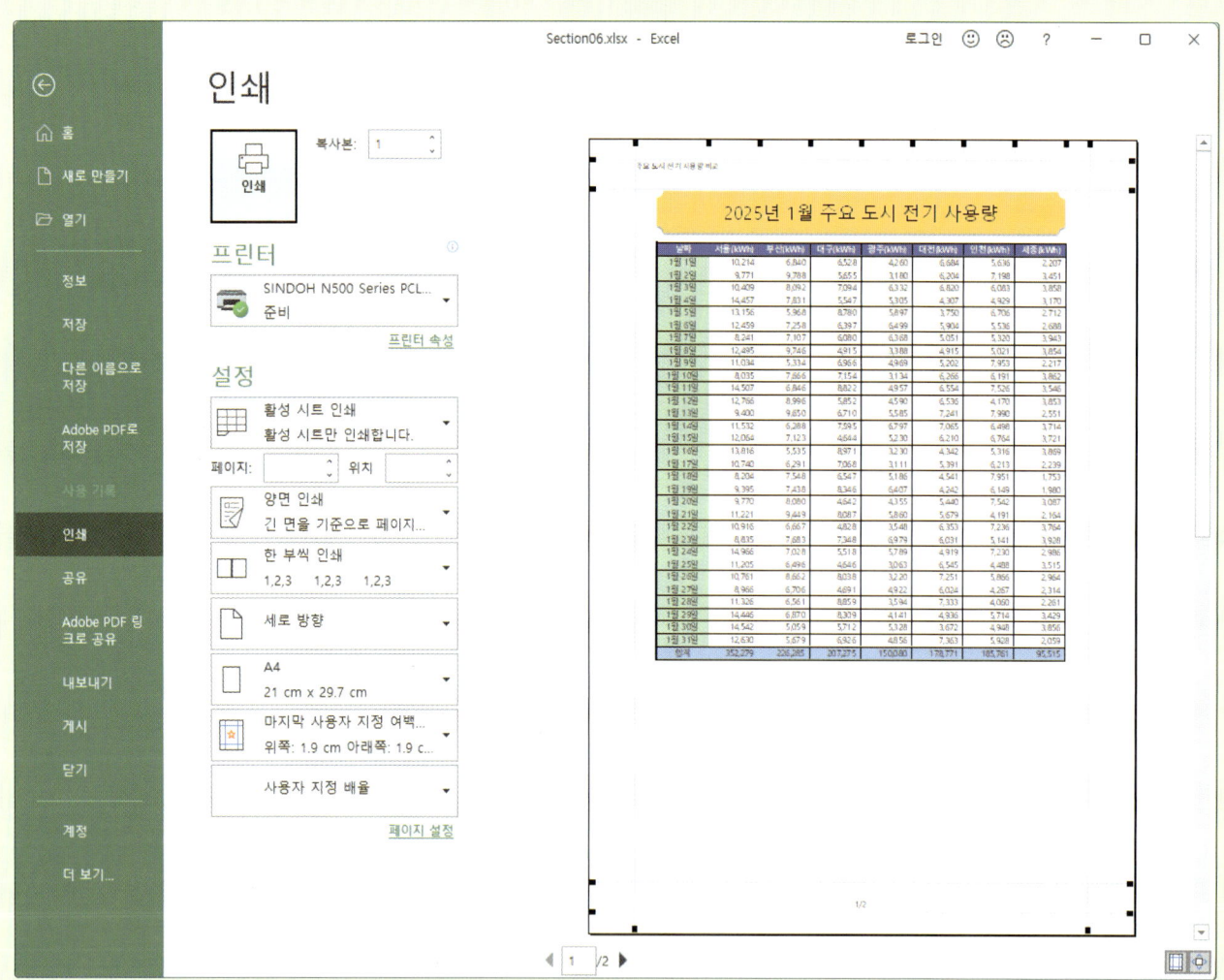

MISSION

실습 1 인쇄 모양 미리 보기

실습 2 머리글/바닥글 작성하기

실습 3 인쇄 페이지 설정하기

CHECK POINT

포인트 1 [보기] 탭의 [통합 문서 보기] 그룹을 이용해서 인쇄할 페이지를 미리 확인하고 인쇄 영역을 변경합니다.

포인트 2 인쇄 페이지의 위와 아래에 페이지 번호를 넣습니다.

포인트 3 인쇄할 페이지의 여백을 설정하고 제목을 반복해서 표시하도록 설정합니다.

실습 1 인쇄 모양 미리 보기

실습파일 Section06.xlsx

1 인쇄 범위를 확인하기 위해서 ❶ [보기] 탭의 [통합 문서 보기] 그룹에서 ❷ [페이지 나누기 미리 보기]를 클릭합니다.

> **TIP** 컴퓨터에 프린터가 설치되어 있지 않으면 인쇄 범위를 설정하는 작업이 정상적으로 이루어지지 않을 수도 있습니다.

2 화면이 기본 보기에서 미리 보기로 전환됩니다. 인쇄가 되는 부분은 흰색으로 표시된 영역이며 파란색 페이지 나누기 선이 표시됩니다. 페이지 나누기 선을 클릭한 채로 ❶ 오른쪽 끝부분으로 드래그하여 인쇄 영역을 조정합니다.

> **TIP** 페이지 나누기 선 위에 마우스 포인트를 올려 놓으면 양방향 화살표 모양으로 변경됩니다.

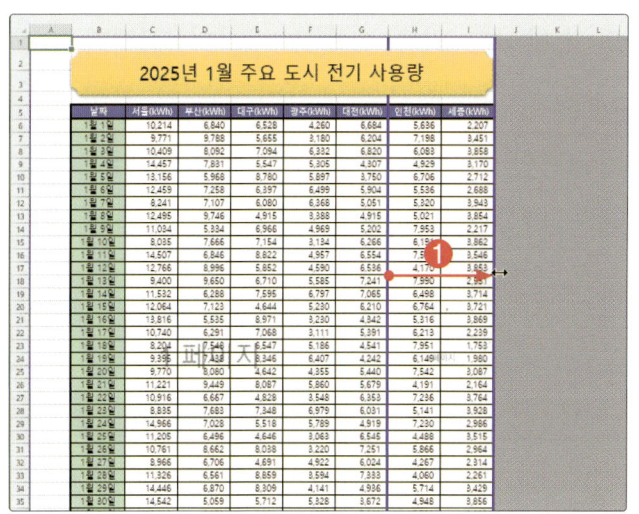

3 ❶ 왼쪽 A열 앞에 페이지 나누기 선을 클릭한 채로 B열 앞으로 드래그하여 B열부터 인쇄가 되도록 합니다.

> **TIP** 페이지 나누기 선은 엑셀에서 인쇄를 하였을 때 페이지가 구분되는 선으로, 실선의 '자동 페이지 나누기 선'과 점선의 '수동 페이지 나누기 선'이 있습니다.

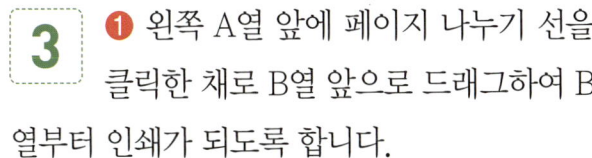

4 워크시트에서 1행 위에 있는 페이지 나누기 선을 클릭한 채로 ❶ 2행 위로 드래그하여 2행부터 인쇄가 되도록 영역을 조절합니다.

5 인쇄 범위가 왼쪽, 오른쪽, 위쪽이 지정되었습니다. 워크시트 오른쪽의 슬라이드 바를 아래로 내리면 53행과 54행 사이에 점선의 페이지 나누기 선이 있습니다. ❶ 페이지 나누기 선을 클릭한 채로 '2025년 2월 주요 도시 전기 사용량' 위로 드래그합니다.

6 페이지 영역 구분이 완료되었습니다. 해당 페이지가 회색으로 표시되어 있습니다. 페이지 구분 표시는 인쇄되지 않습니다.

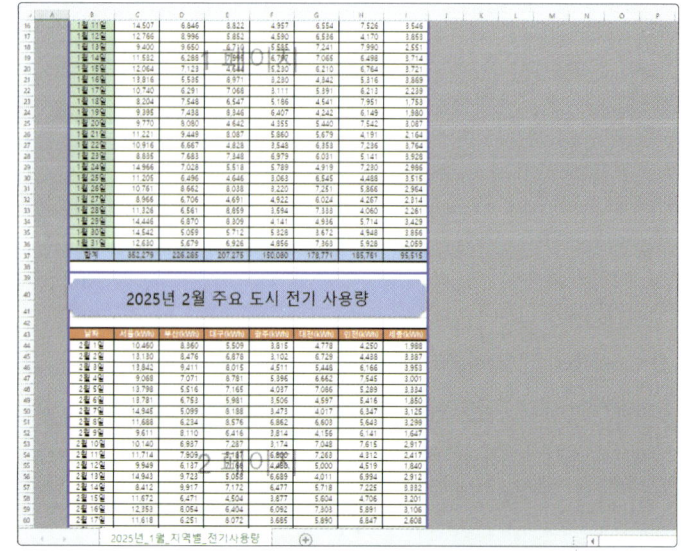

1 ❶ [보기] 탭의 [통합 문서 보기] 그룹에서 ❷ [페이지 레이아웃]을 클릭하여 워크시트의 머리글과 바닥글, 페이지 번호를 넣어 보겠습니다.

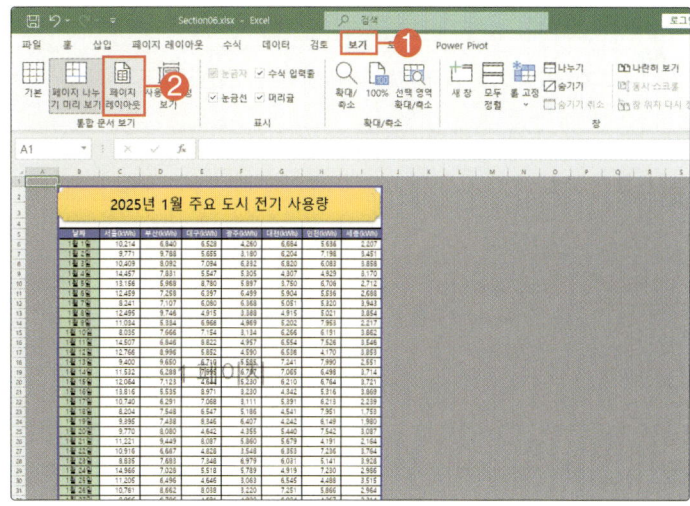

2 페이지 레이아웃 보기로 화면이 변경되면 ❶ 머리글의 왼쪽 구역을 클릭하고 '주요 도시 전기 사용량 비교'를 입력한 후 ❷ [홈] 탭의 [글꼴] 그룹에 있는 명령을 이용해서 글꼴과 글꼴 크기를 변경합니다. 여기에서는 'Noto Sans KR' 글꼴을 사용했습니다.

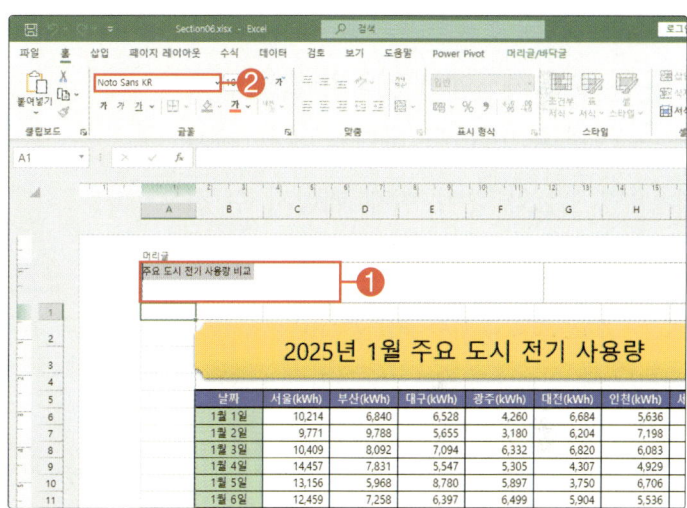

3 이번에는 페이지 하단의 바닥글에서 ❶ 가운데 구역을 클릭합니다. 가운데 구역에 커서가 표시되면 [머리글/바닥글] 탭의 [머리글/바닥글 요소] 그룹에서 ❷ [페이지 번호]를 클릭하여 머리글/바닥글 코드인 '&[페이지 번호]'를 표시합니다.

> TIP 머리글/바닥글 코드는 인쇄할 때 자동으로 바뀌는 특별한 명령어 코드로 페이지 번호, 날짜, 파일 이름과 같은 정보를 머리글이나 바닥글에 자동으로 넣을 때 사용합니다.

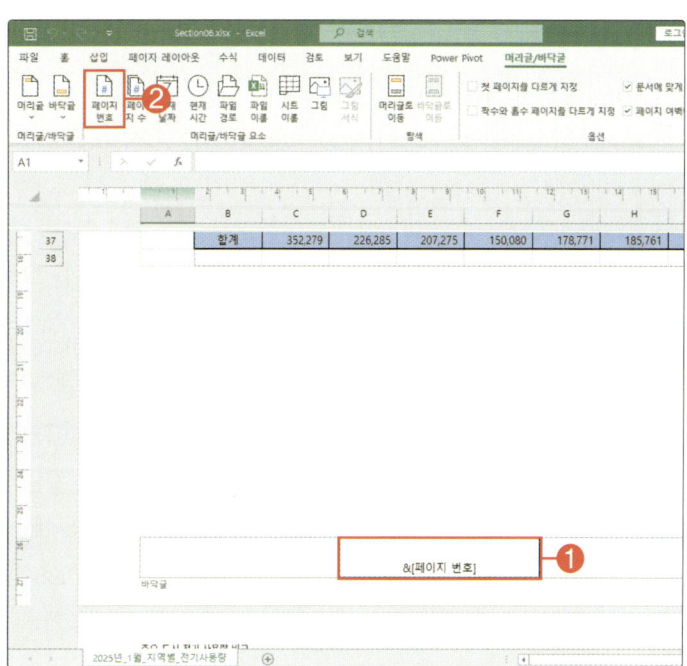

4 '&[페이지 번호]' 뒤에 ❶ '/'를 입력하고 [머리글/바닥글] 탭에서 ❷ [페이지 수]를 클릭하여 '&[전체 페이지 수]'를 입력합니다.

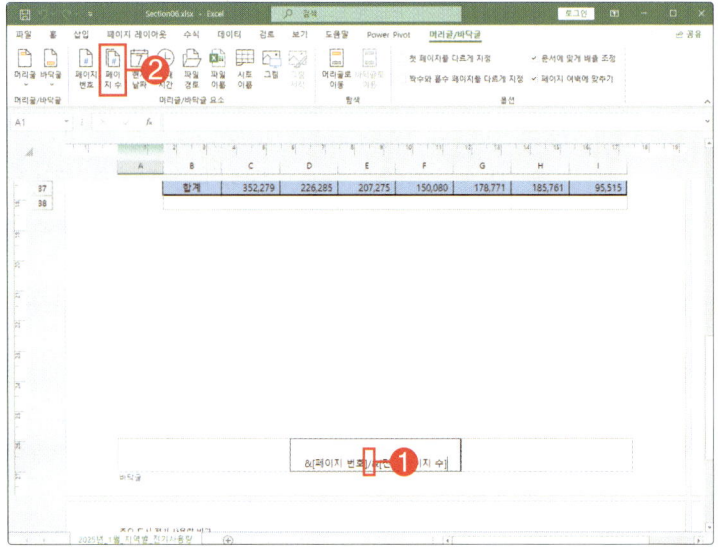

5 워크시트에서 임의의 셀을 클릭하여 '머리글/바닥글'에서 빠져나오면 '1/2'와 같이 '현재 페이지 수/전체 페이지 수'로 표시됩니다.

TIP 바닥글의 페이지 번호는 [홈] 탭의 [글꼴] 그룹의 도구를 이용하여 글꼴이나 글꼴 크기 및 색을 변경할 수 있습니다.

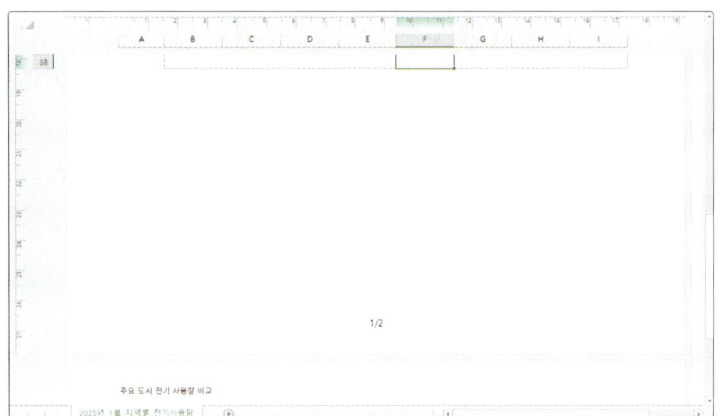

LEARN MORE

머리글/바닥글 요소

❶ 페이지 번호 '&[페이지 번호]' 코드를 삽입하여 현재 페이지 번호를 표시합니다.

❷ 페이지 수 '&[페이지 수]' 코드를 삽입하여 전체 페이지 수를 표시합니다.

❸ 현재 날짜 '&[날짜]' 코드를 삽입하여 문서를 인쇄하는 날짜를 자동으로 표시합니다.

❹ 현재 시간 '&[시간]' 코드를 삽입하여 문서를 인쇄하는 시간을 자동으로 표시합니다.

❺ 파일 경로 '&[경로]' 코드를 삽입하여 엑셀 파일이 저장된 전체 경로를 표시합니다.

❻ 파일 이름 '&[파일 이름]' 코드를 삽입하여 현재 파일 이름을 삽입합니다.

❼ 시트 이름 '&[시트 이름]' 코드를 삽입하여 현재 워크시트 이름을 자동으로 표시합니다.

❽ 그림 머리글/바닥글에 그림을 삽입합니다. 회사 로고와 같은 이미지를 넣을 때 많이 사용합니다.

❾ 그림 서식 삽입한 그림의 크기 조절, 비율 유지, 자르기 등의 서식을 설정할 수 있습니다.

1 문서의 여백을 설정하기 위해서 ❶ [페이지 레이아웃] 탭의 [페이지 설정] 그룹에서 ❷ 자세히(🗔)를 클릭합니다. [페이지 설정] 대화상자의 ❸ [여백] 탭에서 '페이지 가운데 맞춤'의 ❹ '가로'를 선택하고 ❺ [인쇄 미리 보기] 버튼을 클릭합니다.

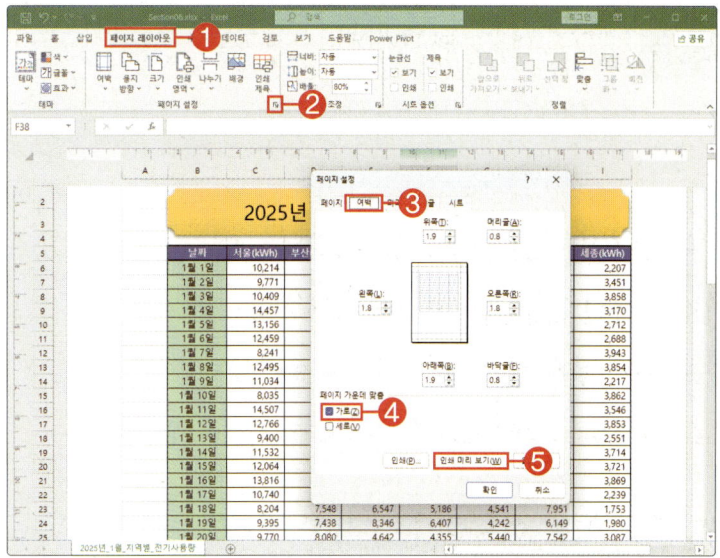

2 [인쇄 미리 보기] 화면이 나타나면 하단의 ❶ 여백 보기(🔲)를 클릭하여 인쇄 미리 보기에서 여백과 열 너비를 확인한 후 ❷ [인쇄] 버튼을 클릭하여 인쇄를 합니다.

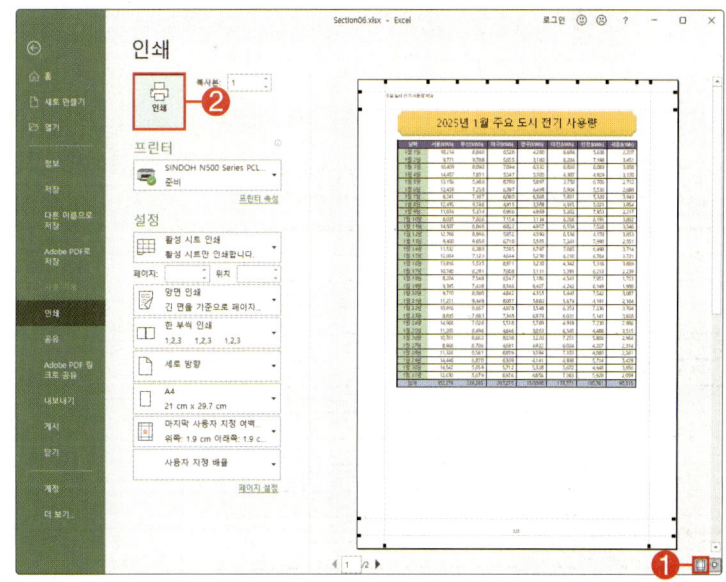

LEARN MORE

제목 행을 반복적으로 인쇄하는 방법

엑셀에서는 제목 행이나 열을 각 페이지마다 반복 인쇄할 수 있도록 '반복 인쇄 제목' 기능을 제공합니다. 이 기능은 표가 여러 페이지에 걸쳐 인쇄될 때, 각 페이지의 상단이나 왼쪽에 제목이 반복되어 데이터의 의미를 쉽게 파악할 수 있도록 도와줍니다.

[페이지 레이아웃] 탭에서 '인쇄 제목' 명령을 통해 설정할 수 있으며, [페이지 설정] 대화상자의 [시트] 탭에서 반복할 행(예: 첫 번째 행)이나 반복할 열(예: A열)을 지정하면 됩니다. 지정된 행이나 열은 인쇄 시 자동으로 모든 페이지에 반복되어 출력되므로, 특히 긴 표나 보고서를 인쇄할 때 매우 유용합니다.

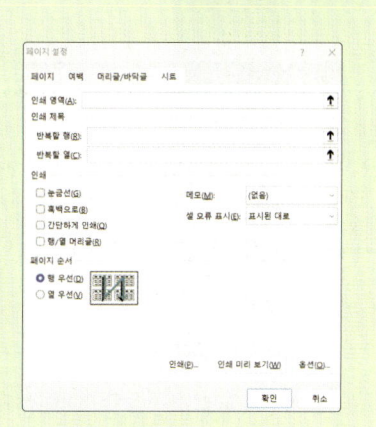

1 'Section06-기초.xlsx' 파일을 불러온 후 다음 조건대로 만들어 보세요.

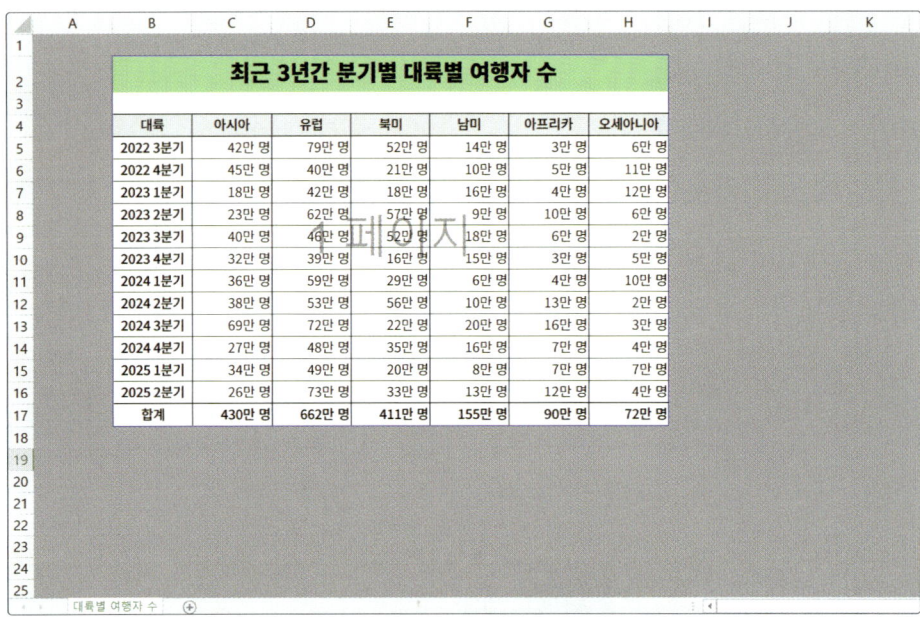

조건
- 페이지 나누기 미리 보기로 화면을 변경합니다.
- 인쇄할 때 [B2:H17] 셀의 범위만 출력되도록 설정합니다.

2 1에 이어서 다음 조건대로 인쇄 페이지를 설정해 보세요.

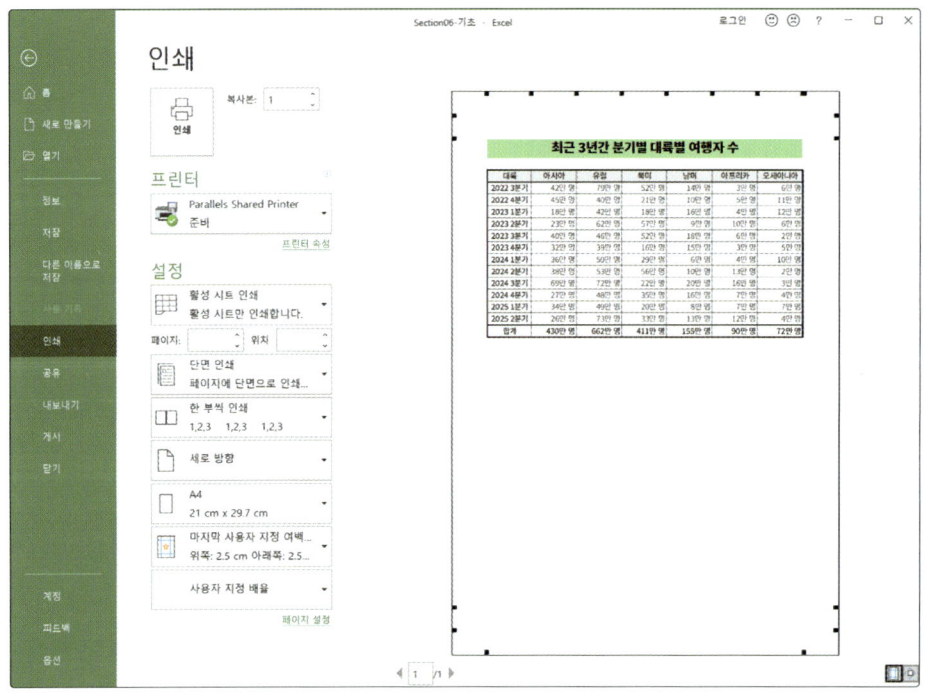

조건
- [페이지 설정] 대화상자의 [여백] 탭에서 인쇄 영역을 용지의 가로 방향 가운데로 지정합니다.

문제 풀어보기

CHALLENGE

1 'Section06-심화.xlsx' 파일을 불러온 후 '지역별 강우량' 시트의 인쇄 미리 보기를 다음 조건대로 완성해 보세요.

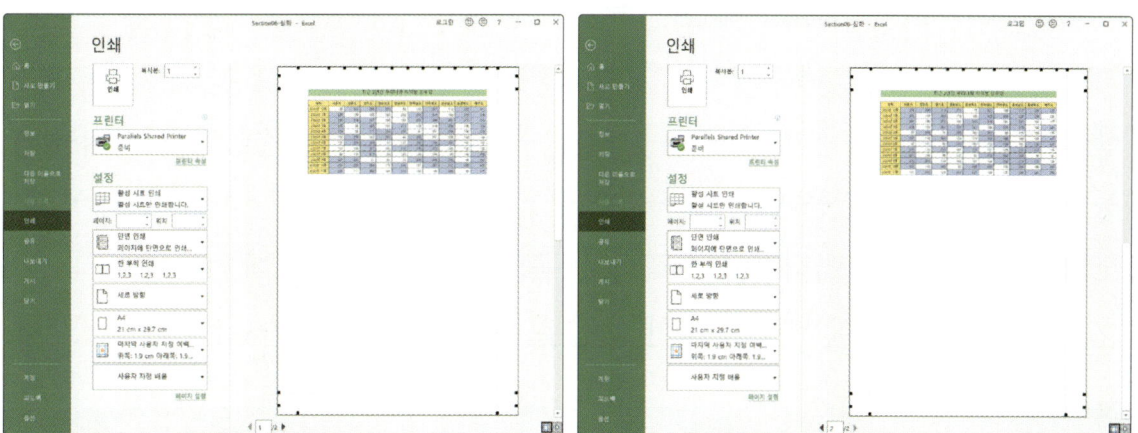

조건

- [페이지 나누기 미리 보기]로 화면을 변경한 후 [페이지 레이아웃] 탭의 [페이지 설정] 그룹에서 [나누기]-[페이지 나누기 삽입] 명령을 클릭합니다.
- 페이지 나누기 선이 나타나면 A열과 1행은 인쇄되지 않도록 지정합니다.
- 17행과 18행 사이로 페이지 나누기 선을 드래그하여 두 페이지로 나눕니다.
- [페이지 설정] 대화상자를 실행하고 [여백] 탭에서 '페이지 가운데 맞춤'을 '가로'로 선택합니다.
- [페이지 설정] 대화상자의 [시트] 탭에서 '반복할 행'을 클릭하여 커서가 깜박이면 워크시트에서 3행 머리글 클릭하고 Shift 키를 누른 채로 5행 머리글을 클릭하여 $3:$5가 표시되도록 합니다.
- [페이지 설정] 대화상자에서 인쇄 미리 보기를 클릭하여 1페이지와 2페이지에 제목이 반복되면서 출력되는지 확인합니다.

2 'Section06-심화.xlsx' 파일에서 '우산 판매량' 시트의 인쇄 미리 보기를 다음 조건대로 완성해 보세요.

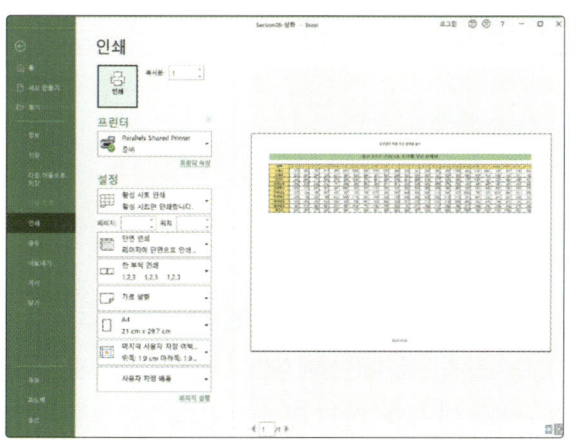

조건

- [페이지 설정] 대화상자를 실행하고 [페이지] 탭에서 '용지 방향'을 '가로'로 지정합니다.
- [페이지 나누기 미리 보기]로 화면을 변경한 후 [B3:Z15] 셀을 인쇄 범위로 설정합니다.
- [페이지 레이아웃]을 이용해서 머리글에는 '강우량에 따른 우산 판매량 분석', 바닥글에는 현재 날짜가 표시되도록 설정합니다.

067

07 조건부 서식 활용하기

SECTION

엑셀의 조건부 서식은 셀에 입력된 값이나 수식 결과에 따라 자동으로 서식을 지정하는 기능입니다. 특정 조건을 만족하는 셀에만 글꼴 색, 채우기 색, 아이콘, 데이터 막대 등을 적용할 수 있어 데이터를 시각적으로 구분하기 쉽습니다. 데이터 분석과 보고서 작성 시 중요 정보 파악에 매우 유용한 조건부 서식을 알아보겠습니다.

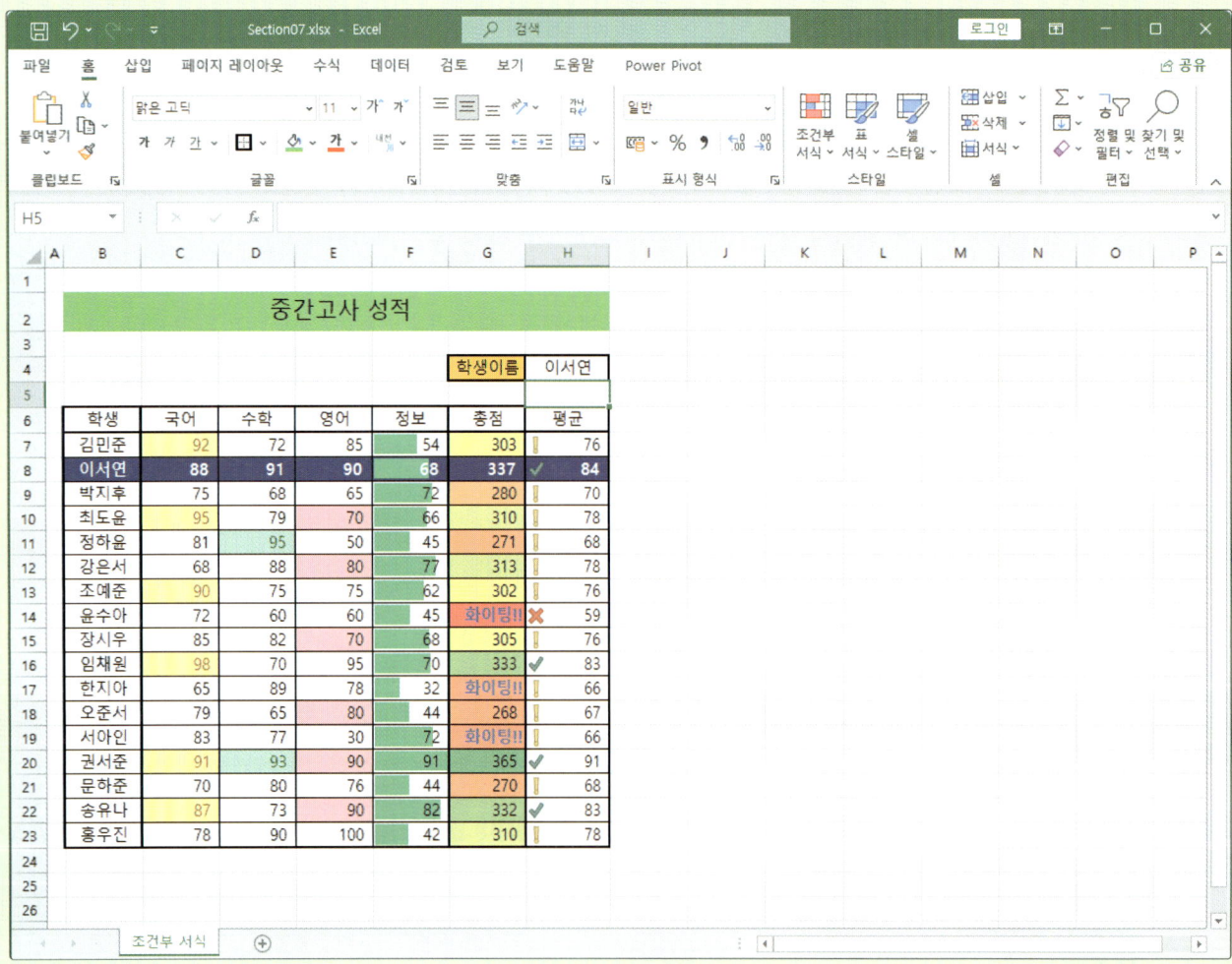

MISSION

실습 1 셀 강조 규칙

실습 2 상위/하위 규칙

실습 3 데이터 막대/색조/아이콘 조합

실습 4 조건부 서식으로 만드는 검색 기능

CHECK POINT

포인트 1 주어진 조건에 따라 서식이 자동으로 지정되도록 합니다.

포인트 2 주어진 조건에 따라 셀에 데이터 막대/색조/아이콘을 표시합니다.

포인트 3 수식을 이용해서 데이터를 쉽게 검색하는 기능을 만들어 봅니다.

실습파일 Section07.xlsx

1 ❶ [C7:C23] 셀을 범위 지정하고 [홈] 탭의 [스타일] 그룹에서 ❷ [조건부 서식]을 클릭합니다. 이어서 [셀 강조 규칙]의 ❸ [보다 큼]을 선택합니다.

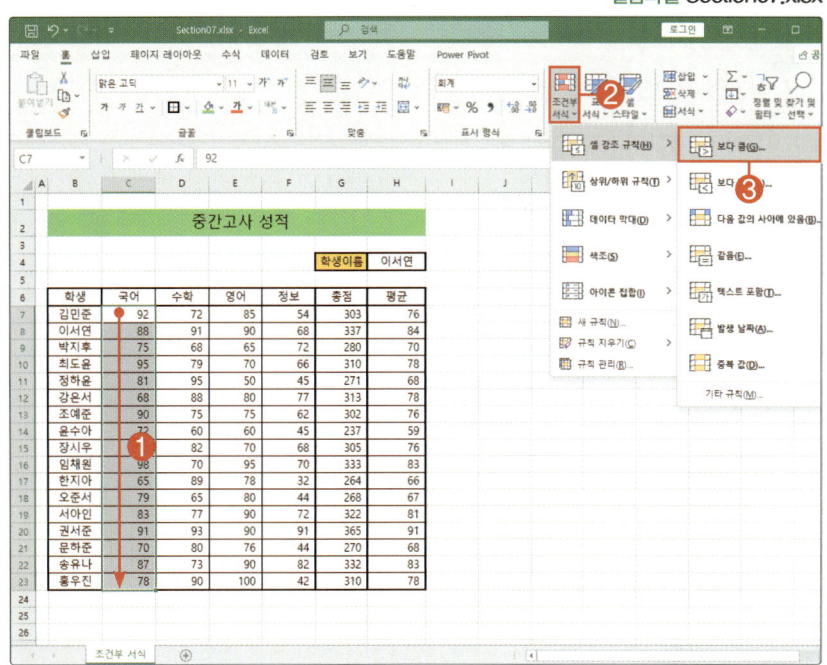

2 [보다 큼] 대화상자가 실행되면서 '다음 값보다 큰 셀의 서식 지정:' 옵션에 [C7:C23] 블록의 평균값이 자동으로 설정되어 표시됩니다.

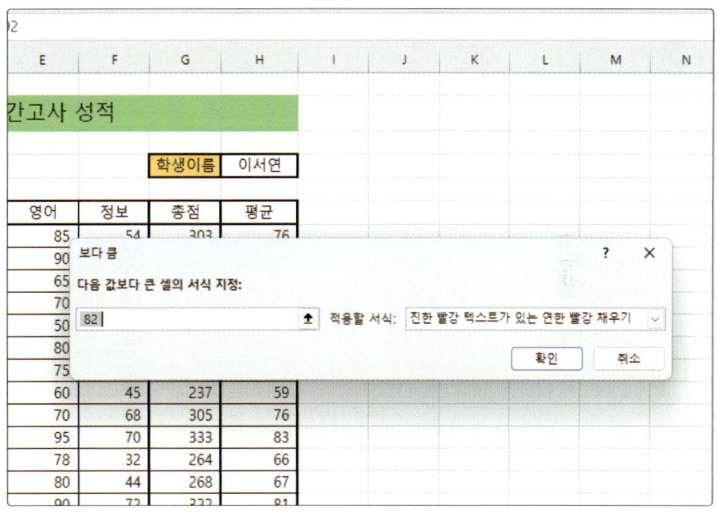

TIP [C7:C23] 범위의 셀 중 82보다 큰 값은 연한 빨강으로 표시됩니다.

3 '다음 값보다 큰 셀의 서식 지정:' 옵션에 ❶ '85'를 입력하고, '적용할 서식'은 ❷ '진한 노랑 텍스트가 있는 도형 채우기'로 선택한 후 ❸ [확인]을 클릭합니다.

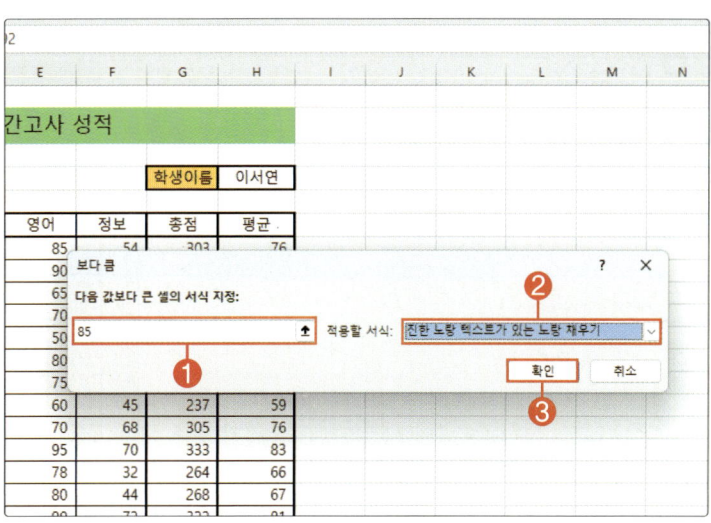

TIP 설정한 조건부 서식의 결과가 미리 표시됩니다.

4 이번에는 ❶ [E7:E23] 셀을 범위 지정하고 [홈] 탭의 [스타일] 그룹에서 ❷ [조건부 서식]을 클릭합니다. 이어서 [셀 강조 규칙]의 ❸ [중복 값]을 선택합니다.

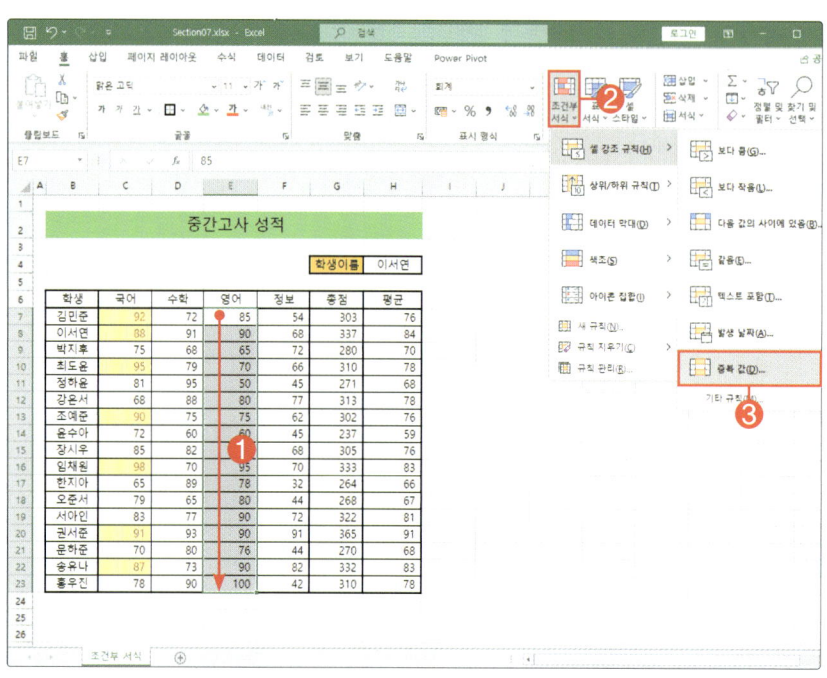

5 [중복 값] 대화상자의 '적용할 서식'을 ❶ '연한 빨강 채우기'로 선택하고 ❷ [확인] 버튼을 클릭합니다.

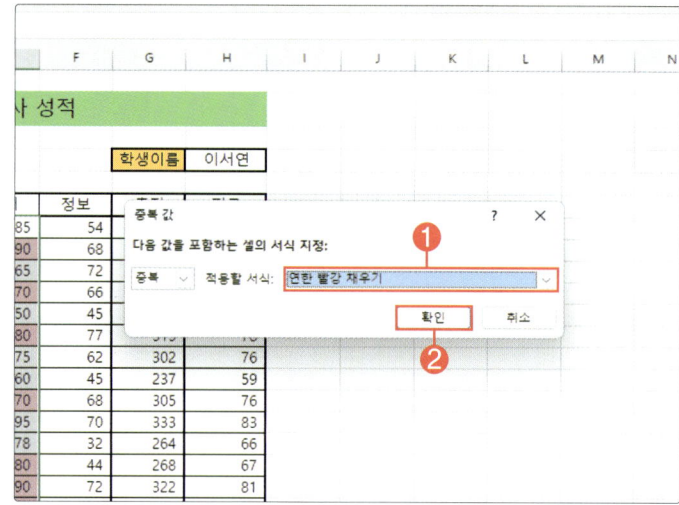

> TIP [중복] 대신 [고유]를 선택하면 중복되지 않는 값에만 서식이 적용됩니다.

6 연한 빨강으로 채워진 ❶ [E19] 셀을 클릭하고 중복되지 않는 고유한 값을 입력하면 서식이 적용된 연한 빨강의 배경이 사라집니다.

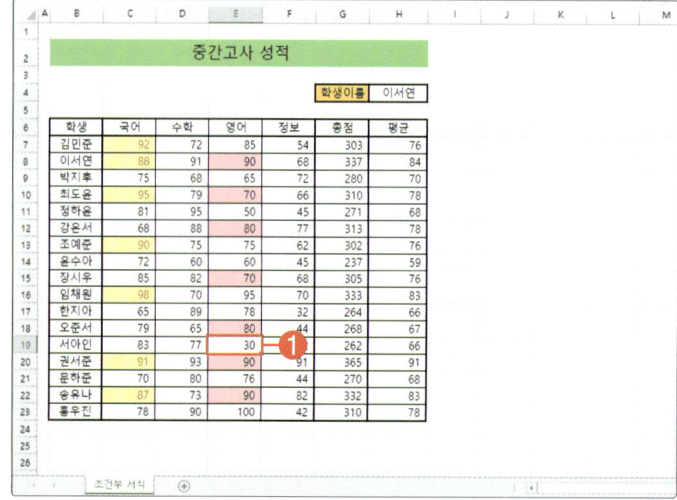

> TIP 조건부 서식은 셀의 데이터가 변경되면 자동으로 적용되었던 서식이 변경됩니다.

1 ① [D7:D23] 셀을 범위 지정하고 [홈] 탭의 [스타일] 그룹에서 ② [조건부 서식]을 클릭합니다. 이어서 [상위/하위 규칙]의 ③ [상위 10%]를 선택합니다.

> **TIP** 낮은 값에 서식을 지정하려면 [하위 10%], 높은 값에 서식을 지정하려면 [상위 10%]를 선택합니다.

2 [상위 10%] 대화상자가 실행되면 '다음 상위 순위에 속하는 셀의 서식 지정:'에서 ① '20%'로 지정하고 ② '적용할 서식'은 '진한 녹색 텍스트가 있는 녹색 채우기'를 선택한 후 ③ [확인] 버튼을 클릭합니다.

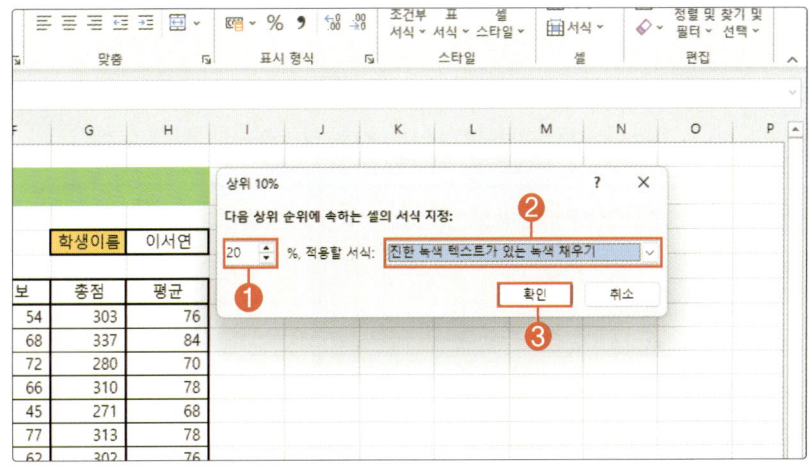

3 이번에는 ① [G7:G23] 셀을 범위 지정하고 ② [조건부 서식]의 [상위/하위 규칙]에서 [하위 10%]를 선택합니다. [하위 10%] 대화상자가 나타나면 ③ '20%'로 설정하고 '적용할 서식'은 ④ '사용자 지정 형식'을 선택합니다.

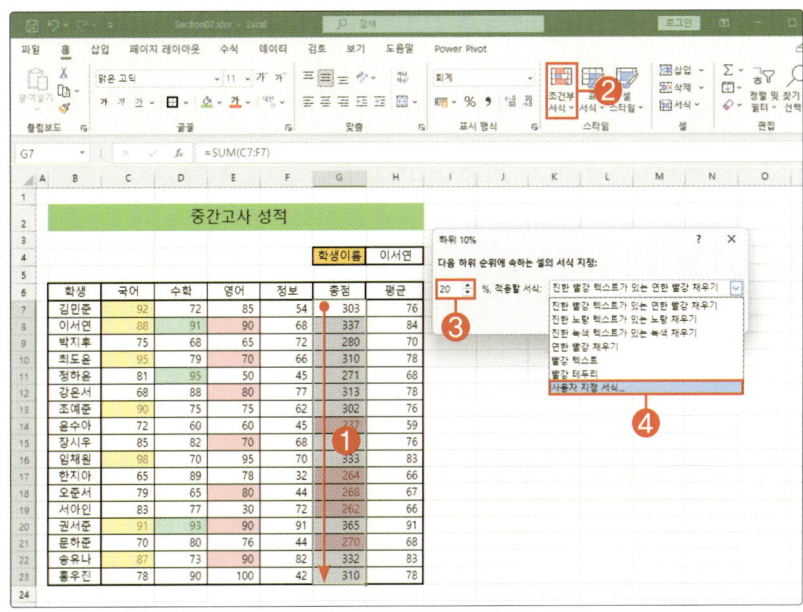

071

4 [셀 서식] 대화상자가 나타나면 [표시 형식] 탭에서 '범주'를 ❶ '사용자 지정'으로 설정하고 '형식'은 ❷ '''화이팅!!'''을 입력합니다.

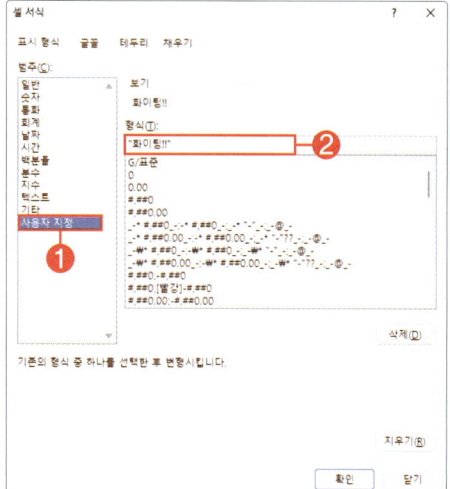

> TIP 사용자 지정 형식을 입력할 때 텍스트로 표시되는 부분은 반드시 큰따옴표로 묶어 주어야 합니다.

5 [글꼴] 탭에서 '글꼴 스타일'은 ❶ 굵게, '색'은 ❷ '파랑, 강조1'을 선택하고 ❸ [셀 서식] 대화상자와 ❹ [하위 10%] 대화상자의 [확인] 버튼을 클릭하여 대화상자를 차례대로 종료합니다.

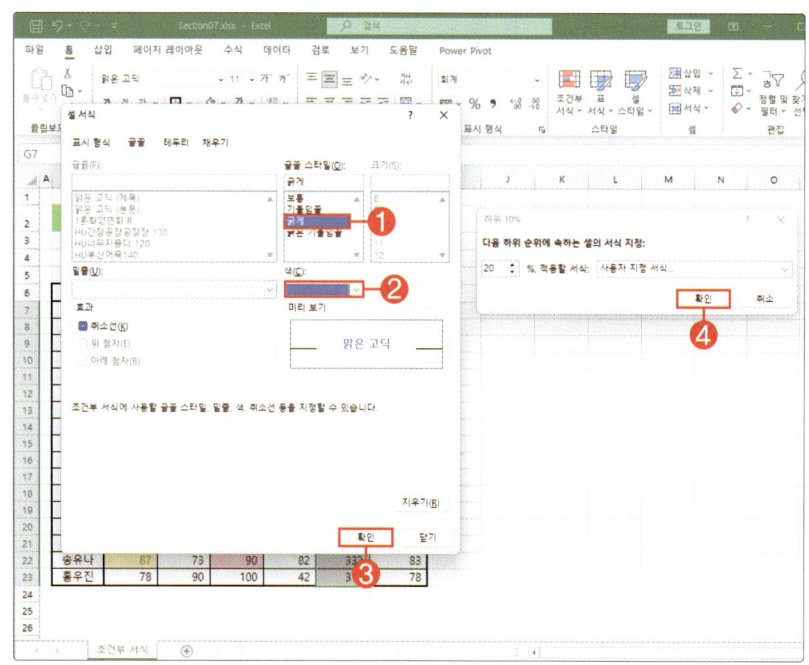

6 블록으로 선택한 영역에서 하위 20%에 해당하는 데이터에 '화이팅!!'이라는 글자가 표시됩니다.

학생	국어	수학	영어	정보	총점	평균
김민준	92	72	85	54	303	76
이서연	88	91	90	68	337	84
박지후	75	68	65	72	280	70
최도윤	95	79	70	66	310	78
정하윤	81	95	50	45	271	68
강은서	68	88	80	77	313	78
조예준	90	75	75	62	302	76
윤수아	72	60	60	45	화이팅!!	59
장시우	85	82	70	68	305	76
임채원	98	70	95	70	333	83
한지아	65	89	78	32	화이팅!!	66
오준서	79	65	80	44	268	67
서아인	83	77	30	72	화이팅!!	66
권서준	91	93	90	91	365	91
문하준	70	80	76	44	270	68
송유나	87	73	90	82	332	83
홍우진	78	90	100	42	310	78

> TIP 사용자 지정으로 설정한 '화이팅!!'은 셀에서만 표시되며 수식 입력줄에는 수식이나 원래의 숫자 데이터로 표시됩니다.

데이터 막대/색조/아이콘 조합

MISSION

1 ❶ [F7:F23] 셀을 범위 지정하고 [홈] 탭의 [스타일] 그룹에서 ❷ [조건부 서식]을 클릭합니다. 이어서 [데이터 막대]에서 '단색 채우기'의 ❸ '녹색 데이터 막대'를 선택하면 셀의 배경이 막대그래프 형태로 표시됩니다.

TIP 데이터가 음수 값일 경우 빨간색 막대로 표시됩니다.

2 이번에는 ❶ [G7:G23] 셀을 범위 지정하고 ❷ [조건부 서식]에서 [색조]의 ❸ '녹색-노랑-빨강 색조'를 클릭하여 높은 숫자는 녹색, 낮은 숫자는 빨강으로 표시되도록 합니다.

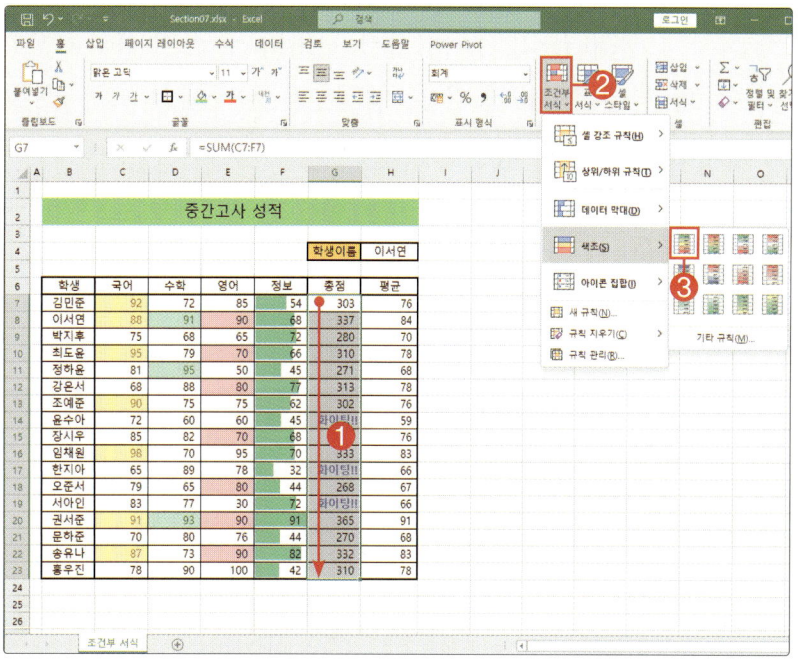

LEARN MORE

막대 데이터 사용자 지정

[조건부 서식]에서 [데이터 막대]-[기타 규칙]을 선택하면 [새 서식 규칙] 대화상자가 실행됩니다. 여기서 막대 모양의 채우기 방식(그라데이션 채우기/단색 채우기)과 색, 테두리의 표시 여부, 테두리 색 등을 직접 지정할 수 있습니다. 또 [음수 값 및 축] 버튼을 클릭한 다음 [음수 값 및 축 설정] 대화상자에서 음수인 값을 표시할 때 사용할 데이터 막대의 채우기 색과 테두리, 축 위치와 색 등을 지정합니다.

3 데이터 범위를 지정하여 조건부 서식으로 아이콘을 넣어 보겠습니다. ❶ [H7:H23] 셀의 범위를 지정하고 ❷ [조건부 서식]에서 ❸ [새 규칙]을 클릭합니다.

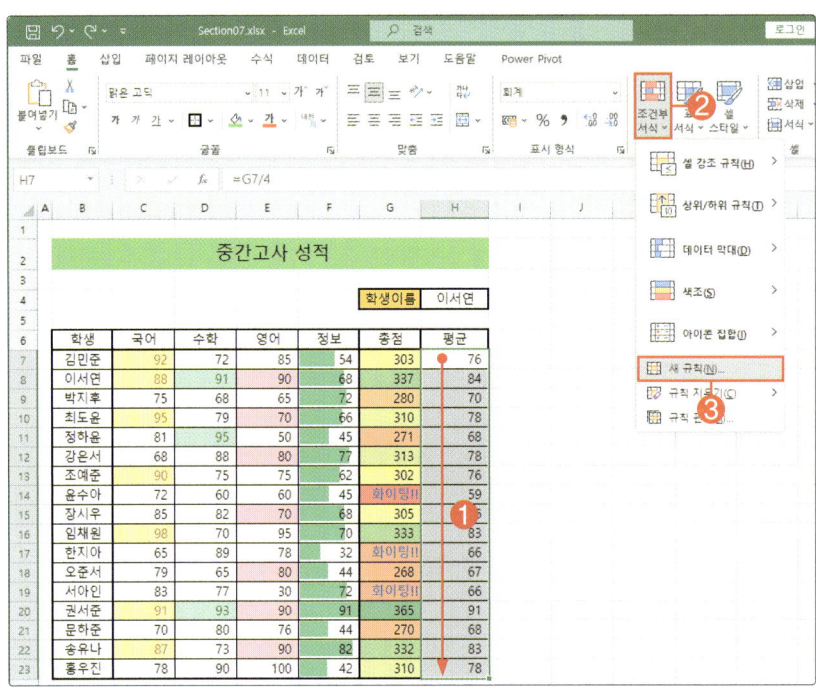

4 [새 서식 규칙] 대화상자가 나타나면 '규칙 유형 선택'은 ❶ '셀 값을 기준으로 모든 셀의 서식 지정'을 선택하고 '서식 스타일'은 ❷ '아이콘 집합', '아이콘 스타일'은 ❸ '3가지 기호(원 없음)', '종류'는 모두 ❹ '숫자', '값'은 ❺ '80'과 ❻ '60'을 입력하고 ❼ [확인] 버튼을 클릭합니다.

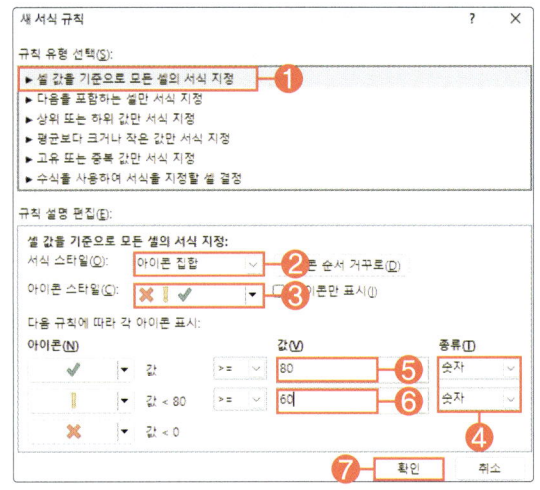

5 블록으로 지정된 범위에서 80 이상은 (✔), 60 이하는 (✖), 나머지는 (▯) 아이콘이 표시됩니다.

1 ❶ [B7:H23] 셀을 범위 지정하고 [홈] 탭의 [스타일] 그룹에서 ❷ [조건부 서식]의 ❸ [새 규칙]을 선택합니다.

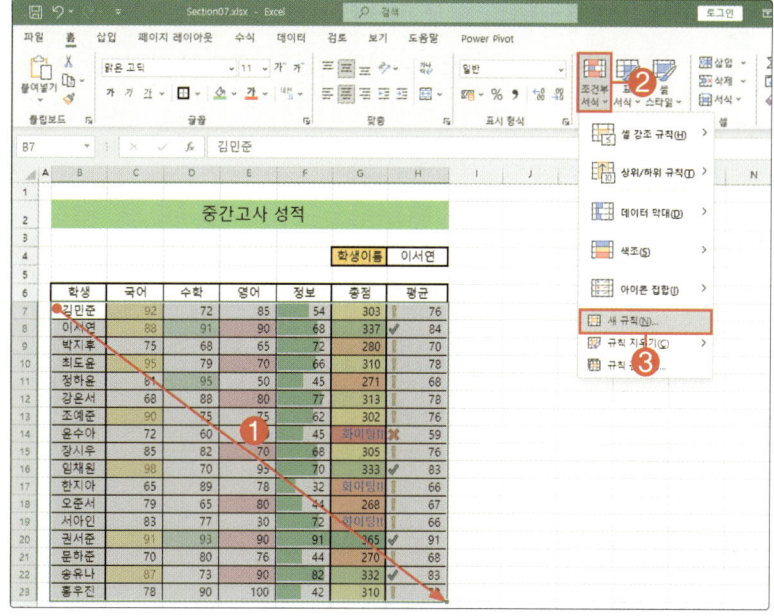

2 [새 서식 규칙] 대화상자가 나타나면 '규칙 유형 선택'은 ❶ '수식을 사용하여 서식을 지정할 셀 결정'을 선택하고 '다음 수식이 참인 값의 서식 지정'에 ❷ '='을 입력한 후 ❸ [B7] 셀을 클릭합니다. = 뒤에 ❹ '$B$7'이 입력되면 F4 키를 두 번 눌러서 '$B7'로 변경합니다.

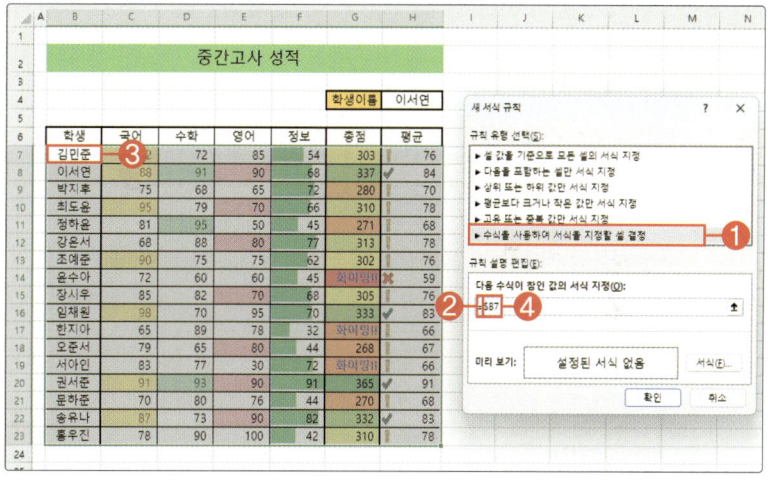

TIP '$'는 수식에서 셀 참조를 고정하는 것으로, '$B'는 B열로 제한해 검색을 실행한다는 것을 의미합니다.

3 이어서 '='을 입력하고 [H4] 셀을 클릭하여 ❶ '=$B7=$H$4'로 수식이 입력되었으면 ❷ [서식] 버튼을 클릭합니다.

TIP '$H$4'는 [H4] 셀을 검색 셀로 고정한다는 의미하며, 여기에 B열에 있는 이름을 입력하면 블록 지정한 [B7:H23] 범위의 데이터에서 이름을 입력한 행을 표시해 줍니다.

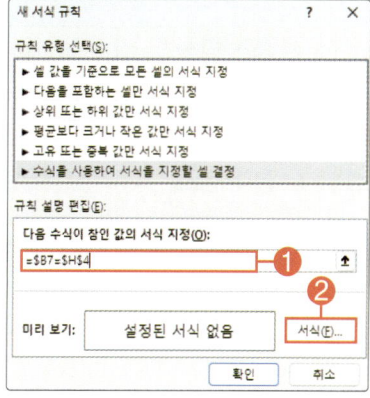

4 [셀 서식] 대화상자가 나타나면 ❶ [글꼴] 탭에서 '글꼴 스타일'은 ❷ '굵게', '색'은 ❸ '흰색'으로 설정합니다.

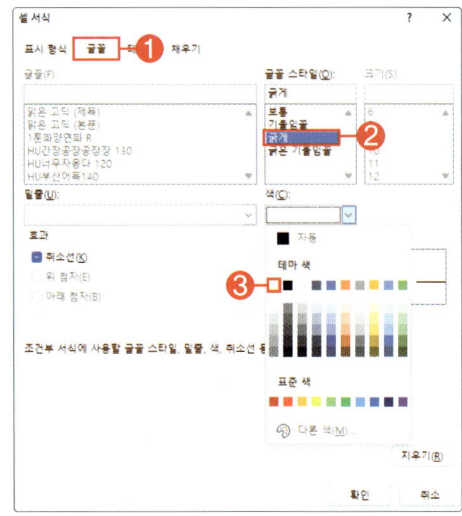

LEARN MORE

셀 참조 방식

엑셀에서 수식을 작성할 때 셀 주소는 단순히 위치를 지정하는 것 이상의 의미를 가집니다. 수식을 복사하거나 이동할 경우, 참조된 셀의 주소가 어떻게 바뀔지를 결정하는 방식이 바로 셀 참조 방식입니다. 이 참조 방식에는 '상대 참조', '절대 참조', 그리고 '혼합 참조'가 있습니다.

• **상대 참조** 상대 참조는 가장 기본적인 참조 방식으로, 수식을 복사할 때 셀 주소가 자동으로 상대적인 위치에 맞게 바뀌는 방식입니다. 예를 들어 '=A1'이라는 수식을 오른쪽 셀로 복사하면 '=B1'로, 아래로 복사하면 '=A2'로 자동 변경됩니다. 엑셀은 기본적으로 상대 참조를 사용하므로 별도의 표시 없이 셀 주소를 입력하면 이 방식이 적용됩니다. 반복 계산을 간단하게 할 수 있어 동일한 구조의 데이터를 처리할 때 매우 유용합니다.

• **절대 참조** 절대 참조는 수식을 복사하더라도 셀 주소가 고정되어 변하지 않도록 하는 방식입니다. 셀 주소 앞에 '$' 기호를 붙여 표현하며, 예를 들어 '=$A$1'이라고 쓰면 이 수식을 어디에 복사해도 항상 'A1' 셀만 참조합니다. 이 방식은 세율, 단가, 고정 기준값 등 하나의 셀 값을 여러 계산에 사용할 때 필수적입니다. 반복되는 계산에서 항상 같은 셀을 참조하기 때문에 정확하고 효율적인 계산이 가능합니다.

• **혼합 참조** 혼합 참조는 상대 참조와 절대 참조의 중간 개념으로, 열이나 행 중 하나만 고정하는 방식입니다. 예를 들어 $A1은 열(A열)은 고정되고 행 번호는 이동하며, A$1은 행(1행)은 고정되고 열은 이동합니다. 이 방식은 표 형태의 계산을 할 때 특히 유용하며, 가로 또는 세로로 늘어나는 데이터를 기준으로 계산할 때 구조를 유지하면서 수식을 복사할 수 있습니다.

참조 방식	수식 예시	설명	복사 시 변화	활용 예
상대 참조	=A1*B1	위치에 따라 주소가 자동 변경	오른쪽 → =B1*C1, 아래 → =A2*B2	가격 × 수량 계산 등 반복 계산
절대 참조	=A1*$B$1	[B1] 셀 고정, 이동해도 참조 위치 변하지 않음	어디로 복사해도 항상 [B1] 참조	고정된 세율, 단가, 기준값 적용
혼합 참조(열 고정)	=$A1*B1	A열은 고정, 행은 이동 가능	아래로 → =$A2*B2	동일 열 기준으로 여러 행 계산
혼합 참조(행 고정)	=A$1*B2	1행은 고정, 열은 이동 가능	오른쪽 → =B$1*C2	동일 행 기준으로 여러 열 계산

5 계속해서 [셀 서식] 대화상자에서 ❶ [채우기] 탭을 클릭한 후 '배경색'은 ❷ '어두운 파란색(파랑, 강조 1, 50% 더 어둡게)'을 선택하고 ❸ [확인] 버튼을 클릭하여 [셀 서식] 대화상자를 종료한 후 [셀 서식 규칙] 대화상자에서도 ❹ [확인] 버튼을 클릭합니다.

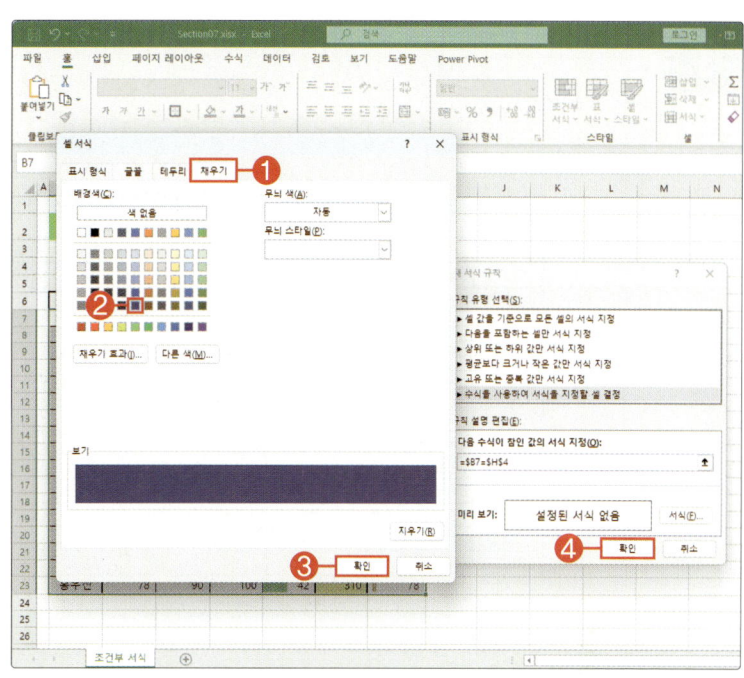

6 [H4] 셀에 이름이 '이서연'으로 입력되어 있었으므로 '이서연'이 있는 행 전체가 어두운 파란색 배경에 굵은 흰색의 글자로 표시됩니다.

7 [H4] 셀에 B열에 있는 ❶ 이름을 입력하면 ❷ 해당 이름이 있는 셀이 조건부 서식으로 지정한 대로 표시됩니다.

문제 풀어보기

CHALLENGE

1 'Section07-기초.xlsx' 파일을 불러와 '조건부서식-기초' 시트에서 다음 조건대로 작성해 보세요.

우리 상사 직원 정보화 능력 테스트 결과

사원번호	이름	부서	직급	Word	Excel	PPT	AI 활용	총점	평균
S1375	홍길동	영업	과장	70	90	85	80	325	81
H0278	장반수	인사	부장	80	80	95	55	310	78
S3312	나수달	영업	과장	50	80	90	60	280	70
P2733	김병기	홍보	사원	90	70	95	90	345	86
F1132	고상달	회계	사원	85	95	75	95	350	88
M2453	주당모	생산	과장	95	70	70	75	310	78
G1124	모지리	총무	대리	90	85	80	85	340	85
H1011	함자영	인사	사원	85	90	75	95	345	86
S4642	가분수	영업	사원	90	80	95	95	360	90
P3903	고우리	홍보	사원	80	60	95	90	325	81
M2122	감나리	생산	대리	85	75	80	90	330	83
G1243	온나라	총무	대리	95	90	70	85	340	85
F1039	박남달	회계	사원	90	95	65	95	345	86

조건

- [F5:I17] 셀은 '다음 값보다 큰 셀의 서식 지정:' 옵션을 '85', '적용할 서식'은 '진한 빨강 텍스트가 있는 연한 빨강 채우기'로 지정합니다.
- [K5:K17] 셀은 '선택한 범위에서 평균 초과인 셀이 서식 지정:' 옵션에서 '적용할 서식'은 '진한 녹색 텍스트가 있는 녹색 채우기'로 지정합니다.

2 'Section07-기초.xlsx' 파일의 '조건부서식-검색' 시트에서 다음 조건대로 작성해 보세요.

조건

- 조건부 서식의 [새 규칙]에서 '수식을 사용하여 서식을 지정할 셀 결정' 기능으로 [H3] 셀에 연도를 입력하면 [B6:H26] 셀에서 연도가 있는 행의 배경색을 '황금색'으로 표시합니다.

문제 풀어보기

CHALLENGE

1 'Section07-심화.xlsx' 파일을 불러온 후 '컴퓨터 과학과' 시트를 다음 조건대로 작성해 보세요.

과목	담당 교수	수강신청 인원	강의 학기	강의요일	출석율
컴퓨터 교육론	이나래	120	1	월	90%
자바프로그래밍	손담비	35	2	화	100%
C 프로그래밍	나명학	60	2	목	100%
파이썬 프로그래밍	고이래	95	1	수	100%
소프트웨어 개론	김소리	30	1	월	85%
운영체제 개론	이수리	35	1	금	84%
운영체제 실습	이수리	35	2	금	89%
해킹론	고이래	25	1	화	95%
모의 해킹 실습	고이래	25	2	화	95%
컴퓨터학 개론	이나래	50	1	목	75%
교양 OA	나명학	560	1	수,금	80%
하드웨어 이론	손담비	60	1	화	98%

조건
- [D5:D16] 셀은 데이터가 100 이상일 때 배경색을 '연한 빨강 채우기'로 지정합니다.
- [E5:E16] 셀은 [색조]에서 '녹색-노랑 색조'로 지정합니다.
- [G5:G16] 셀은 [데이터 막대]에서 '그라데이션 채우기'의 '빨강 데이터 막대'로 지정합니다.

2 'Section07-심화.xlsx' 파일의 '영업부 실적' 시트를 다음 조건으로 작성해 보세요.

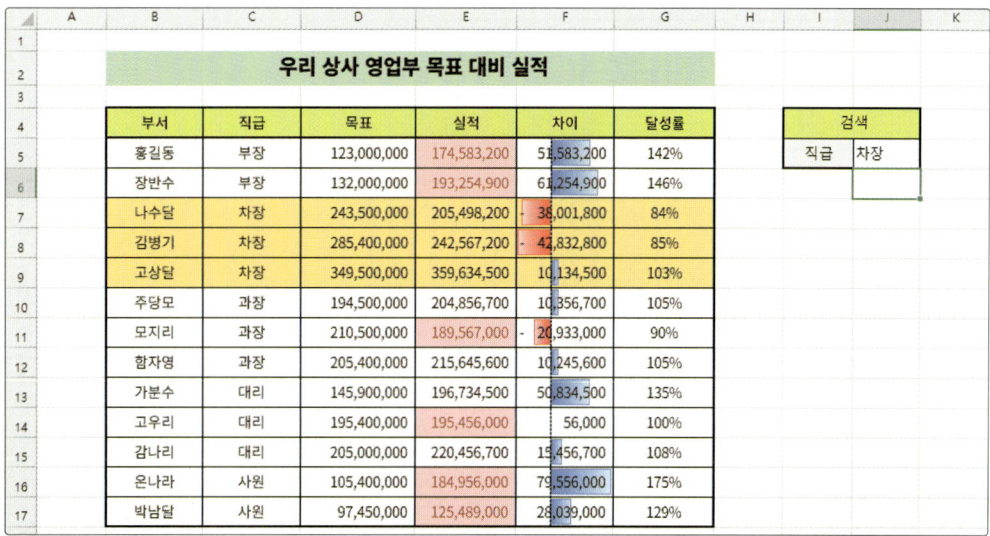

조건
- [G5:G17] 셀은 숫자를 백분율(%)로 지정합니다.
- [E5:E17] 셀은 하위 10개 항목에 '진한 빨강 텍스트가 있는 연한 빨강 채우기'로 지정합니다.
- [F5:F17] 셀은 [데이터 막대]에서 '그라데이션 채우기'의 '연한 파랑 데이터 막대'로 지정합니다.
- 조건부 서식의 [새 규칙]에서 '수식을 사용하여 서식을 지정할 셀 결정' 기능으로 [J5] 셀에 직급을 입력하면 [B5:G17] 셀에서 해당 직급이 있는 모든 행의 배경색을 '황금색'으로 표시합니다.

08 수식과 함수

SECTION

수식이란 셀에 입력된 계산식으로 숫자, 셀 참조, 연산자, 함수 등을 조합해 원하는 결과를 도출하는 표현입니다. 함수는 특정 작업을 수행하도록 엑셀이 미리 정의해 놓은 계산 도구로, 복잡한 계산을 간편하게 처리할 수 있습니다. 함수는 수식을 구성하는 구성 요소 중 하나이며, 수식은 함수보다 더 넓은 개념이라 할 수 있습니다.

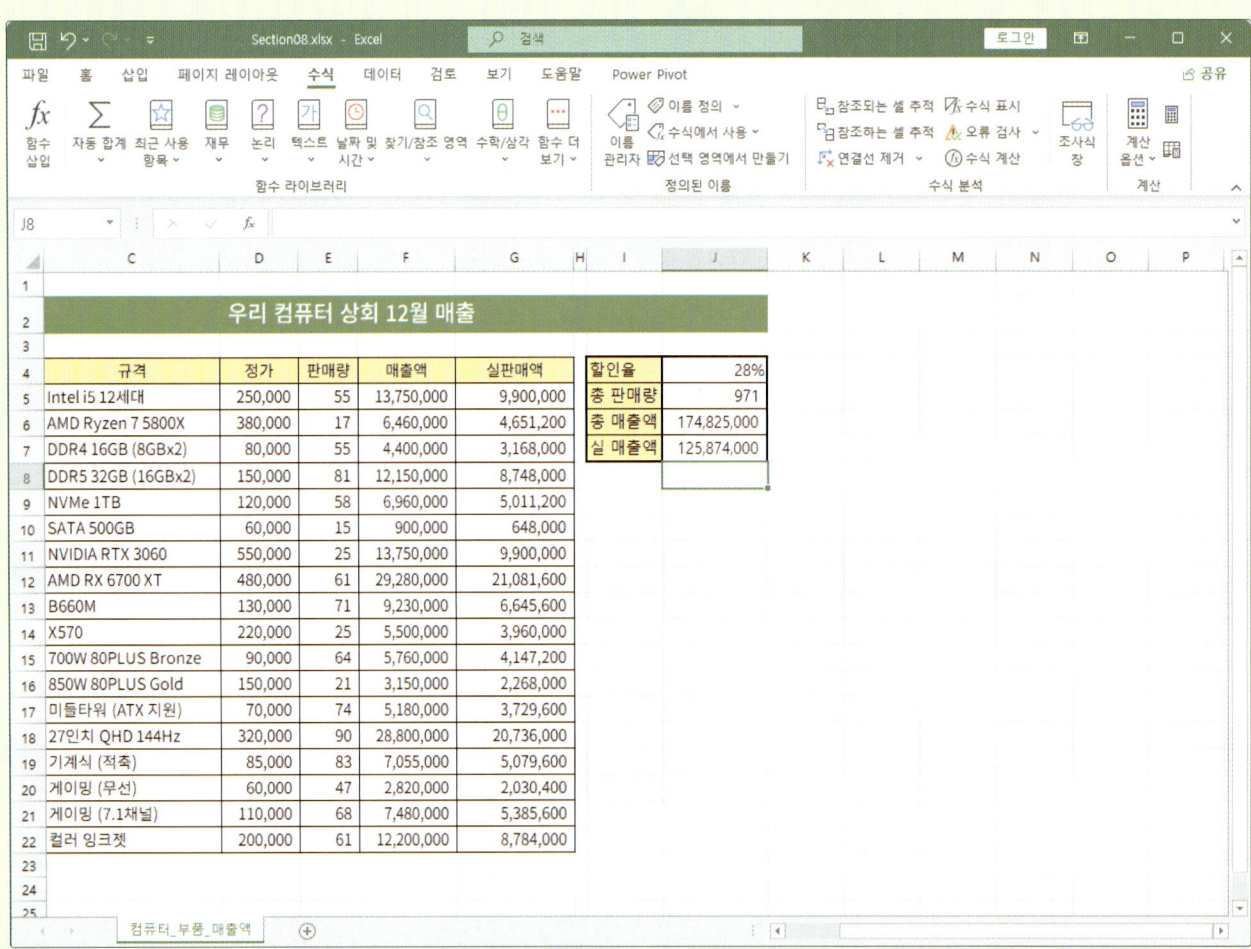

MISSION

실습 1 수식 입력하고 확인하기

실습 2 자동 합계로 계산하기

실습 3 이름 정의하고 함수 마법사 사용하기

CHECK POINT

포인트 1 절대 참조와 상대 참조를 활용해서 원하는 수식을 만들어 보고 확인해 봅니다.

포인트 2 자동 합계로 입력된 데이터의 합계를 구해 보고 함수의 의미를 알아봅니다.

포인트 3 함수를 입력하는 다양한 방법에 대해 알아봅니다.

실습파일 Section08.xlsx

1 [F5] 셀에서 '='을 입력한 후 [D5] 셀을 클릭하고 '*'를 입력한 다음 [E5] 셀을 클릭하여 ❶ '=D5*E5'라는 수식이 생성되면 Enter 키를 누릅니다.

TIP '='을 입력하고 [D5] 셀과 [E5] 셀을 클릭하지 않고 [F5] 셀에 '=D5*E5'를 입력해도 됩니다.

2 수식으로 [F5] 셀에 매출액이 계산되었으면 자동 채우기로 [F22]까지 매출액 데이터를 입력합니다.

TIP [F5:F22] 범위에는 매출액이 회계 단위인 숫자로 표시되었지만 수식 입력줄에는 수식으로 표시되어 있습니다. 수식을 수정하려면 수식 입력줄에서도 가능하며 수식으로 계산된 값이 있는 셀을 더블클릭해도 됩니다.

3 [G5] 셀에서 '=F5-(F5*'를 입력하고 [J4] 셀을 클릭한 후 F4 키를 눌러 ❶ '=F5-(F5*$J$4'로 변경되었으면 ')'를 입력하여 수식을 완성합니다.

TIP 실판매액은 매출액에서 할인율만큼 금액을 빼는 것으로 '=F5*(1-$J$4)'로 작성해도 됩니다.

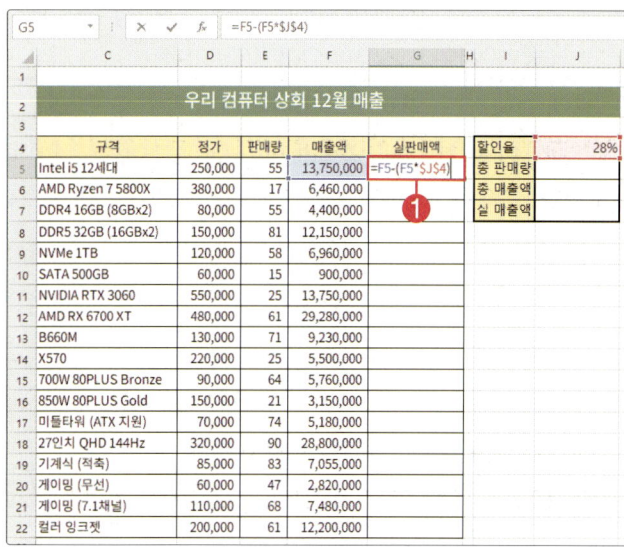

4 ➊ 자동 채우기로 [G22] 셀까지 값을 채운 후 ➋ [수식] 탭의 [수식 분석] 그룹의 ➌ [수식 표시]를 클릭합니다.

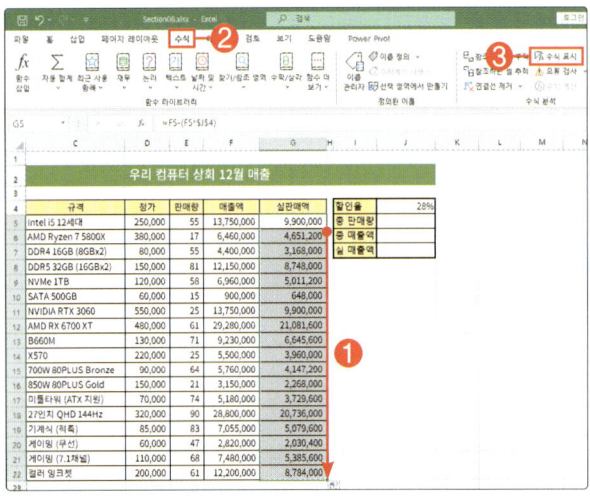

5 셀의 너비가 넓어지면서 [F5:F22] 범위와 [G5:G22] 범위의 수식을 확인할 수 있습니다. 매출액의 경우 상대 참조이므로 자동 채우기가 되면서 아래로 행 번호가 1씩 증가했으며, 실판매액의 경우 상대 참조인 행 번호는 1씩 증가했지만 절대 참조인 '$J$4'는 변하지 않았습니다.

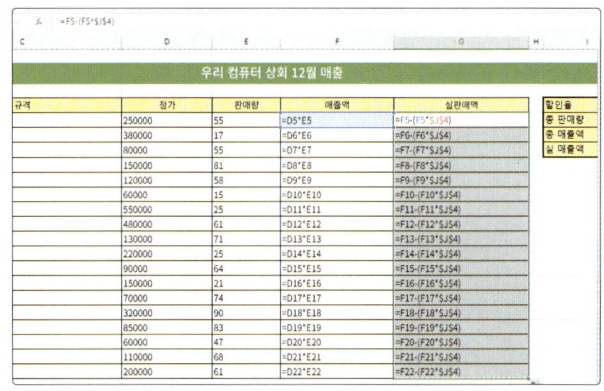

[수식] 탭의 [함수 라이브러리] 알아보기

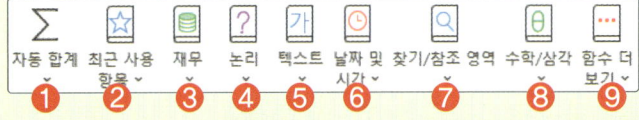

∑	☆	🗄	?	가	🕐	🔍	θ	⋯
자동 합계	최근 사용 항목 ˅	재무 ˅	논리 ˅	텍스트 ˅	날짜 및 시간 ˅	찾기/참조 영역	수학/삼각 ˅	함수 더 보기 ˅
➊	➋	➌	➍	➎	➏	➐	➑	➒

➊ **자동 합계** 선택한 범위의 데이터를 빠르게 합계, 평균, 개수, 최댓값, 최솟값 등으로 계산하는 간편한 버튼입니다. 아래의 펼침 목록 버튼(˅)을 클릭하면 SUM, AVERAGE, COUNT 등의 함수를 자동으로 삽입할 수 있습니다.

➋ **최근 사용 항목** 최근에 사용한 함수 목록을 표시하며, 자주 사용하는 함수에 빠르게 접근할 수 있도록 도와줍니다.

➌ **재무** 이자율, 대출 상환, 투자 수익 등 금융 관련 계산을 수행하는 함수들이 포함되어 있습니다(예: PMT, FV, NPV).

➍ **논리** 조건 판단과 참/거짓 결과를 처리하는 조건문 함수입니다(예: IF, AND, OR, NOT).

➎ **텍스트** 텍스트(문자열) 데이터를 다루는 함수로, 문자열 연결, 추출, 치환 등의 작업을 수행합니다(예: LEFT, MID, RIGHT, CONCAT, TEXT).

➏ **날짜 및 시간** 날짜 및 시간 데이터를 처리하는 함수입니다. 날짜 계산, 오늘 날짜 삽입, 차이 계산 등이 가능합니다(예: TODAY, NOW, DATE).

➐ **찾기/참조** 셀이나 범위에서 값을 검색하거나 참조하는 함수입니다(예: VLOOKUP, HLOOKUP, INDEX, MATCH).

➑ **수학/삼각** 수학적 계산을 위한 함수들이며, 기본 산술 연산부터 삼각 함수까지 포함됩니다(예: ROUND, INT, MOD, SIN, COS).

➒ **함수 더 보기** 위 분류에 속하지 않은 다양한 기능의 함수들이 있으며 데이터베이스, 엔지니어링, 통계 함수 등이 포함됩니다.

자동 합계로 계산하기

MISSION

1 [J5] 셀을 클릭하고 [홈] 탭의 [편집] 그룹에서 ❶ [자동 합계(Σ ▾)]를 클릭하면 [J4] 셀에 이동 점선이 표시됩니다.

> **TIP** 자동 합계를 클릭하면 수식은 '=SUM()'로 표시됩니다. SUM은 합계를 구하는 함수입니다.

2 구하려는 데이터는 총판매량이므로 판매량 데이터가 있는 ❶ [E5:E22] 셀을 범위 지정하고 [Enter] 키를 누릅니다. 수식은 '=SUM(E5:E22)'로 표시됩니다.

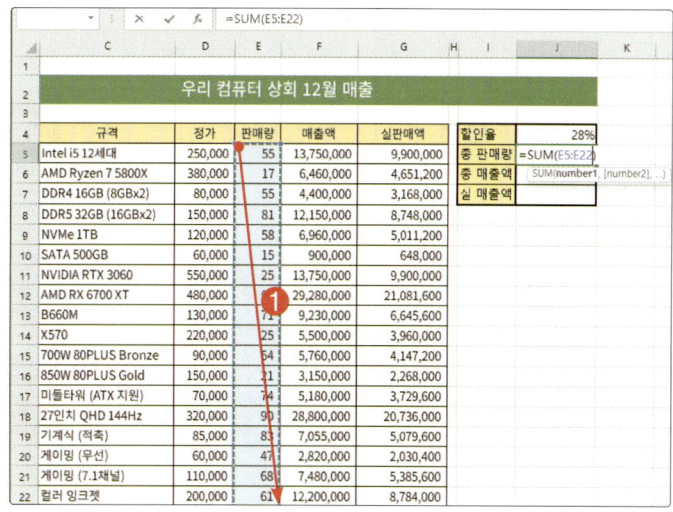

3 총판매량이 표시됩니다. 만일 [E5:E22] 셀의 범위에서 데이터의 값이 변경되면 [J5] 셀의 총판매량도 변경됩니다.

실습 3 이름 정의하고 함수 마법사 사용하기

1 ❶ [F5:F22] 셀을 범위 지정하고 이름 상자에 ❷ '매출액'을 입력하여 이름을 정의합니다.

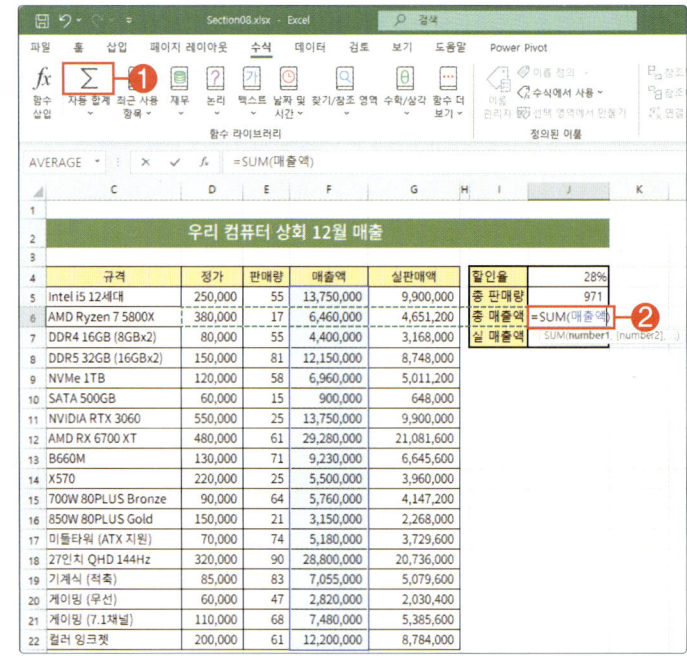

2 [J6] 셀에 총매출액을 구하기 위해 [수식] 탭에서 ❶ [자동 합계]를 클릭한 후 수식의 괄호 사이에 ❷ '매출액'을 입력하고 **Enter** 키를 누르면 '매출액'의 합계가 구해집니다.

LEARN MORE

이름 정의란?

엑셀에서 '이름 정의'는 셀이나 셀 범위에 의미 있는 이름을 부여하여 수식에서 더 쉽게 참조할 수 있도록 하는 기능입니다. 예를 들어 [A1:A10] 범위를 판매량이라는 이름으로 정의하면 '=SUM(판매량)'처럼 직관적인 수식을 작성할 수 있습니다. 이름을 사용하면 수식이 이해하기 쉬워지고, 유지 관리가 편리한 장점이 있습니다. 이름은 [수식] 탭의 [이름 정의] 또는 이름 상자를 통해 만들 수도 있으며, [이름 관리자]에서 편집하거나 삭제할 수 있습니다.

3 [J7] 셀을 선택하고 수식 입력줄 앞에 있는 [함수 삽입(*fx*)]을 클릭합니다. [함수 마법사] 대화상자가 나타나면 함수 검색에 'sum'을 입력하고 [검색] 버튼을 클릭합니다. '함수 선택'에서 'SUM'을 선택하고 [확인] 버튼을 클릭합니다.

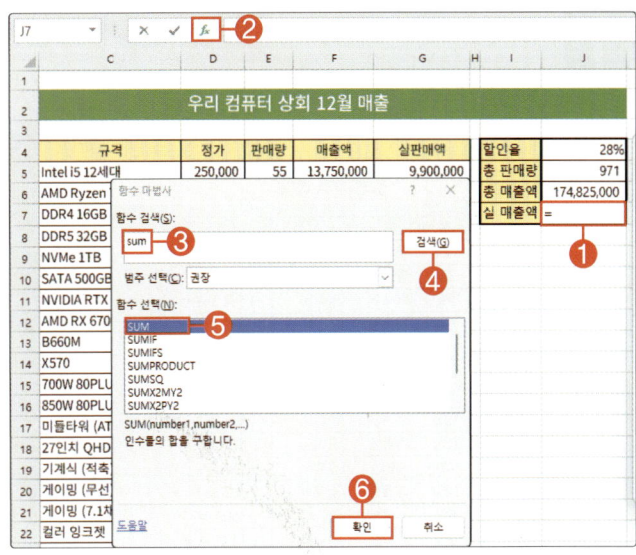

4 [함수 인수] 대화상자가 나타나면 'Number1'를 클릭하고 ❶ [G5:G22] 셀의 범위를 선택한 후 ❷ [확인]을 클릭합니다.

> **TIP** 엑셀에서 함수는 특정 작업을 자동으로 수행해 주는 미리 정의된 계산식이며, 인수는 함수 뒤에 괄호 안에 들어가는 값이나 셀 범위를 말합니다. 인수는 함수에 필요한 데이터나 조건을 전달하는 역할로 숫자, 텍스트, 셀 참조, 수식 등이 있습니다.

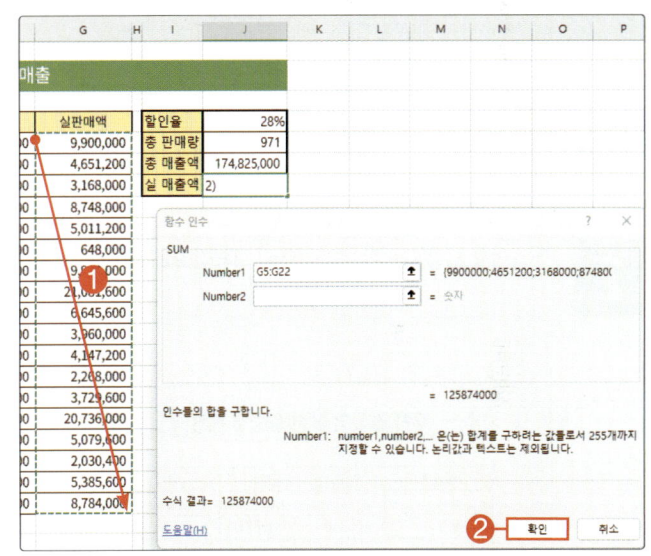

5 [함수 삽입(*fx*)] 버튼을 이용해서 합계를 계산해 보았습니다. 함수를 이용해서 수식을 만들 때에는 직접 입력하거나 [함수 마법사] 대화상자를 이용하는 방법이 있으며, 결과는 같으므로 편한 방법을 사용하면 됩니다.

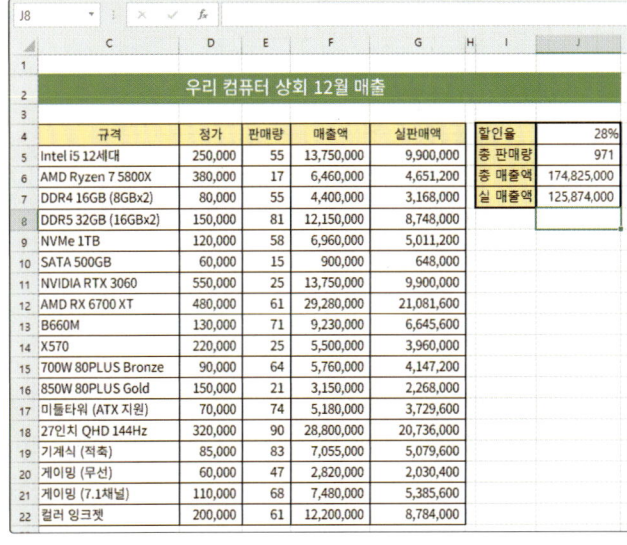

문제 풀어보기

CHALLENGE

1 'Section08-기초.xlsx' 파일을 불러와 '월별 지출 내역' 시트에 다음 조건을 적용해 보세요.

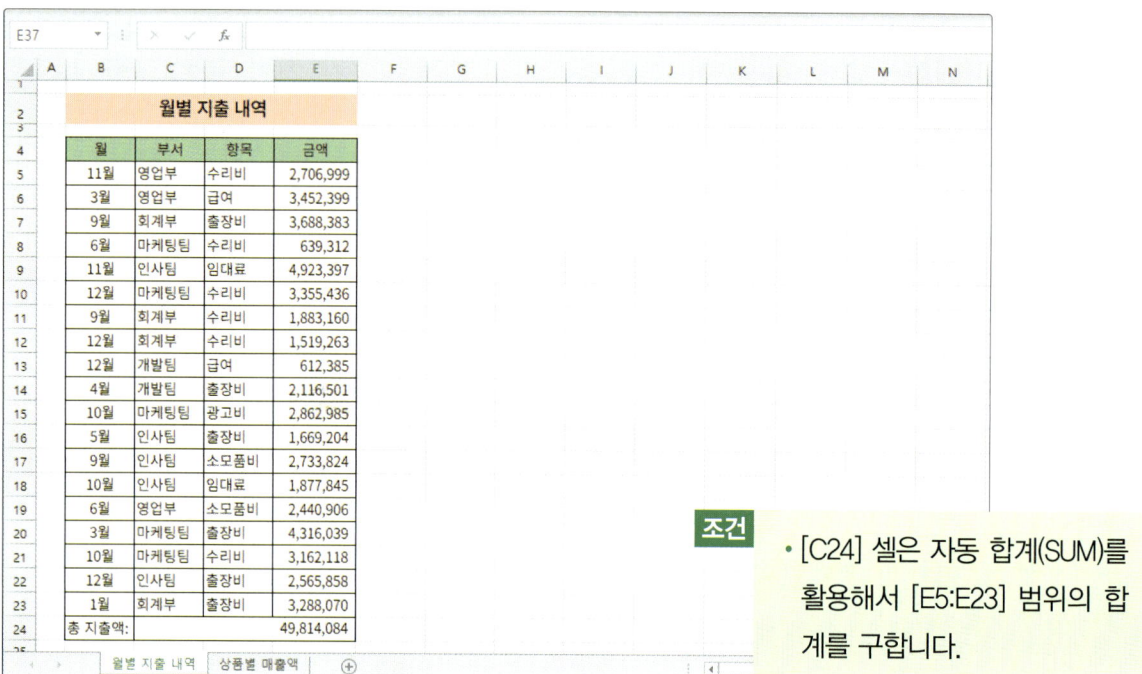

조건
- [C24] 셀은 자동 합계(SUM)를 활용해서 [E5:E23] 범위의 합계를 구합니다.

2 'Section08-기초.xlsx' 파일의 '상품별 매출액' 시트에 다음 조건을 적용해 보세요.

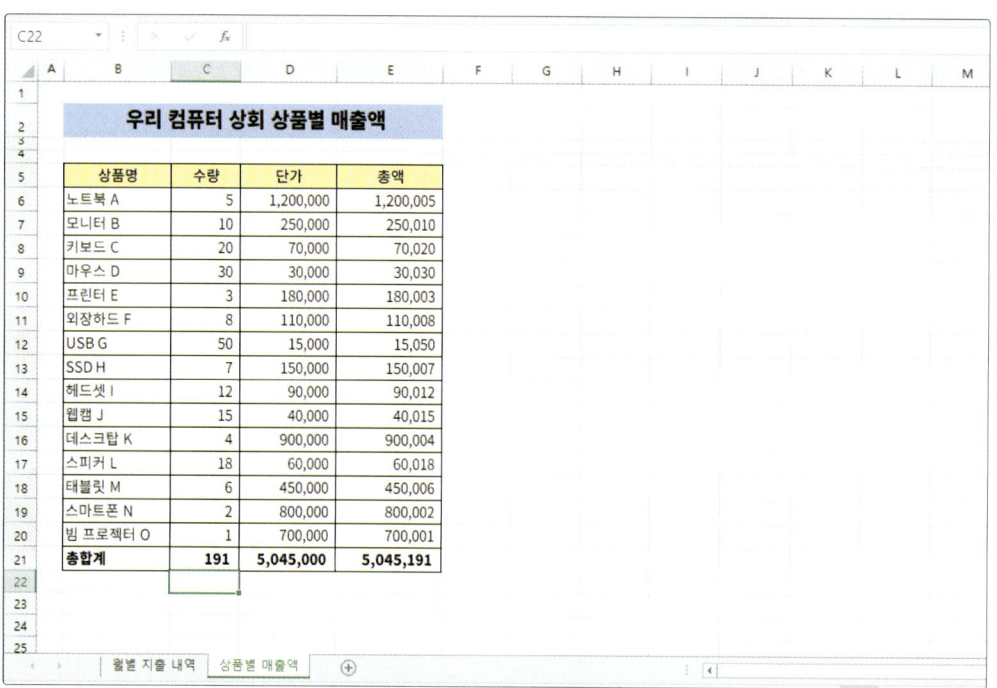

조건
- [C6:C20] 셀은 '수량'이라는 이름으로 정의하고 [C21]에 '수량'의 합계를 구합니다.
- [E6:E20] 셀은 자동 합계(SUM)를 이용해서 각 상품별 총액을 구합니다.
- [D21] 셀과 [E21] 셀은 자동 합계를 이용해 합계를 구합니다.

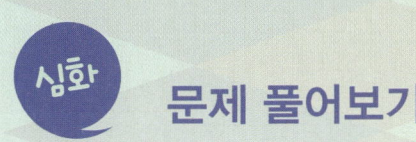
1 'Section08-심화.xlsx' 파일을 불러와 '할인 이벤트' 시트에 다음 조건을 적용해 보세요.

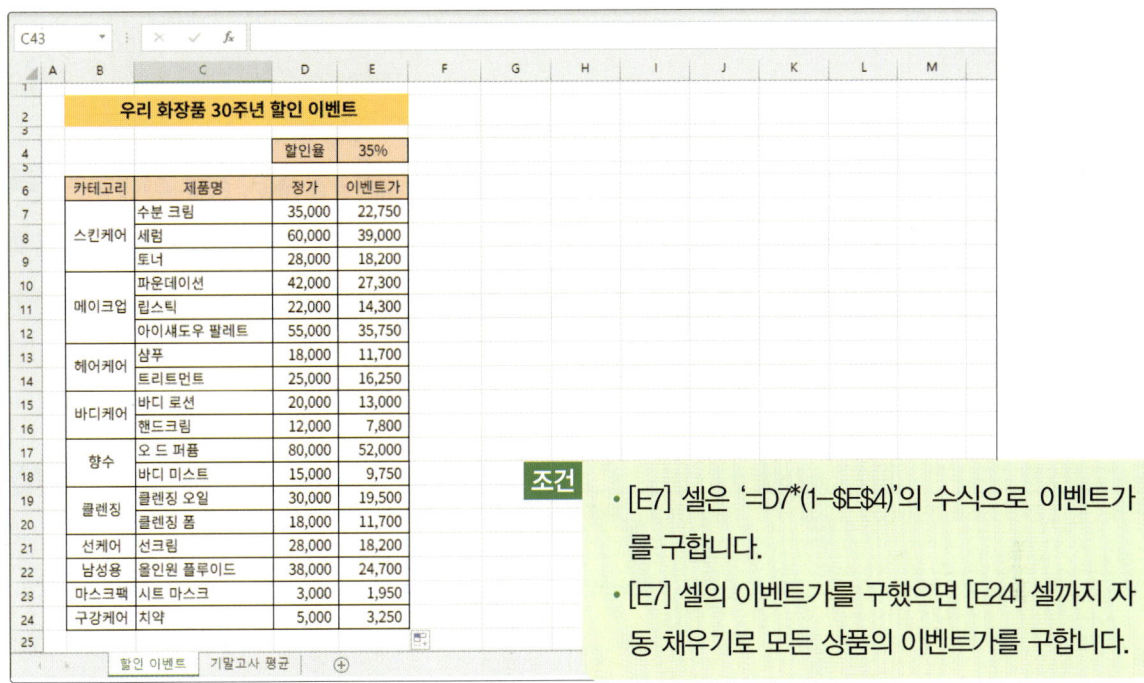

조건
- [E7] 셀은 '=D7*(1-$E$4)'의 수식으로 이벤트가를 구합니다.
- [E7] 셀의 이벤트가를 구했으면 [E24] 셀까지 자동 채우기로 모든 상품의 이벤트가를 구합니다.

2 'Section08-심화.xlsx' 파일의 '기말고사 평균' 시트에 다음 조건을 적용해 보세요.

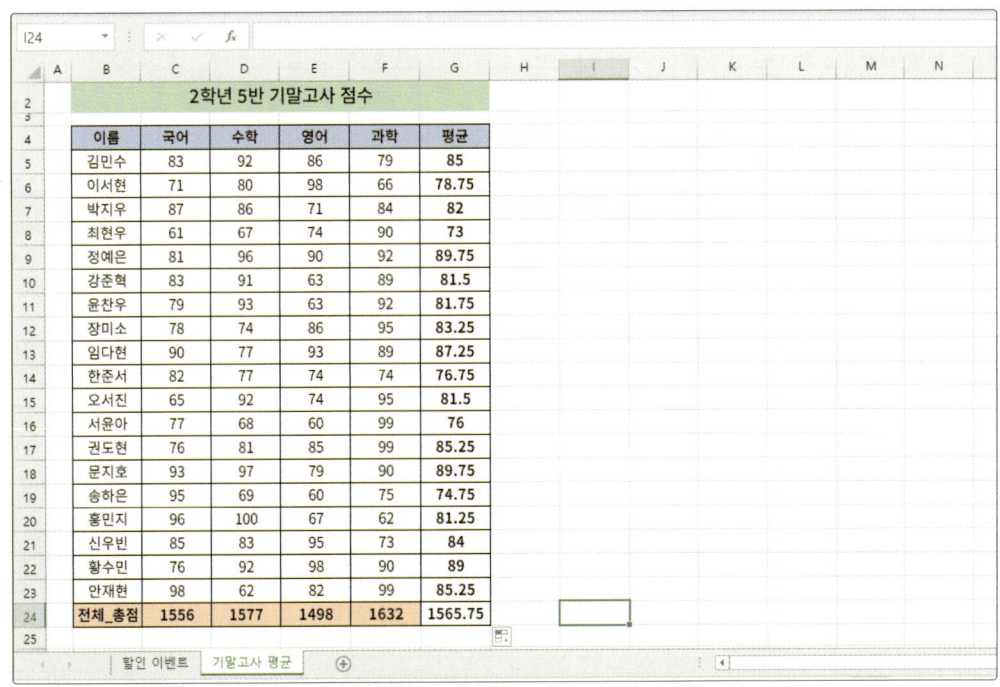

조건
- 각 과목의 이름으로 이름 정의를 만들고 [C24:F24] 셀은 이름 정의를 사용하여 합계를 구합니다.
- [G5] 셀은 자동 합계로 합계를 구하고 '/4'를 붙여서 평균을 구한 후 자동 채우기로 [G24] 셀까지 채웁니다.

09 함수 기초 익히기

SECTION

엑셀은 단순한 표 작성에 그치지 않고, 데이터를 분석하고 요약하는 데에도 중요한 역할을 합니다. 함수를 사용하면 횟수 집계, 합계 계산, 순위 매기기, 관련 정보 조회 등 다양한 분석 작업에 유용합니다. 함수를 적용하여 효율적으로 데이터를 정리하고, 직관적으로 결과를 도출하는 방법을 소개합니다.

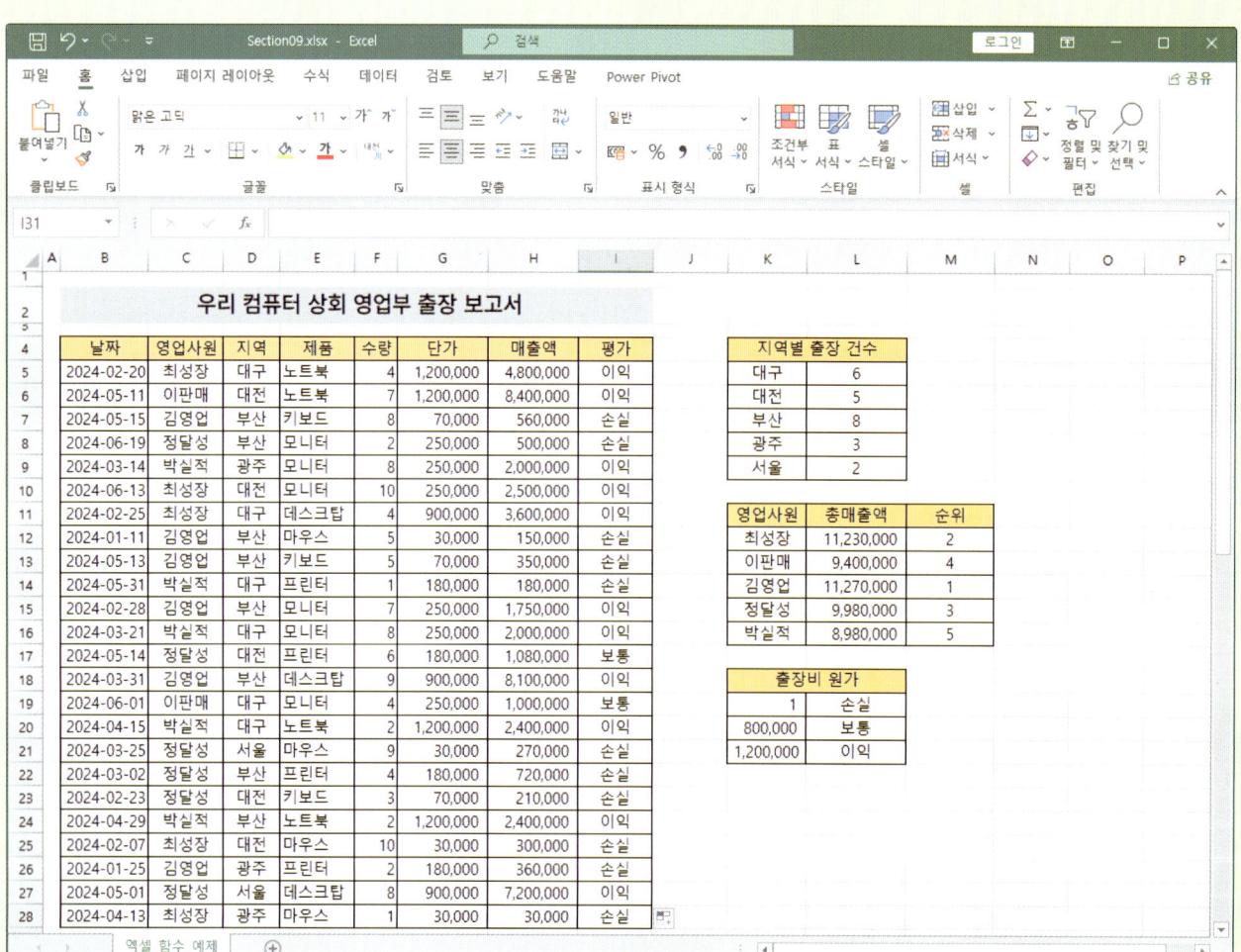

MISSION

실습 1 조건에 따라 개수 구하기

실습 2 조건에 따라 합계 구하기

실습 3 매출액에 따라 순위 매기기

실습 4 기준표로 데이터 검색하기

CHECK POINT

포인트 1 COUNTIF 함수로 조건에 맞는 셀의 개수를 추출합니다.

포인트 2 SUMIF 함수로 조건에 맞는 셀의 합을 구합니다.

포인트 3 RANK.EQ 함수로 셀 값에 대해서 순위를 매깁니다.

포인트 4 VLOOKUP 함수로 세로 방향으로 데이터를 검색하여 특정 값을 기준으로 관련 정보를 찾습니다.

실습 1

조건에 따라 개수 구하기

실습파일 Section09.xlsx

1 ❶ [L5] 셀을 선택한 후 수식 입력줄 앞의 ❷ [함수 삽입(f_x)] 버튼을 클릭하여 [함수 마법사] 대화상자가 나타나면 '함수 검색'에 ❸ 'countif'를 입력하고 ❹ [검색] 버튼을 클릭합니다. '함수 선택'에서 ❺ 'COUNTIF'를 선택한 후 ❻ [확인] 버튼을 클릭합니다.

> **TIP** COUNTIF 함수는 지정한 범위에서 조건에 맞는 셀을 세는 함수입니다.

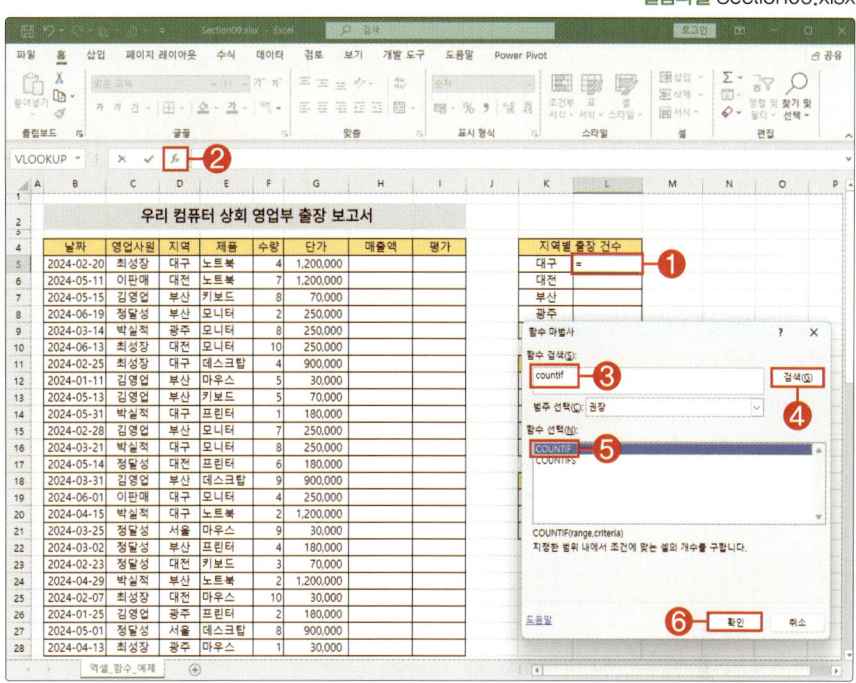

2 [함수 인수] 대화상자가 나타나면 'Range'에 [D5:D28] 셀을 범위 지정한 후 F4 키를 눌러 ❶ '$D$5:$D$28'로 변경합니다.

> **TIP** 범위를 절대 참조로 변경하는 이유는 선택한 L5 셀 아래로 자동 채우기를 할 때 검색 범위를 고정하여 대전, 부산, 광주, 서울의 값도 쉽게 구하기 위해서입니다.

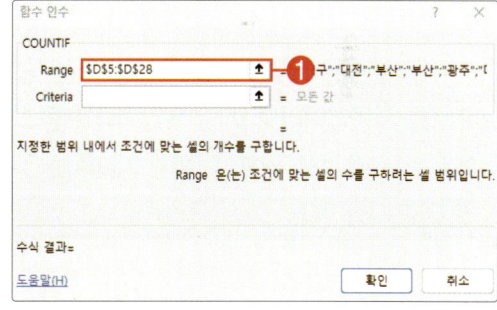

3 'Criteria'에서는 ❶ [D5] 셀을 클릭하거나 '대구'를 입력한 후 ❷ [확인] 버튼을 클릭합니다.

> **TIP** [함수 인수] 대화상자와 수식 입력줄을 보고 해당 수식이 어떻게 입력되는지 확실하게 숙지한다면 수식 입력줄에 곧바로 함수와 인수를 입력하여 빠르게 작업할 수 있습니다.

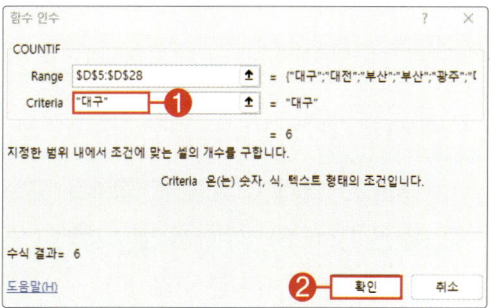

4 [L5] 셀에 6이 입력되면 ➊ 자동 채우기 기능으로 [L9] 셀까지 드래그하여 모두 채웁니다.

> **TIP** COUNTIF와 유사한 함수로는 숫자가 입력된 셀의 개수를 구하는 COUNT, 비어 있지 않은 셀의 개수를 구하는 COUNTA, 빈 셀의 개수를 구하는 COUNTBLANK, 두 개 이상의 조건을 동시에 만족하는 셀의 개수를 구하는 COUNTIFS 함수가 있습니다.

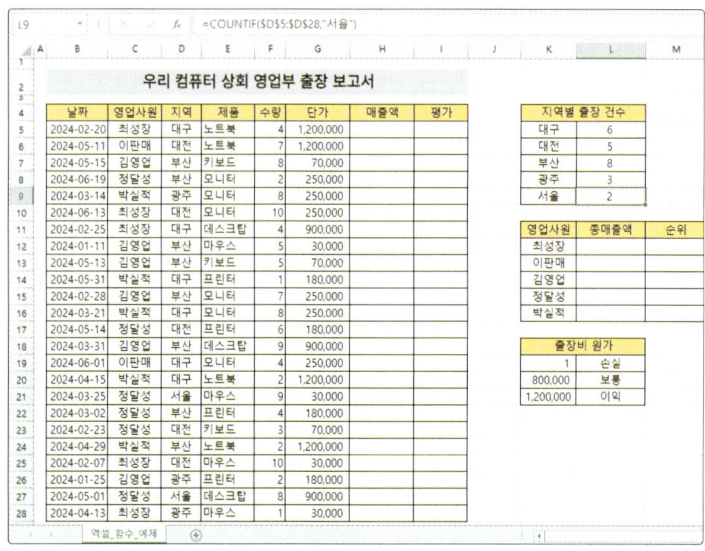

5 [L6] 셀을 선택하고 ➊ 수식 입력줄에서 '대구'를 '대전'으로 입력하여 대전의 출장 건수를 변경합니다.

> **TIP** 엑셀 함수에서 인수를 구분할 때는 '쉼표(,)'를 사용합니다. 하지만 독일이나 프랑스에서는 구분자를 쉼표가 아닌 '세미콜론(;)'으로 표시합니다.

6 수식 입력줄을 이용하여 [K7:K9] 셀 범위에 각각의 지역을 입력하여 지역별 출장 건수를 확인합니다.

> **TIP** [L5:L9] 셀에 COUNTIF 함수로 구한 결괏값은 [D5:D28] 범위에서 해당 지역이 입력된 셀의 개수를 표시한 것입니다.

1 [L12:L16] 셀에 각 영업사원의 총 매출액을 구하기 위해서 먼저 H 열의 매출액을 구합니다. ❶ [H5] 셀을 클릭하고 '=F5*G5' 수식을 입력합니다.

2 [H5] 셀을 이용해 ❶ [H28] 셀까지 자동 채우기로 매출액을 입력합니다.

TIP 각 영업사원의 총매출액을 구하기 위해서는 SUMIF 함수를 사용합니다. SUMIF 함수는 특정 조건을 만족하는 셀의 값을 합산하는 함수입니다.

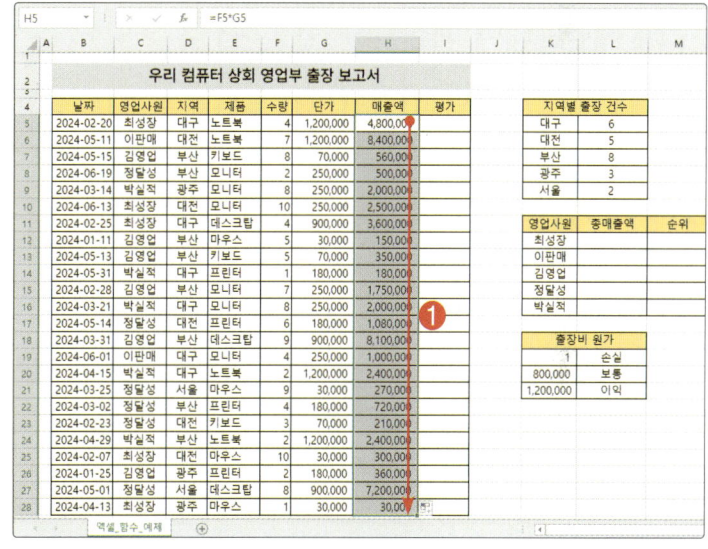

3 [H5:H28] 셀의 매출액을 구했으므로 [C5:C28] 범위에 있는 영업사원별 총매출액을 계산해 보겠습니다. ❶ [K12]의 '최성장' 영업사원의 총매출액을 구하기 위해서 [L12] 셀을 클릭하고 ❷ [함수 삽입(*fx*)]을 눌러 [함수 마법사] 대화상자가 나타나면 ❸ 'sumif'로 검색하여 ❹ 'SUMIF' 함수를 선택한 후 ❺ [확인] 버튼을 클릭합니다.

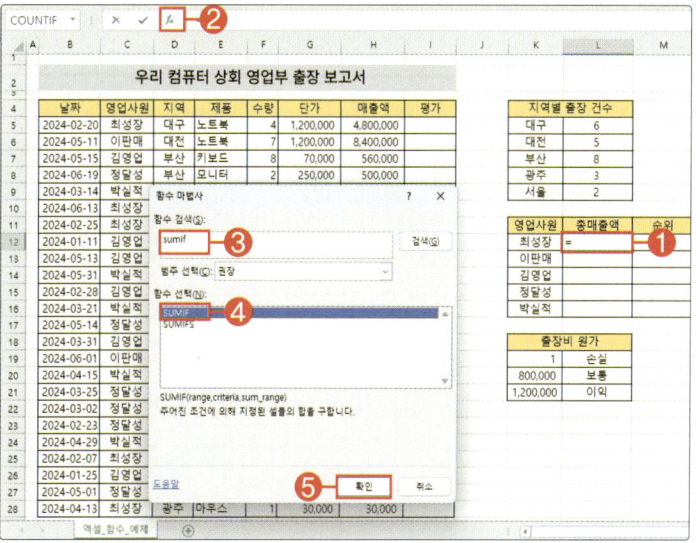

091

4 [함수 인수] 대화상자가 나타나면 'Range'를 클릭하고 [C5:C28]을 드래그하여 범위를 지정한 후 F4 키를 눌러 절대 참조 ❶ '$C$5:$C$28'로 입력합니다.

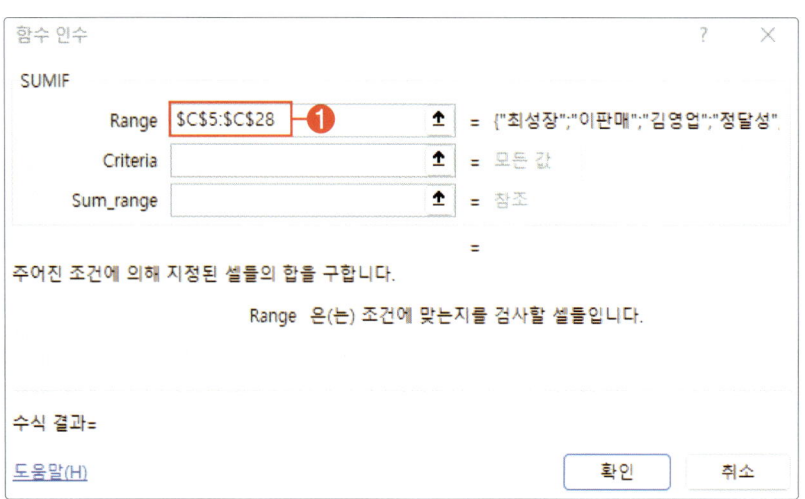

5 'Criteria'를 클릭하고 '최성장' 사원이 입력된 ❶ [C5] 셀을 선택하여 [함수 인수] 대화상자에 표시합니다.

> TIP [C5] 셀을 클릭하지 않고 '최성장'을 입력해도 됩니다.

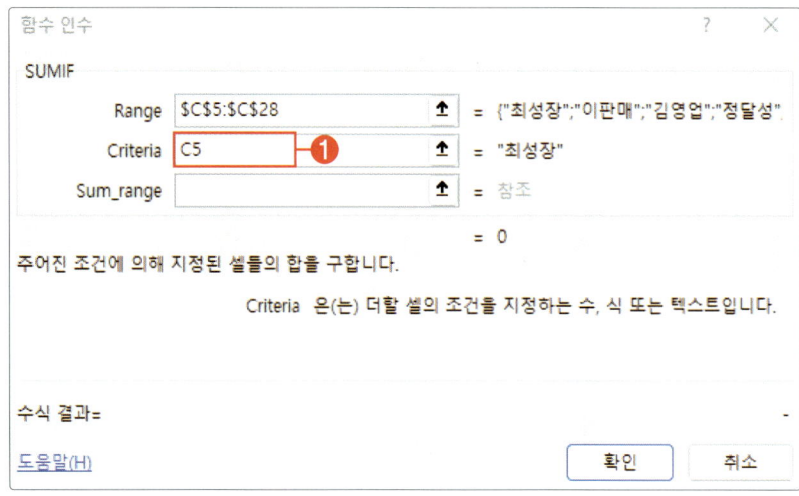

6 'Sum_range'를 클릭하고 [H5:H28] 범위를 드래그한 후 F4 키를 눌러 절대 참조 ❶ '$H$5:$H$28'로 변경하여 입력한 후 ❷ [확인] 버튼을 클릭합니다.

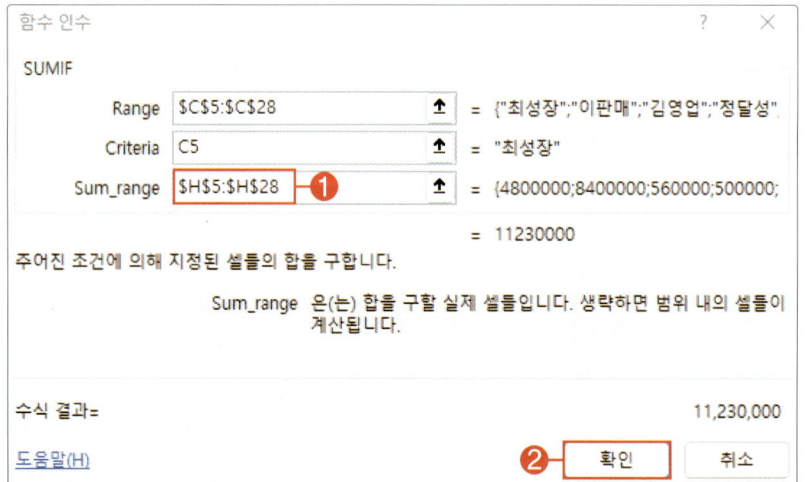

7 [L12] 셀에 '최성장' 영업사원의 총매출액이 입력되었으면 ❶ 자동 채우기 기능으로 '박실적' 사원이 있는 [L16] 셀까지 총매출액을 구합니다.

TIP [C5:C9] 범위의 영업사원 이름과 [K12:K16] 범위의 영업사원 이름이 동일하므로 자동 채우기로 총매출액을 구했지만, 범위가 동일하지 않을 경우 수식 입력에서 각 사원의 이름을 입력하여 총매출액을 구하면 됩니다.

자격증 시험에 많이 등장하는 함수들

엑셀 자격증 시험(예: 컴퓨터활용능력, ITQ, MOS 등)에 자주 등장하는 핵심 함수는 데이터 집계, 조건 처리, 참조, 통계 등 실무에 꼭 필요한 함수들입니다. 이 함수들은 시험에서도 빈번히 출제되며, 실무에서도 매우 자주 쓰이는 만큼 기능과 구조를 정확히 이해하고 연습해 두는 것이 중요합니다.

함수 이름	기능 설명	기본 사용 예
SUM	합계를 구함	=SUM(A1:A10)
AVERAGE	평균값을 구함	=AVERAGE(B2:B6)
IF	조건에 따라 선택	=IF(C2>=60, "합격", "불합격")
COUNT	숫자가 입력된 셀의 개수	=COUNT(D2:D20)
COUNTA	빈칸이 아닌 셀의 개수	=COUNTA(B2:B20)
COUNTIF	조건을 만족하는 셀의 개수	=COUNTIF(B2:B10, "서울")
SUMIF	조건을 만족하는 값들의 합	=SUMIF(A2:A10, ")100", B2:B10)
VLOOKUP	지정한 값을 기준으로 다른 값을 찾아줌	=VLOOKUP("홍길동", A2:C10, 3, FALSE)
RANK.EQ	값의 순위를 매김 (공동 순위는 동일 등수)	=RANK.EQ(B2, B2:B10)
LEFT, RIGHT, MID	텍스트에서 일부 문자 추출	=LEFT(A1, 3)
LEN	텍스트의 길이를 계산	=LEN(A2)
ROUND, ROUNDUP, ROUNDDOWN	반올림, 올림, 내림	=ROUND(D2, 1)
TODAY, NOW	현재 날짜, 시간 표시	=TODAY()
TEXT	숫자나 날짜를 형식에 맞게 바꿈	=TEXT(TODAY(), "yyyy-mm-dd")

실습 3 매출액에 따라 순위 매기기

1 ❶ [M12] 셀을 선택하고 ❷ [함수 삽입(fx)]을 클릭하여 [함수 대화상자가 나타나면 ❸ 'rank'로 검색하여 ❹ 'RANK.EQ' 함수를 선택한 후 ❺ [확인] 버튼을 클릭합니다.

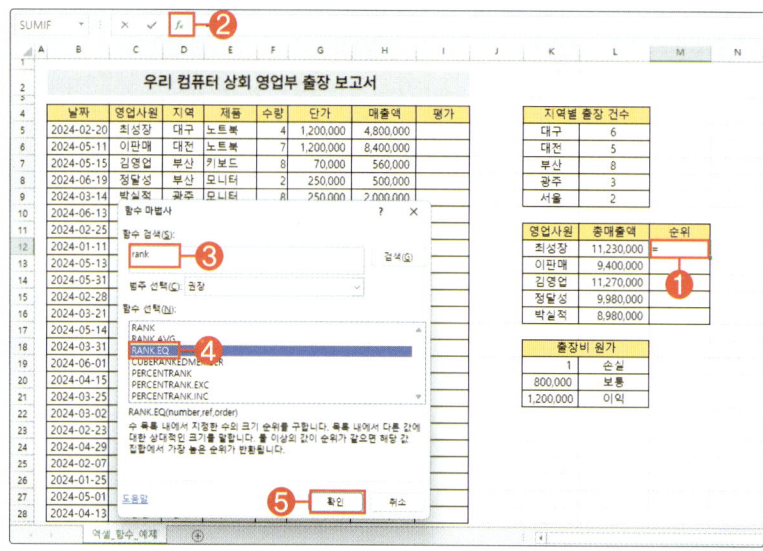

> TIP RANK.EQ 함수는 순위를 매길 때 사용하는 함수입니다.

2 [함수 인수] 대화상자가 나타 나면 ❶ 'Number'를 클릭하 고 [L12] 셀을 선택하여 입력합니다.

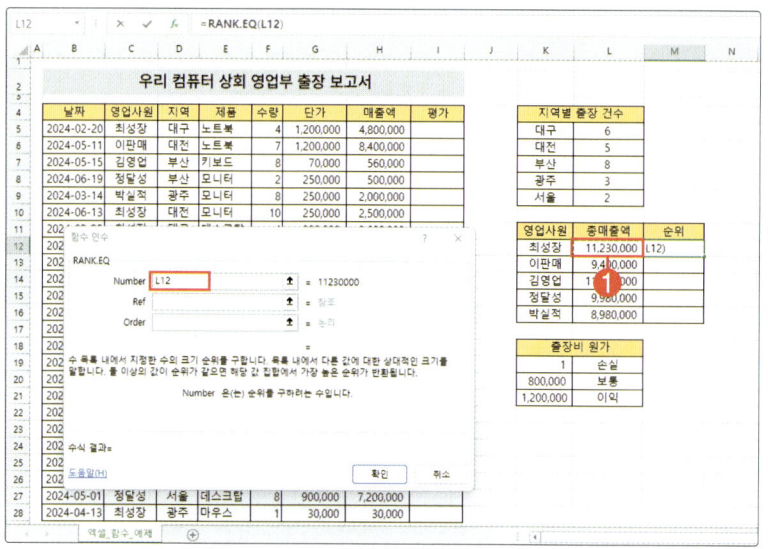

3 ❶ 'Ref'는 [L12:L16] 범위를 드래그한 후 F4 키를 눌러 '$L$12:$L$16'으로 변경합니다.

> TIP [함수 인수] 대화상자의 각 입력 창을 클릭할 때마다 하단에 해당 입력 창의 인수는 어떤 역할이나 기능을 하 는지 알려줍니다.

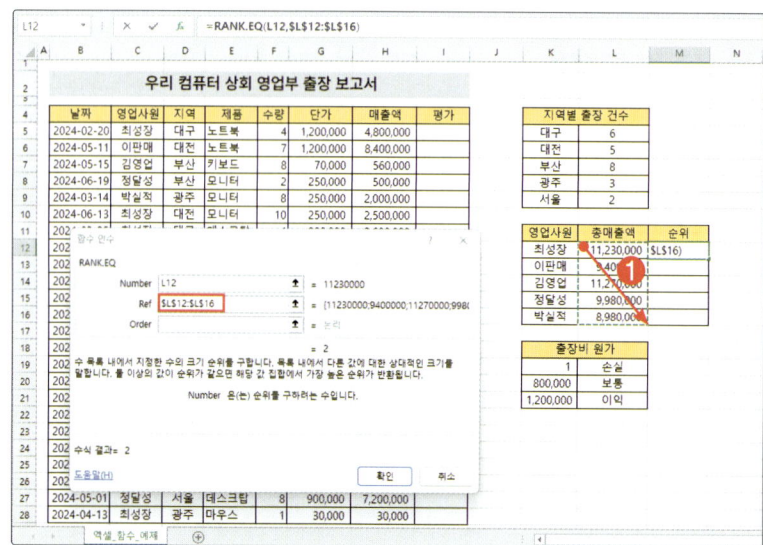

4 'Order'에는 0을 입력하고 [확인] 버튼을 클릭하면 [M12] 셀에 함수 결괏값 3이 자동으로 입력됩니다.

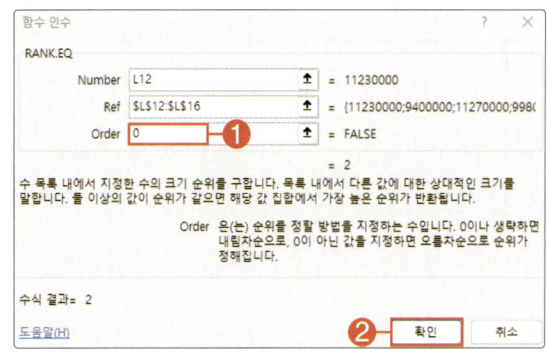

5 [M12] 셀을 이용하여 [M16]까지 자동 채우기를 하면 영업사원의 총매출액에 대한 순위가 표시됩니다.

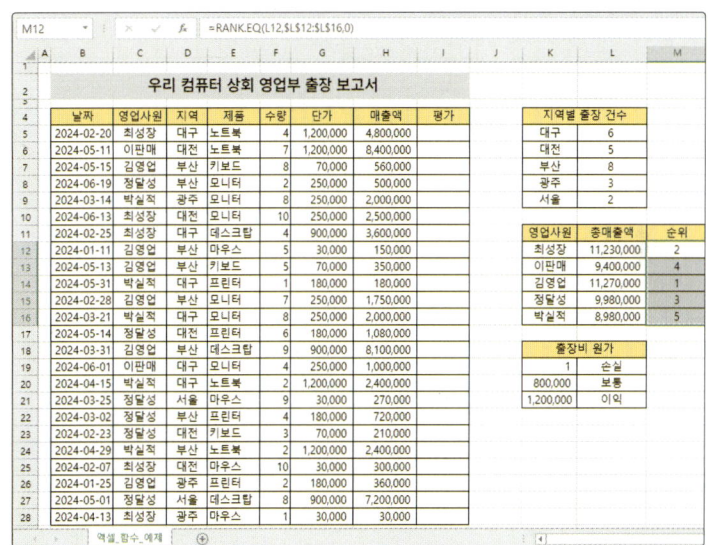

LEARN MORE

순위를 매기는 RANK 관련 함수들

RANK 관련 함수는 특정 값이 주어진 범위 내에서 몇 번째 순위에 해당하는지를 계산할 때 사용됩니다. 이 함수들은 성적, 판매량, 점수처럼 수치 데이터를 기준으로 높은 값 또는 낮은 값의 순으로 정렬하여 순위를 매길 수 있습니다. 특히 공동 순위 처리 방식이나 정렬 방향을 선택할 수 있는 기능이 포함되어 있어 상황에 맞게 다양한 방식으로 활용할 수 있습니다.

함수	기능	사용 예
RANK.EQ	특정 값의 순위를 계산, 공동 순위는 동일한 값으로 표시	=RANK.EQ(B2, B2:B10) → 지정한 범위에서 [B2]의 순위를 계산
RANK.AVG	RANK.EQ와 유사하지만 공동 순위는 평균 순위를 반환	=RANK.AVG(B2, B2:B10) → 공동 2위가 두 명일 경우 둘 다 2.5위로 표시
PERCENTRANK	값이 범위 내에서 백분위 순위(0~1) 중 어디에 있는지 계산	=PERCENTRANK(A2:A10, A2) → [A2]의 백분위 위치 계산
PERCENTRANK.INC	PERCENTRANK와 동일 (0~1 포함)	
PERCENTRANK.EXC	백분위 범위에서 0과 1은 제외	고급 통계 분석용 백분위 순위 계산

기준표로 데이터 검색하기

1 ① [I5] 셀을 선택하고 ② [함수 삽입(*fx*)]을 클릭하여 [함수 마법사] 대화상자가 나타나면 ③ 'vlookup' 으로 검색하여 ④ 'VLOOKUP' 함수를 선택한 후 ⑤ [확인] 버튼을 클릭합니다.

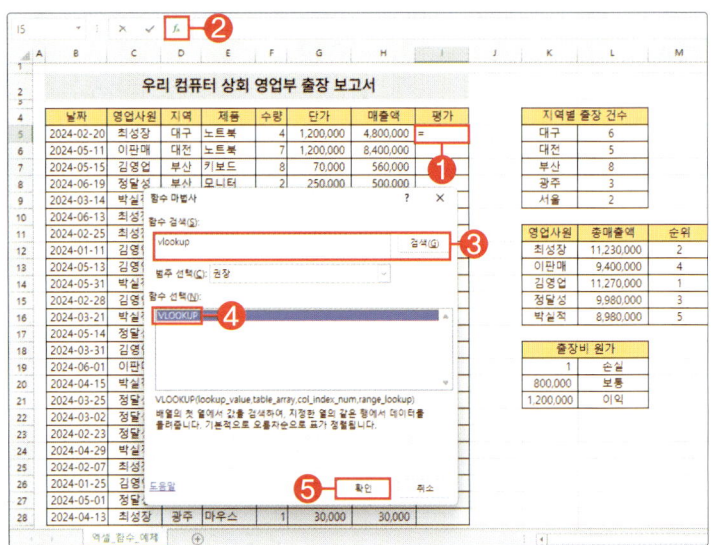

> **TIP** VLOOKUP 함수는 세로 방향으로 데이터를 검색하여 값을 찾아주는 함수로 주로 표 형태의 데이터에서 특정 값을 기준으로 관련 정보를 찾을 때 사용됩니다.

2 [함수 인수] 대화상자가 나타나면 'Lookup_value'를 클릭하고 [H5] 셀을 선택하거나 ① 'H5'를 입력합니다.

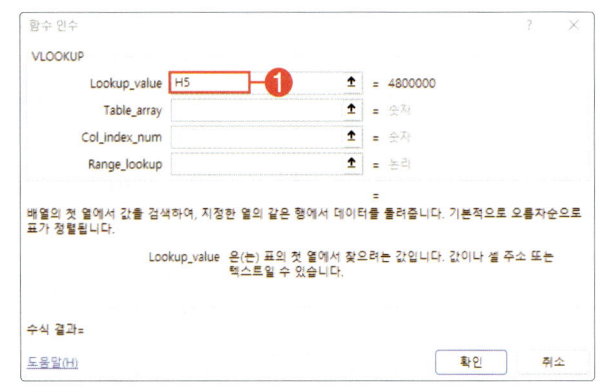

3 'Table_array'에서는 ① [K19:L21]을 범위로 지정하고 F4 키를 눌러 '$K$19:$L$21'로 변경합니다.

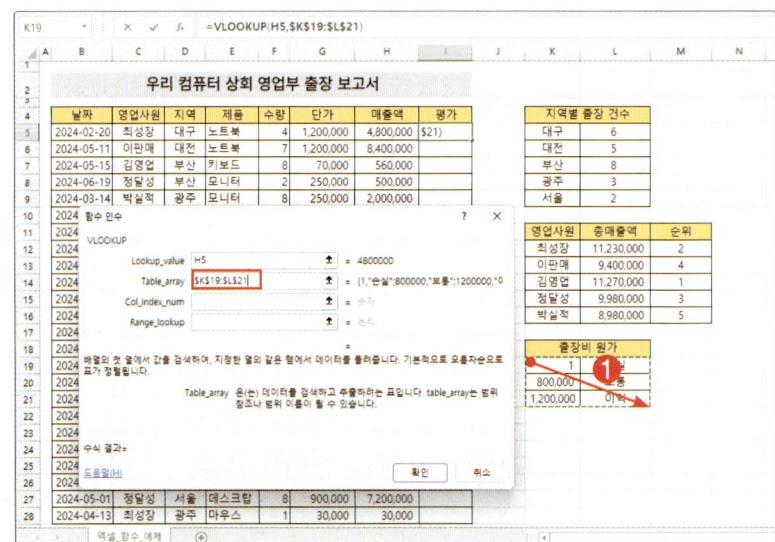

> **TIP** Table_array는 데이터를 검색할 범위를 의미합니다.

4 'Col_index_num'에는 ❶ '2'를 입력하고 ❷ [확인] 버튼을 클릭합니다.

> **TIP** 'Col_index_num'은 'Table_array'에서 지정한 범위에서 열의 번호를 나타내며, '2'는 두 번째 열을 추출한다는 것을 의미합니다.
> 'Range_lookup'은 정확도를 의미하며 'False'와 'True'를 입력할 수 있습니다. False는 정확히 일치하는 값, True는 유사 일치를 허용하는 것으로 아무것도 입력하지 않으면 True가 적용됩니다.

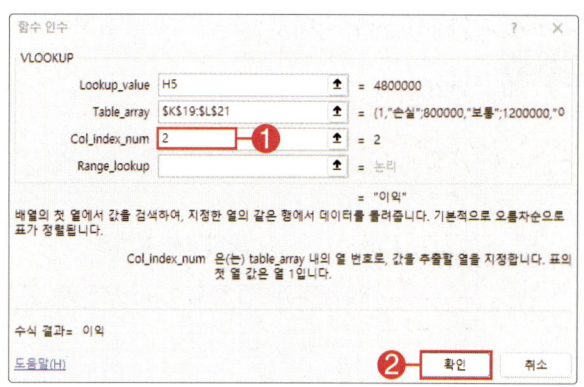

5 [L5] 셀에 자동으로 '이익'이 입력되면 자동 채우기 기능으로 [I28] 셀까지 드래그합니다.

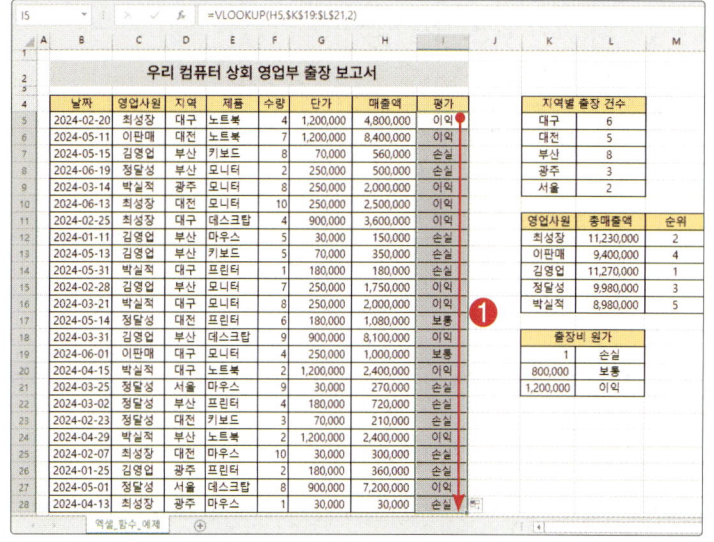

LEARN MORE

VLOOKUP과 비슷한 함수들

함수 이름	기능 설명	특징	사용 예
HLOOKUP	가로 방향으로 값 찾기	첫 행을 기준으로 행 단위 조회	=HLOOKUP("1월", A1:D3, 2, FALSE)
LOOKUP	수직 또는 수평 조회(정렬 필요)	배열 기반, 단순 참조	=LOOKUP(80, A2:A10, B2:B10)
INDEX + MATCH	값 조회 + 위치 검색	VLOOKUP보다 유연함 (왼쪽 열도 참조 가능)	=INDEX(C2:C10, MATCH("홍길동", A2:A10, 0))
XLOOKUP	고급 조회 함수	VLOOKUP의 단점을 보완	=XLOOKUP("홍길동", A2:A10, C2:C10, "없음")

097

1 'Section09-기초.xlsx' 파일을 불러온 후 '모의고사 성적표' 시트에 다음 조건을 적용해 보세요.

| G21 | | | fx | =RANK.EQ(F21,$F$5:$F$21,0) | | | |

모의고사 성적표

학생이름	국어	영어	수학	평균	석차
김민준	85	78	91	85	7
이서연	92	88	85	88	5
박지후	70	65	72	69	14
최도윤	95	94	98	96	2
정하윤	80	75	82	79	10
강은서	62	58	60	60	16
조예준	88	90	89	89	4
윤수아	75	70	78	74	12
장시우	83	81	86	83	8
임채원	98	96	99	98	1
한지아	55	50	58	54	17
오준서	79	77	80	79	11
서아인	81	84	80	82	9
권서준	91	89	92	91	3
문하준	68	63	69	67	15
송유나	87	86	88	87	6
홍우진	73	71	74	73	13

조건

- [F5] 셀에 '=SUM(C5:E5)/3' 수식을 입력하여 평균 점수를 구하고, 자동 채우기로 [F21] 셀까지 자동 채우기를 실행합니다.
- [G5] 셀은 RANK.EQ 함수의 인수를 'F5, $F$5:$F$21, 0'으로 설정하여 석차를 구하고, [G21] 셀까지 자동 채우기를 실행합니다.

2 'Section09-기초.xlsx' 파일에서 '정보화 테스트 결과' 시트에 다음 조건을 적용해 보세요.

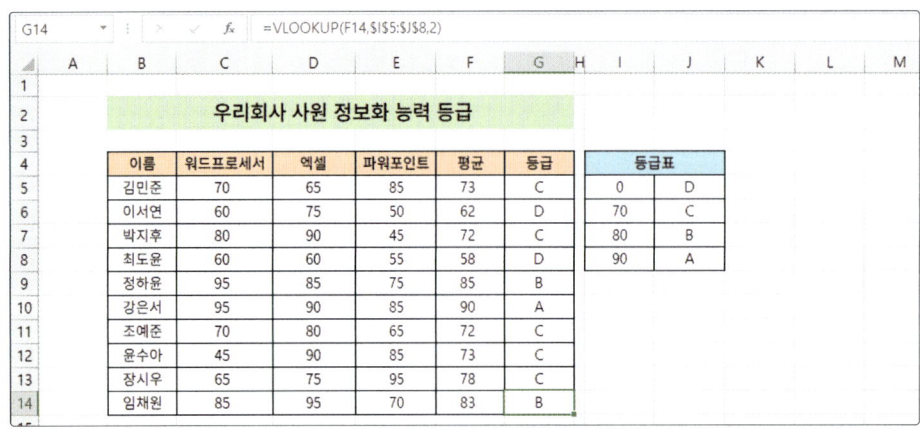

| G14 | | | fx | =VLOOKUP(F14,$I$5:$J$8,2) | | | |

우리회사 사원 정보화 능력 등급

이름	워드프로세서	엑셀	파워포인트	평균	등급	등급표	
김민준	70	65	85	73	C	0	D
이서연	60	75	50	62	D	70	C
박지후	80	90	45	72	C	80	B
최도윤	60	60	55	58	D	90	A
정하윤	95	85	75	85	B		
강은서	95	90	85	90	A		
조예준	70	80	65	72	C		
윤수아	45	90	85	73	C		
장시우	65	75	95	78	C		
임채원	85	95	70	83	B		

조건

- F열은 수식 '=SUM(C5:E5)/3'과 자동 채우기를 이용해서 평균을 구합니다.
- G열은 VLOOKUP 함수의 인수를 'F5, $I$5:$J$8, 2'로 설정하고 자동 채우기를 이용해서 등급을 입력합니다.

1 'Section09-심화.xlsx' 파일을 불러온 후 '실적 데이터' 시트에 다음 조건을 적용해 보세요.

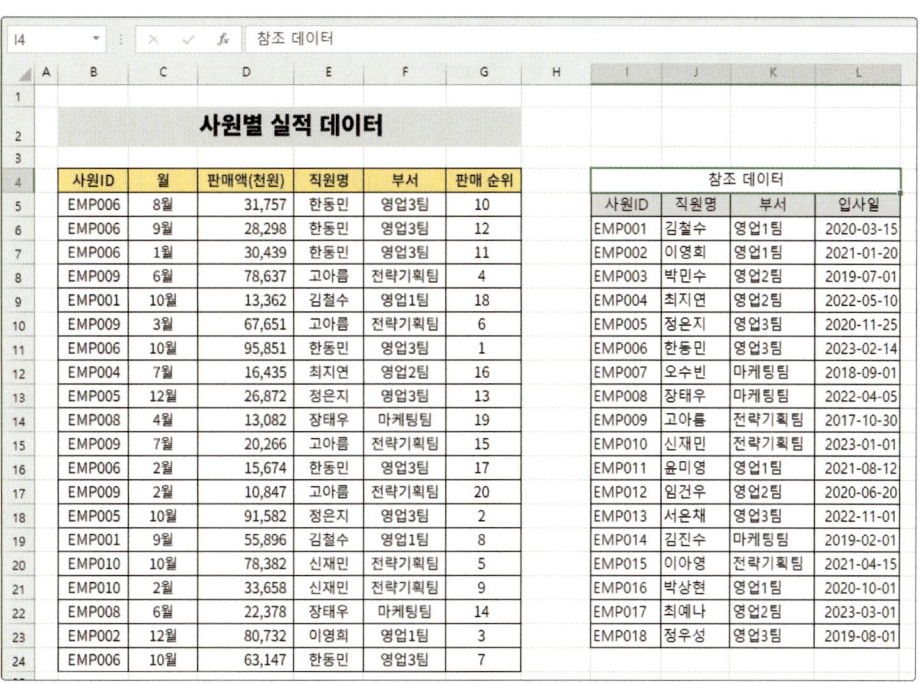

조건
- E열과 F열의 직원명과 부서는 VLOOKUP 함수와 [I6:L23] 범위의 참조 데이터를 이용해서 입력합니다.
- G열은 D열의 판매액을 참조해 RANK.EQ 함수로 순위를 구합니다.

2 'Section09-심화.xlsx' 파일에서 '출장 보고서' 시트에 다음 조건을 적용해 보세요.

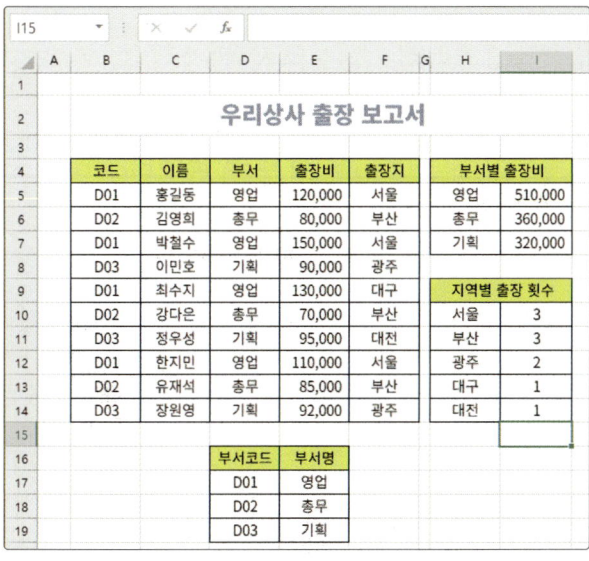

조건
- D열은 VLOOKUP 함수와 [D17:E19] 범위의 데이터를 이용해서 부서명을 입력합니다.
- [I5:I7] 범위는 SUMIF 함수를 이용해서 부서별 출장비를 구합니다.
- [I10:I14] 범위는 COUNTIF 함수를 이용해서 지역별 출장 횟수를 구합니다.

10 SECTION 함수의 입력과 중첩 사용

데이터를 추출하기 위해서 두 개 이상의 함수를 중첩해서 사용할 수 있습니다. 예를 들어서 평균값을 구했는데 소수점일 경우 반올림으로 처리하거나 A, B, C, D, F 학점을 조건의 참/거짓에 따라서 입력하기 위해서 함수를 중첩해서 사용할 수 있습니다.

우리 대학 컴퓨터 교양 과목 수강생 성적표

2025년 6월 27일 금요일   오후 5:01:03

학번	학생이름	입학년도	국어	영어	수학	평균	학점
2021-CS-002	김민준	2021	85.5	78.2	91.7	85	B
2021-EE-003	이서연	2021	92.1	88.9	85.3	89	B
2021-ME-001	박지후	2021	70.0	65.8	72.5	69	D
2021-BIZ-003	최도윤	2021	95.0	93.5	98.2	96	A
2022-CS-001	정하윤	2022	80.3	75.1	82.9	79	C
2022-CS-003	강은서	2022	62.4	58.0	60.9	60	D
2023-CS-002	조예준	2023	88.7	90.1	89.5	89	B
2021-ME-002	윤수아	2021	75.6	70.9	78.1	75	C
2021-ME-003	장시우	2021	83.9	81.0	86.2	84	B
2021-BIZ-001	임채원	2021	98.0	96.5	99.1	98	A
2021-BIZ-002	한지아	2021	55.5	50.1	58.7	55	E
2024-CS-003	오준서	2024	79.2	77.0	80.5	79	C
2021-ART-001	서아인	2021	81.8	84.2	80.0	82	B
2021-ART-002	권서준	2021	90.5	89.0	92.3	91	A
2021-ART-003	문하준	2021	68.0	63.5	69.8	67	D
2023-CS-003	송유나	2023	87.5	86.0	88.8	87	B
2022-CS-002	홍우진	2022	73.1	71.5	74.9	73	C

MISSION

실습 1 현재 날짜와 시간 표시하기

실습 2 텍스트에서 왼쪽 문자 추출하기

실습 3 소수점 반올림하기

실습 4 조건에 따라 다른 값 표시하기

CHECK POINT

포인트 1 TODAY 함수로 현재의 날짜를, NOW 함수로 현재 시간을 자동 입력합니다.

포인트 2 LEFT 함수로 셀 안의 텍스트를 왼쪽에서부터 글자 수만큼 추출해서 입력합니다.

포인트 3 AVERAGE 함수로 선택한 셀에 있는 숫자의 평균값을 구합니다.

포인트 4 ROUND 함수로 소수점 이하의 숫자를 반올림합니다.

포인트 5 IF 함수로 조건에 따라 참/거짓을 판단하여 결괏값을 구합니다.

실습파일 Section10.xlsx

1 [F4] 셀을 클릭하고 ❶ '=to'를 입력하면 아래에 입력한 문자와 관련된 추천 함수 목록을 표시해 줍니다. ❷ 'TODAY'를 더블클릭 합니다.

> **TIP** 추천 함수 목록은 엑셀에서 입력 중인 글자와 유사한 함수명을 자동으로 제안해 주는 기능으로, 목록에서 방향키(↓, ↑)를 눌러 선택하고 Tab 키를 누르면 입력됩니다. 추천 함수 목록을 이용하면 수식을 작성할 때 오타를 방지하고 함수 이름을 빠르게 입력할 수 있습니다.

2 ❶ '=TODAY(' 뒤에 ')'를 입력하고 Enter 키를 누르면 [F4] 셀에 오늘 날짜가 자동 입력됩니다.

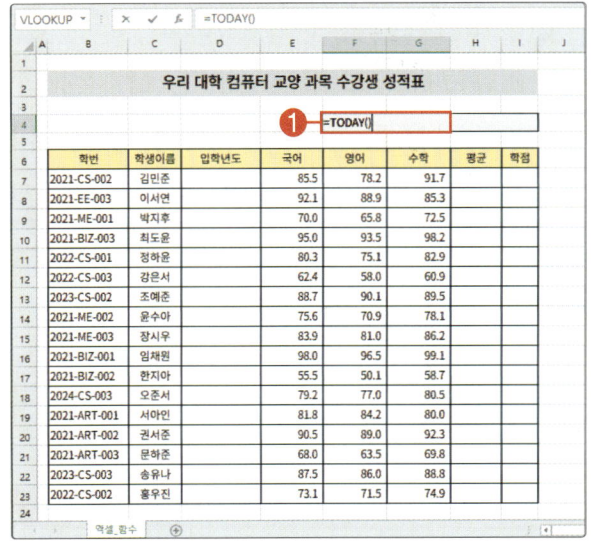

> **TIP** TODAY 함수는 현재 날짜를 표시하는 함수로, 일반적인 함수는 괄호 안에 인수를 넣지만 TODAY 함수는 인수를 넣지 않습니다.

3 [F4] 셀이 선택된 상태에서 ❶ [홈] 탭의 [표시 형식] 그룹에서 ❷ [표시 형식]의 펼치기 버튼(⌄)을 클릭한 후 ❸ '자세한 날짜'를 선택합니다.

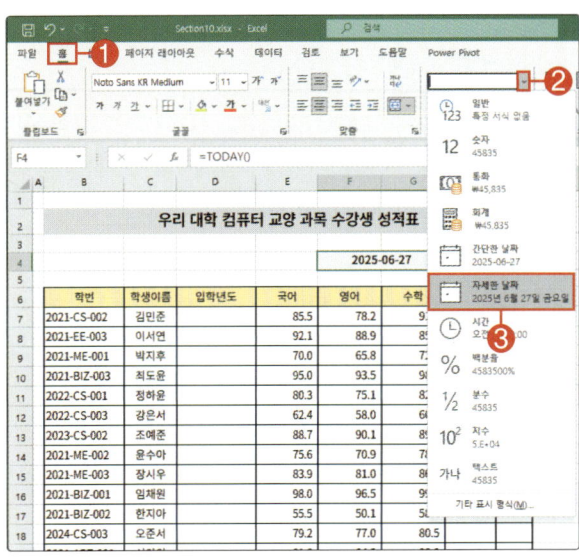

4 [H4] 셀에서 ❶ '=no'를 입력하고 추천 함수 목록이 나타나면 ❷ 'NOW'를 더블클릭한 후 2번에서와 마찬가지로 ')'를 입력합니다.

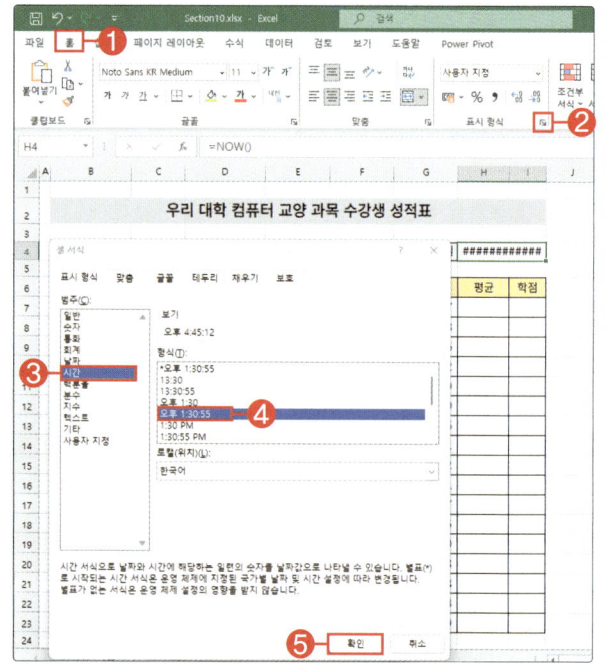

> **TIP** NOW 함수는 현재 시간을 표시하는 함수로, TODAY 함수처럼 인수를 넣지 않습니다.

5 함수로 입력된 시간이 너무 길어서 '#####'으로 표시됩니다. ❶ [홈] 탭에서 [표시 형식]의 ❷ 표시 형식(🔽)을 클릭하여 [셀 서식] 대화상자가 나타나면 범주에서 ❸ '시간'을, '형식'에서 ❹ '오후 1:30:55'를 선택하고 ❺ [확인] 버튼을 클릭합니다.

6 [H4] 셀은 사용자 지정 형식에 의해서 시간만 표시됩니다.

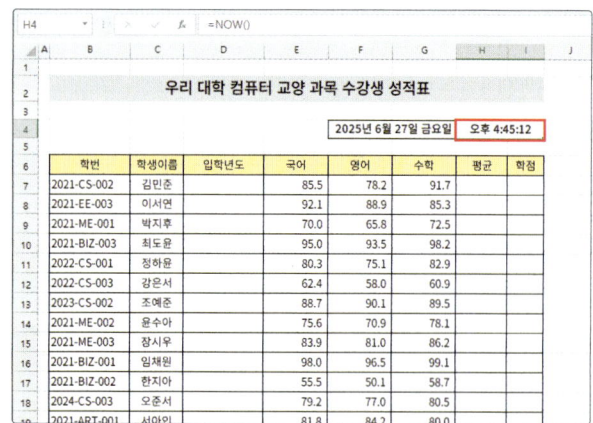

 텍스트에서 왼쪽 문자 추출하기

MISSION

1 [D7] 셀에서 ❶ '=le'를 입력한 후 추천 함 수 목록이 나타나면 ❷ 'LEFT'를 더블클 릭합니다.

> **TIP** LEFT, MID, RIGHT 함수는 텍스트 문자열에서 일부 문자를 추출할 때 사용합니다. LEFT는 왼쪽부터, MID는 지정한 위치부터, RIGHT는 오른쪽부터 원하는 글자 수만큼 문자를 반환합니다.

2 'LEFT('가 입력되면 [B7] 셀을 클릭한 후 ❶ ',4)'을 입력하고 Enter 키를 누르면 [B7] 셀의 2021이 반환됩니다.

> **TIP** LEFT 함수는 왼쪽에서부터 텍스트를 추출하는 함수입니다. 인수에 입력된 '4'는 왼쪽에서부터 4글자까 지 반환합니다.

3 자동 채우기 기능으로 [D23] 셀까지 드래 그하면 학번의 왼쪽 네 자리 숫자로 입학 연도가 입력됩니다.

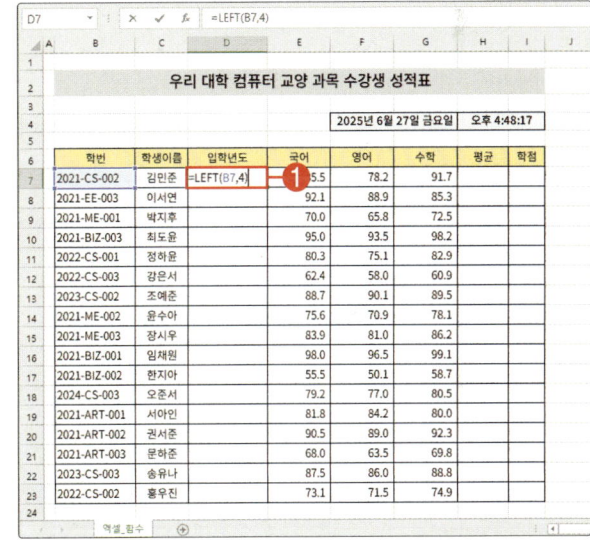

텍스트를 조작하는 문자열 함수

데이터 분석을 할 때 불규칙한 형태가 많이 있습니다. 예를 들어, 제품 코드와 이름이 한 셀에 합쳐져 있거나, 주민등록번호에서 생년월일을 추출해야 할 때가 있습니다. 이때 LEFT, MID, RIGHT 함수로 텍스트를 원하는 대로 자르고 FIND, SEARCH 함수로 자를 위치를 찾아주면 쉽고 편리하게 작업할 수 있습니다.

❶ 텍스트 추출 함수

LEFT 함수 텍스트의 왼쪽에서 지정한 수만큼의 문자를 추출합니다.

· =LEFT(텍스트, 추출할 문자 수) · 예: =LEFT("엑셀 함수", 2)→ "엑셀"

MID 함수 텍스트 중간의 시작 위치부터 지정한 수만큼의 문자를 추출합니다.

· =MID(텍스트, 시작 위치, 추출할 문자 수) · 예: =MID("엑셀 함수", 4, 2)→ "함수"

RIGHT 함수 텍스트의 오른쪽에서 지정한 수만큼의 문자를 추출합니다.

· =RIGHT("엑셀 함수", 2)→ "함수"

❷ 위치 검색 함수: FIND, SEARCH

FIND 함수 대소문자를 구분하여 특정 문자의 시작 위치를 찾습니다.

· =FIND(찾을 문자, 텍스트) · 예: =FIND("A", "Apple")→ 1, =FIND("a", "Apple")→ 오류(#VALUE!)

SEARCH 함수 대소문자를 구분하지 않고 특정 문자의 시작 위치를 찾습니다.

· =SEARCH(찾을 문자, 텍스트) · 예: =SEARCH("a", "Apple")→ 1(대소문자 무시)

❸ 주민등록번호로 나이 계산하기

다음 그림의 D열에 주민등록번호를 이용하여 나이를 추출하는 함수를 알아보겠습니다. 주민등록번호의 생년월일과 오늘 날짜를 비교해서 나이를 계산합니다. 이때 MID 함수를 이용해서 여덟 번째 자리인 성별 코드를 찾아서 1900년대생과 2000년대생을 구별합니다.

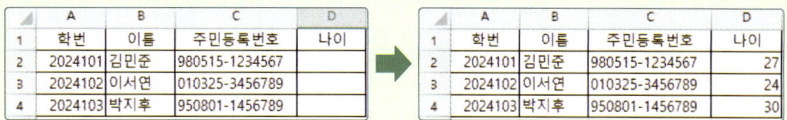

위에서 [D2] 셀에 다음과 같이 중첩 함수를 입력하고 자동 채우기를 하면 주민등록번호를 이용한 나이를 입력할 수 있습니다.

> =YEAR(TODAY())-IF(MID(C2,8,1))"2",2000,1900)-LEFT(C2,2)

LEFT(C2,2) [C2] 셀에서 왼쪽 두 자리인 0이을 추출합니다.

MID(C2,8,1) 8번째 자리인 성별 코드 2를 추출합니다. 이 코드가 2보다 크면 2000년대생으로 판단하고, 아니면 1900년대생으로 판단합니다.

YEAR(TODAY()) 현재 연도를 가져옵니다.

1 ❶ [H7] 셀을 클릭하고 수식 입력줄에 ❷ "=av"를 입력하여 추천 함수 목록이 나타나면 ❸ 'AVERAGE'를 더블클릭합니다.

TIP AVERAGE 함수는 평균을 구하는 함수입니다.

2 수식 입력줄에 '=AVERAGE('가 입력되면 ❶ 'E7:G7)'을 입력한 후 Enter 키를 누릅니다.

TIP 함수를 입력하기 위해서는 함수 마법사를 이용하는 방법, 해당 셀에 직접 입력하는 방법, 해당 셀을 선택하고 수식 입력줄에 입력하는 방법이 있습니다.

3 [E7:G7]의 데이터 평균인 85.1이 입력됩니다.

4 [H7] 셀의 소수점을 함수를 이용해서 반올림해 보겠습니다. 수식 입력줄에서 '='뒤에 'ro'를 입력하여 추천 함수 목록이 나타나면 'ROUND'를 더블클릭합니다.

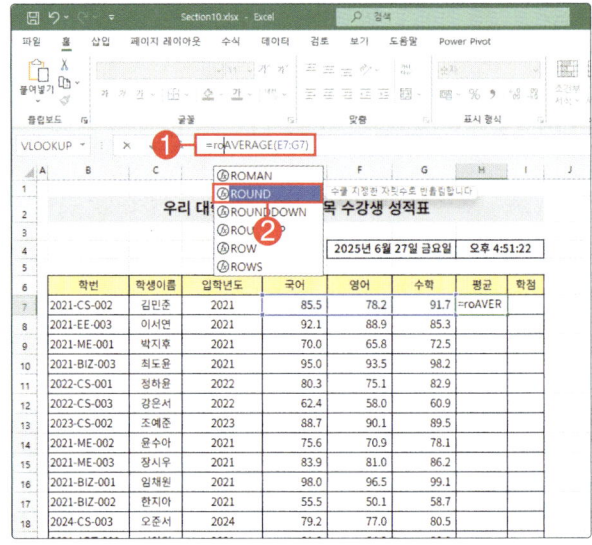

5 수식 입력줄의 'AVERAGE' 앞에 'ROUND('가 입력되었으면 ❶ 커서를 맨 뒤로 이동시켜서 ',0)'을 입력하고 **Enter** 키를 누릅니다.

TIP 반올림할 위치 인수에서 0은 정수로, 2는 소수 둘째 자리까지, −1은 10단위, −2는 100단위로 반올림을 의미합니다.

=ROUND(AVERAGE(E7:G7),0)
　　　　반올림할 대상　　반올림할 위치

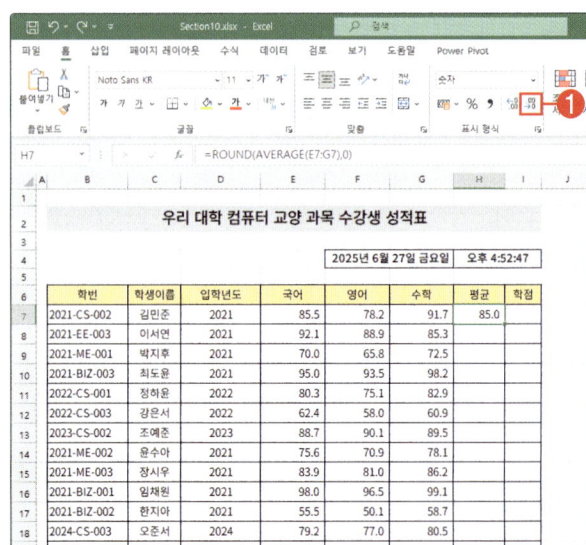

6 [H7] 셀의 '85.1'이 ROUND 함수에 의해 85.0으로 변경되었습니다. [홈] 탭의 [표시 형식]에서 ❶ [자릿수 줄임(🔢)]을 클릭해서 소수점 이하를 숨깁니다.

7 자동 채우기 기능으로 [H23] 셀까지 드래그하여 평균을 정수로 변경합니다.

TIP 함수는 하나만 사용하는 것이 아니라 여러 개를 함께 사용할 수 있습니다. AVERAGE 함수로 구한 평균값을 반올림하기 위해서는 앞에 ROUND 함수를 중첩해서 사용할 수 있습니다. 이렇게 함수를 여러 개 사용하는 것을 중첩 함수라고 합니다.

LEARN MORE

ROUND와 같이 숫자를 올림, 내림, 반올림하는 함수들

엑셀에서 숫자를 반올림, 올림, 내림하는 데 사용되는 함수에는 ROUND와 비슷한 성격의 ROUNDUP, ROUNDDOWN이 있으며 CEILING, FLOOR와 같은 함수도 있습니다. 이 함수들은 소수점 이하 자릿수 단위로 정밀하게 조정하고, 지정한 배수로 올리거나 내리는 등의 기능으로 인해 실무에서 금액 계산이나 평균 정리 등에 자주 사용됩니다.

함수 이름	기능 설명	사용 예
ROUND	지정한 자릿수로 반올림	=ROUND(3.456, 2) → 3.46
ROUNDUP	지정한 자릿수로 올림	=ROUNDUP(3.412, 1) → 3.5
ROUNDDOWN	지정한 자릿수로 내림	=ROUNDDOWN(3.987, 1) → 3.9
MROUND	지정한 배수에 가장 가까운 값으로 반올림	=MROUND(123, 10) → 120
INT	소수점 이하를 버림(음수는 더 작은 정수로)	=INT(5.9) → 5, =INT(−5.9) → −6
TRUNC	지정한 자릿수로 잘라냄(반올림 없음)	=TRUNC(3.456, 2) → 3.45
CEILING	지정한 배수로 무조건 올림	=CEILING(7.2, 1) → 8
FLOOR	지정한 배수로 무조건 내림	=FLOOR(7.8, 1) → 7

조건에 따라 다른 값 표시하기

1 ❶ [I7] 셀을 클릭하고 수식 입력줄에서 ❷ '=if'를 입력하고 추천 함수 목록에서 ❸ 'IF'를 더블클릭합니다.

> TIP 점수 구간에 따라 학점을 입력하는 수식을 작성하기 위해 IF 함수를 중첩하여 사용합니다.

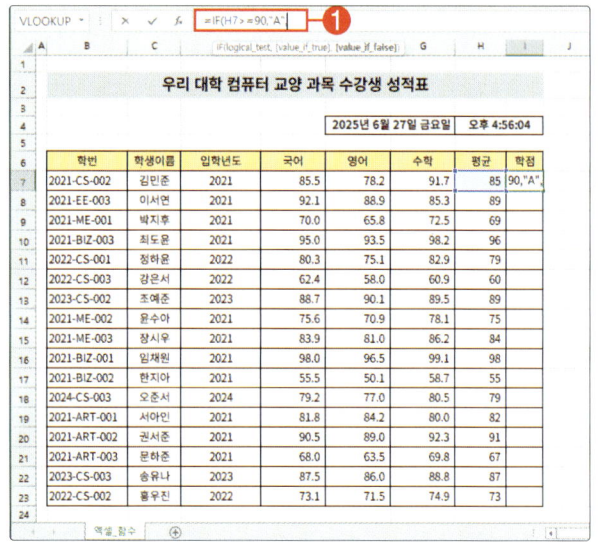

2 'IF('가 입력되면 ❶ 'H7>=90,"A",'를 입력합니다.

3 계속해서 ❶ 'if'를 입력한 후 추천 함수 목록에서 ❷ 'IF'를 더블클릭합니다.

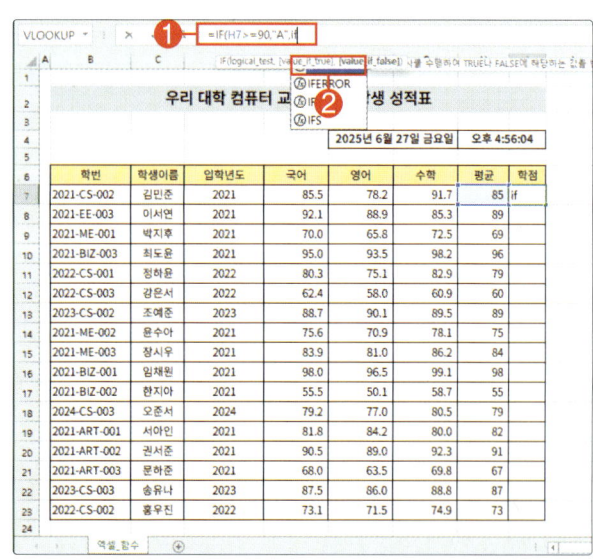

4 'IF('가 입력되면 ❶ 'H7〉=80,"B",'를 입력합니다.

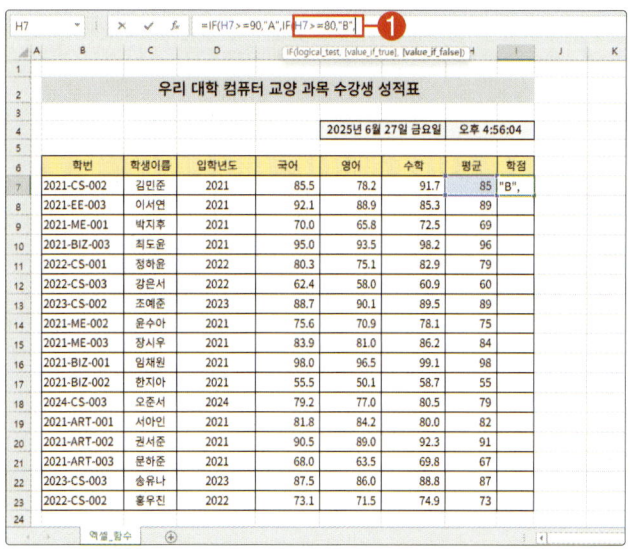

5 앞에서와 같은 방법으로 'H7〉=80,"B",' 뒤에서 ❶ 'IF(H7〉=70,"C",IF(H7〉=60, "D",IF(H7〉=50,"E","F"'를 입력합니다.

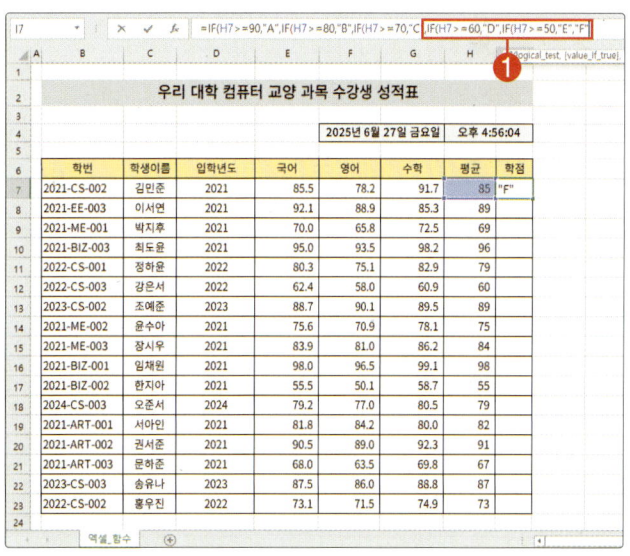

6 수식의 끝부분에 앞에서 삽입한 IF 함수의 개수인 ❶ 5개의 괄호를 입력하고 Enter 키를 누릅니다.

7 [I7] 셀에 'B'가 자동으로 입력됩니다.

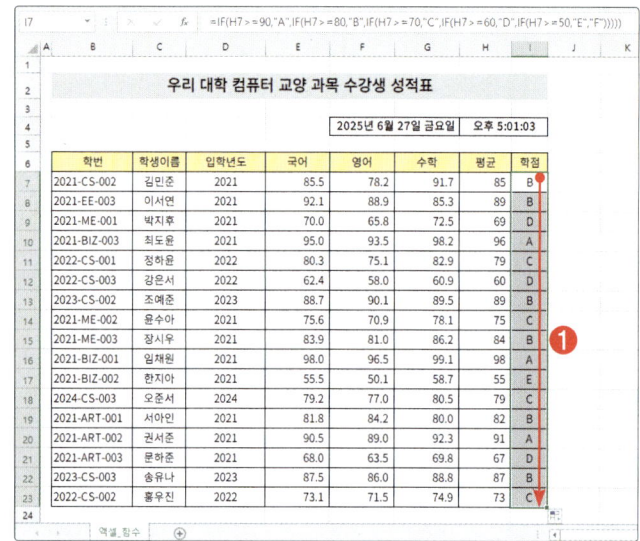

> **TIP** 수식 입력줄에서 함수의 인수를 입력할 때 큰
> 따옴표(") 안의 내용은 모두 텍스트를 의미합니다.

8 ❶ 자동 채우기로 [I23] 셀까지 드래그
하면 학점이 표시됩니다.

IF 함수 기능 더 알아보기

엑셀의 IF 함수는 조건에 따라 결과를 달리 표시하는 논리 함수로, 사용자가 정한 조건이 참인지 거짓인지 판단하여 그 결과에 따라 서로 다른 값을 반환하는 구조로 되어 있습니다.

쉽게 말해, "만약 어떤 조건이 맞으면 이 값을 보여줘, 아니면 다른 값을 보여줘"라고 지시하는 기능입니다. IF 함수의 가장 큰 특징은 조건에 따라 두 가지 중 하나를 선택할 수 있다는 것이며, 이로 인해 다양한 판단 기반 작업에 유용합니다. 예를 들어, 제품의 재고 수량이 기준 이하일 경우 '재고 부족'이라는 문구를 출력할 수 있으며 단순한 두 갈래 조건뿐 아니라 여러 개의 조건을 계단식으로 중첩하여 사용할 수 있습니다.

- 점수나 수치에 따라 결과를 '합격/불합격', '우수/보통/미흡' 등으로 구분
- 재고 상태, 배송 여부, 등급 판정 등 분류 작업
- 수식을 바탕으로 특정 조건을 충족할 경우 계산 방식 변경
- 다른 함수와 함께 사용하여 논리적 제어 흐름 구성

이처럼 IF 함수는 단순한 조건 판단을 넘어서 데이터 분석, 보고서 작성, 자동화 작업 등 엑셀의 다양한 기능과 연계되어 실무 활용도를 크게 높여 줍니다.

IF 함수와 IFS 함수

엑셀에서 많이 사용되는 함수 중 하나인 IF 함수는 조건이 여러 개일 때는 IF 함수를 중첩해서 사용해야 하기 때문에 수식이 복잡해지고 관리하기 어려워집니다. 이를 해결하기 위해 엑셀 2016 버전부터 IFS 함수가 도입되었습니다. IFS 함수는 여러 조건을 순차적으로 검사하여 첫 번째로 참인 조건에 해당하는 값을 반환합니다.

❶ **IF 함수: 하나의 조건, 두 개의 결과** '만약 ~라면, ~하고, 그렇지 않다면 ~해라'라는 논리를 따릅니다.

수식 구조 =IF(조건, 참일 때의 값, 거짓일 때의 값)

장점 논리가 단순할 때 직관적으로 사용하기 편리합니다.

단점 조건이 많아질수록 수식이 길고 복잡해지며, 오류를 찾기 어렵습니다.

❷ **IFS 함수: 여러 조건, 여러 개의 결과** 여러 조건을 한 번에 나열하여 순차적으로 평가합니다.

수식 구조 =IFS(조건1, 값1, 조건2, 값2, [조건3, 값3], ...)

장점 여러 개의 IF 함수를 중첩할 필요 없이 조건을 순서대로 나열하여 수식이 간결하며 오류를 찾고 수정하기 쉽습니다.

단점 엑셀 2016 이전 버전에서는 수식이 동작하지 않습니다.

앞에서 학습한 학점을 계산하는 수식을 IF 함수를 사용하였을 때와 IFS 함수를 사용하였을 때를 비교해 봅시다.

IF 함수 수식 =IF(H7)=90, "A", IF(H7)=80,"B", IF(H7)=70,"C", IF(H7)=60,"D", IF(H7>580,"E","F")))))

이 수식은 점수(H7)가 90점 이상이면 'A', 80점 이상이면 'B'를 반환하는 식으로 괄호의 맨 안쪽부터 조건을 검사합니다.

IFS 함수로 변환한 수식 =IFS(H7)=90, "A", H7)=80,"B", H7)=70,"C", H7)=60,"D", H7)580,"E", TRUE,"F")

IFS 함수는 조건을 순서대로 나열하기만 하면 되므로 중첩 없이 훨씬 간결해집니다. 마지막 TRUE,"F"는 이전의 모든 조건이 거짓일 때 'F'를 반환하라는 의미로, IF 함수의 '마지막 거짓일 때의 값'과 같은 역할을 합니다.

IF 함수와 함께 사용하면 효과적인 함수

❶ **논리 함수 (AND, OR, NOT)** IF 함수는 기본적으로 하나의 논리 조건만 처리할 수 있습니다. 여러 조건을 동시에 만족하거나(AND), 여러 조건 중 하나라도 만족할 때(OR)는 논리 함수와 함께 사용합니다.

• **AND 함수와 중첩** 목표 판매량이 100개 이상이고 할인율이 5% 미만인 제품에만 '우수 판매'라고 표시하기

수식 =IF(AND(C2)=100, D2<0.05), "우수 판매", "")

• **OR 함수와 중첩** 목표 총판매액이 10억 이상이거나 판매량이 500개 이상인 경우 '핵심 제품'이라고 표시하기

수식 =IF(OR(SUM(E3:E25))=1000000000, C2)=500), "핵심 제품", "")

❷ **통계 함수 (SUMIF, COUNTIF, AVERAGEIF)**

특정 조건에 맞는 데이터만 합계, 개수, 평균을 구하는 함수입니다. IF 함수와 함께 사용하면 조건에 따라 다른 통계 결과를 표시할 수 있습니다.

• **COUNTIF 함수와 중첩** 목표 '서울' 지점의 판매량이 100개 이상인 거래가 5건 이상이면 '매우 성공', 그렇지 않으면 '추가 관리 필요'라고 표시하기

수식 =IF(COUNTIF(B2:B10, "서울", C2:C10, ")=100")>=5, "매우 성공", "추가 관리 필요")

1 'Section10-기초.xlsx' 파일을 불러와 '판매 수량' 시트에 다음 조건을 적용해 보세요

제품명	수원점	대전점	대구점	광주점	부산점	서울점	평균
					날짜		2025-07-03
스킨	75	164	129	143	194	181	148
로션	190	69	160	163	133	182	150
에센스	81	171	72	166	86	188	127
크림	91	82	153	172	192	139	138
클렌징폼	71	152	183	117	182	173	146
선크림	184	124	192	193	128	163	164
팩	140	169	62	187	98	91	125
토너	173	182	78	84	170	136	137
아이크림	147	86	127	194	175	165	149
립밤	117	164	161	196	113	142	149

조건
- [I4] 셀에 'TODAY' 함수를 사용해서 오늘 날짜를 입력합니다.
- I열에 'AVERAGE' 함수로 평균값을 구하고 ROUND 함수로 소수점을 모두 반올림하여 정수로 채웁니다.

2 'Section10-기초.xlsx' 파일의 '시험 성적' 시트에 다음 조건을 적용해 보세요.

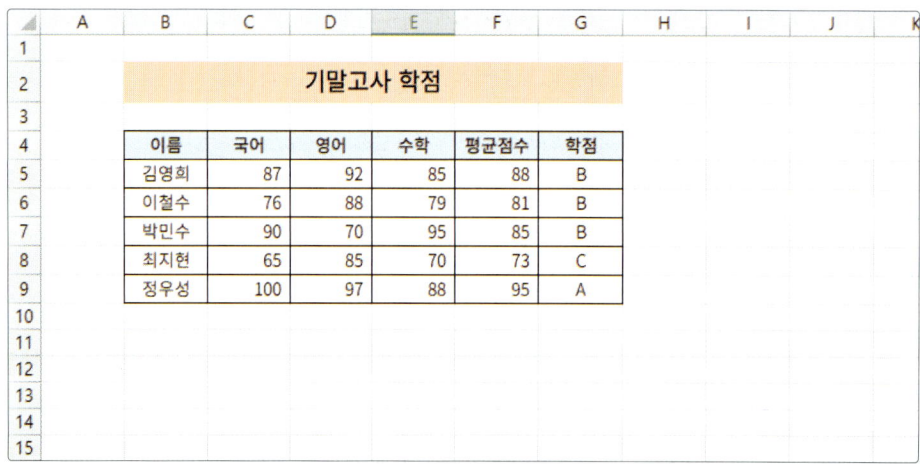

이름	국어	영어	수학	평균점수	학점
김영희	87	92	85	88	B
이철수	76	88	79	81	B
박민수	90	70	95	85	B
최지현	65	85	70	73	C
정우성	100	97	88	95	A

조건
- F열은 'AVERAGE' 함수로 평균 점수를 구하고 [표시 형식]을 [숫자]의 '소수 자릿수'를 '0'으로 지정해서 소수점 부분을 숨깁니다.
- G열은 'IF' 함수를 이용해 90점 이상은 A, 80점 이상은 B, 70점 이상은 C로 표시합니다.

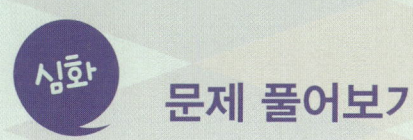

1 'Section10-심화.xlsx' 파일을 불러와 '부서 이름' 시트에 다음 조건을 적용해 보세요

	A	B	C	D
1				
2				
3		사번	이름	부서
4		SA1234	김영희	영업팀
5		HR2345	이철수	인사팀
6		FI3456	박민수	기획팀
7		SA4567	최지현	영업팀
8		HR5678	정우성	인사팀
9				
10				
11			부서 코드	
12			SA	영업팀
13			HR	인사팀
14			FI	기획팀
15				

조건
- D열에 'LEFT' 함수를 사용해서 사번의 앞 2자리까지만 텍스트로 입력합니다.
- 'VLOOKUP' 함수를 중첩 사용해서 [C12:D14]를 참조해 부서명을 입력합니다.

2 'Section10-심화.xlsx' 파일의 '쇼핑몰' 시트에 다음 조건을 적용해 보세요.

	B	C	D	E		G	H	I
1								
2			우리 쇼핑몰 판매 상황표					
3								
4	이름	총구매액	평가	배송여부		세금 계산	평가 등급	배송 상태
5	김영희	800	우수	Y		40	A등급	배송완료
6	이철수	1,500	보통	N		150	B등급	배송중
7	박민수	6,000	우수	Y		1,200	A등급	배송완료
8	최지현	3,000	미흡	N		300	C등급	배송중
9	정우성	1,200	보통	Y		120	B등급	배송완료
10	한지민	5,200	우수	N		1,040	A등급	배송중
11	조세호	950	미흡			48	C등급	확인필요
12	오나라	500	보통	Y		25	B등급	배송완료
13	류준열	4,800	우수	N		480	A등급	배송중
14	고은	7,000	보통	Y		1,400	B등급	배송완료
15								

조건
- G열은 'IF' 함수를 이용해 C열의 값이 '<=1000'이면 C열에 '0.05'를 '<=5000'이면 C열에 '0.1'을, 아니면 C열에 '0.2'를 곱하여 계산합니다.
- H열은 'IF' 함수를 이용해 D열의 데이터를 기준으로 '우수'는 'A등급', '보통'은 'B등급', '미흡'은 'C등급'으로 지정합니다.
- I열은 'IF' 함수를 이용해 E열의 데이터를 기준으로 'Y'는 '배송완료', 'N'은 '배송중', 아무런 표시가 없으면 '확인필요'로 지정합니다.

11

SECTION

차트 만들기

차트는 복잡한 데이터를 시각적으로 쉽게 이해할 수 있도록 도와주는 도구로 숫자만으로는 파악하기 어려운 추세, 비교, 비율을 한눈에 확인할 수 있습니다. 보고서나 발표에서 효과적인 데이터 전달 수단으로 필수적인 도구인 차트에 대해 알아보겠습니다.

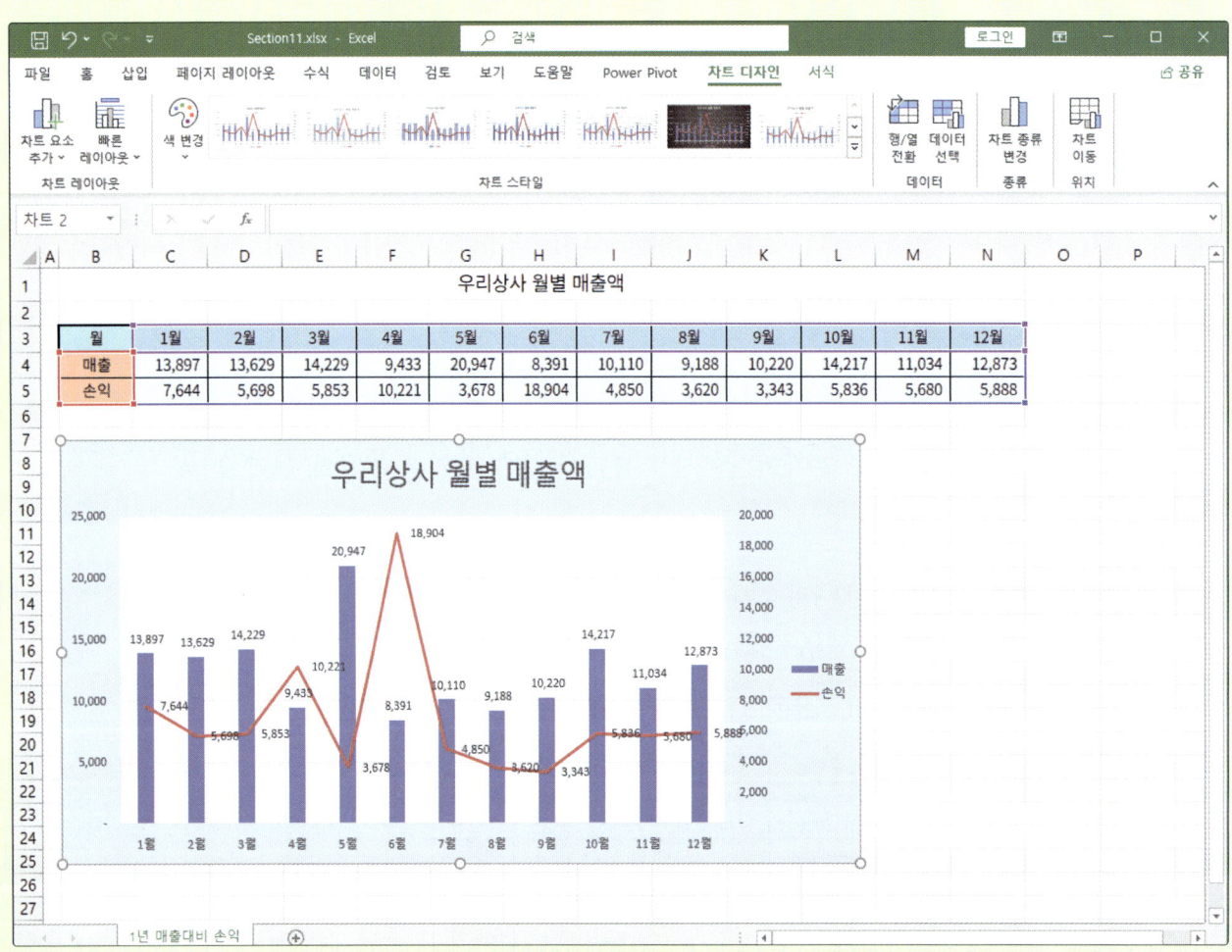

MISSION

실습 1 차트 삽입하기

실습 2 차트 서식 변경하기

실습 3 차트 종류 변경하기

CHECK POINT

포인트 1 차트로 만들 데이터의 범위를 지정하고 [삽입] 탭의 [차트] 그룹에서 원하는 차트를 선택하여 만듭니다.

포인트 2 [차트 디자인] 탭의 리본 메뉴의 명령으로 차트의 제목, 범례, 축 등의 위치를 변경합니다.

포인트 3 이미 만들어진 차트를 다른 모양으로 변경합니다.

실습 1 차트 삽입하기

MISSION

실습파일 Section11.xlsx

1 ❶ [B3:N5] 셀을 범위 지정하고 ❷ [삽입] 탭의 [차트] 그룹에서 ❸ [세로 또는 가로 막대형 차트]를 클릭한 후 '2차원 세로 막대형'의 ❹ '묶은 세로 막대형'을 선택합니다.

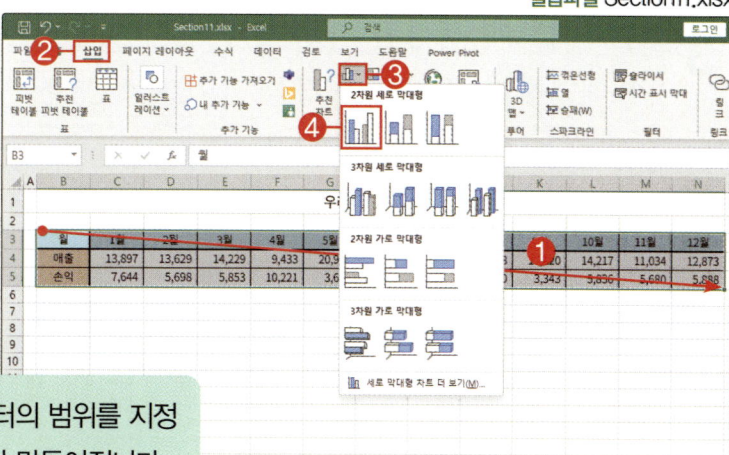

TIP 차트를 작성하기 전에 차트로 만들 데이터의 범위를 지정해야 합니다. 데이터에서 지정한 범위만 차트가 만들어집니다.

2 화면 중앙에 세로 막대 그래프로 차트가 만들어집니다.

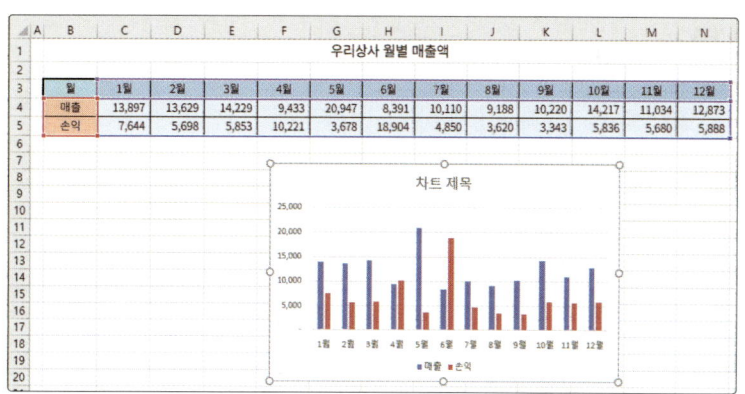

TIP 차트는 항상 화면 중앙에 일정한 크기로 생성되기 때문에 데이터 위에 생성될 수도 있습니다.

LEARN MORE

[차트 디자인] 탭 알아보기

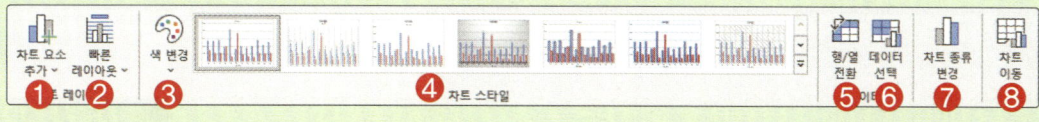

❶ **차트 요소 추가** 제목, 범례, 데이터 레이블 등 차트에 요소를 추가하거나 삭제할 수 있습니다.

❷ **빠른 레이아웃** 자주 사용하는 차트 요소 배치를 템플릿 형식으로 제공하여 빠르게 적용할 수 있습니다.

❸ **색 변경** 차트에서 사용되는 색상 팔레트를 바꿔서 차트의 색상을 변경합니다.

❹ **차트 스타일** 차트의 전체적인 색상, 배경, 테두리 등의 시각적인 스타일을 다양한 템플릿으로 제공하여 한 번에 변경합니다.

❺ **행/열 전환** 차트에서 행과 열의 기준을 바꿔서 데이터 표시 방향을 변경합니다.

❻ **데이터 선택** 차트에 포함된 데이터의 범위를 변경하거나 순서를 조정합니다.

❼ **차트 종류 변경** 현재 차트를 다른 유형으로 변경합니다. 예를 들어 세로 막대그래프를 꺾은선형으로 바꿉니다.

❽ **차트 이동** 현재 워크시트에 삽입된 차트를 새 시트를 생성하여 이동시키거나 다른 시트로 이동시킵니다.

3 워크시트에 생성된 차트는 드래그하여 위치를 변경할 수 있으며 ❶ 모서리의 조절점을 클릭한 채로 드래그하면 차트의 크기도 조절할 수 있습니다. 여기에서는 [B7:L25] 범주에 들어가도록 크기를 조절합니다.

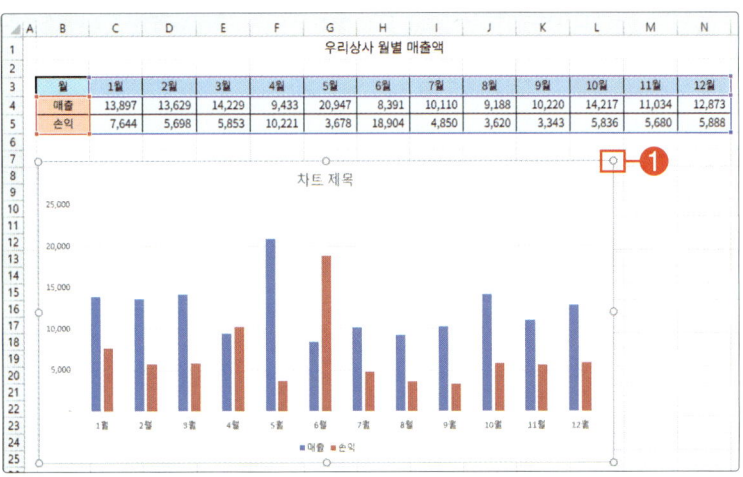

4 차트를 선택하면 리본 메뉴에 [차트 디자인] 탭이 생성됩니다. ❶ [차트 디자인] 탭에서 [차트 스타일] 그룹의 자세히 버튼(▾)을 클릭하고 ❷ '스타일 14'를 선택하여 차트의 디자인을 변경합니다.

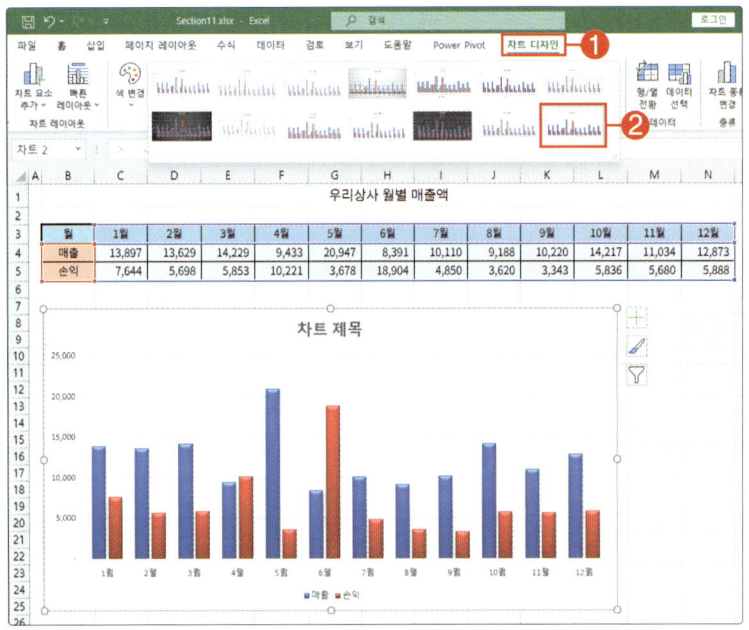

차트 도구 버튼 알아보기

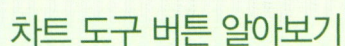

❶ **차트 요소(➕)** 차트에 제목, 축 제목, 범례, 눈금선, 데이터 레이블, 추세선 등의 요소를 추가하거나 삭제하고 조정할 수 있습니다.

❷ **차트 스타일(🖌)** 차트의 디자인 및 색상 테마를 변경할 수 있습니다. 미리 보기로 여러 스타일이 제시되며, 차트를 시각적으로 더 보기 좋게 꾸밀 수 있습니다.

❸ **차트 필터(▽)** 차트에 표시할 데이터 계열이나 범례 항목을 필터링할 수 있습니다. 필요 없는 데이터는 숨기고, 원하는 데이터만 차트에 표시할 수 있습니다.

1 '차트 제목'을 클릭하고 ❶ '우리상사 월별 매출액'으로 변경한 후 전체를 블록 지정하여 미니 도구 모음이 나타나면 글꼴을 지정합니다. 여기에서는 ❸ 'Noto San KR'을 선택합니다.

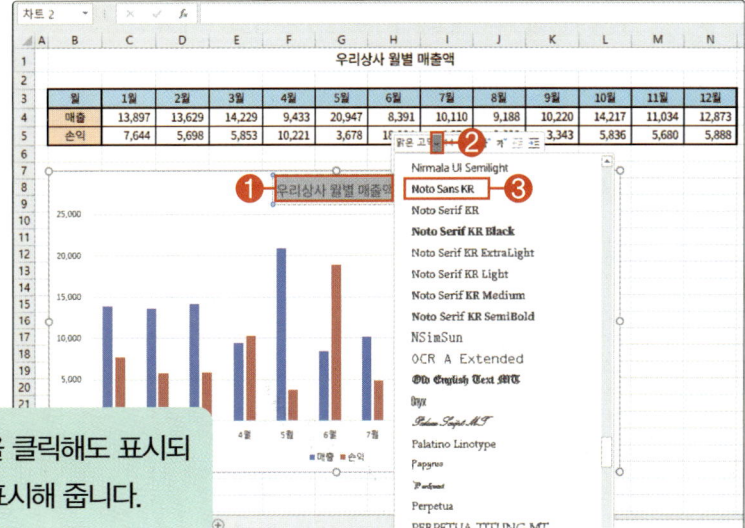

> **TIP** 미니 도구 모음은 마우스 오른쪽 버튼을 클릭해도 표시되며 해당 서식에서 설정할 수 있는 도구들만 표시해 줍니다.

2 이번에는 미니 도구 모음에서 글자 크기를 변경합니다. 글꼴 크기를 클릭한 후 ❶ '20'을 선택합니다.

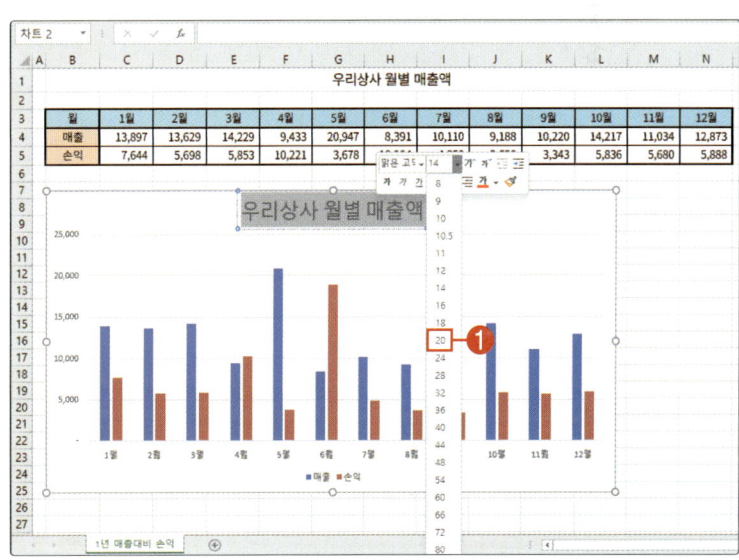

3 차트 영역의 배경색을 변경하기 위해서 ❶ 차트 영역을 더블클릭하여 오른쪽에 '차트 영역 서식' 작업 창이 나타나면 ❷ '채우기 및 선(◇)'을 클릭합니다. '채우기'에서 ❸ '단색 채우기'를 선택한 후 색을 ❺ '파랑, 강조 1, 80% 더 밝게'를 선택합니다.

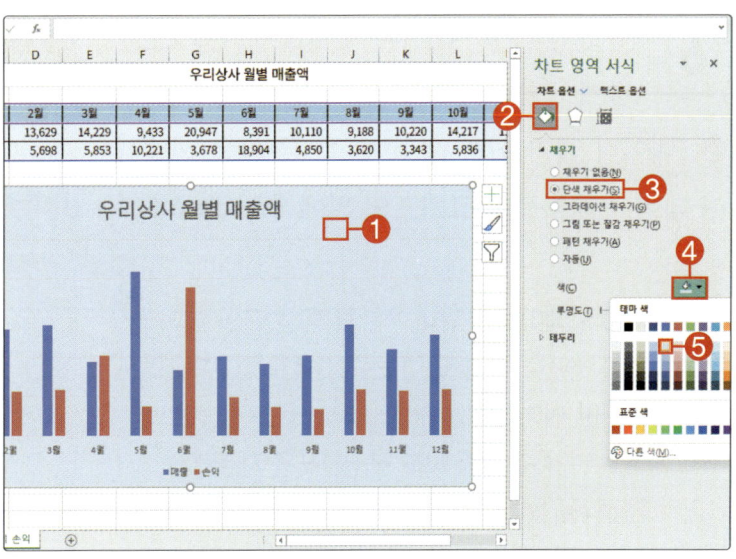

4 차트의 ❶ 그래프가 있는 영역을 더블클릭하여 작업 창을 '그림 영역 서식'으로 변경한 후 ❷ '채우기 및 선(◈)'을 클릭합니다. '채우기'에서 ❸ '단색 채우기'를 선택한 후 색을 ❺ '흰색'을 선택하여 그림 영역의 배경색을 변경합니다.

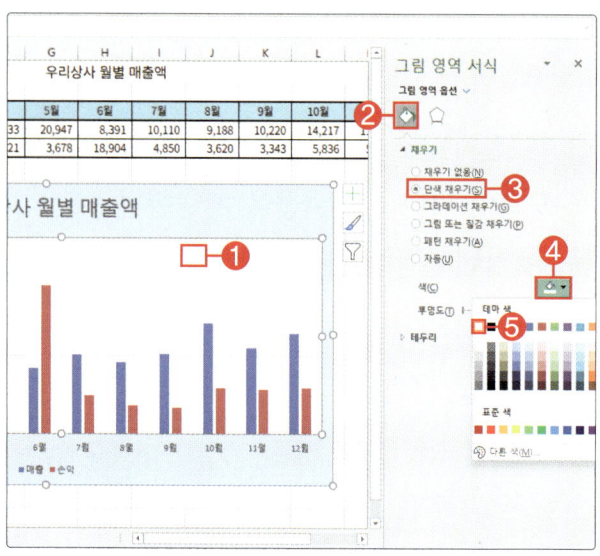

5 ❶ [차트 디자인] 탭의 [차트 레이아웃] 그룹에서 ❷ [차트 요소 추가]를 클릭한 후 [범례]의 ❸ [오른쪽]을 선택하여 범례 위치를 오른쪽으로 변경합니다.

> TIP 범례 이름을 수정하려면 [차트 디자인] 탭에서 [데이터 선택]을 클릭한 후 [데이터 원본 선택] 대화상자가 나타나면 '범례 항목'에서 변경할 범례를 선택하고 상단의 [편집] 버튼을 클릭하면 됩니다.

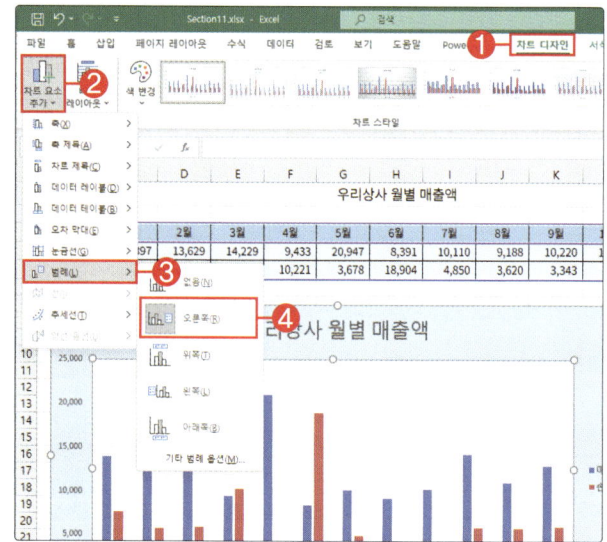

6 ❶ [차트 디자인] 탭의 [차트 레이아웃] 그룹에서 ❷ [차트 요소 추가]를 클릭한 후 ❸ [데이터 레이블]의 ❹ [바깥쪽 끝에]를 선택하여 데이터 레이블을 그래프의 위에 추가합니다.

> TIP 데이터 레이블은 막대, 선, 원 등 차트의 데이터 요소 위에 숫자나 값을 표시하는 기능입니다. 이 기능을 사용하면 데이터의 실제 값이나 비율 등을 차트에서 직접 확인할 수 있어 보고서나 발표용 자료에서 데이터 전달력을 높이는 데 매우 효과적입니다.

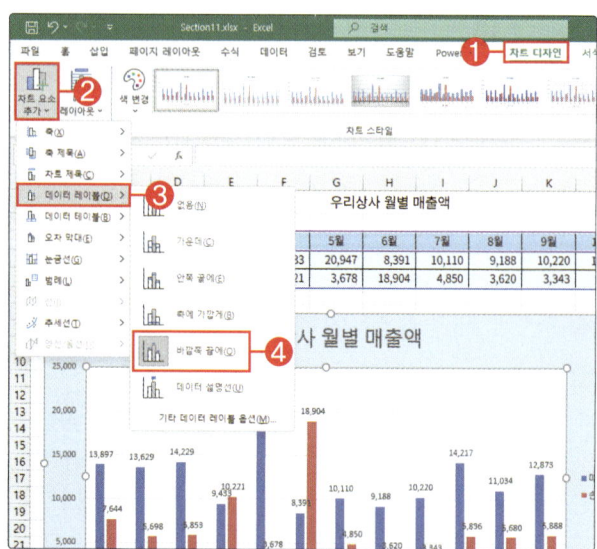

차트 종류 변경하기

1 ❶ [차트 디자인] 탭의 [종류] 그룹에서 ❷ [차트 종류 변경]을 클릭하여 [차트 종류 변경] 대화상자를 실행합니다. ❸ '모든 차트' 탭에서 ❹ '혼합'을 선택하고 ❺ '묶은 세로 막대형 – 꺾은선형, 보조 축'을 선택한 후 '데이터 계열에 대한 차트 종류와 축을 선택합니다:' 옵션에서 '손익'의 ❻ '차트 종류'를 '꺾은선형', '보조 축'을 선택하고 ❼ [확인] 버튼을 클릭합니다.

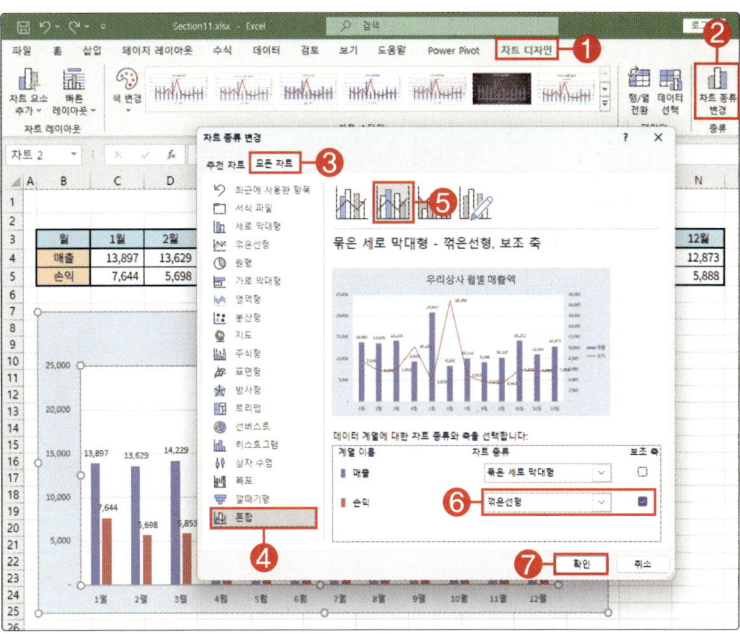

2 매출은 파란색의 막대그래프, 손익이 빨간색의 선그래프로 변경됩니다.

> **TIP** [차트 디자인] 탭에서 [위치] 그룹의 [차트 이동]을 클릭하면 새로운 이름으로 시트를 생성하고 차트만 새로운 시트에서 표시할 수 있습니다.

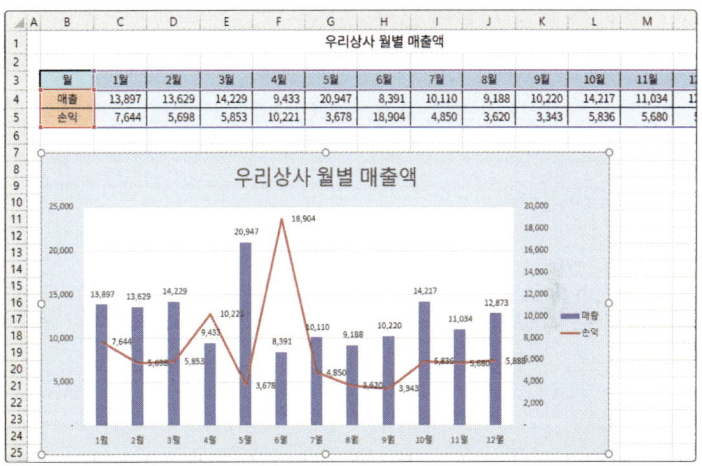

셀 속의 미니 차트 '스파크라인' 알아보기

스파크라인(Sparkline)은 하나의 셀 안에 삽입되는 미니 차트로, 데이터의 추세나 흐름을 빠르게 파악할 수 있습니다. 작지만 시각적으로 강력하여 매출 추이, 성적 변화, 손익 여부 등을 요약 보고할 때 효과적입니다. 표시할 셀의 범위를 선택하고 [삽입] 탭의 [스파크라인] 그룹에서 [꺾은선형], [열], [승패] 중에서 선택한 후 [스파크라인 만들기] 대화상자에서 범위를 설정하여 만들 수 있습니다.

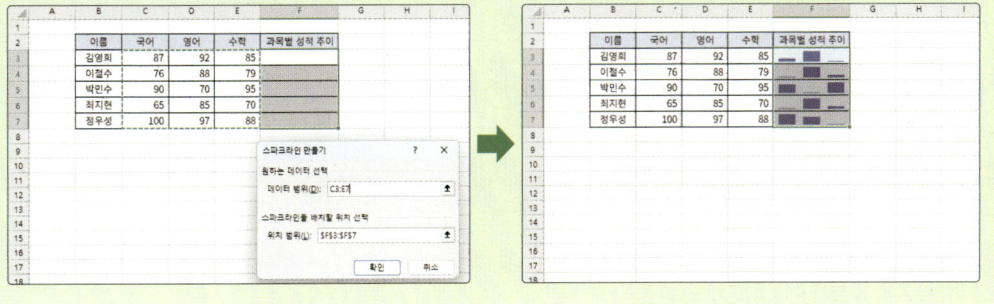

1 'Section11-기초.xlsx' 파일을 불러와 '성적 차트' 시트에 다음 조건을 적용해 보세요.

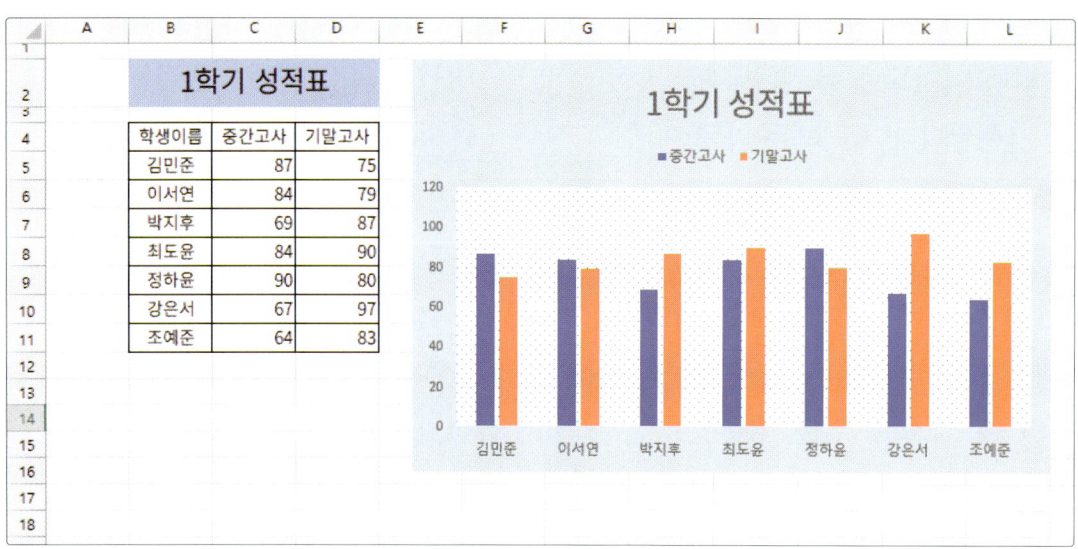

조건
- [B4:D11] 셀의 데이터를 이용해서 '묶은 세로 막대형' 차트를 생성합니다.
- 차트 제목의 글꼴 크기는 '20'으로 지정합니다.
- 차트의 배경색을 '청회색, 텍스트 2, 80% 더 밝게'로 지정합니다.
- 그림 영역의 배경은 패턴으로 선택하고 '점선 5%'로 지정합니다.

2 'Section11-기초.xlsx' 파일의 '설문 조사' 시트에 다음 조건을 적용해 보세요.

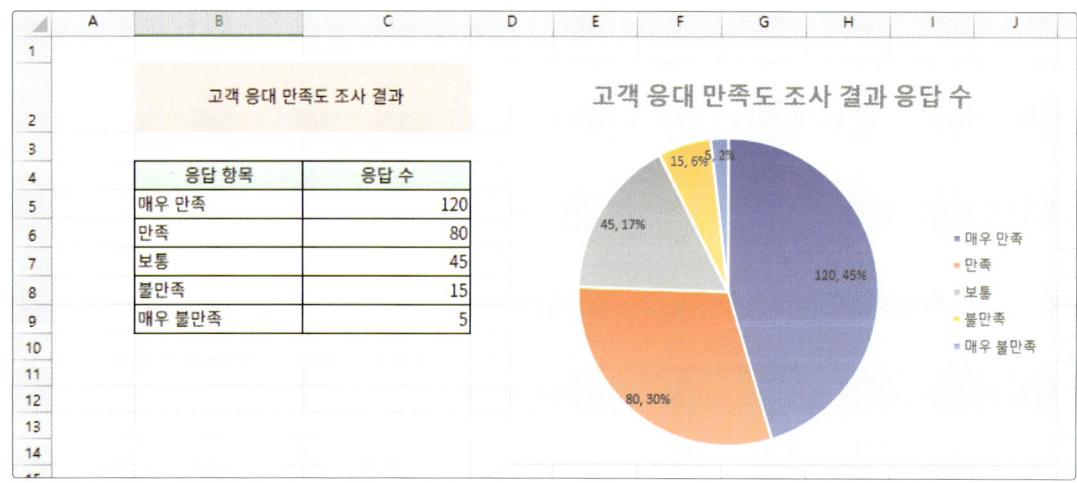

조건
- [B4:C9] 셀의 데이터를 이용해서 '2차원 원형'의 '원형' 차트를 생성합니다.
- 차트 제목의 글꼴 크기는 '20'으로 지정합니다.
- 차트의 전체 표시 스타일을 [차트 스타일] 그룹에서 '스타일 6'으로 변경합니다.

1　'Section11-심화.xlsx' 파일을 불러온 후 '제품 판매 및 손익' 시트의 데이터를 이용해서 다음의 조건으로 '판매와 손익'이라는 이름의 시트에 차트를 만들어 보세요.

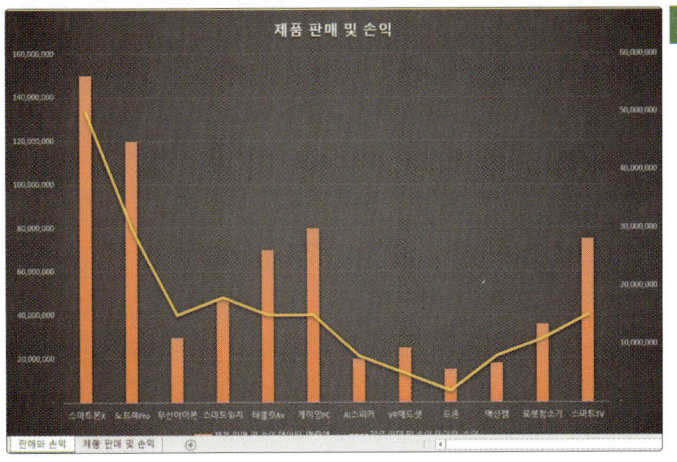

조건
- [A3:E15] 셀의 데이터를 이용해서 [혼합]의 '묶은 세로 막대형 – 꺾은선 형, 보조 축' 그래프를 생성합니다.
- [차트 디자인] 탭의 [데이터 선택] 명령으로 '판매량'과 '원가' 데이터를 제거합니다.
- 제목을 '제품 판매 및 손익'으로 변경하고 [차트 이동] 명령을 이용해 '판매와 손익'이라는 새 시트를 생성하여 차트를 이동시킵니다.
- 차트의 전체 표시 스타일을 [차트 스타일] 그룹에서 '스타일6'으로 지정합니다.

2　'Section11-심화.xlsx' 파일에서 '제품 판매 및 손익' 시트의 데이터를 이용해서 다음의 조건으로 '판매량'이라는 이름의 시트에 차트를 만들어 보세요.

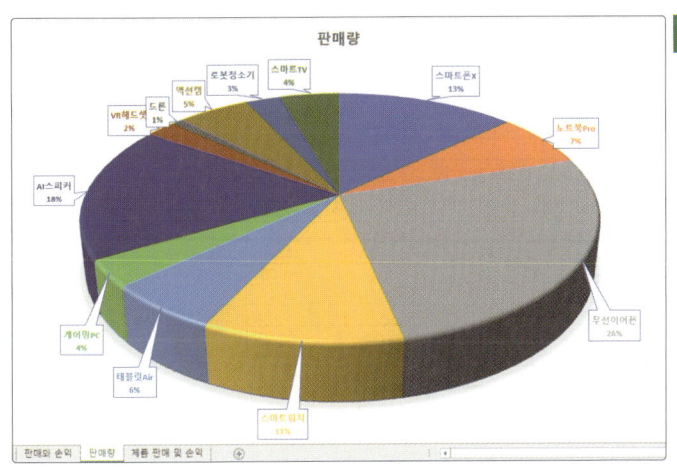

조건
- [A3:B15] 셀의 데이터를 이용해서 '3차원 원형' 그래프를 생성합니다.
- [차트 이동] 명령을 이용해 '판매량'이라는 새 시트를 생성하여 차트를 이동시킵니다.
- [차트 요소 추가] 명령으로 '범례'는 '없음'으로 설정하고, '데이터 레이블'은 '데이터 설명선'으로 선택합니다.
- 차트의 전체 표시 스타일을 [차트 스타일] 그룹에서 '스타일8'로 지정합니다.

12 SECTION 필터링으로 원하는 데이터만 추출하기

필터는 방대한 데이터에서 사용자가 원하는 특정 조건을 만족하는 데이터만 화면에 표시하는 기능으로, 자동 필터와 고급 필터가 있습니다. 자동 필터는 간단한 조건으로 데이터를 검색할 때 사용하며, 고급 필터는 복잡한 조건을 사용하여 데이터를 추출할 때 사용합니다.

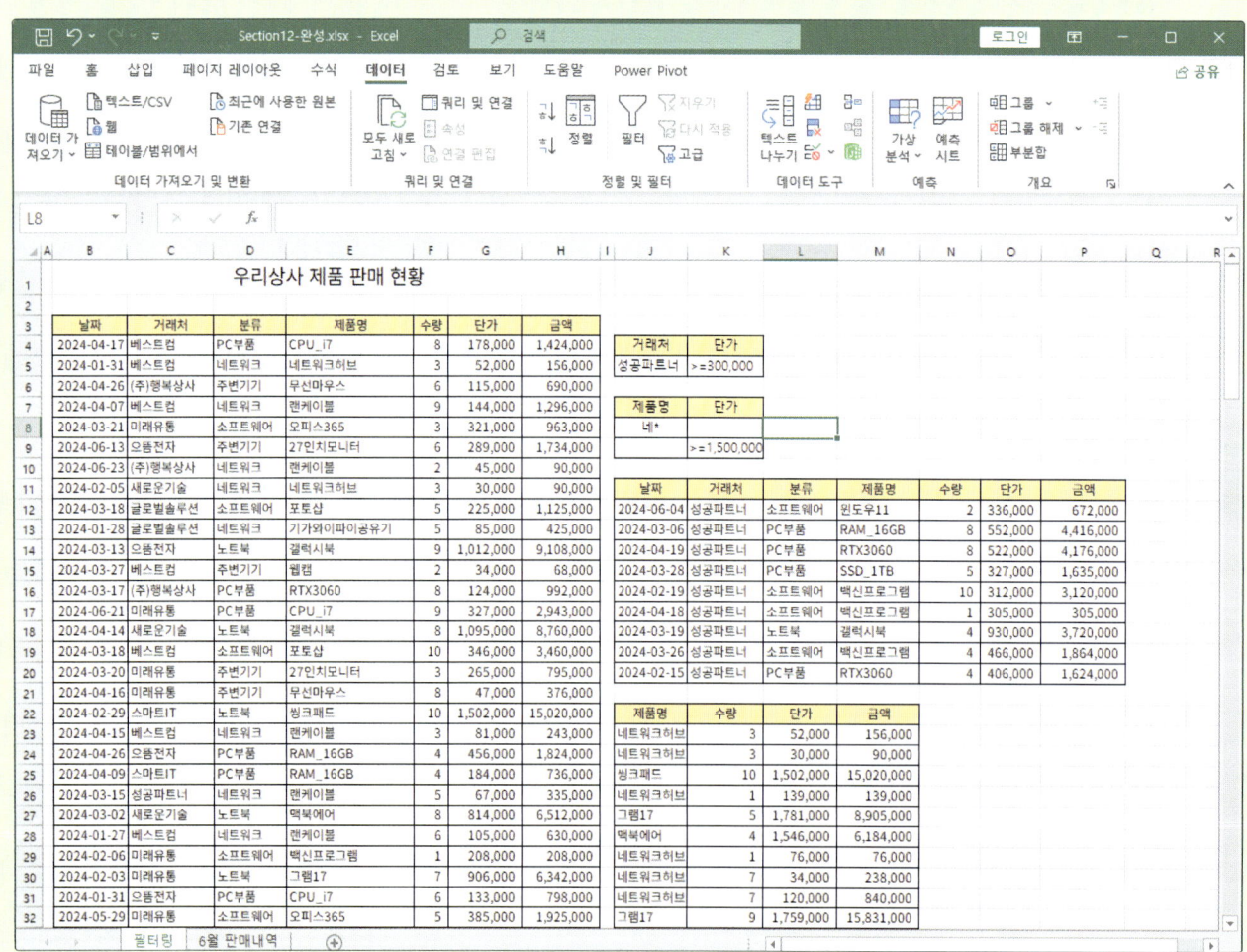

MISSION

실습 1 자동 필터를 이용한 데이터 추출

실습 2 고급 필터를 이용한 데이터 추출

CHECK POINT

포인트 1 [데이터] 탭의 [필터] 기능으로 원하는 자료를 추출합니다.

포인트 2 [데이터] 탭의 [고급 필터] 기능으로 여러 조건에 맞는 데이터를 추출합니다.

실습 1 자동 필터를 이용한 데이터 추출

MISSION

실습파일 Section12.xlsx

1 '필터링' 시트에서 ❶ [B3] 셀을 선택하고 ❷ [데이터] 탭의 [정렬 및 필터] 그룹에서 ❸ [필터]를 선택합니다.

2 3행의 각 셀에 자동 필터 버튼(▼)이 나타납니다. [D3] 셀의 '분류'가 있는 ❶ 자동 필터 버튼(▼)을 클릭해 자동 필터 메뉴가 나타나면 ❷ '노트북'의 체크 박스를 남기고 모두 체크 해제한 후 ❸ [확인] 버튼을 클릭합니다.

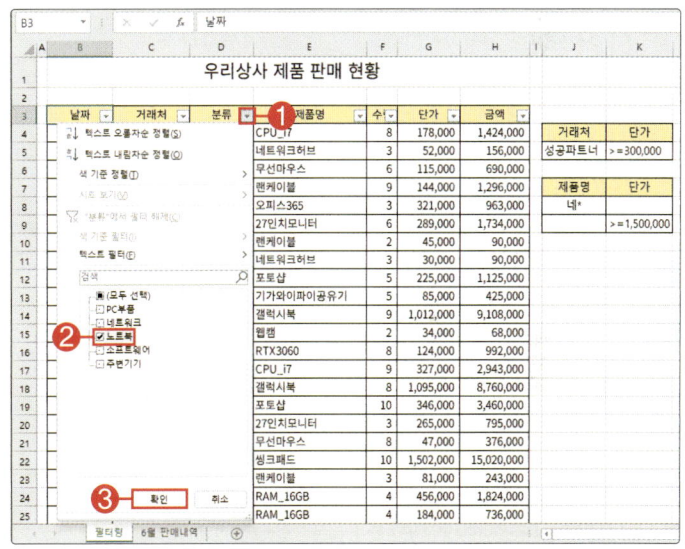

3 분류에서 '노트북'에 속하는 데이터만 표시됩니다. 이번에는 '단가'가 있는 셀의 ❶ 자동 필터 버튼(▼)을 클릭해 자동 필터 메뉴가 나타나면 ❷ [숫자 필터]에서 ❸ [해당 범위]를 선택합니다.

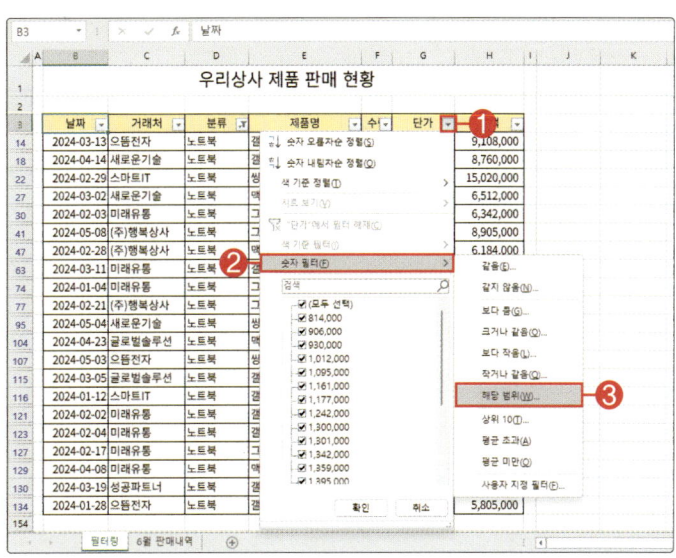

4 [사용자 지정 자동 필터] 대화상자 가 나타나면 '단가' ❶ 옵션을 '>=' 으로 선택하고 '1000000'을 입력한 후 ❷ '그리고'를 선택합니다. 이어서 ❸ '<='을 선택하고 '1500000'을 입력한 후 ❹ [확인] 버튼을 클릭합니다.

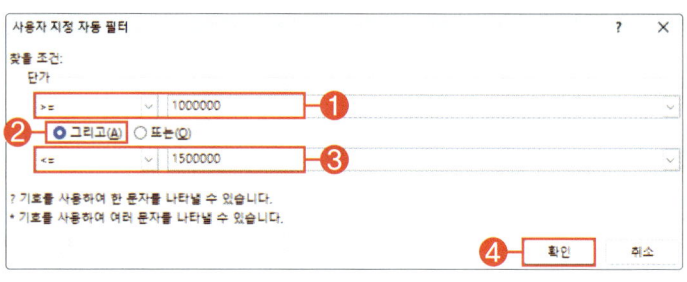

5 '단가'가 있는 G열은 1,000,000부 터 1,500,000 사이의 데이터만 표 시해 줍니다. 필터를 해제하려면 [데이터] 탭의 [정렬 및 필터] 그룹에서 ❶ [필터]를 클릭하면 필터가 해제됩니다.

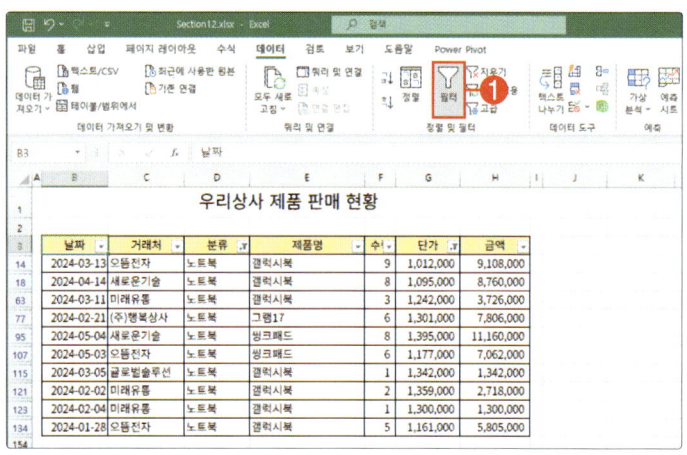

자동 필터의 [숫자 필터] 하위 메뉴

❶ **같음** 지정한 숫자와 정확히 같은 값만 표시합니다.

❷ **같지 않음** 지정한 숫자와 다른 값을 표시합니다.

❸ **보다 큼** 지정한 숫자보다 큰 값만 표시합니다.

❹ **크거나 같음** 지정한 숫자보다 크거나 같은 값을 표시합니다.

❺ **보다 작음** 지정한 숫자보다 작은 값만 표시합니다.

❻ **작거나 같음** 지정한 숫자보다 작거나 같은 값을 표시합니다.

❼ **해당 범위** 두 숫자 사이에 포함된 값을 표시합니다. (이상, 이하)

❽ **상위 10** 값이 큰 순서로 상위 10개(기본값) 또는 원하는 개수만큼 표시합니다.

❾ **평균 초과** 전체 평균보다 큰 값만 표시합니다.

❿ **평균 미만** 전체 평균보다 작은 값만 표시합니다.

⓫ **사용자 지정 필터** 위의 조건들을 조합하거나 복합 조건 필터를 직접 지정할 수 있는 창이 열립니다.

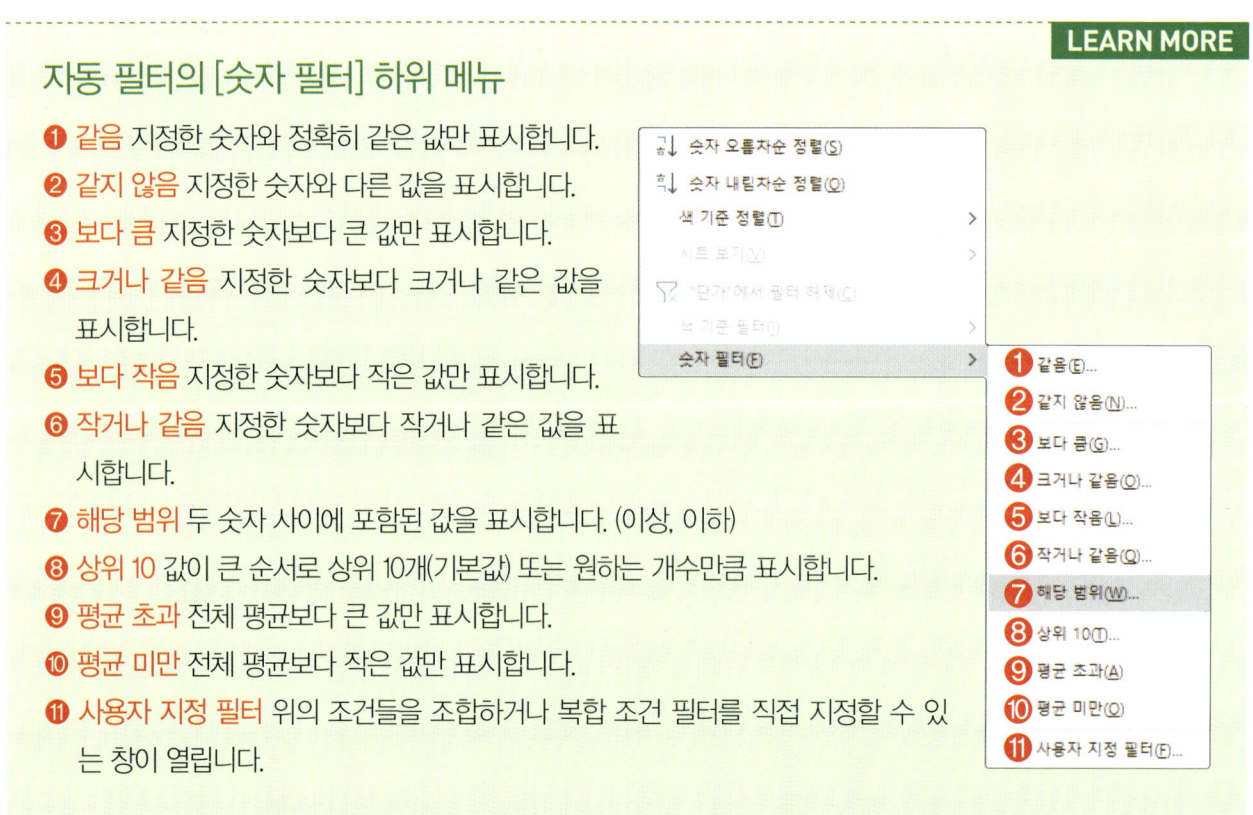

고급 필터를 이용한 데이터 추출

MISSION

1 ❶ [데이터] 탭의 [정렬 및 필터] 그룹에서 ❷ [고급]을 선택합니다.

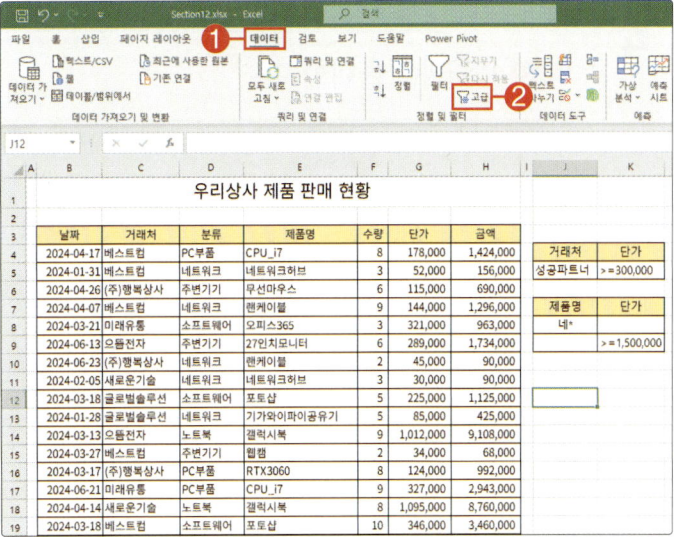

2 [고급 필터] 대화상자가 나타나면 ❶ '결과'는 '다른 장소에 복사'를 선택하고 ❷ '목록 범위'는 [$B$3:$H$153]의 범위를 지정합니다. ❸ '조건 범위'는 [$J$4:$K$5]를 지정하고, ❹ '복사 위치'는 [$J$11]로 선택한 후 ❺ [확인] 버튼을 클릭합니다.

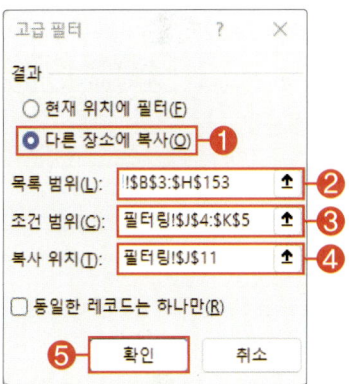

> **TIP** [고급 필터] 대화상자에서 '목록 범위', '조건 범위', '복사 위치' 옵션은 워크시트에서 범위를 선택하면 자동으로 '절대 참조'로 입력됩니다.

3 [고급 필터] 대화상자의 '조건 범위'에 해당하는 '성공파트너' 거래처에서 '단가'가 '300,000원' 이상인 데이터를 모두 필터링해서 [J11] 셀에 복사해 줍니다.

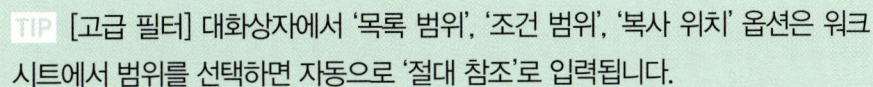

> **TIP** 조건식이 한 줄인 경우는 AND의 조건으로 모두 만족하는 데이터를 추출합니다. '거래처'가 '성공파트너'이고 단가는 '300,000' 이상만 추출합니다.

4 ❶ [E3:H3] 셀을 복사해서 [J22:M22]에 붙여 넣고 ❷ [데이터] 탭에서 [정렬 및 필터] 그룹의 ❸ [고급]을 클릭합니다.

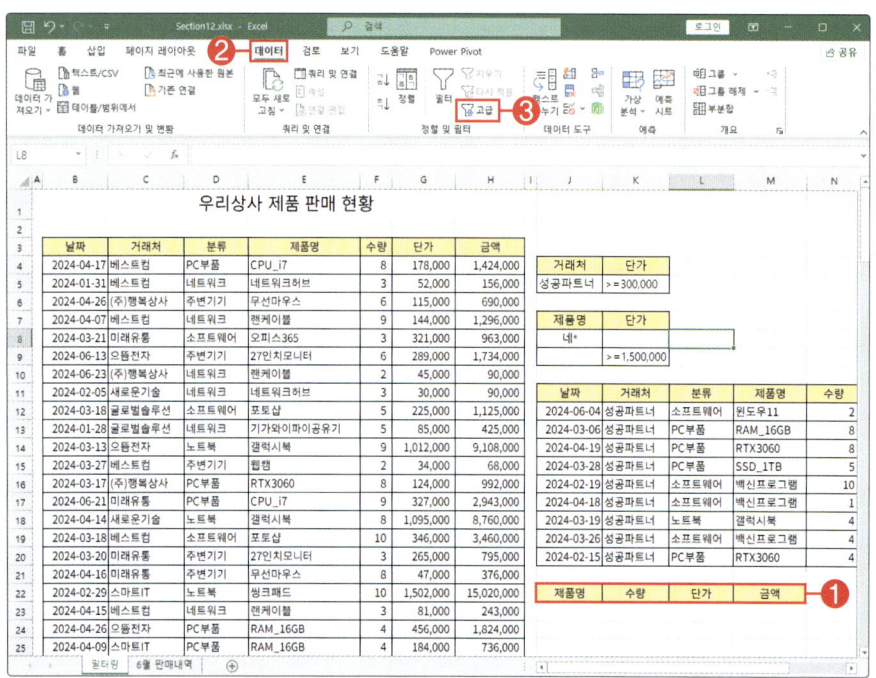

고급 필터 조건식 살펴보기

고급 필터에서 조건식을 작성할 때 가장 중요한 점은 조건 범위에 반드시 데이터 열 이름(필드명)을 포함하고, 그 아래 셀에 조건이나 수식을 작성해야 한다는 것입니다. 조건에 수식을 사용하는 경우에는 해당 열의 첫 번째 데이터 셀을 기준으로 수식을 작성해야 필터링이 제대로 작동합니다.

고급 필터는 AND, OR 조건을 설정하는 방식입니다. AND 조건은 두 조건을 모두 만족하는 데이터를, OR 조건은 두 조건 중 하나라도 만족하면 해당 데이터를 추출해 줍니다. 또한 조건식에는 함수도 사용할 수 있으며 다른 시트에 있는 데이터도 추출할 수 있습니다.

· AND 조건

같은 행에 여러 조건을 작성합니다. 예시는 영업부 중에서 급여가 3000 이상 직원만 추출합니다.

부서	급여
영업부	>=3000

OR 조건

서로 다른 행에 조건을 나누어 작성합니다. 예시는 영업부 직원 전체와 급여가 3000 이상인 직원을 모두 추출합니다.

부서	급여
영업부	
	>=3000

5 [고급 필터] 대화상자에서 ❶ '결과'는 '다른 장소에 복사', ❷ '목록 범위'는 [$B$3:$H$153], ❸ '조건 범위'는 [$J$7:$K$9], ❹ '복사 위치'는 [$J$22:$M$22]로 설정한 후 ❺ [확인] 버튼을 클릭합니다.

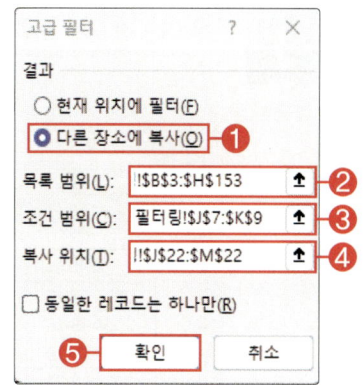

6 [J22:M43] 셀에 '제품명'에 '네'가 포함된 데이터와 '단가'가 1,500,000원 이상인 데이터를 모두 필터링해서 복사해 줍니다.

	B	C	D	E	F	G	H	I	J	K	L	M
19	2024-03-18	베스트컴	소프트웨어	포토샵	10	346,000	3,460,000		2024-03-26	성공파트너	소프트웨어	백신프로그램
20	2024-03-20	미래유통	주변기기	27인치모니터	3	265,000	795,000		2024-02-15	성공파트너	PC부품	RTX3060
21	2024-04-16	미래유통	주변기기	무선마우스	8	47,000	376,000					
22	2024-02-29	스마트IT	노트북	씽크패드	10	1,502,000	15,020,000		제품명	수량	단가	금액
23	2024-04-15	베스트컴	네트워크	랜케이블	3	81,000	243,000		네트워크허브	3	52,000	156,000
24	2024-04-26	으뜸전자	PC부품	RAM_16GB	4	456,000	1,824,000		네트워크허브	3	30,000	90,000
25	2024-04-09	스마트IT	PC부품	RAM_16GB	4	184,000	736,000		씽크패드	10	1,502,000	15,020,000
26	2024-03-15	성공파트너	네트북	랜케이블	5	67,000	335,000		랜케이블	1	139,000	139,000
27	2024-03-02	새로운기술	노트북	맥북에어	8	814,000	6,512,000		그램17	5	1,781,000	8,905,000
28	2024-01-27	베스트컴	네트워크	랜케이블	6	105,000	630,000		맥북에어	4	1,546,000	6,184,000
29	2024-02-06	미래유통	소프트웨어	백신프로그램	1	208,000	208,000		네트워크허브	1	76,000	76,000
30	2024-02-03	미래유통	노트북	그램17	7	906,000	6,342,000		네트워크허브	7	34,000	238,000
31	2024-01-31	으뜸전자	PC부품	CPU_i7	6	133,000	798,000		네트워크허브	7	120,000	840,000
32	2024-05-29	미래유통	소프트웨어	오피스365	5	385,000	1,925,000		그램17	9	1,759,000	15,831,000
33	2024-02-13	으뜸전자	소프트웨어	윈도우11	8	245,000	1,960,000		네트워크허브	7	54,000	378,000
34	2024-01-30	(주)행복상사	네트워크	기가와이파이공유기	10	127,000	1,270,000		네트워크허브	8	50,000	400,000
35	2024-01-08	베스트컴	네트워크	기가와이파이공유기	10	59,000	590,000		네트워크허브	1	38,000	38,000
36	2024-05-18	베스트컴	주변기기	웹캠	10	222,000	2,220,000		네트워크허브	4	119,000	476,000
37	2024-05-03	베스트컴	네트워크	랜케이블	8	123,000	984,000		네트워크허브	5	30,000	150,000
38	2024-04-07	(주)행복상사	네트워크	네트워크허브	1	139,000	139,000		맥북에어	3	1,613,000	4,839,000
39	2024-05-26	새로운기술	PC부품	RTX3060	5	361,000	1,805,000		갤럭시북	8	1,723,000	13,784,000
40	2024-04-06	(주)행복상사	주변기기	기계식키보드	8	138,000	1,104,000		그램17	8	1,664,000	13,312,000
41	2024-05-08	(주)행복상사	노트북	그램17	5	1,781,000	8,905,000		맥북에어	3	1,733,000	5,199,000
42	2024-04-11	스마트IT	주변기기	기계식키보드	8	118,000	944,000		네트워크허브	6	105,000	630,000
43	2024-04-24	성공파트너	주변기기	무선마우스	6	79,000	474,000		네트워크허브	6	143,000	858,000
44	2024-02-09	새로운기술	PC부품	RTX3060	7	488,000	3,416,000					

LEARN MORE

고급 필터 조건식에서 와일드카드 문자를 활용하기

고급 필터에서는 수식 조건 외에도 텍스트 패턴 검색을 위한 와일드카드 문자를 활용할 수 있습니다. 와일드카드는 특히 이름, 부서명, 코드 등 일정한 규칙은 없지만 특정 글자나 패턴을 포함하는 데이터를 찾을 때 유용합니다.

엑셀에서 사용되는 주요 와일드카드는 다음과 같습니다.

* (별표) 임의의 문자가 0개 이상 포함될 때 사용
예: 김* → "김철수", "김지영", "김" 등 포함

? (물음표) 임의의 한 글자
예: 이?은 → "이지은", "이수은" 등 글자 사이에 어떤 한 글자가 있는 경우

~ (물결표) 특수 기호를 문자 그대로 인식할 때 사용
예: ~*프로젝트 → *프로젝트라는 텍스트 그대로 찾기

고급 필터에서 조건 범위에 와일드카드 문자를 입력하면 해당 패턴을 기준으로 자동 필터링됩니다.

 문제 풀어보기 CHALLENGE

1 'Section12-기초.xlsx' 파일을 불러와 '판매 데이터' 시트에 다음 조건을 적용해 보세요.

날짜	제품명	지역	판매량	매출액
2024-03-10	외장하드	부산	20	1,670,160
2024-03-25	SSD	대전	4	1,911,913
2024-03-18	마우스	서울	10	2,514,405
2024-02-22	USB	광주	15	2,512,637
2024-01-17	SSD	서울	11	2,586,948
2024-03-11	키보드	대구	3	2,332,585
2024-01-11	노트북	부산	15	2,559,974
2024-02-28	프린터	대구	16	2,974,097
2024-03-08	마우스	서울	16	1,260,094
2024-01-09	키보드	광주	5	1,651,715

제품 판매 데이터

조건
- [B4] 셀에서 [데이터] 탭의 [정렬 및 필터] 그룹에서 [필터]를 선택합니다.
- 매출액에서 자동 필터 버튼을 이용해서 매출액이 1,000,000보다 크거나 같고 3,000,000보다 작거나 같은 값만 표시합니다.

2 'Section12-기초.xlsx' 파일의 '직원 데이터' 시트에 다음 조건을 적용해 보세요.

우리컴퓨터 직원 데이터

사원ID	이름	부서	직급	입사년도	성과점수		부서				
EMP001	김철수	영업부	부장	2010	95		영업부				
EMP002	이영희	마케팅팀	과장	2015	88						
EMP003	박민수	개발팀	대리	2018	75		부서	직급	입사년도	성과점수	
EMP004	최지연	영업부	사원	2023	82		영업부	부장	2010	95	
EMP005	정은지	마케팅팀	부장	2012	92		영업부	사원	2023	82	
EMP006	한동민	개발팀	과장	2017	85		영업부	대리	2020	78	
EMP007	오수빈	영업부	대리	2020	78		영업부	과장	2019	89	
EMP008	장태우	마케팅팀	사원	2024	70		영업부	부장	2011	90	
EMP009	고아름	개발팀	부장	2008	98		영업부	사원	2024	75	
EMP010	신재민	영업부	과장	2019	89		영업부	대리	2021	80	
EMP011	윤미영	마케팅팀	대리	2021	72						
EMP012	임건우	개발팀	사원	2022	65						
EMP013	서은채	영업부	부장	2011	90						
EMP014	김진수	마케팅팀	과장	2016	80						
EMP015	이아영	개발팀	대리	2020	70						
EMP016	박상현	영업부	사원	2024	75						
EMP017	최예나	마케팅팀	부장	2013	93						
EMP018	정우성	개발팀	과장	2018	87						

조건
- [D4:G4] 셀을 복사해서 [I7] 셀에 붙여 넣습니다.
- 고급 필터를 이용해서 '목록 범위'는 [B4:G24], '조건 범위'는 [I4:I5], '복사 위치'는 [I7:L7]로 설정하여 데이터를 추출합니다.

1 'Section12-심화.xlsx' 파일을 불러와 '판매내역' 시트에 다음 조건을 적용해 보세요.

우리생활건강 판매내역

날짜	지점	제품명	수량	단가	금액
2025-06-06	부산	핸드크림	8	5,502	44,016
2025-06-08	광주	치약	9	12,799	115,191
2025-06-14	대전	핸드크림	1	13,795	13,795
2025-06-03	서울	핸드크림	8	10,793	86,344
2025-06-24	부산	치약	6	18,247	109,482
2025-06-08	광주	핸드크림	7	9,291	65,037
2025-06-27	수원	핸드크림	4	6,016	24,064
2025-06-05	대전	치약	10	11,872	118,720
2025-06-05	수원	치약	4	16,953	67,812

조건
- [B4] 셀에서 [데이터] 탭의 [정렬 및 필터] 그룹에서 [필터]를 선택합니다.
- 제품에서 자동 필터 버튼을 이용해서 '핸드크림'과 '치약'을 표시합니다.
- 필터가 적용되었으면 Section12-심화완성1.xlsx로 저장합니다.

2 'Section12-심화.xlsx' 파일을 다시 불러와 '부산지점' 시트에 다음 조건을 적용해 보세요.

지점	제품명
부산	샴푸

날짜	지점	제품명	수량	단가	금액
2025-06-19	부산	샴푸	8	15,107	120,856
2025-06-11	부산	샴푸	2	5,942	11,884
2025-06-27	부산	샴푸	2	12,514	25,028
2025-06-17	부산	샴푸	4	10,007	40,028

조건
- 필터링이 적용된 데이터는 고급필터를 사용할 수 없으므로 'Section12-심화.xlsx' 파일을 불러옵니다.
- '부산지점' 시트의 [B6] 셀을 선택하고 [고급필터] 대화상자를 실행합니다.
- [고급 필터] 대화상자에서 '목록 범위'는 '판매내역' 시트의 [B4:G29], '조건 범위'는 '부산지점' 시트의 [B2:C3], '복사 위치'는 '부산지점' 시트의 [B6] 셀로 설정하여 데이터를 추출합니다.
- 고급 필터가 적용되었으면 'Section12-심화완성2.xlsx'로 저장합니다.

13

데이터 정렬과 부분합

데이터 정렬은 방대한 정보를 특정 기준에 따라 재배열하여 분석의 효율성을 높이는 기능입니다. 부분합은 정렬된 데이터를 그룹별로 요약하여 합계, 평균 등 집계 값을 한눈에 파악할 수 있게 돕습니다. 이 두 기능은 데이터의 체계적인 관리와 심층적인 분석을 위한 핵심 도구입니다.

지점	직원명	제품명	판매수량	단가	총판매액	판매일자
서울지점	박정민	노트북	9	1,200,000	10,800,000	2025-06-16
서울지점	한예진	노트북	9	300,000	2,700,000	2025-06-20
서울지점	이수진	노트북	5	300,000	1,500,000	2025-06-21
서울지점	이수진	노트북	9	30,000	270,000	2025-06-22
		노트북 평균	8		3,817,500	
서울지점 요약			32		15,270,000	
인천지점	이수진	노트북	7	1,200,000	8,400,000	2025-06-08
인천지점	최우성	노트북	2	1,200,000	2,400,000	2025-06-16
인천지점	김지훈	노트북	5	300,000	1,500,000	2025-06-27
인천지점	한예진	노트북	7	100,000	700,000	2025-06-08
인천지점	김지훈	노트북	1	300,000	300,000	2025-06-06
인천지점	한예진	노트북	5	50,000	250,000	2025-06-17
인천지점	박정민	노트북	4	50,000	200,000	2025-06-24
		노트북 평균	4		1,964,286	
인천지점 요약			31		13,750,000	
광주지점	이수진	노트북	9	300,000	2,700,000	2025-06-07
광주지점	이수진	노트북	9	300,000	2,700,000	2025-06-27
광주지점	최우성	노트북	7	300,000	2,100,000	2025-06-20
광주지점	이수진	노트북	9	50,000	450,000	2025-06-05
광주지점	한예진	노트북	9	50,000	450,000	2025-06-08
광주지점	이수진	노트북	4	100,000	400,000	2025-06-13

MISSION

실습 1 오름차순과 내림차순 정렬

실습 2 다양한 기준에 따라 정렬하기

실습 3 부분합 삽입하기

실습 4 중첩 부분합 삽입하기

CHECK POINT

포인트 1 데이터를 특정 기준에 따라 오름차순이나 내림차순으로 정렬합니다.

포인트 2 기준을 여러 개로 설정하여 정렬합니다.

포인트 3 데이터를 나눠서 합계나 평균 등을 구하는 부분합을 만듭니다.

포인트 4 부분합이 적용된 워크시트에 새로운 부분합을 추가합니다.

실습파일 Section13.xlsx

1 ❶ [H4] 셀을 선택하고 [데이터] 탭에서 [정렬 및 필터] 그룹에서 ❷ '텍스트 오름차순 정렬(↓)'을 클릭합니다.

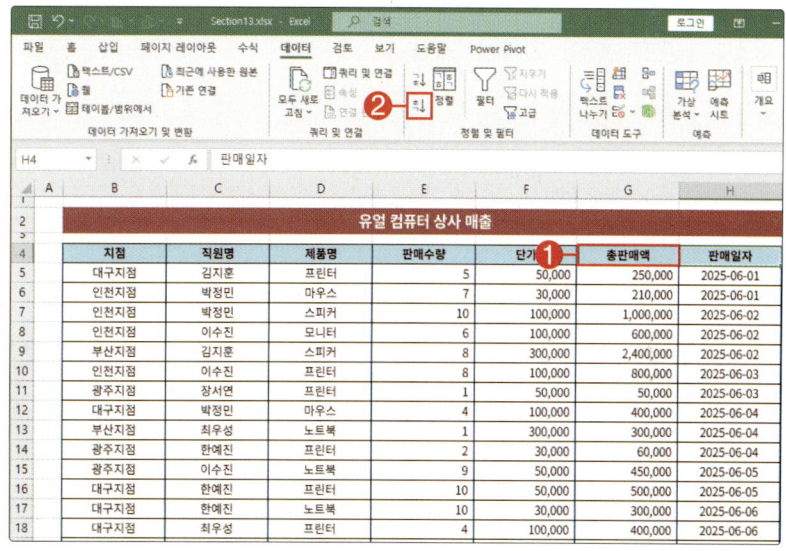

2 H열의 날짜가 1일부터 오름차순으로 정렬되었습니다. 이번에는 ❶ [G4] 셀을 선택하고 [데이터] 탭에서 [정렬 및 필터] 그룹에서 ❷ '텍스트 내림차순 정렬(↓)'을 클릭합니다.

3 G열의 총판매액이 높은 금액부터 낮은 금액순으로 정렬됩니다.

TIP 오름차순의 정렬 순서는 숫자 – 기호 문자 – 한글 –영문 소문자 – 영문 대문자 – 공백의 순이며, 내림차순의 정렬 순서는 영문 대문자 –영문 소문자 – 한글 – 기호 문자 – 숫자 – 공백의 순입니다.

다양한 기준에 따라 정렬하기

1 [B4] 셀을 선택하고 [데이터] 탭에서 [정렬 및 필터] 그룹의 [정렬]을 클릭하여 [정렬] 대화 상자가 실행되면, 정렬 기준을 **❶** '제품명', **❷** '셀 값', **❸** '오름차순'으로 선택합니다.

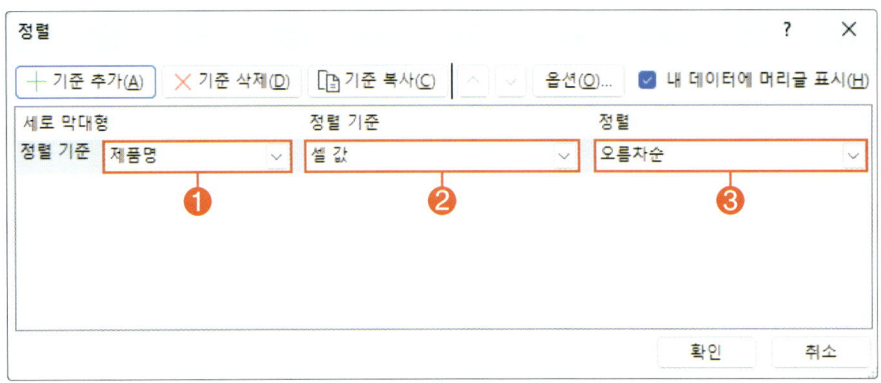

2 **❶** [기준 추가] 버튼을 클릭하여 '다음 기준'이 추가되면 **❷** '지점', **❸** '셀 값', **❹** '사용자 지정 목록'을 선택합니다.

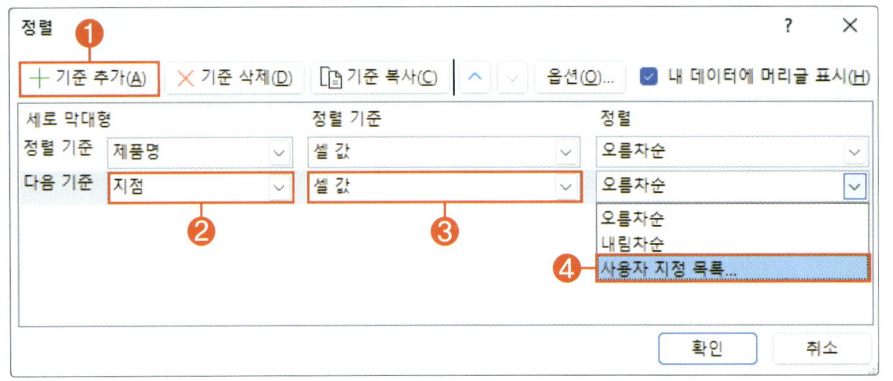

TIP [사용자 지정 목록]은 정렬 순서를 사용자 마음대로 지정하는 방식입니다.

3 [사용자 지정 목록] 대화상자가 나타나면 **❶** '목록 항목'에 '서울지점', '부산지점', '인천지점', '광주지점', '대구지점'의 순으로 입력하고 **❷** [추가] 버튼을 클릭합니다.

4 '사용자 지정 목록'에 ❶ 지점 목록이 추가되었으면 ❷ [확인] 버튼을 클릭합니다.

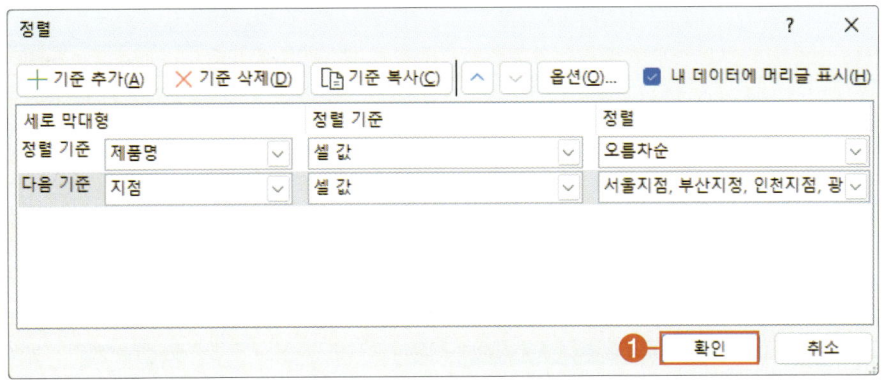

5 [정렬] 대화상자에서 '정렬' 옵션에 지점별 순서가 표시되었으면 ❶ [확인] 버튼을 클릭합니다. 필요하다면 더 많은 기준을 추가할 수도 있습니다.

6 [정렬] 대화상자를 이용하여 두 가지 정렬 기준으로 데이터를 정렬하였습니다. 먼저 제품명이 오름차순으로 정렬된 다음, [사용자 지정 목록] 대화상자에서 설정한 지점순으로 정렬되었습니다.

유일 컴퓨터 상사 매출

지점	직원명	제품명	판매수량	단가	총판매액	판매일자
서울지점	박정민	노트북	9	1,200,000	10,800,000	2025-06-16
서울지점	한예진	노트북	9	300,000	2,700,000	2025-06-20
서울지점	이수진	노트북	5	300,000	1,500,000	2025-06-21
서울지점	이수진	노트북	9	30,000	270,000	2025-06-22
인천지점	이수진	노트북	7	1,200,000	8,400,000	2025-06-08
인천지점	최우성	노트북	2	1,200,000	2,400,000	2025-06-16
인천지점	김지훈	노트북	5	300,000	1,500,000	2025-06-27
인천지점	한예진	노트북	7	100,000	700,000	2025-06-08
인천지점	김지훈	노트북	1	300,000	300,000	2025-06-06
인천지점	한예진	노트북	5	50,000	250,000	2025-06-17
인천지점	박정민	노트북	4	50,000	200,000	2025-06-24
광주지점	이수진	노트북	9	300,000	2,700,000	2025-06-07
광주지점	이수진	노트북	9	300,000	2,700,000	2025-06-27
광주지점	최우성	노트북	7	300,000	2,100,000	2025-06-20
광주지점	이수진	노트북	9	50,000	450,000	2025-06-05
광주지점	한예진	노트북	9	50,000	450,000	2025-06-08
광주지점	이수진	노트북	4	100,000	400,000	2025-06-13
광주지점	장서연	노트북	10	30,000	300,000	2025-06-06
대구지점	장서연	노트북	7	1,200,000	8,400,000	2025-06-23
대구지점	한예진	노트북	10	30,000	300,000	2025-06-06
대구지점	박정민	노트북	6	30,000	180,000	2025-06-12

133

실습 3 부분합 삽입하기

1 지점별 '판매수량'과 '총 판매액'을 구하는 '부분합'을 삽입하려고 합니다. [B4] 셀을 선택하고 [데이터] 탭에서 [개요] 그룹의 ❶ [부분합]을 클릭합니다.

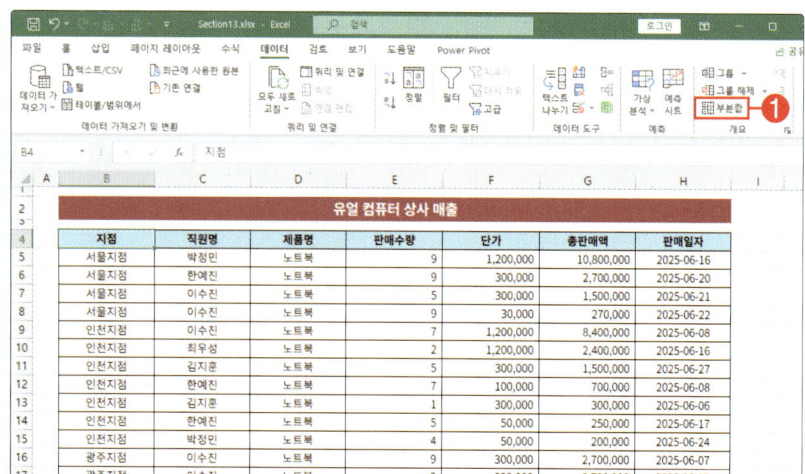

2 [부분합] 대화상자가 나타나면 ❶ '그룹화할 항목'은 '지점', ❷ '사용할 함수'는 '합계', ❸ '부분합 계산 항목'은 '판매수량'과 '총판매액'을 선택하고 ❹ [확인] 버튼을 클릭합니다.

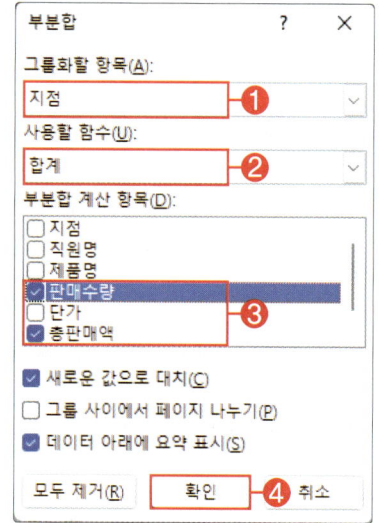

3 다음과 같이 지점별로 판매 수량의 합계와 총판매액의 합계가 자동으로 삽입되었습니다. 워크시트 왼쪽에 ❶ 개요 기호가 [1], [2], [3]으로 표시됩니다.

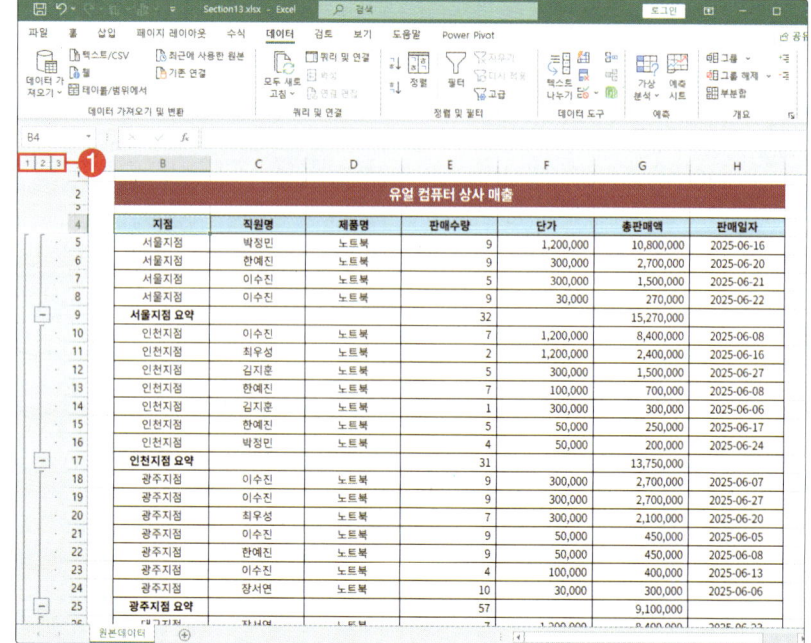

> TIP '개요 기호'는 데이터의 표시 수준을 제어하는 기능으로 사용자가 전체 데이터를 한 번에 보거나, 요약 정보만 간단히 확인할 수 있도록 도와줍니다.

1 부분합이 삽입되어 있는 시트에서 [데이터] 탭의 [개요] 그룹에서 ❶ [부분합]을 클릭한 후 [부분합] 대화상자에서 ❷ '그룹화할 항목'은 '제품명', ❸ '사용할 함수'는 '평균', ❹ '부분합 계산 항목'은 '판매수량'과 '총판매액'으로 선택하고 ❺ '새로운 값으로 대치'를 클릭해서 선택을 해제한 후 ❻ [확인] 버튼을 클릭합니다.

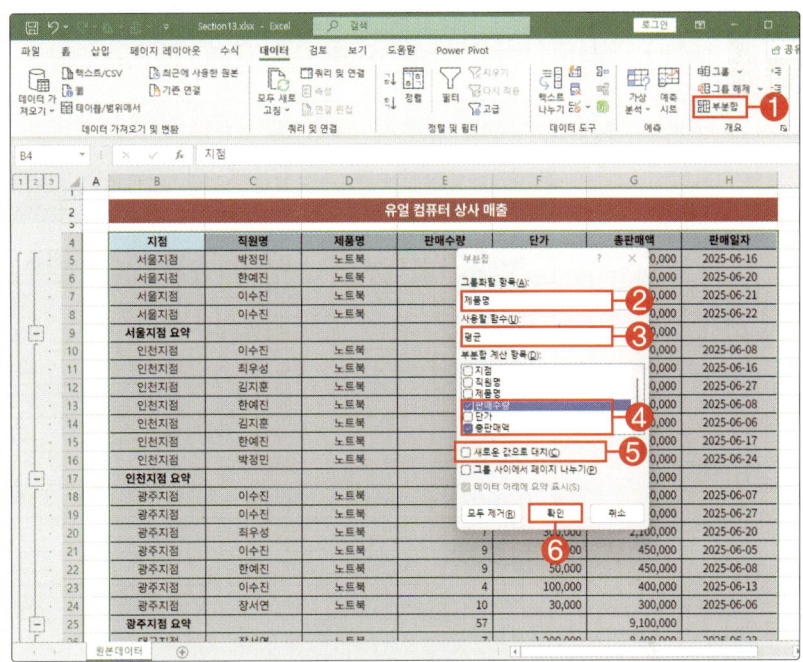

2 제품명 아래에 판매 수량의 평균값과 총판매액의 평균값이 부분합에 의해 구해집니다.

> **TIP** '새로운 값으로 대치'의 체크 표시를 해제하지 않을 경우 이전의 부분합을 제거하고 새로운 부분합으로 표시해 줍니다.

지점	직원명	제품명	판매수량	단가	총판매액	판매일자
서울지점	박정민	노트북	9	1,200,000	10,800,000	2025-06-16
서울지점	한예진	노트북	9	300,000	2,700,000	2025-06-20
서울지점	이수진	노트북	5	300,000	1,500,000	2025-06-21
서울지점	이수진	노트북	9	30,000	270,000	2025-06-22
		노트북 평균	8		3,817,500	
서울지점 요약			32		15,270,000	
인천지점	이수진	노트북	7	1,200,000	8,400,000	2025-06-08
인천지점	최우성	노트북	2	1,200,000	2,400,000	2025-06-16
인천지점	김지훈	노트북	5	300,000	1,500,000	2025-06-27
인천지점	한예진	노트북	7	100,000	700,000	2025-06-08
인천지점	김지훈	노트북	1	300,000	300,000	2025-06-08
인천지점	한예진	노트북	5	50,000	250,000	2025-06-17
인천지점	박정민	노트북	4	50,000	200,000	2025-06-24
		노트북 평균	4		1,964,286	
인천지점 요약			31		13,750,000	
광주지점	이수진	노트북	9	300,000	2,700,000	2025-06-07
광주지점	이수진	노트북	9	300,000	2,700,000	2025-06-27
광주지점	최우성	노트북	7	300,000	2,100,000	2025-06-20
광주지점	이수진	노트북	9	50,000	450,000	2025-06-05
광주지점	한예진	노트북	9	50,000	450,000	2025-06-08
광주지점	이수진	노트북	4	100,000	400,000	2025-06-13

3 워크시트 왼쪽에 표시된 개요 기호에서 ❶ [3]을 클릭하면 부분합 결과만 볼 수 있습니다. [1]은 전체 부분합, [2]는 첫 번째 부분합인 합계, [4]는 전체 데이터를 표시해 줍니다.

지점	직원명	제품명	판매수량	단가	총판매액	판매일자
		노트북 평균	8		3,817,500	
서울지점 요약			32		15,270,000	
		노트북 평균	4		1,964,286	
인천지점 요약			31		13,750,000	
		노트북 평균	8		1,300,000	
광주지점 요약			57		9,100,000	
		노트북 평균	8		2,960,000	
대구지점 요약			23		8,880,000	
		노트북 평균	2		1,000,000	
부산지점 요약			7		3,000,000	
		마우스 평균	5		1,400,000	
서울지점 요약			10		2,800,000	
		마우스 평균	4		1,911,667	
인천지점 요약			22		11,470,000	
		마우스 평균	5		783,333	
광주지점 요약			16		2,350,000	
		마우스 평균	5		2,895,000	
대구지점 요약			21		11,580,000	
		마우스 평균	8		2,400,000	
부산지점 요약			8		2,400,000	
		모니터 평균	7		1,200,000	

CHALLENGE

1 'Section13-기초.xlsx' 파일을 불러온 후 다음 조건을 적용해 보세요.

직원ID	이름	부서	직급	판매량	매출액	달성률
우리상사 영업부 매출액						
EMP009	고아름	영업1팀	부장	220	33,000,000	125%
EMP005	정은지	영업1팀	부장	200	30,000,000	120%
EMP002	이영희	영업2팀	과장	180	25,000,000	110%
EMP007	오수빈	영업1팀	과장	170	22,000,000	98%
EMP006	한동민	영업2팀	대리	160	20,000,000	105%
EMP003	박민수	영업1팀	대리	150	18,000,000	100%
EMP010	신재민	영업2팀	대리	140	17,000,000	92%
EMP001	김철수	영업1팀	사원	120	12,000,000	95%
EMP008	장태우	영업2팀	사원	110	10,500,000	90%
EMP004	최지연	영업2팀	사원	100	9,000,000	85%

조건

• [G5:G14] 셀의 매출액을 내림차순으로 정렬합니다.

2 1에서 매출액이 내림차순으로 정렬되었으면 다음 조건을 적용해 보세요.

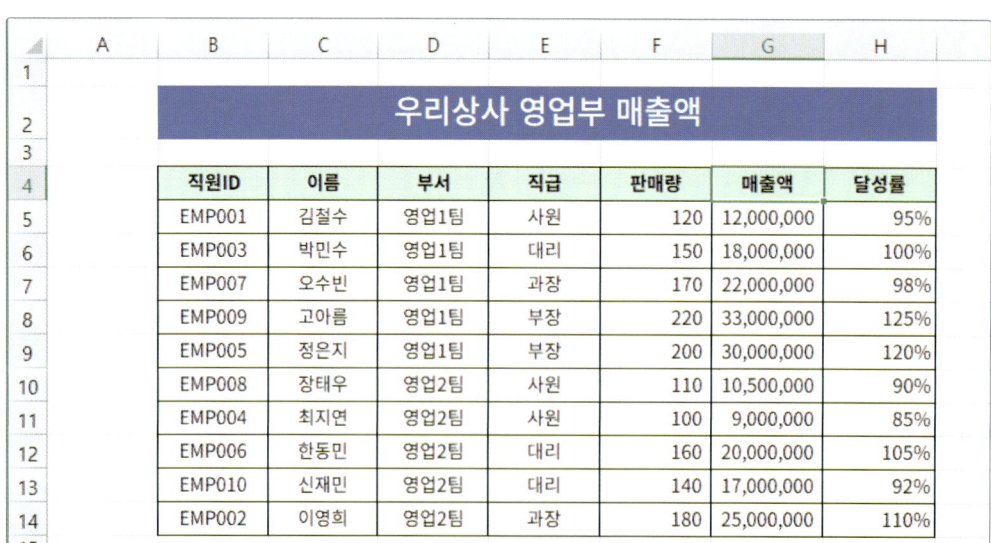

직원ID	이름	부서	직급	판매량	매출액	달성률
우리상사 영업부 매출액						
EMP001	김철수	영업1팀	사원	120	12,000,000	95%
EMP003	박민수	영업1팀	대리	150	18,000,000	100%
EMP007	오수빈	영업1팀	과장	170	22,000,000	98%
EMP009	고아름	영업1팀	부장	220	33,000,000	125%
EMP005	정은지	영업1팀	부장	200	30,000,000	120%
EMP008	장태우	영업2팀	사원	110	10,500,000	90%
EMP004	최지연	영업2팀	사원	100	9,000,000	85%
EMP006	한동민	영업2팀	대리	160	20,000,000	105%
EMP010	신재민	영업2팀	대리	140	17,000,000	92%
EMP002	이영희	영업2팀	과장	180	25,000,000	110%

조건

• [정렬] 대화상자를 실행하고 '부서'를 오름차순으로 지정합니다.
• [기준 추가] 버튼을 눌러서 새로운 기준을 추가한 후 직급을 사원, 대리, 과장, 부장의 순으로 지정합니다.

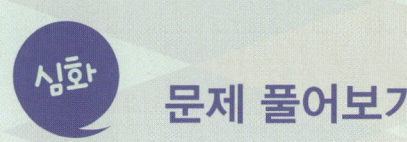

1 'Section13-심화.xlsx' 파일을 불러온 후 다음 조건을 적용해 보세요.

	사원번호	이름	지점	직급	기본급	성과급	총급여
				직원 급여 현황			
5	E1005	박정민	광주지점	부장	1,927,498	658,114	2,585,612
6	E1026	오민준	광주지점	차장	2,569,035	361,108	2,930,143
7	E1029	김지훈	광주지점	차장	2,803,109	582,255	3,385,364
8	E1001	류지호	광주지점	대리	2,611,000	415,749	3,026,749
9	E1018	오민준	광주지점	사원	2,782,370	441,584	3,223,954
10	E1011	김지훈	대구지점	부장	2,533,832	676,458	3,210,290
11	E1013	오민준	대구지점	차장	2,883,579	379,531	3,263,110
12	E1021	류지호	대구지점	과장	2,055,209	418,949	2,474,158
13	E1014	류지호	대구지점	대리	2,876,475	453,458	3,329,933
14	E1022	최우성	대구지점	대리	2,383,079	307,965	2,691,044
15	E1004	장서연	대구지점	주임	2,630,776	517,138	3,147,914
16	E1008	강유진	부산지점	부장	2,418,386	528,570	2,946,956
17	E1007	강유진	부산지점	차장	2,944,281	730,396	3,674,677
18	E1016	한예진	부산지점	대리	2,304,880	672,193	2,977,073
19	E1028	박정민	부산지점	대리	2,307,474	562,121	2,869,595
20	E1002	박지민	부산지점	사원	1,960,276	246,091	2,206,367
21	E1024	류지호	부산지점	사원	2,718,538	456,216	3,174,754
22	E1023	오민준	서울지점	부장	2,327,967	442,877	2,770,844
23	E1030	최우성	서울지점	부장	2,456,857	378,045	2,834,902
24	E1020	오민준	서울지점	차장	2,152,793	552,499	2,705,292
25	E1027	한예진	서울지점	사원	1,819,415	584,061	2,403,476

조건
- [정렬] 대화상자를 이용해서 첫 번째 조건으로 '지점'을 오름차순으로 지정합니다.
- 새로운 기준을 추가하고 '직급'을 부장, 차장, 과장, 대리, 주임, 사원의 순으로 지정합니다.

2 1에서 정렬이 된 워크시트의 데이터에 다음 조건을 적용해 보세요.

	사원번호	이름	지점	직급	기본급	성과급	총급여
				직원 급여 현황			
5	E1005	박정민	광주지점	부장	1,927,498	658,114	2,585,612
6	E1026	오민준	광주지점	차장	2,569,035	361,108	2,930,143
7	E1029	김지훈	광주지점	차장	2,803,109	582,255	3,385,364
8	E1001	류지호	광주지점	대리	2,611,000	415,749	3,026,749
9	E1018	오민준	광주지점	사원	2,782,370	441,584	3,223,954
10			광주지점 평균		2,538,602	491,762	3,030,364
11			광주지점 요약		12,693,012	2,458,810	15,151,822
12	E1011	김지훈	대구지점	부장	2,533,832	676,458	3,210,290
13	E1013	오민준	대구지점	차장	2,883,579	379,531	3,263,110
14	E1021	류지호	대구지점	과장	2,055,209	418,949	2,474,158
15	E1014	류지호	대구지점	대리	2,876,475	453,458	3,329,933
16	E1022	최우성	대구지점	대리	2,383,079	307,965	2,691,044
17	E1004	장서연	대구지점	주임	2,630,776	517,138	3,147,914
18			대구지점 평균		2,560,492	458,917	3,019,408
19			대구지점 요약		15,362,950	2,753,499	18,116,449
20	E1008	강유진	부산지점	부장	2,418,386	528,570	2,946,956
21	E1007	강유진	부산지점	차장	2,944,281	730,396	3,674,677
22	E1016	한예진	부산지점	대리	2,304,880	672,193	2,977,073
23	E1028	박정민	부산지점	대리	2,307,474	562,121	2,869,595
24	E1002	박정민	부산지점	사원	1,960,276	246,091	2,206,367
25	E1024	류지호	부산지점	사원	2,718,538	456,216	3,174,754

조건
- [부분합] 대화상자를 이용해서 지점별로 기본급, 성과급, 총급여의 '합계'를 구합니다.
- 부분합의 중첩 기능을 이용하여 지점별로 기본급, 성과급, 총급여의 '평균'을 구합니다.

외부 데이터 가져오기

엑셀은 단순한 데이터 입력 도구를 넘어, 다양한 형식의 외부 데이터를 가져와 활용할 수 있습니다. 예를 들어 외부의 텍스트 데이터를 가져오면 하나의 셀에 입력되는데, 이를 '텍스트 나누기' 기능을 통해 원하는 기준으로 분리하여 사용할 수 있습니다. 이 과정은 데이터 가공의 첫걸음이자 효율적인 정보 관리를 위한 필수적인 단계입니다.

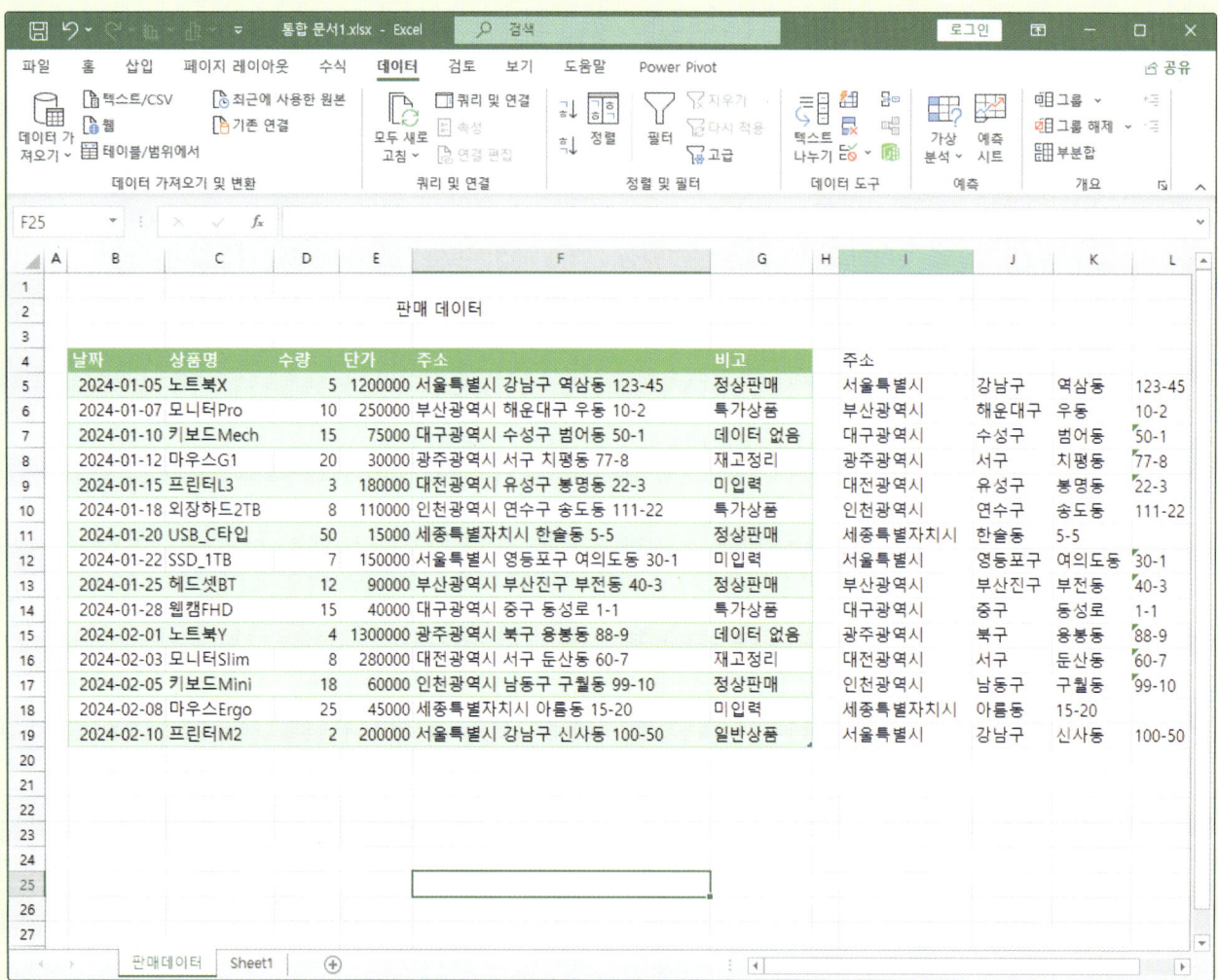

MISSION

실습 1 외부 데이터 가져오기

실습 2 데이터 가공하기

실습 3 텍스트 나누기

CHECK POINT

포인트 1 외부의 저장된 텍스트 파일을 문자 코드를 변경해서 가져옵니다.

포인트 2 데이터에서 불필요한 공백을 채우고 특정 단어를 원하는 단어로 바꿉니다.

포인트 3 텍스트 나누기로 데이터를 여러 셀에 나누어 입력해 봅니다.

외부 데이터 가져오기

MISSION

1 빈 워크시트에 외부의 데이터를 불러오기 위해서 ❶ [데이터] 탭의 [데이터 가져오기 및 변환] 그룹에서 ❷ [텍스트/CSV]를 클릭합니다.

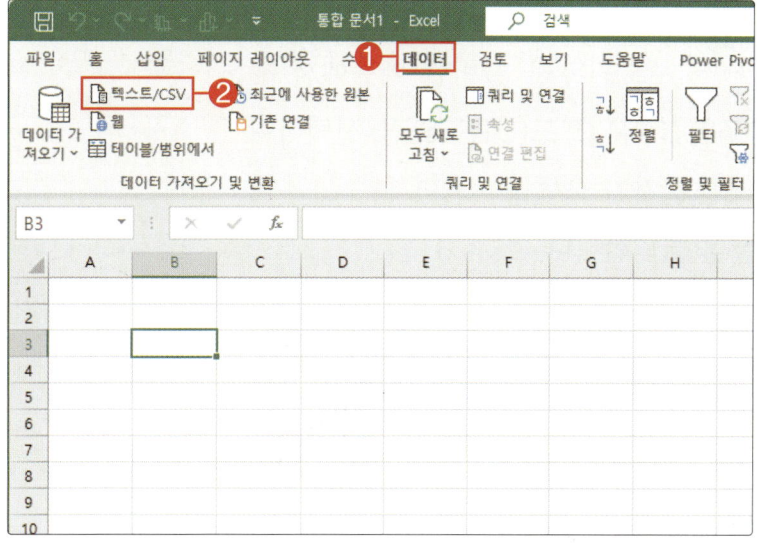

2 [데이터 가져오기] 대화상자가 나타나면 ❶ 불러올 텍스트 데이터를 선택하고 ❷ [가져오기] 버튼을 클릭합니다. 여기에서는 제공하는 예제 파일 중에서 '판매데이터.txt' 파일을 가져옵니다.

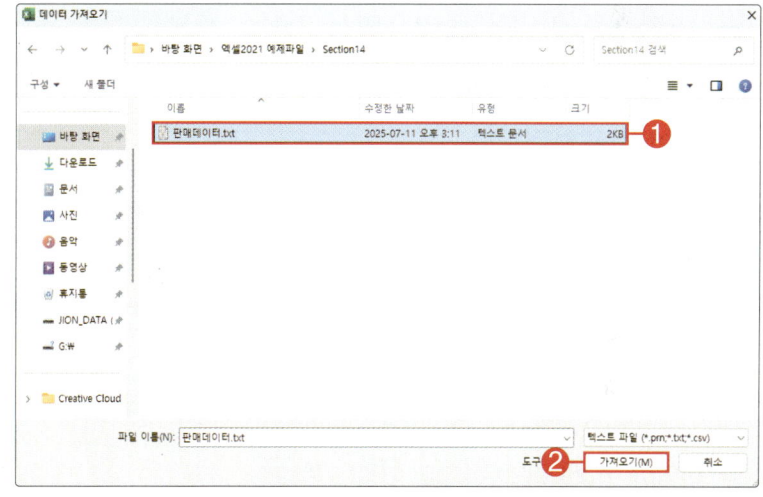

> **TIP** 사용된 예제 파일은 엑셀에서 가공하기 편리하도록 [Tab] 키를 이용해서 표의 형식으로 만들어 놓은 텍스트입니다.

3 [가져오기 미리 보기] 창을 보면 모든 텍스트가 깨져서 표시됩니다.

> **TIP** [가져오기 미리 보기] 창에 텍스트가 깨져 보이는 것은 문자 코드가 서로 맞지 않기 때문입니다.

4 [가져오기 미리 보기] 창에서 '파일 원본'을 클릭한 메뉴에서 ❶ '65001: 유니코드(UTF-8)'을 선택하여 깨진 글자가 모두 표시되면 ❷ [로드] 버튼을 클릭합니다.

TIP UTF-8은 전 세계 다양한 언어의 문자를 저장할 수 있는 유니코드 인코딩 방식으로, 한글이나 특수 문자가 포함된 텍스트 파일을 정확히 불러올 때 자주 사용됩니다.

5 텍스트 파일을 불러오면서 자동 필터 기능과 함께 표 스타일이 적용되어서 표시됩니다.

TIP 텍스트 파일을 [텍스트/CSV] 명령으로 가져오면, 엑셀은 Power Query 기능을 활용하여 데이터를 표 형식으로 삽입하고, 오른쪽에 쿼리 및 연결 창을 통해 가져온 데이터의 연결 정보를 표시합니다. 그러므로 원본 텍스트 파일이 변경되더라도 [새로 고침] 기능으로 쉽게 데이터를 갱신할 수 있습니다.

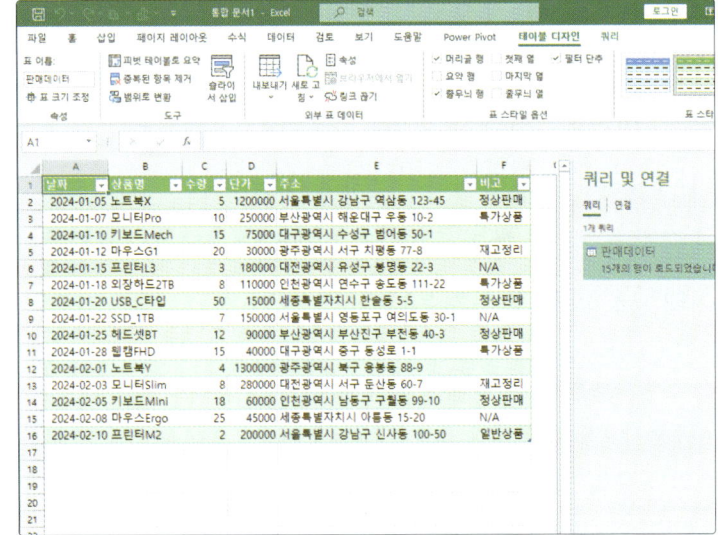

6 [데이터] 탭의 [정렬 및 필터] 그룹에서 [필터]를 클릭하여 필터를 해제하고 다음과 같이 데이터를 수정합니다.

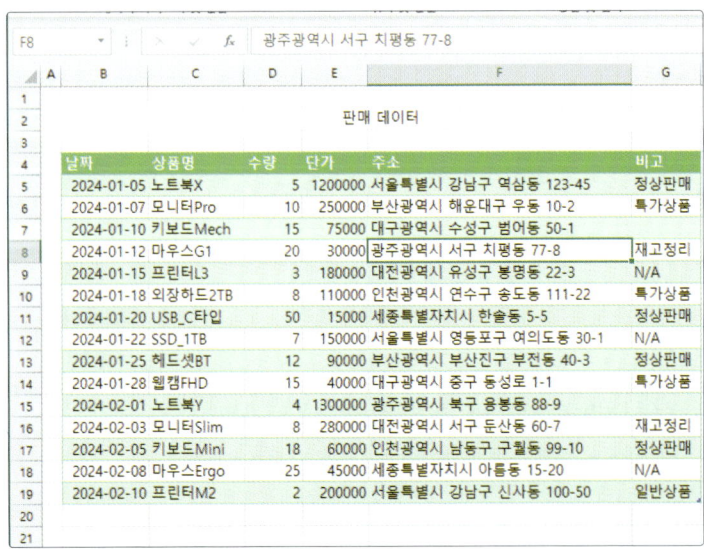

1 ❶ [G5:G19] 셀을 선택하고 'N/A'로 표기된 빈 셀을 처리하기 위해 ❷ [홈] 탭에서 [편집] 그룹의 ❸ [찾기 및 선택]을 클릭한 후 ❹ [바꾸기]를 선택합니다.

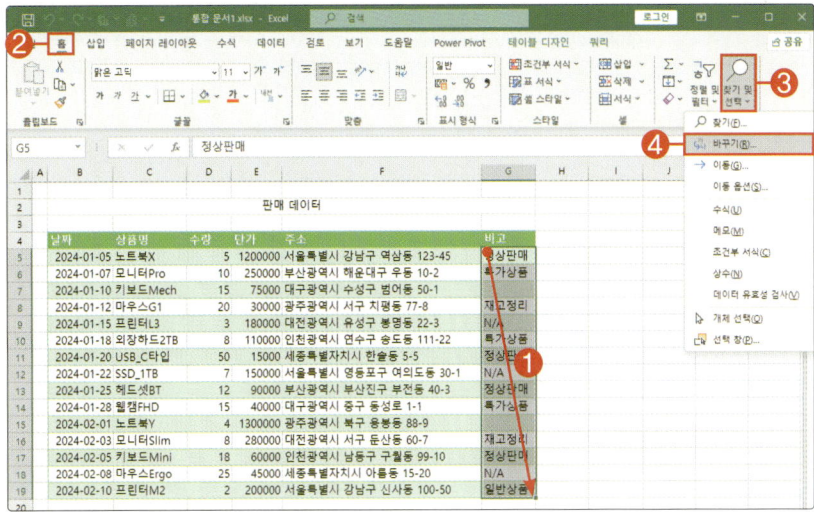

> **TIP** 공공기관이나 기상청과 같은 곳에서는 일반인들에게 다양한 데이터를 제공합니다. 이곳에서 제공받은 데이터에는 결측치라고 하는 빈 셀이 있을 수 있으며 중복 값도 있을 수 있습니다. 그러므로 원하는 데이터로 가공해서 사용해야 합니다.

2 [찾기 및 바꾸기] 대화상자가 나타나면 ❶ [바꾸기] 탭을 선택하고 ❷ '찾을 내용'에 'N/A'를, ❸ '바꿀 내용'에는 '미입력'을 입력하고 ❹ [모두 바꾸기] 버튼을 클릭합니다. '3개의 항목이 바뀌었습니다.'라는 메시지 창이 나타나면 ❺ [확인] 버튼을 클릭합니다. 'N/A'가 모두 '미입력'으로 변경됩니다.

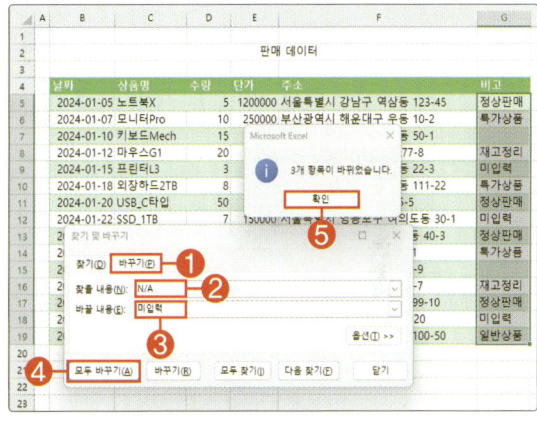

> **TIP** N/A는 '해당 없음' 또는 '값이 없음'을 뜻하며, 주로 데이터가 비어 있거나 조건에 맞는 값이 없을 때 사용됩니다. 엑셀에서는 VLOOKUP 등에서 검색 결과가 없을 경우 #'N/A' 오류가 표시됩니다.

3 이번에는 비어 있는 셀을 처리해 보겠습니다. [G5:G19] 셀이 선택된 상태에서 [찾기 및 바꾸기] 대화상자를 실행하고 [바꾸기] 탭의 ❶ '찾을 내용'은 비워 놓고 ❷ '바꿀 내용'에 '데이터 없음'을 입력한 후 ❸ [모두 바꾸기] 버튼을 클릭합니다. '2개 항복이 바뀌었습니다.'라는 메시지 창이 나타나면 ❹ [확인] 버튼을 클릭합니다.

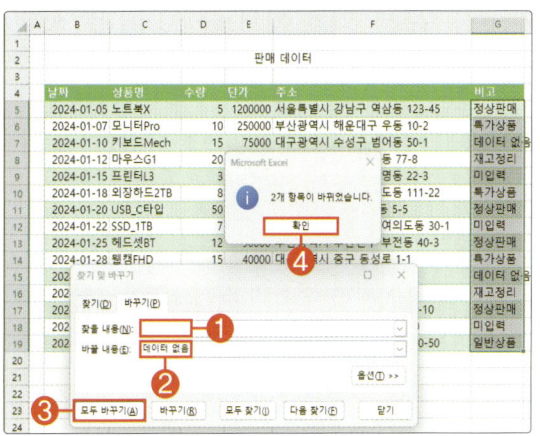

실습 3 텍스트 나누기

1 ❶ [F4:F19]를 범위 지정하고 ❷ [데이터] 탭의 [데이터 도구] 그룹에서 ❸ [텍스트 나누기]를 클릭합니다.

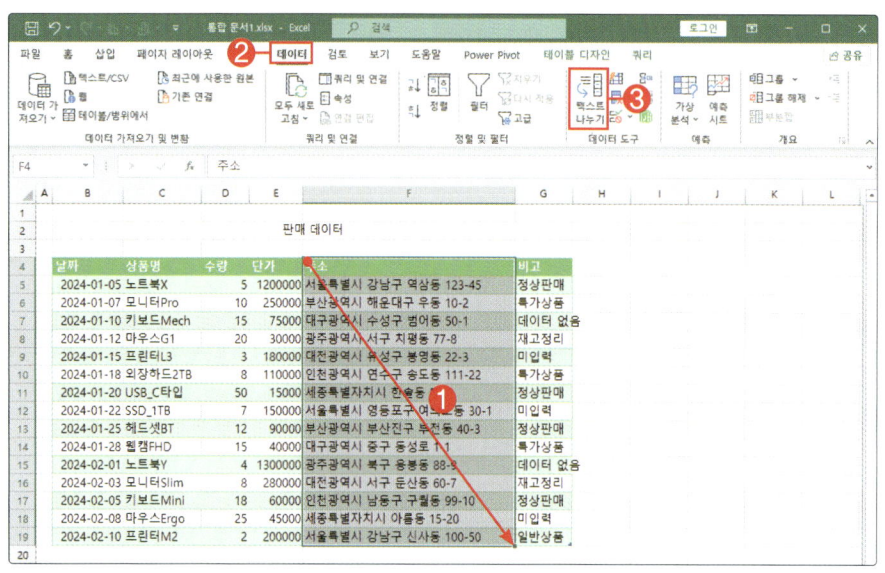

2 [텍스트 마법사–3단계 중 1단계] 대화상자가 나타나면 '원본 데이터 형식'에서 ❶ '구분 기호로 분리됨'을 선택하고 ❷ [다음] 버튼을 클릭합니다.

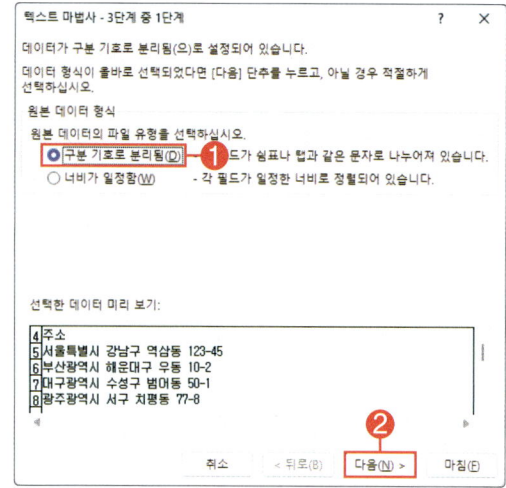

3 [텍스트 마법사–3단계 중 2단계] 대화상자의 '구분 기호'에서 ❶ '공백'을 선택하고 ❷ [다음] 버튼을 클릭합니다.

> **TIP** 예제에서는 주소의 띄어쓰기를 기준으로 셀을 나누기 위해서 '공백'을 선택합니다. 만일 기준이 하이픈(–)이라면 '기타'를 선택하고 '–'을 입력합니다.

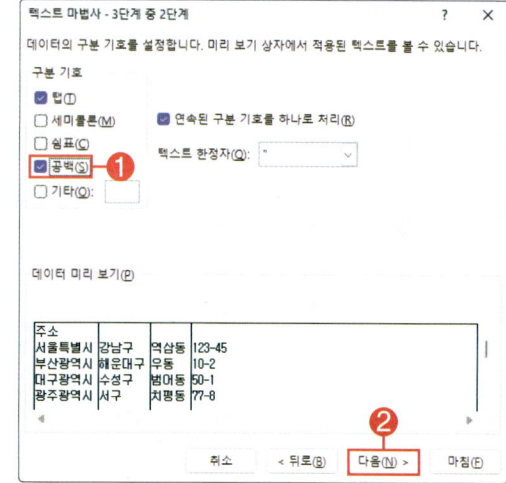

4 [텍스트 마법사 – 3단계 중 3단계] 대화상자에서 ❶ '데이터 미리 보기'의 세 번째와 네 번째를 선택하고 '열 데이터 서식'에서 ❷ '텍스트'를 선택합니다. '대상'은 분리한 텍스트를 표시할 곳이므로 ❸ [I4] 셀을 선택한 후 ❹ [마침] 버튼을 클릭합니다.

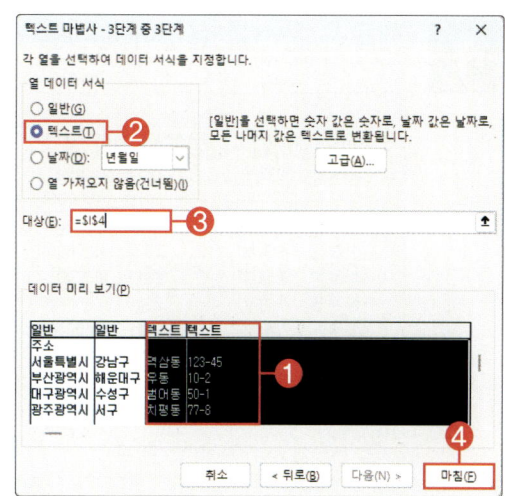

5 [I4] 셀부터 각각 시, 구, 동, 번지로 분리되어 주소가 표시됩니다.

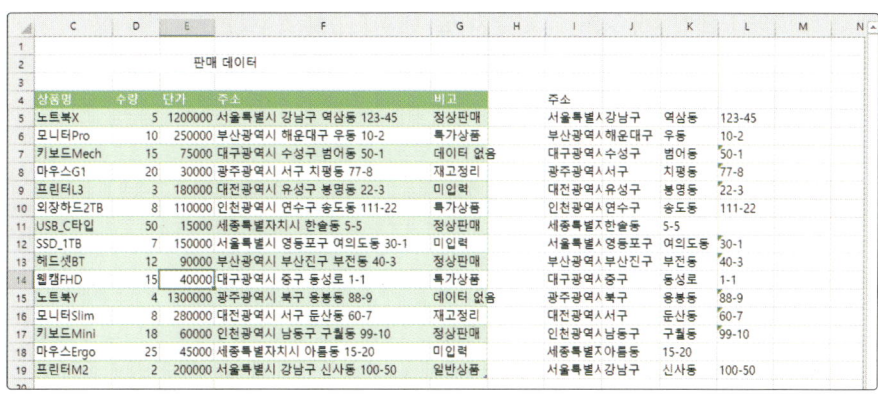

6 각각의 셀을 조절하여 제대로 분리가 되었는지 확인해 봅니다.

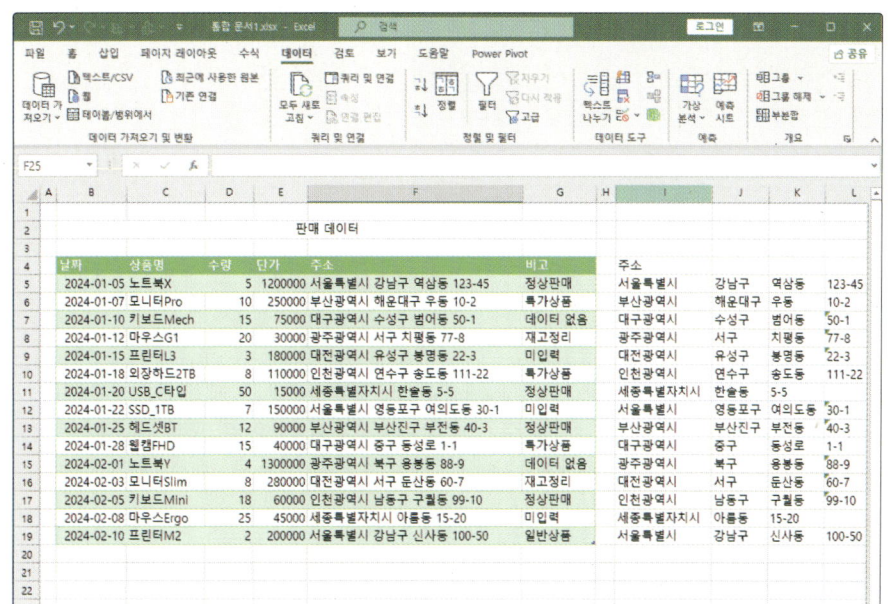

143

1 새로운 문서를 실행하고 다음 조건을 적용해서 문서를 만들어 보세요.

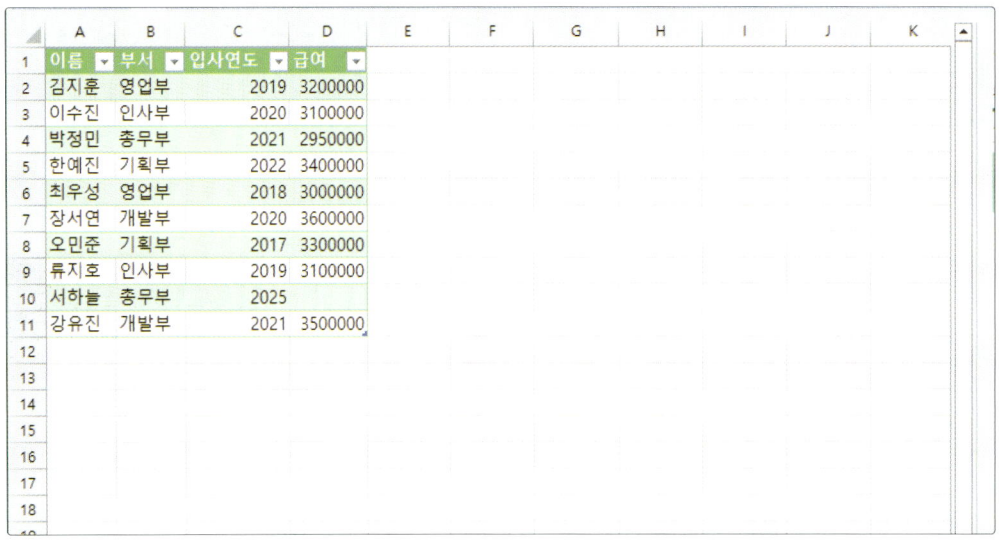

이름	부서	입사연도	급여
김지훈	영업부	2019	3200000
이수진	인사부	2020	3100000
박정민	총무부	2021	2950000
한예진	기획부	2022	3400000
최우성	영업부	2018	3000000
장서연	개발부	2020	3600000
오민준	기획부	2017	3300000
류지호	인사부	2019	3100000
서하늘	총무부	2025	
강유진	개발부	2021	3500000

조건
- 새로운 문서에서 [데이터] 탭의 [데이터 가져오기 및 변환] 그룹의 [텍스트/CSV]를 이용해서 '급여.txt' 파일을 가져옵니다.

2 1에서 작성한 문서에 다음 조건을 적용해 보세요.

사원 급여

이름	부서	입사연도	급여
김지훈	영업부	2019	3,200,000
이수진	인사부	2020	3,100,000
박정민	총무부	2021	2,950,000
한예진	기획부	2022	3,400,000
최우성	영업부	2018	3,000,000
장서연	개발부	2020	3,600,000
오민준	기획부	2017	3,300,000
류지호	인사부	2019	3,100,000
서하늘	총무부	2025	신입
강유진	개발부	2021	3,500,000

조건
- A열 앞에 새로운 열을 추가하고 맨 위에 3행을 추가한 다음, [B2:E2] 셀을 병합하여 제목을 입력하고 열 너비를 조절합니다.
- [B4] 셀을 선택하고 [필터]를 클릭해서 필터를 해제합니다.
- [E13] 셀의 빈 셀은 [찾기 및 바꾸기] 대화상자를 이용해서 '신입'으로 수정합니다.

1 새로운 문서를 실행하고 다음 조건을 적용해서 문서를 만들어 보세요.

	순서	부서	사원명	직위	입사일	거주지	엑셀	파워포인트	인터넷	워드프로세서	총점	평균
2	1	기획부	나원일	사원	2023-01-20	서울시 양천구 오목로13길	97		92	91	99	379	94.75
3	2	총무부	이숭주	부장	2002-03-22	서울시 중랑구 봉화산로	미응시	60	99	미응시	159	39.75
4	3	인사부	강기원	차장	2010-06-01	인천시 계양구 계산새로	80	미응시	91	65	236	59
5	4	기획부	김현수	과장	2012-10-01	서울시 강서구 공항로	78	99	99	95	371	92.75
6	5	총무부	정미리	대리	2019-05-15	경기도 고양시 인산동구 중앙로	98	95	94	96	383	95.75
7	6	홍보부	고민진	사원	2024-12-01	서울시 금천구 가산디지털1로	94	99	87	90	370	92.5
8	7	생산부	송주리	부장	2005-01-01	서울시 종로구 자하문로	92	미응시	75	미응시	167	41.75

조건

- 새로운 문서에서 [데이터] 탭의 [데이터 가져오기 및 변환] 그룹의 [텍스트/CSV]를 이용해서 '정보화능력.txt' 파일을 가져옵니다.
- 빈 셀은 [찾기 및 바꾸기] 대화상자를 이용해서 모두 '미응시'로 처리합니다.

2 1에서 작성한 문서에 다음 조건을 적용해 보세요.

	순서	부서	사원명	직위	입사일	거주지	엑셀	파워포인트	인터넷	워드프로세서	총점	평균
2	1	기획부	나원일	사원	2023-01-20	서울시 양천구 오목로13길	97	92	91	99	379	94.75
3	2	총무부	이숭주	부장	2002-03-22	서울시 중랑구 봉화산로	미응시	60	99	미응시	159	39.75
4	3	인사부	강기원	차장	2010-06-01	인천시 계양구 계산새로	80	미응시	91	65	236	59
5	4	기획부	김현수	과장	2012-10-01	서울시 강서구 공항로	78	99	99	95	371	92.75
6	5	총무부	정미리	대리	2019-05-15	경기도 고양시 인산동구 중앙로	98	95	94	96	383	95.75
7	6	홍보부	고민진	사원	2024-12-01	서울시 금천구 가산디지털1로	94	99	87	90	370	92.5
8	7	생산부	송주리	부장	2005-01-01	서울시 종로구 자하문로	92	미응시	75	미응시	167	41.75
9												
10								서울시	양천구	오목로13길		
11								서울시	중랑구	봉화산로		
12								인천시	계양구	계산새로		
13								서울시	강서구	공항로		
14								경기도	고양시	인산동구	중앙로	
15								서울시	금천구	가산디지털1로		
16								서울시	종로구	자하문로		

조건

- 거주지가 입력된 [F2:F8] 셀을 범위 지정하고 [텍스트 나누기]를 선택합니다.
- [텍스트 마법사] 대화상자에서 구분 기호를 '공백'으로 선택하고 [H10] 셀에 분리된 텍스트를 표시합니다.

15

데이터 유효성 검사하기

여러 사람이 입력하는 엑셀 파일에서 누군가는 날짜 대신 문자를 입력하거나 잘못된 부서명을 쓰는 경우가 있지 않나요? 같은 제품코드를 두 번 입력해 보고서를 작성한 적은 없나요? 이처럼 입력 실수를 방지하고 중복 데이터를 정확하게 관리하는 기능이 바로 데이터 유효성 검사와 중복 값 제거입니다.

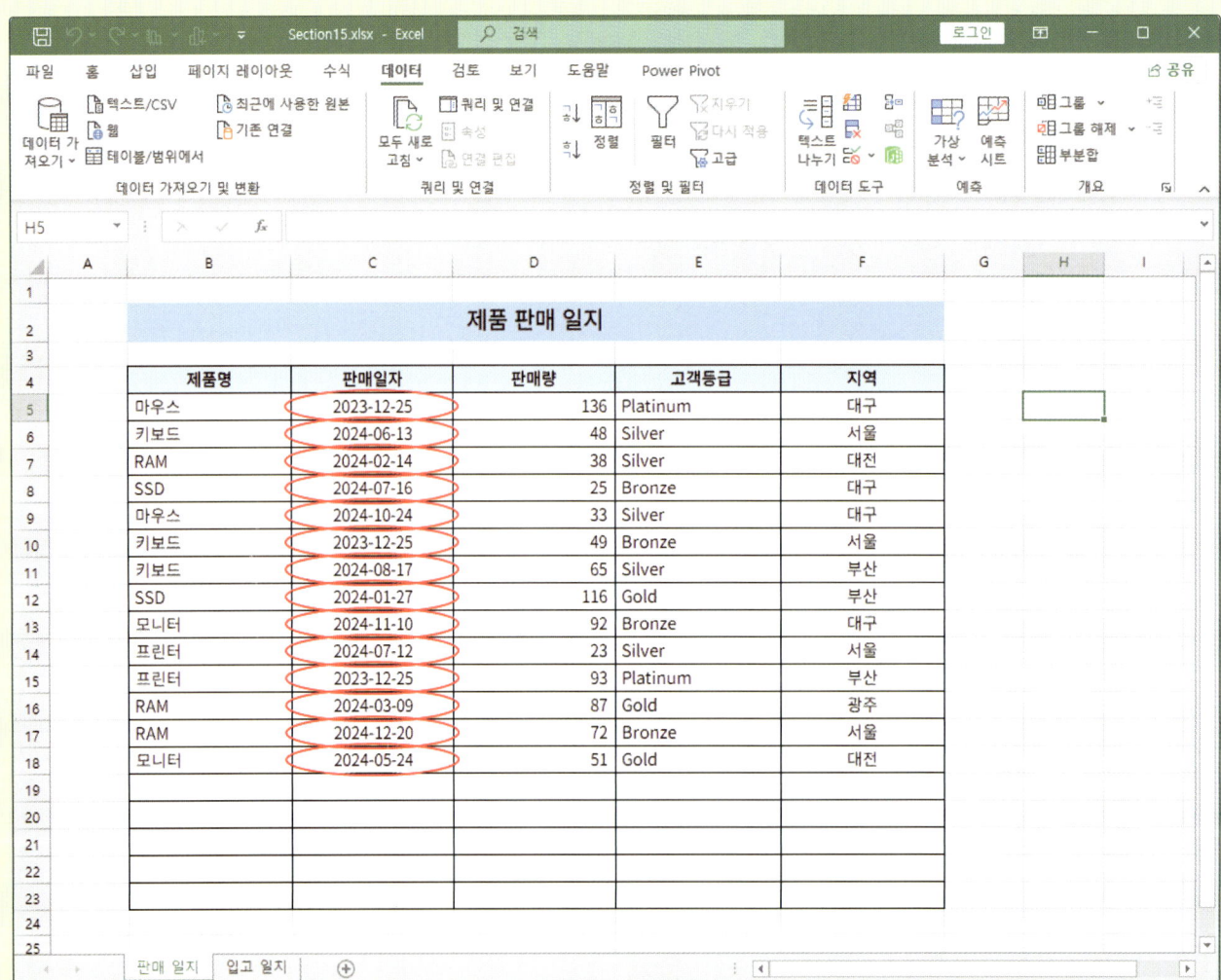

MISSION

실습 1 데이터 유효성 검사 설정하기

실습 2 중복된 항목 제거하기

CHECK POINT

포인트 1 셀에 입력할 수 있는 데이터를 제한합니다.

포인트 2 입력된 데이터에서 중복된 항목을 제거합니다.

데이터 유효성 검사 설정하기

실습파일 Section15.xlsx

1 '판매 일지' 시트에서 ❶ [C5:C23] 셀을 드래그하여 범위 지정하고 ❷ [데이터] 탭의 [데이터 도구]에서 ❸ [데이터 유효성 검사( )]를 클릭합니다.

2 [데이터 유효성] 대화상자가 나타나면 ❶ [설정] 탭에서 '제한 대상'은 ❷ '날짜', '제한 방법'은 ❸ '해당 범위', '시작 날짜'는 ❹ '2025-01-01', '끝 날짜'는 ❺ '2025-12-31'로 설정하고 ❻ [확인] 버튼을 클릭합니다.

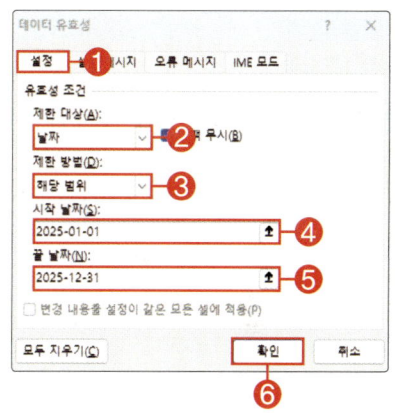

> **TIP** [데이터 유효성] 대화상자에서 제한 대상을 '날짜'로 설정하면 사용자가 입력할 수 있는 날짜 범위를 조건에 따라 제한할 수 있습니다. '제한 방법' '<='을 선택하고 끝 날짜에 "=TODAY()"를 입력하면 오늘보다 더 큰 날짜를 입력할 수 없습니다.

3 [C19] 셀에 ❶ '2024-12-31'을 입력하고 **Enter** 키를 누르면 '이 값은 이 셀에 정의된 데이터 유효성 검사 제한에 부합하지 않습니다.'라는 경고 메시지가 나타납니다. ❷ [다시 시도] 버튼을 클릭하고 '2025-01-01'과 '2025-12-31' 사이의 날짜를 입력하면 정상적으로 데이터가 입력됩니다.

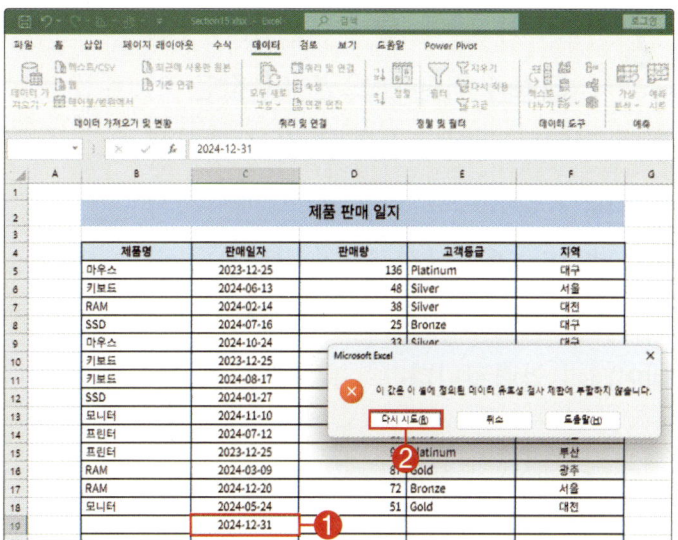

147

4 ❶ [D5:D23] 셀을 드래그하여 범위 지정하고 ❷ [데이터] 탭의 [데이터 도구]에서 ❸ [데이터 유효성 검사(🔘)]를 클릭합니다.

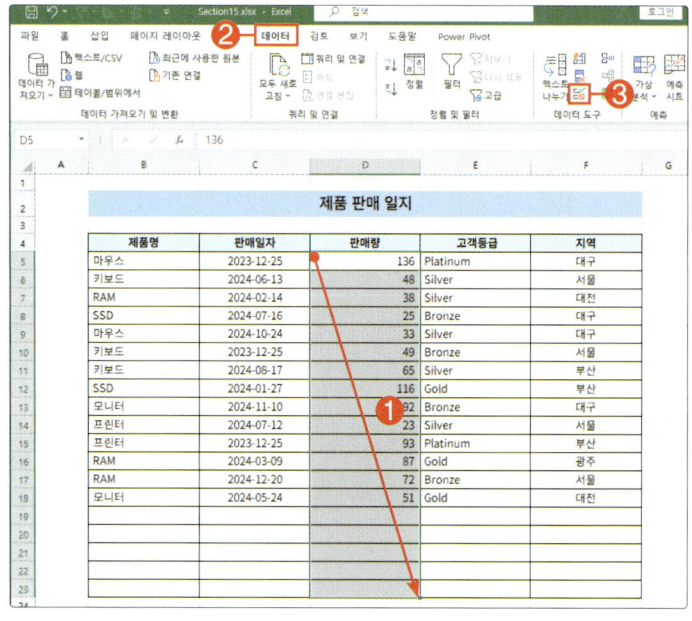

5 [데이터 유효성] 대화상자가 나타나면 ❶ [설정] 탭에서 '제한 대상'은 ❷ '정수', '제한 방법'은 ❸ '〉', '최소값'은 ❹ '0'으로 설정하고 ❺ [확인] 버튼을 클릭합니다.

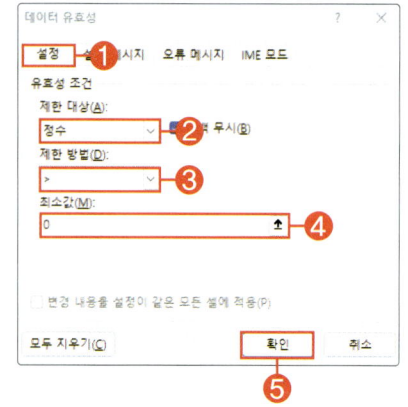

6 [D19] 셀에 ❶ '0'을 입력하고 [Enter] 키를 누르면 '이 값은 이 셀에 정의된 데이터 유효성 검사 제한에 부합하지 않습니다.'라는 경고 메시지가 나타납니다. ❷ [다시 시도] 버튼을 클릭하고 0보다 큰 수를 입력하면 정상적으로 데이터가 입력됩니다.

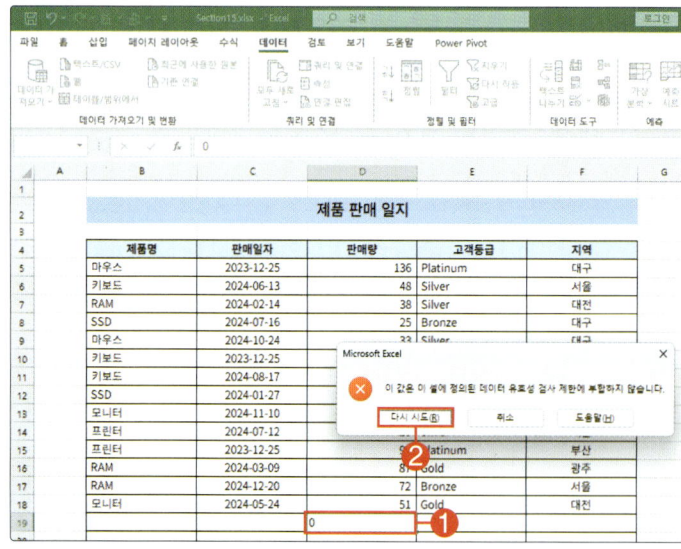

7 ❶ [E5:E23] 영역을 지정하고 ❷ [데이터] 탭의 [데이터 도구]에서 ❸ [데이터 유효성 검사(🗒)]를 클릭합니다. [데이터 유효성] 대화상자가 나타나면 ❹ [설정] 탭에서 '제한 대상'은 ❺ '목록'으로 선택하고 '원본'에는 ❻ 'Platinum, Gold, Silver, Bronze'를 입력한 후 ❼ [확인] 버튼을 클릭합니다.

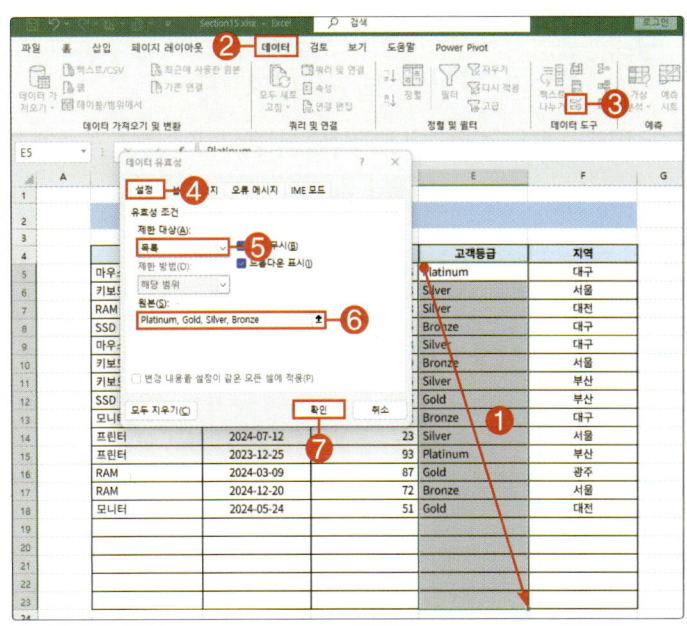

8 ❶ [E19] 셀을 클릭하면 Platinum, Gold, Silver, Bronze를 자동 입력할 수 있도록 목록 버튼이 나타납니다.

> TIP 목록 버튼은 '제한 대상'을 '목록'으로 선택했을 경우에만 나타나며, '원본'에 목록으로 표시할 셀을 클릭하여 입력해도 됩니다. 표시할 셀을 클릭했을 때는 '=$E$5,$E$6,$E$8,$E$12'와 같이 표시됩니다.

[데이터 유효성] 대화상자의 [설명 메시지] 탭 알아보기

[데이터 유효성] 대화상자의 [설명 메시지] 탭에서는 셀을 선택했을 때 사용자에게 입력 안내 문구를 표시하도록 설정할 수 있습니다. 즉, 사용자가 어떤 값을 입력해야 하는지 알 수 있어 입력 오류를 줄일 수 있습니다. [데이터 유효성] 대화상자의 [설명 메시지] 탭에서 '제목'과 '설명 메시지'를 작성하면 사용자가 해당 셀을 클릭할 때 작은 메시지 창에 표시됩니다. 예를 들어 다음과 같이 설명 메시지를 설정하면, 사용자가 셀을 클릭할 때 [확인 요망], 판매일자는 2025년 이후 날짜만 입력하세요!'와 같은 메시지를 볼 수 있습니다.

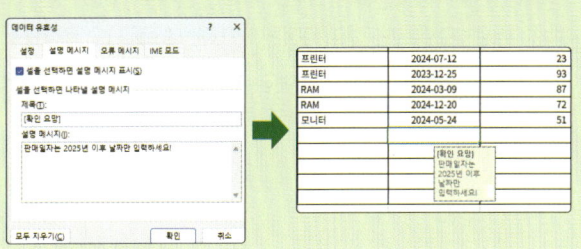

9 이번에는 잘못 입력된 데이터가 없는지 확인해 보겠습니다. ❶ [데이터] 탭의 [데이터 도구]에서 ❷ [데이터 유효성 검사( )]의 펼치기( ) 버튼을 클릭한 후 ❸ [잘못된 데이터]를 선택합니다.

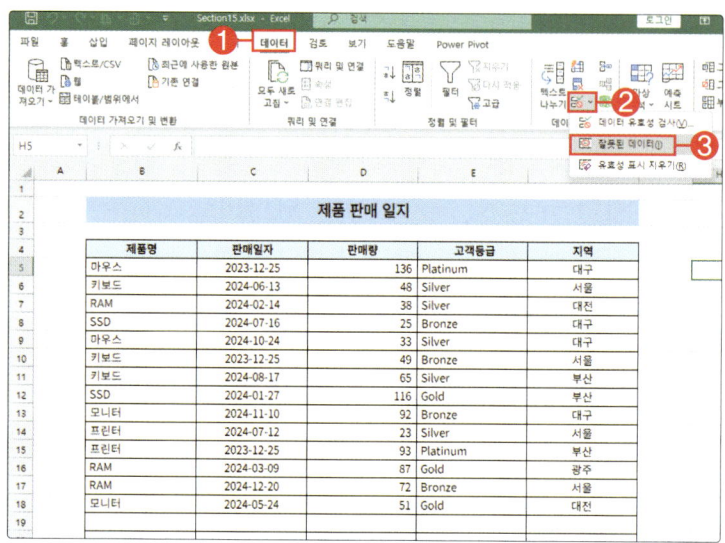

10 유효성 검사에서 잘못된 데이터에 빨간색 타원으로 유효성 표시가 나타납니다. 유효성 표시가 나타난 셀은 규칙에 맞게 다시 입력해야 합니다.

> **TIP** [데이터 유효성 검사( )]의 펼치기( ) 버튼을 클릭하고 [유효성 표시 지우기]를 선택하면 유효성 표시를 숨길 수 있습니다.

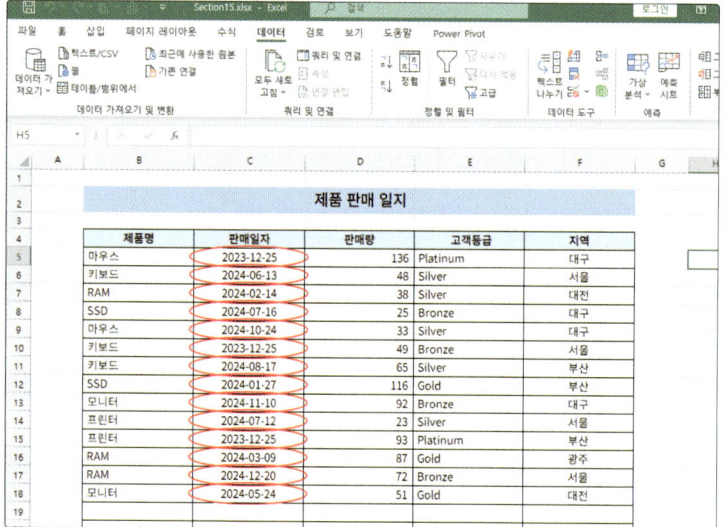

LEARN MORE

[데이터 유효성] 대화상자의 [오류 메시지] 탭 알아보기

[데이터 유효성] 대화상자의 [오류 메시지] 탭은 잘못된 값을 입력했을 때 표시할 경고 창의 제목과 내용을 설정하는 곳입니다. 이 기능을 통해 사용자가 유효하지 않은 값을 입력했을 때 즉시 알림을 보내 입력 오류를 방지할 수 있습니다. [오류 메시지] 탭에서는 스타일(정지, 경고, 정보)을 선택할 수 있으며, 일반적으로 '정지'는 입력 자체를 막습니다.

예를 들면 다음과 같이 '제목: 입력 오류', '오류 메시지: 1~100 사이의 정수를 입력하세요'를 설정할 수 있습니다.

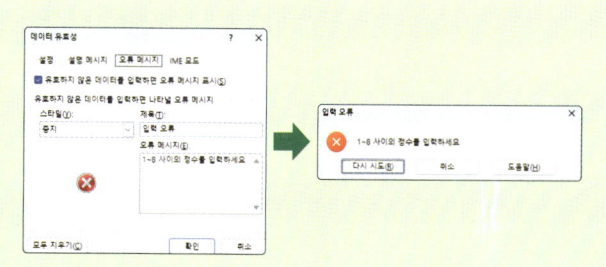

중복된 항목 제거하기

1 '입고 일지' 시트로 이동한 후 ❶ [B4:E26] 셀을 범위 지정하고 ❷ [데이터] 탭의 [데이터 도구] 그룹에서 ❸ [중복된 항목 제거( )]를 클릭합니다.

> **TIP** '중복된 항목 제거'는 똑같은 데이터를 두 번 이상 입력했을 때 자동으로 검사하여 하나만 남기고 삭제하는 기능을 합니다.

2 [중복 값 제거] 대화상자가 나타나면 ❶ '제품명'과 ❷ '입고일'을 선택하고 ❸ [확인] 버튼을 클릭합니다.

> **TIP** 선택한 열에서 중복 데이터를 찾습니다. 만약 제품명만 선택했다면 제품코드, 제조사, 입고일이 다르더라도 제품명이 같으면 중복 데이터로 처리하여 삭제합니다.

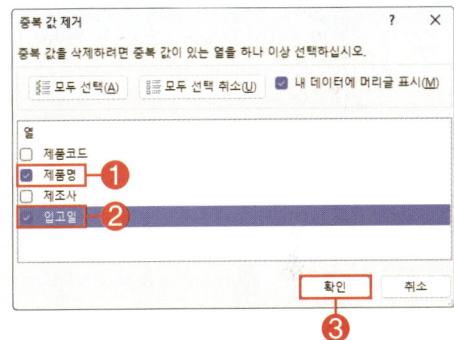

3 다음과 같이 중복된 데이터를 제거하고 결과를 알려주는 메시지가 표시되면 ❶ [확인] 버튼을 클릭합니다.

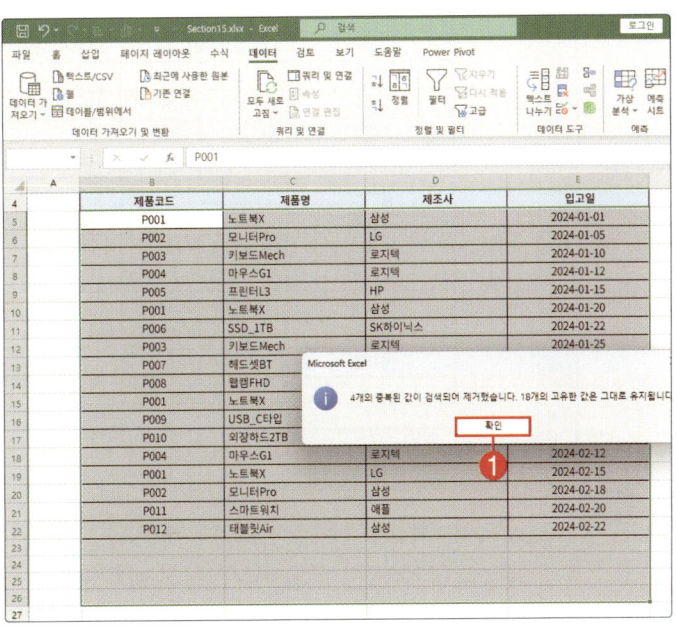

CHALLENGE

1 'Section15-기초.xlsx' 파일을 불러온 후 다음 조건을 적용해 보세요.

	A	B	C	D	E	F	G
1							
2			오늘 근무 일지				
3							
4		직원명	입사일	근무시간	부서		
5		김민수	2024-01-10	8	영업		
6		이수진	2024-02-15	7	개발		
7		박준형	2023-03-20	9	인사		
8		최유리	2024-04-01	6	마케팅		
9		정우진	2024-05-05	0	영업		
10		한지민	2024-06-12	8	개발		
11		오승환	2025-07-01	5	인사		
12		서예나	2024-08-08	7	영업		
13		강태우	2024-09-10	4	기획		
14		윤서아	2024-10-22	8	개발		
15		임도윤	2024-11-01	1	인사		
16		문채원	2024-12-05	10	마케팅		
17							
18							
19							
20							

조건
- [C5:C19] 셀의 범위에는 [데이터 유효성] 대화상자에서 2024년 1월 1일부터 2024년 12월 31일 사이의 날짜가 입력되도록 지정합니다.
- [D5:D19] 셀의 범위에는 [데이터 유효성] 대화상자에서 1부터 8 사이의 정수가 입력되도록 지정합니다.

2 1에서 작업한 내용에 이어서 다음 조건을 적용해 보세요

	A	B	C	D	E	F	G
1							
2			오늘 근무 일지				
3							
4		직원명	입사일	근무시간	부서		
5		김민수	2024-01-10	8	영업		
6		이수진	2024-02-15	7	개발		
7		박준형	2023-03-20	9	인사		
8		최유리	2024-04-01	6	마케팅		
9		정우진	2024-05-05	0	영업		
10		한지민	2024-06-12	8	개발		
11		오승환	2025-07-01	5	인사		
12		서예나	2024-08-08	7	영업		
13		강태우	2024-09-10	4	기획		
14		윤서아	2024-10-22	8	개발		
15		임도윤	2024-11-01	1	인사		
16		문채원	2024-12-05	10	마케팅		
17					영업		
18					개발		
19					인사		
					마케팅		
20					기획		

조건
- [E5:E19] 셀의 범위에는 [데이터 유효성] 대화상자에서 '영업', '개발', '인사', '마케팅', '기획'을 선택하여 입력할 수 있는 목록으로 만들어 보세요.

1 'Section15-심화.xlsx' 파일을 불러온 후 다음 조건을 적용해 보세요.

	A	B	C	D	E
2		판매일지			
4		제품코드	제품명	입고일	수량
5		P001			
6		P003			
7		P004			
8		P002			
9		P002			
10		▼			
11		P001			
12		P002			
13		P003			
		P004			
14		P005			
15					

조건

· [B5:B14] 셀의 범위에는 [데이터 유효성] 대화상자에서 'P001, P002, P003, P004, P005'를 선택하여 입력할 수 있는 목록으로 만들어 보세요.

2 1에서 작업한 내용에 이어서 다음 조건을 적용해 보세요

	A	B	C	D	E
2		판매일지			
4		제품코드	제품명	입고일	수량
5		P001	마우스	2025-07-01	
6		P003	모니터	2025-07-03	
7		P004	프린터	2025-07-04	
8		P002	키보드	2025-07-02	
9		P002	키보드	2025-07-02	
10		P004 ▼	프린터	2025-07-04	
11		P001			
12		P002			
13		P003			
		P004			
14		P005			
15					
16					
17					
18					
19		제품코드	제품명	입고일	
20		P001	마우스	2025-07-01	
21		P002	키보드	2025-07-02	
22		P003	모니터	2025-07-03	
23		P004	프린터	2025-07-04	
24		P005	USB허브	2025-07-05	

TIP IFERROR 함수는 수식에서 오류가 발생했을 때 지정한 값을 대신 표시해 주는 함수입니다. 예제에서는 제품코드가 비어 있을 때 오류 메시지를 안 보이게 처리하는 역할을 합니다. 본 심화 문제는 ITQ 엑셀 시험에 꼭 등장하는 내용입니다.

조건

· [C5] 셀에 '=IFERROR(VLOOKUP(B5, $B$20:$D$24, 2, FALSE), "")' 함수를 입력하고 [C14] 셀까지 자동 채우기를 합니다.

· [D5] 셀에 '=IFERROR(VLOOKUP(B5, $B$20:$D$24, 3, FALSE), "")' 함수를 입력하고 [D14] 셀까지 자동 채우기를 합니다.

· [B5] 셀을 클릭하여 목록이 나타나면 'P001'을 선택하여 '제품명'과 '입고일'에 [B20:D24] 영역의 데이터로 자동 입력되는지 확인해 봅니다.

16
피벗 테이블 기초
SECTION

방대한 엑셀 데이터 속에서 필요한 정보를 찾고 싶을 때 어떻게 해야 할지 막막할 것입니다. 엑셀에는 피벗 테이블이라는 도구가 있어서 복잡한 데이터를 손쉽게 요약하고 분석하여 필요한 정보를 얻을 수 있습니다. 여기에서는 피벗 테이블을 생성하고, 각 영역에 필드를 배치하여 데이터를 자유자재로 탐색하는 방법을 알아보겠습니다.

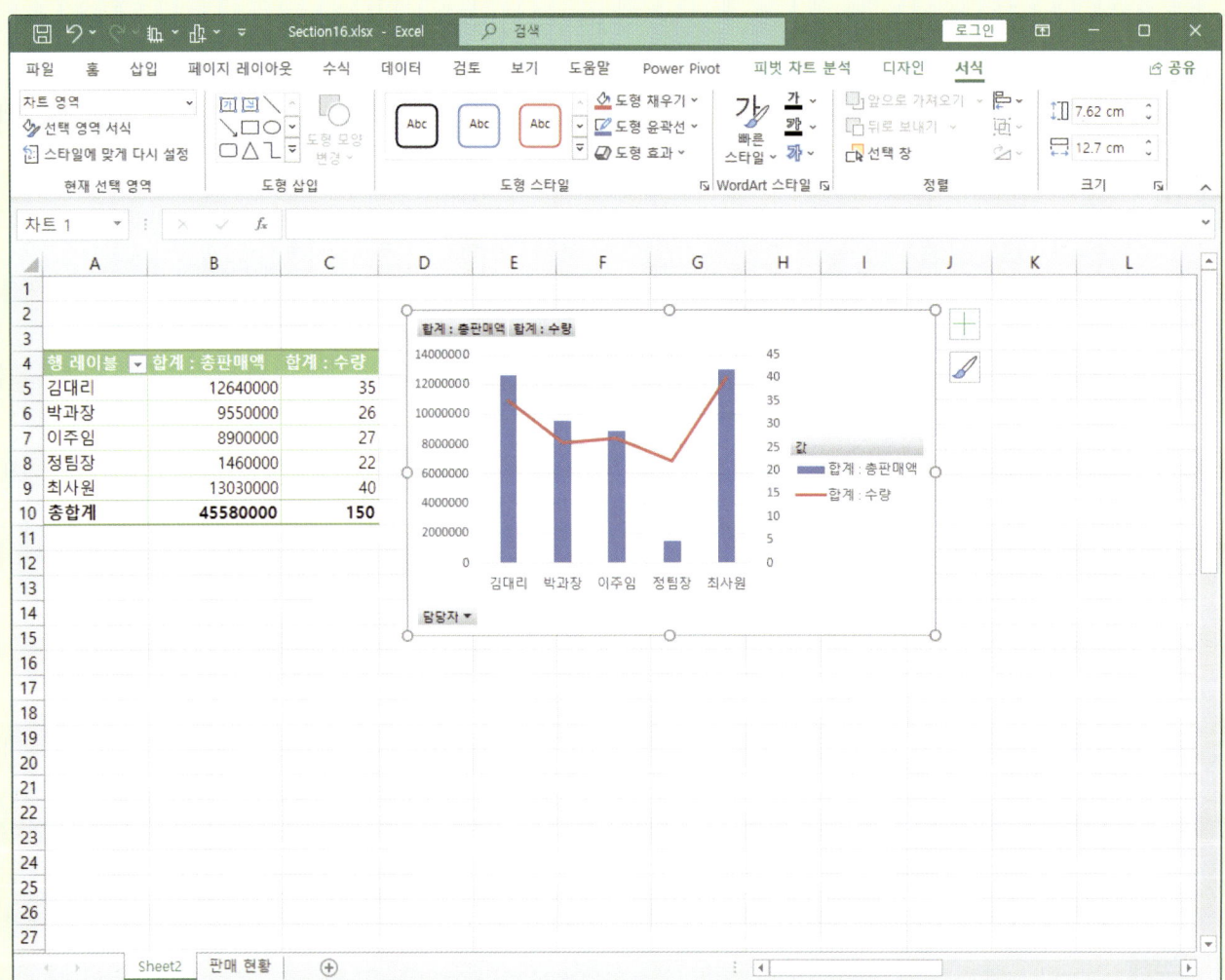

MISSION

실습 1 피벗 테이블 만들기

실습 2 피벗 테이블 필드 다루기

실습 3 피벗 차트 만들기

CHECK POINT

포인트 1 새로운 시트에 피벗 테이블을 생성합니다.

포인트 2 피벗 테이블 필드를 이용해서 원하는 정보만 선택해서 확인합니다.

포인트 3 피벗 테이블 데이터를 이용해서 피벗 차트를 만듭니다.

피벗 테이블 만들기

MISSION

실습파일 Section16.xlsx

1 표에서 임의의 ❶ 셀을 선택하고
❷ [삽입] 탭의 [표] 그룹에서 ❸
[피벗 테이블]을 클릭합니다.

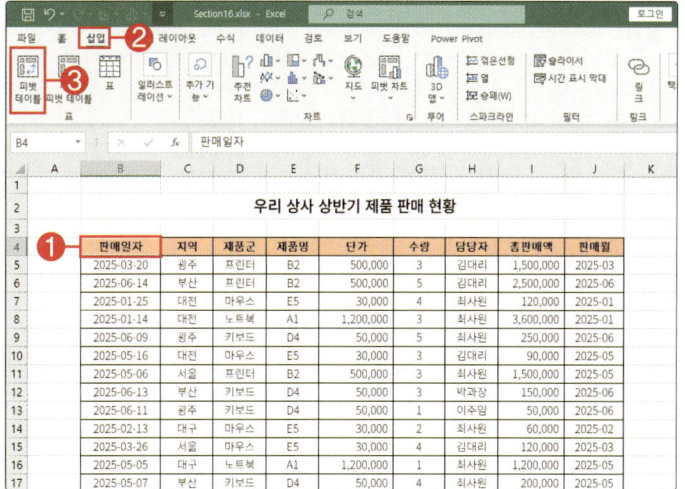

2 [피벗 테이블 만들기] 대화상자가 나타나면 '표 또는
범위 선택'의 ❶ '표/범위'와 ❷ '새 워크시트'를 선택
하고 ❸ [확인] 버튼을 클릭합니다.

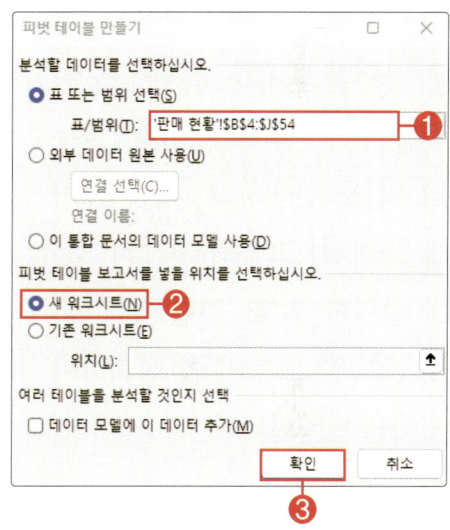

> TIP [피벗 테이블 만들기] 대화상자에서 '외부 데이터 원본 사용'은
> 현재 통합 문서가 아닌 다른 파일이나 데이터베이스의 데이터를 가
> 져옵니다. '기존 워크시트'를 지정하면 현재 열려 있는 워크시트에 피
> 벗 테이블이 생성됩니다.

3 새로운 시트가 생성되
면서 오른쪽에 '피벗 차
트 필드'가 표시됩니다. 피벗 차
트 필드의 '필드 목록'에서 ❶
'제품군', '담당자', '총판매액'을
클릭하면 ❷ 하단 '행' 영역에
'제품군'과 '담당자'가 '값' 영역
에 '총판매액'이 배치됩니다. 워
크시트에는 제품에 대한 담당
자별 총판매액 데이터를 표시
해 줍니다.

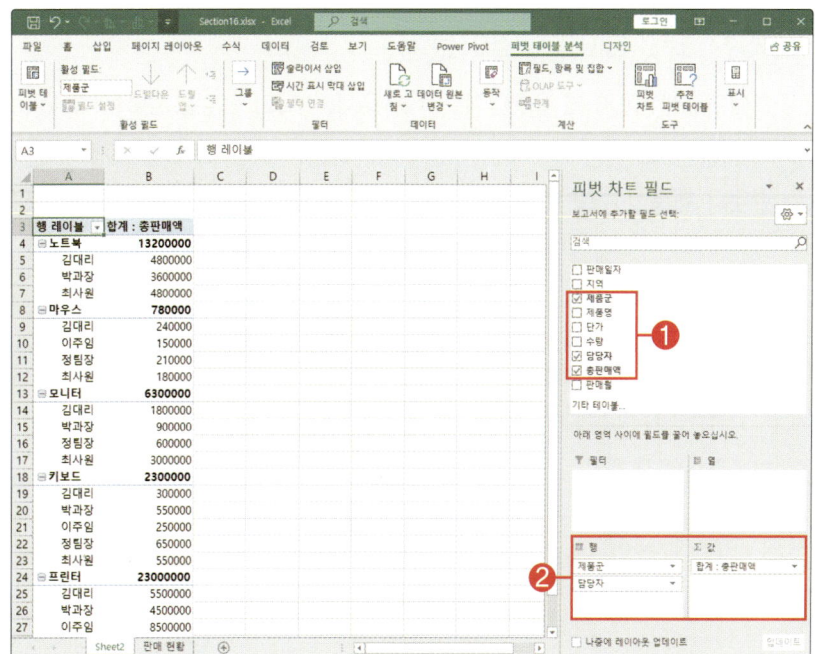

155

4 '피벗 차트 필드'의 '레이아웃'에서 '행' 영역에 있는 ❶ '담당자'를 클릭하고 '열' 영역으로 드래그하면 '제품군'은 행에, '담당자'는 열에 표시됩니다. 제품별 각 담당자의 총판매액과 담당자별 판매 합계를 정리하여 보여줍니다.

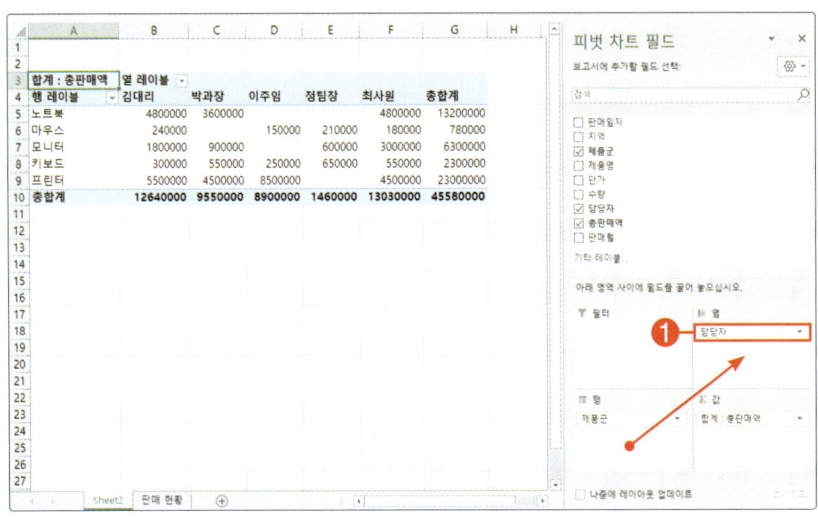

5 ❶ [디자인] 탭에서 [피벗 테이블 스타일 옵션] 그룹의 ❷ [줄무늬 행]과 [줄무늬 열]을 선택하고 [피벗 테이블 스타일] 그룹의 자세히(▾)를 클릭한 후 ❸ '연한 녹색, 피벗 스타일 보통 11'을 선택하여 서식을 변경합니다.

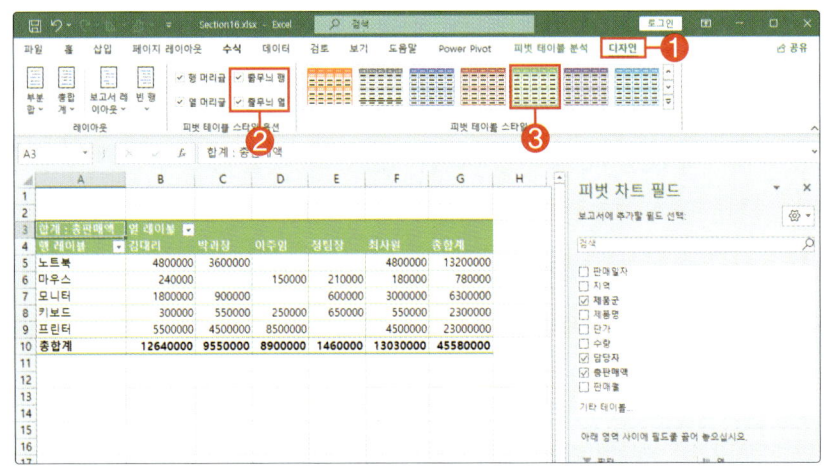

[추천 피벗 테이블] 알아보기

엑셀의 [피벗 테이블 추천] 기능은 사용자가 직접 필드를 구성하지 않아도 엑셀에서 자동으로 데이터를 분석해 다양한 요약 형태를 제안해 줍니다. [삽입] 탭의 [표] 그룹에서 [추천 피벗 테이블]을 클릭하면 지점별 매출 합계나 제품별 수량 합계 등 자주 사용되는 요약 보고서가 목록으로 표시됩니다. 원하는 형태를 선택해 [확인] 버튼만 누르면 새 시트에 피벗 테이블이 자동 생성됩니다. 이 기능은 초보자도 쉽게 활용할 수 있으며, 데이터 분석 방향을 빠르게 파악하는 데 유용합니다. 반복적인 피벗 구성을 줄여주어 실수도 방지할 수 있습니다.

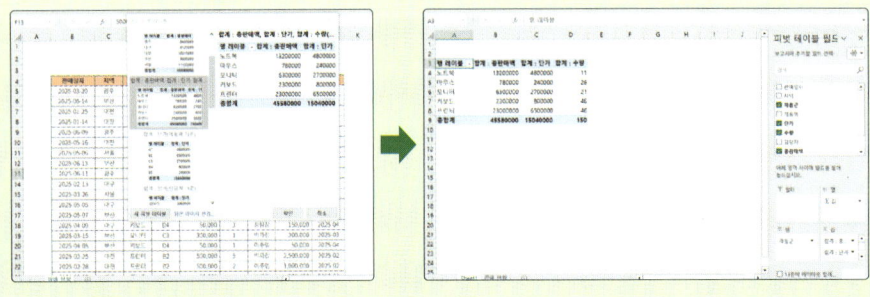

1 '피벗 테이블 필드' 목록의 ❶ '판매월'을 클릭한 채로 '필터' 영역으로 드래그하면 [A1:B1] 범위에 판매월 필터가 만들어집니다. [B1] 셀의 ❷ 자동 필터 버튼(▼)을 클릭하여 판매된 월이 표시되면 ❸ '2025-06'을 선택하고 ❹ [확인] 버튼을 클릭합니다.

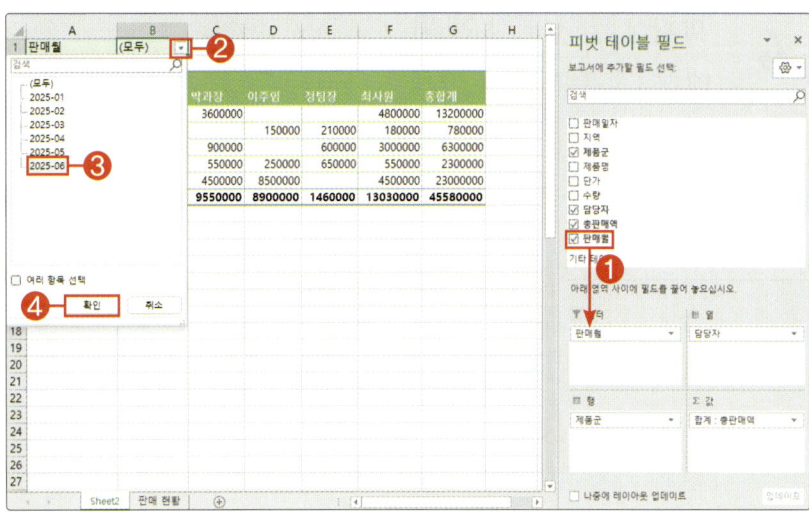

2 선택한 2025년 6월에 판매된 제품군과 각 담당자별 총판매액과 총합계가 표시됩니다.

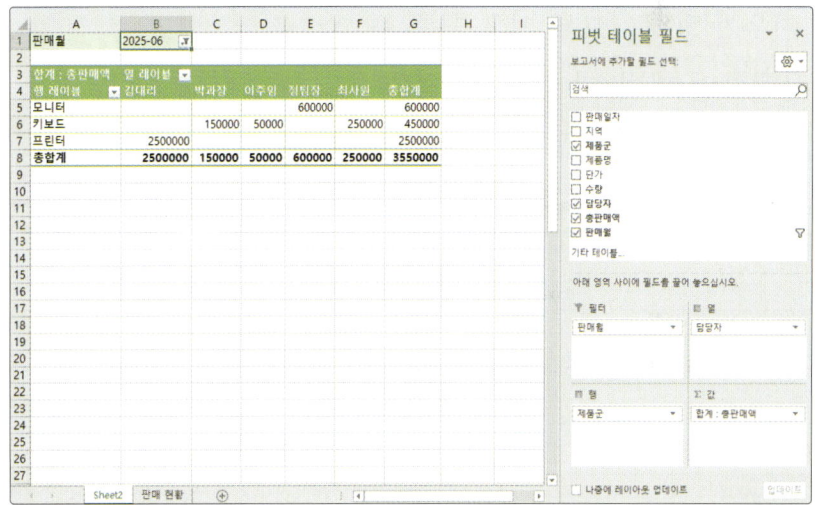

3 [B3] 셀의 '열 레이블'에 있는 ❶ 자동 필터 버튼(▼)을 클릭하면 담당자가 표시됩니다. 여기서 ❷ '박과장'과 '정팀장'을 선택하고 ❸ [확인] 버튼을 클릭합니다.

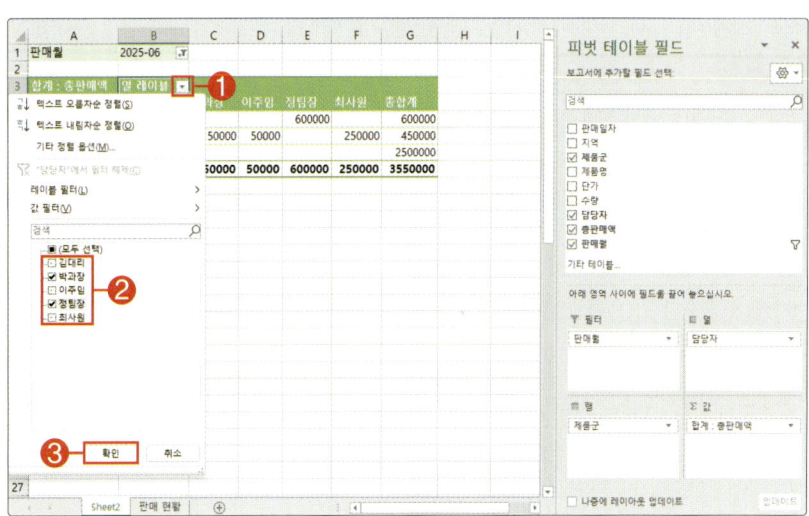

4   '박과장'과 '정팀장'이 판매한 제품군과 총합계가 표시됩니다.

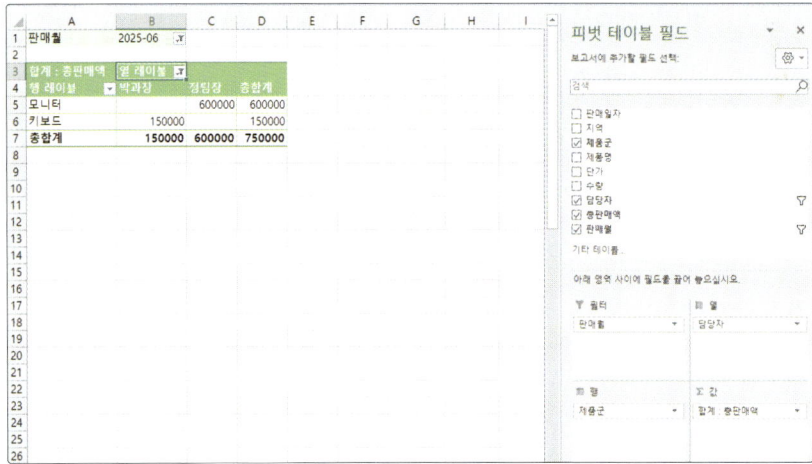

5   ❶ [피벗 테이블 분석] 탭에서 [동작] 그룹의 [지우기]의 ❷ [모두 지우기]를 선택하면 피벗 테이블 필드와 레이아웃 필드를 모두 삭제하고 처음의 상태로 되돌립니다.

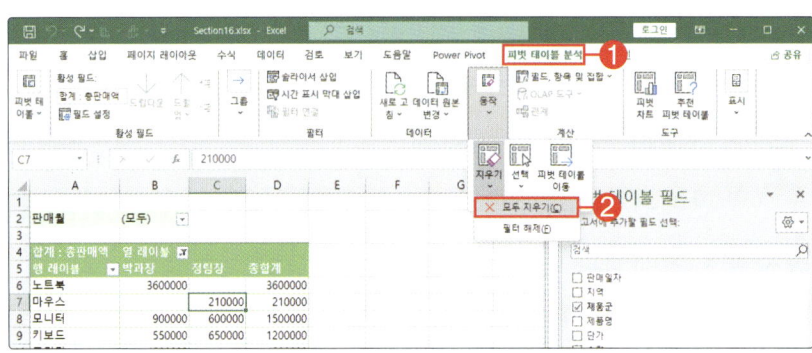

LEARN MORE

[피벗 테이블 분석] 리본 메뉴 알아보기

❶ **피벗 테이블** 피벗 테이블을 선택하거나 이름을 지정하고, 기존 테이블과 연결을 설정할 수 있습니다.

❷ **활성 필드** 현재 선택한 필드의 이름을 변경하거나 요약 방식(합계, 평균 등)을 설정합니다.

❸ **그룹** 날짜, 숫자, 텍스트 항목들을 그룹으로 묶거나 그룹 해제를 할 수 있습니다. 예: 월별/분기별 그룹 설정 등

❹ **필터** 슬라이서, 타임라인 등 시각적 필터를 추가하거나 보고서 필터를 지울 수 있습니다.

❺ **데이터** 원본 데이터 갱신, 연결 해제, 데이터 필터 모드 설정 등을 합니다. 필터를 유지하거나 데이터 새로 고침 등을 처리할 수 있습니다.

❻ **동작** 피벗 테이블 이동, 옵션 설정, 선택, 지우기 등을 포함합니다. 전체 테이블 동작 관련 기능을 제공합니다.

❼ **계산** 계산 필드/항목을 삽입하거나 기존 요약 값을 조정할 수 있습니다.

❽ **도구** 피벗 차트를 삽입하고 데이터에 알맞은 피벗 테이블을 추천받을 수 있습니다.

❾ **표시** 필드 목록, +/− 버튼, 머리글 등의 표시 여부를 설정할 수 있습니다.

1 피벗 테이블 필드의 ❶ '행' 영역에 '담당자', '값' 영역에 '총판매액'과 '수량'으로 설정하고 [피벗 테이블 분석] 탭의 [도구] 그룹에서 ❷ [피벗 차트]를 선택합니다.

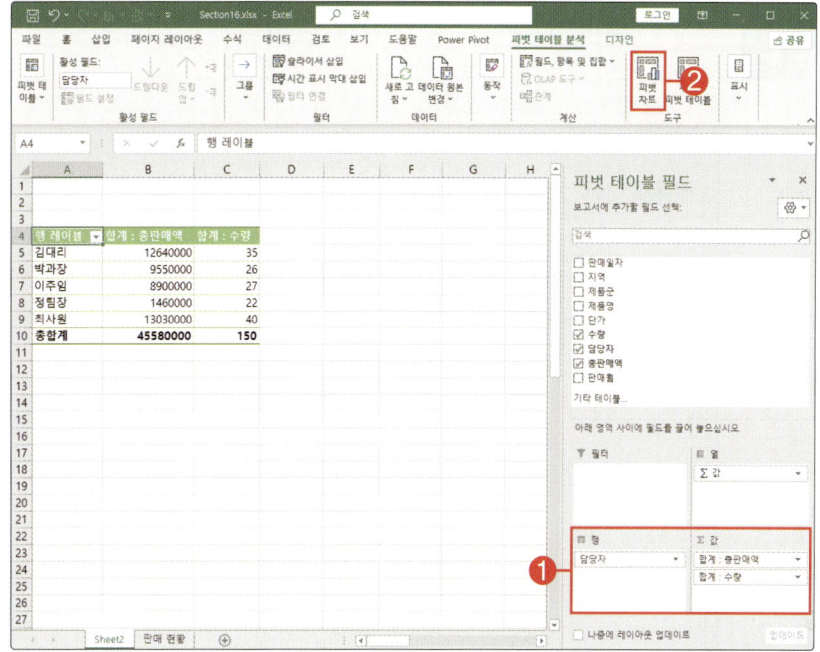

2 [차트 삽입] 대화상자가 나타나면 '모든 차트' 탭에서 ❶ '혼합'을 선택하고 ❷ '묶은 세로 막대형−꺾은선형, 보조 축'을 선택하고 ❸ [확인] 버튼을 클릭합니다.

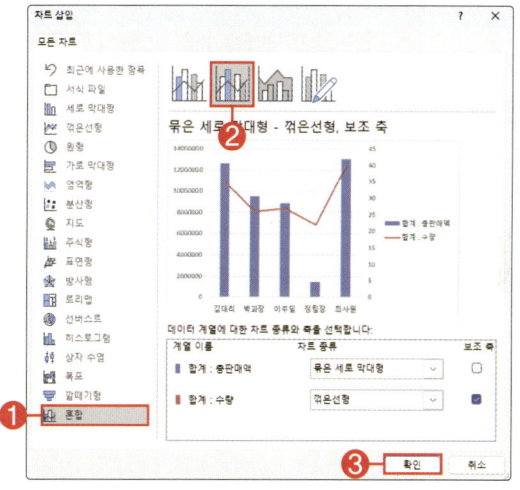

3 워크시트에 피벗 차트가 삽입됩니다. 일반 차트에서와 똑같은 방법으로 차트 스타일과 레이아웃, 서식 등을 지정할 수 있습니다. 피벗 차트는 피벗 테이블과 연결되어 있는 상태로 피벗 테이블이 변경되면 피벗 차트도 함께 변경됩니다. 반대로 피벗 차트를 변경하면 피벗 테이블 역시 함께 변경됩니다.

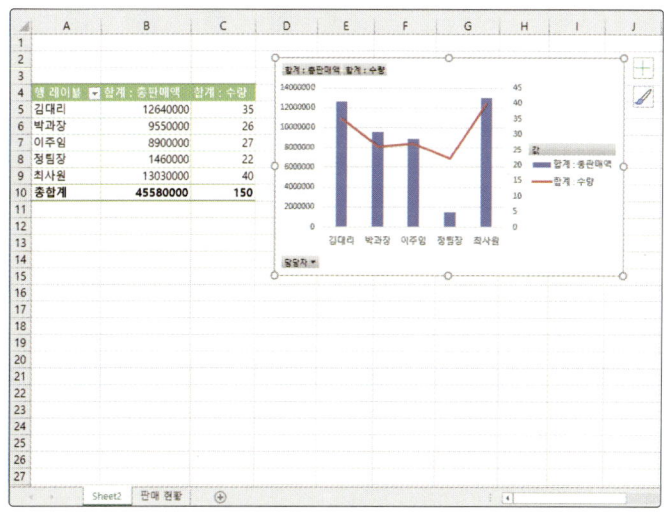

1 'Section16-기초.xlsx' 파일을 불러온 후 다음 조건을 적용해 보세요.

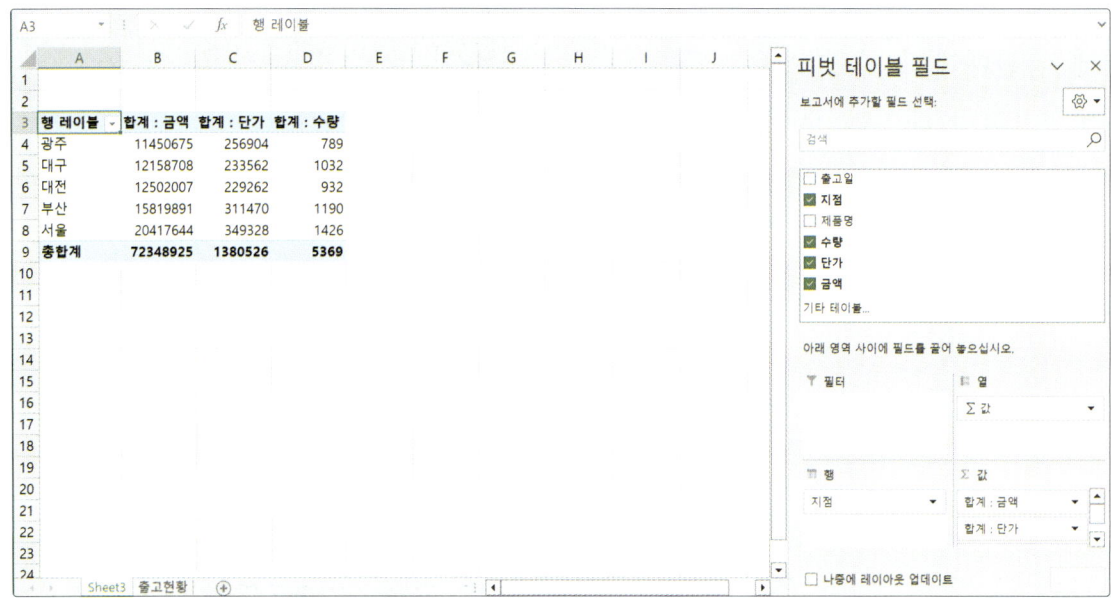

조건
- [B3] 셀을 선택하고 [삽입] 탭의 [표] 그룹에서 [추천 피벗 테이블]을 선택합니다.
- [권장 피벗 테이블] 대화상자가 나타나면 '합계: 금액, 합계: 단가, 합계: 수량(지점 기준)'을 지정합니다.

2 1에서 작업한 피벗 테이블을 다음 조건을 적용하여 변경해 보세요.

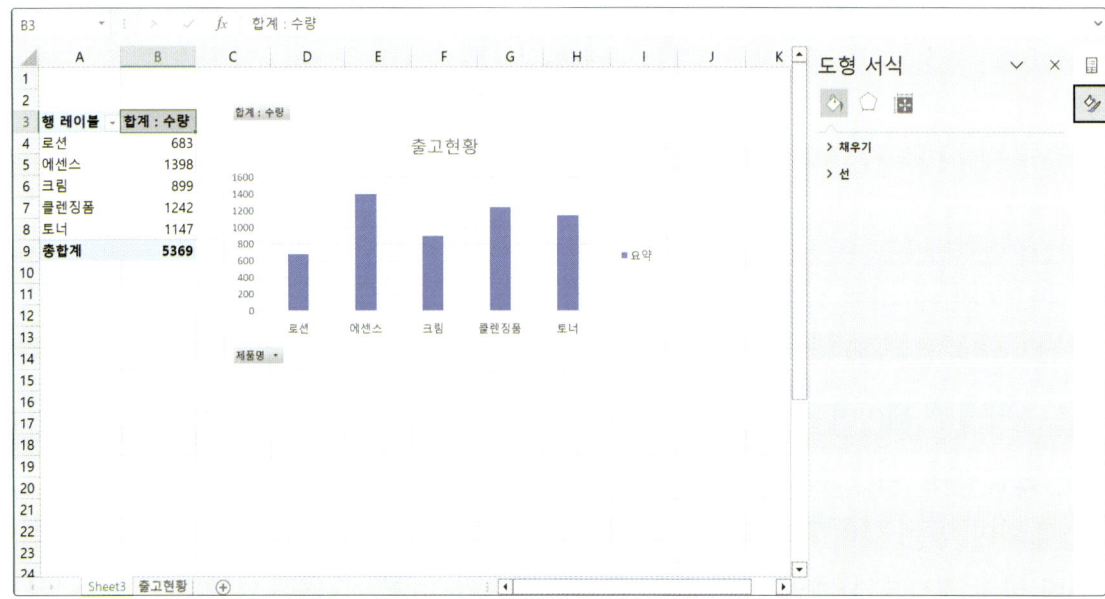

조건
- '행' 영역은 '제품명'으로 변경하고 '합계' 영역은 '수량'으로 지정합니다.
- [피벗 테이블 분석] 탭의 [도구] 그룹에서 [피벗 차트]를 선택하여 '묶은 세로 막대형' 차트를 넣고 제목을 변경합니다.

1 'Section16-심화.xlsx' 파일을 불러온 후 다음 조건을 적용해 보세요.

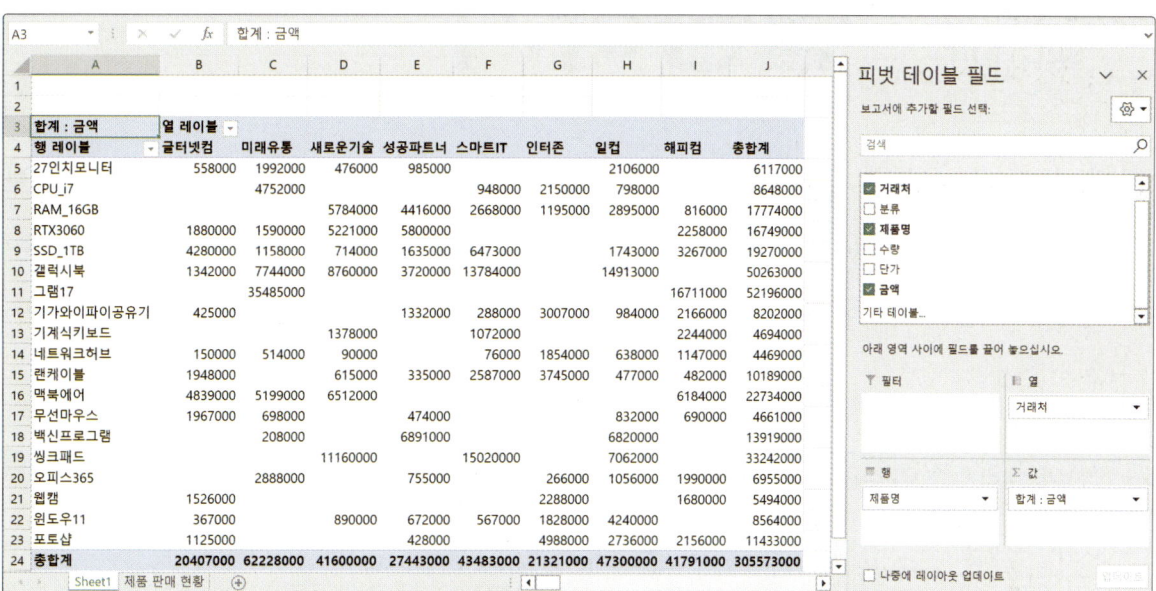

조건
- '제품 판매 현황' 시트에 있는 데이터를 이용해서 새로운 시트에 피벗 테이블을 만듭니다.
- '열' 영역에 '거래처', '행' 영역에 '제품명', '값' 영역에는 '금액'으로 지정합니다.

2 1에서 작업한 피벗 테이블을 다음 조건을 적용하여 변경해 보세요.

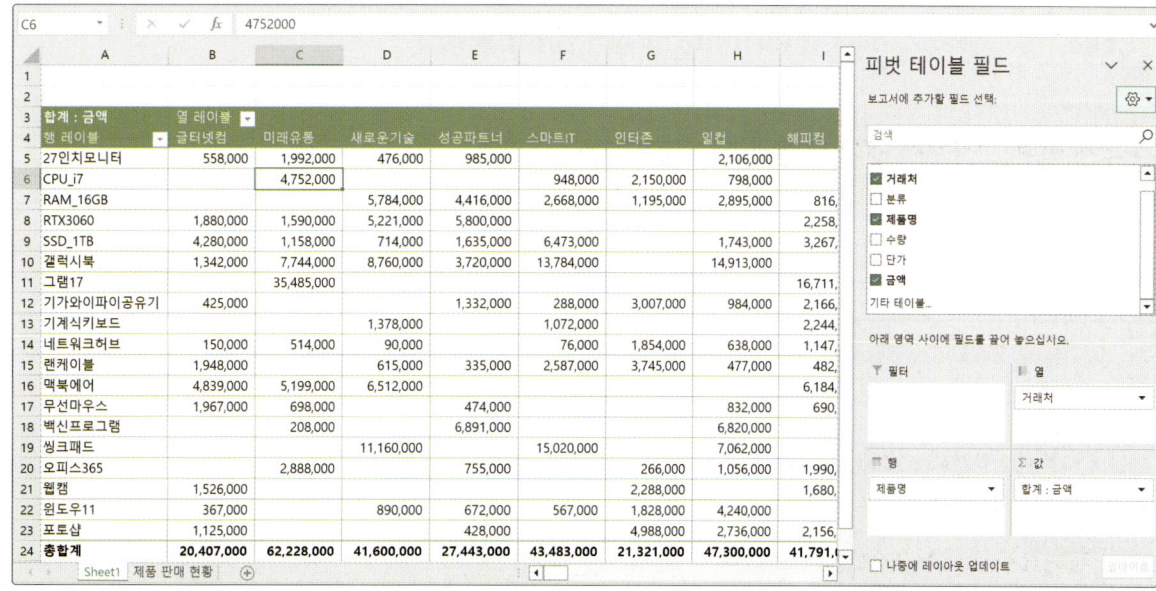

조건
- [디자인] 탭의 [피벗 테이블 스타일 옵션] 그룹에서 [줄무의 행]과 [줄무늬 열]에 체크 표시를 합니다.
- [디자인] 탭의 [피벗 테이블 스타일] 그룹에서 '중간'의 '연한 녹색, 피벗 스타일 보통 7'을 선택합니다.

17
SECTION

피벗 테이블
활용하기

엑셀 피벗 테이블의 기본 기능을 넘어 데이터를 심층적으로 분석하고 동적인 보고서를 만들고 싶으신가요? 피벗 테이블의 값 필드와 계산 필드를 설정하여 새로운 분석 지표를 만들고, 슬라이서와 타임라인을 통해 대화형 보고서를 구현하는 방법을 알아보겠습니다.

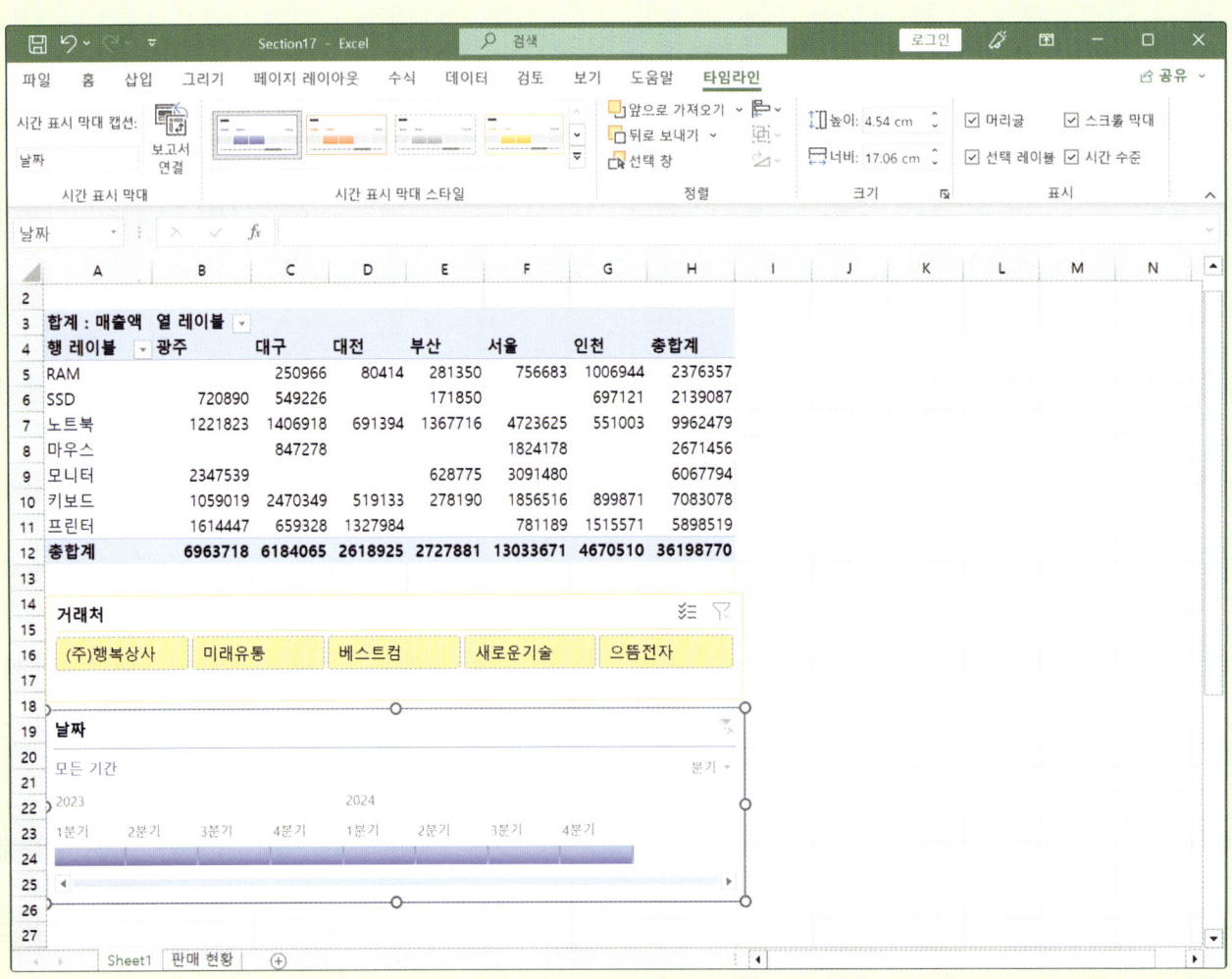

MISSION

실습 1 값 필드 설정하고 계산 필드 추가하기

실습 2 슬라이서와 타임라인 활용하기

CHECK POINT

포인트 1 피벗 테이블의 값 필드를 세밀하게 설정하여 합계 및 평균을 확인합니다

포인트 2 계산 필드를 추가하여 새로운 데이터를 생성합니다.

포인트 3 슬라이서와 타임라인을 활용하여 데이터를 직관적으로 필터링합니다.

값 필드 설정하고 계산 필드 추가하기 MISSION

실습파일 Section17.xlsx

1 ❶ [B4] 셀을 선택하고 [삽입] 탭에서 [표] 그룹의 ❷ [피벗 테이블]을 선택하여 [피벗 테이블 만들기] 대화상자가 나타나면 ❸ '새 워크시트'를 선택하고 ❹ [확인] 버튼을 클릭합니다.

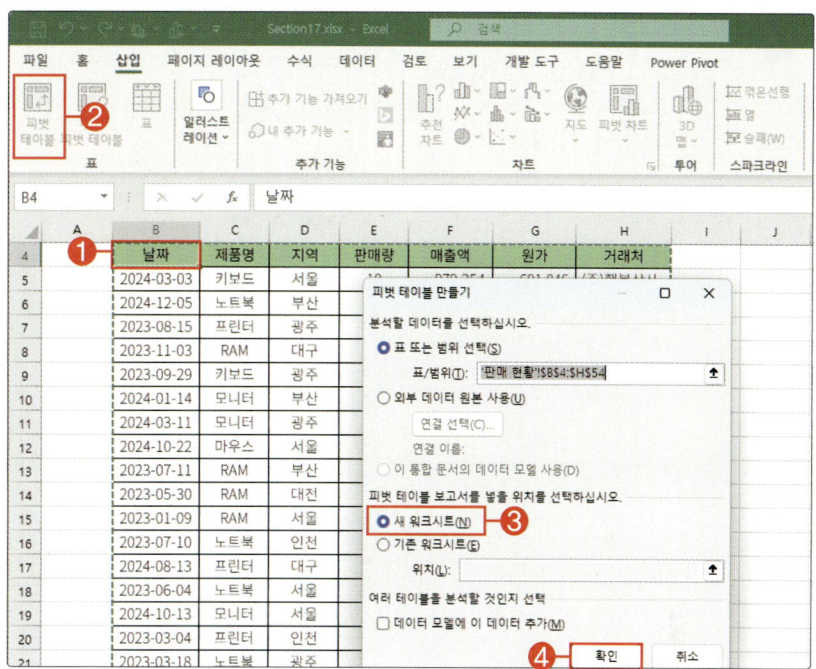

2 피벗 테이블 필드의 '목록 필드'에서 ❶ '제품명'과 ❷ '판매량'을 선택합니다. '값' 영역의 '합계 : 판매량'을 '평균 : 판매량'으로 변경해보겠습니다. ❸ '합계 : 판매량'을 클릭한 후 바로 가기 메뉴에서 ❹ [값 필드 설정]을 선택합니다.

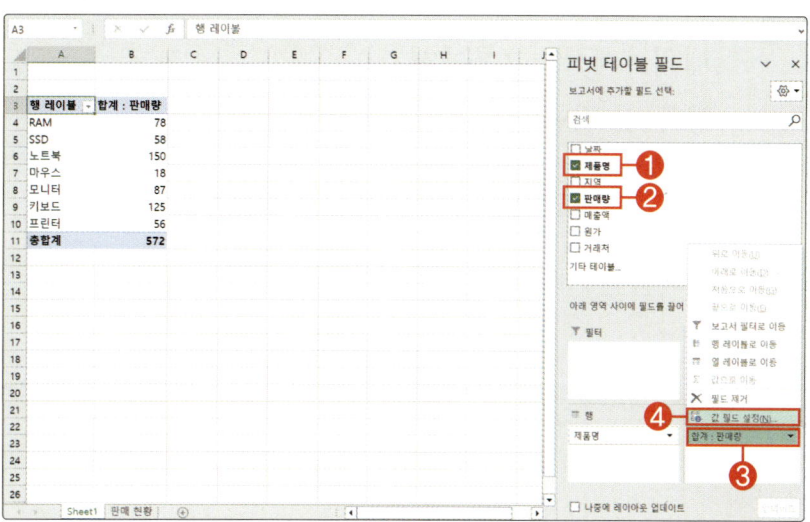

3 [값 필드 설정] 대화상자가 나타나면 '선택한 필드의 데이터'에서 ❶ '평균'을 선택하고 ❷ [확인] 버튼을 클릭합니다.

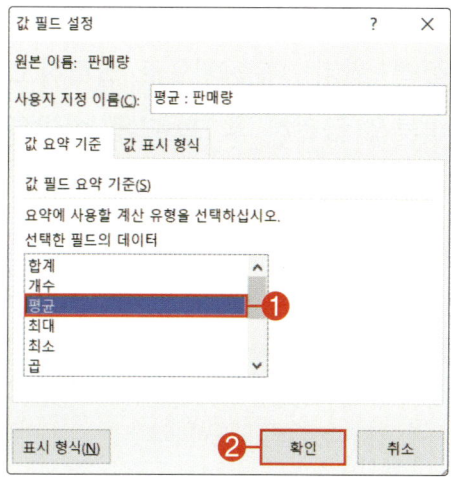

163

4 [B3] 셀이 '합계 : 판매량'에서 '평균 : 판매량'으로 변경되면서 [B4:B10] 영역의 데이터도 판매량의 평균으로 변경됩니다.

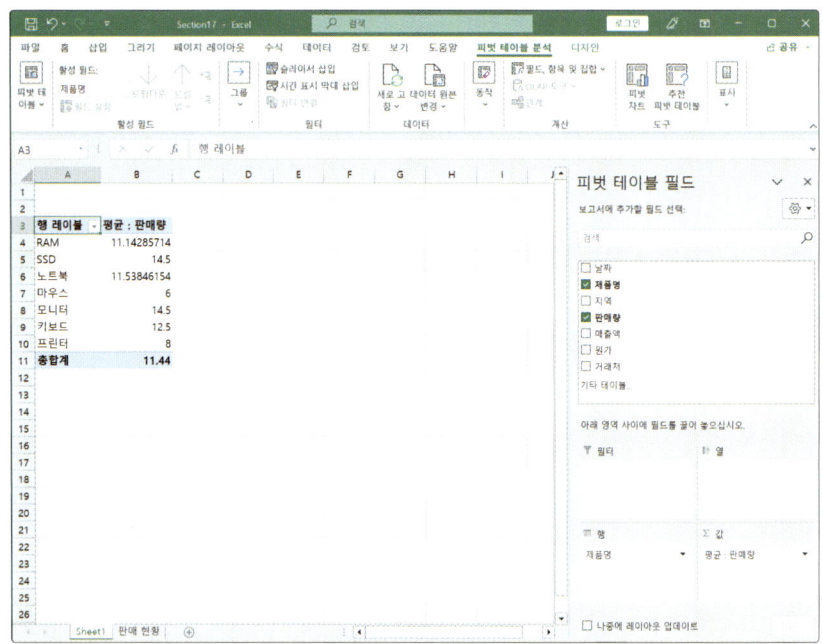

5 ❶ [피벗 테이블 분석] 탭의 [계산] 그룹에서 [필드, 항목 및 집합]의 ❷ [계산 필드]를 선택합니다.

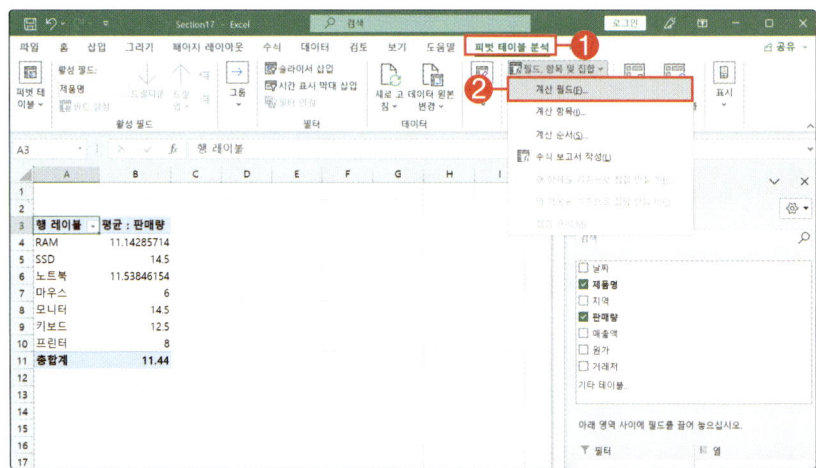

6 [계산 필드 삽입] 대화상자가 나타나면 '이름'은 ❶ '이익률', '수식'은 ❷ '= (매출액−원가)/매출액'으로 입력하고 ❸ [추가] 버튼을 클릭한 후 '필드'에 '이익률'이 추가되면 ❹ [확인] 버튼을 클릭합니다.

TIP 수식을 입력할 때 '매출액', '원가'는 '필드' 목록에서 더블클릭해도 됩니다.

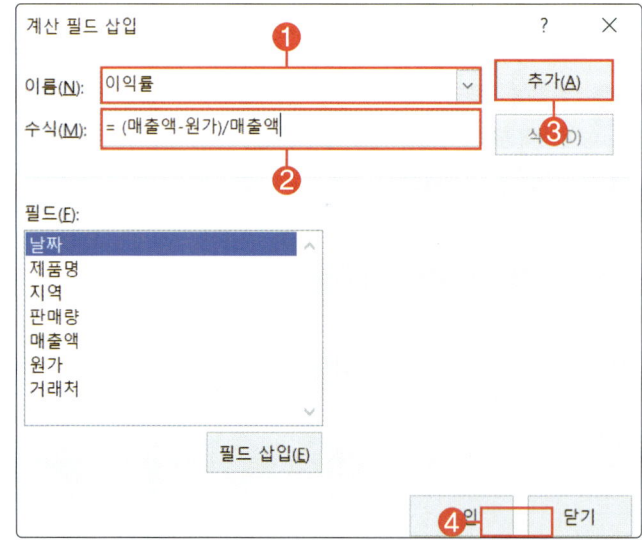

7 [C3] 셀에 '합계 : 이익률'이 입력되고 [C4:C11] 영역에 모두 0이 입력됩니다.

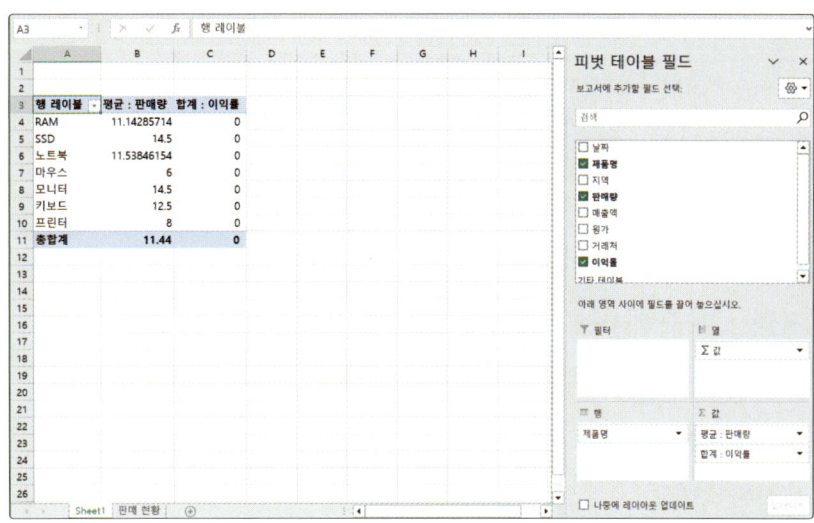

> **TIP** 0으로 표시된 셀의 수식 입력줄을 확인해 보면 소수로 표시된 것을 확인할 수 있습니다.

8 ❶ [C4:C11] 셀을 선택하고 ❷ [홈] 탭의 [표시형식] 그룹에서 ❸ [백분율]을 선택하면 입력된 0으로 표시된 셀 값이 모두 %로 변경됩니다.

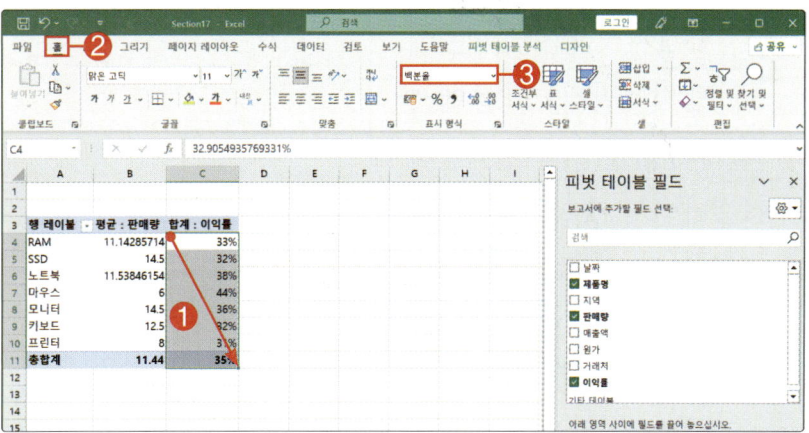

LEARN MORE

회사에서 피벗 테이블로 어떤 일을 할 수 있을까?

피벗 테이블은 방대한 데이터를 효율적으로 요약하고 분석하여 비즈니스 의사결정에 필요한 정보를 추출하는 데 최적화된 도구입니다. 단순한 데이터 집계를 넘어, 여러 기능을 결합하여 복잡한 보고서 작성 시간을 획기적으로 단축할 수 있습니다. 회사 업무에서 피벗 테이블을 활용하여 강력한 시너지를 낼 수 있는 기능은 다음과 같습니다.

❶ 데이터 요약 및 집계 수많은 거래 내역, 고객 정보, 재고 현황 등에서 원하는 형태로 데이터를 빠르게 요약하고 합계, 평균, 개수 등을 계산합니다.

❷ 다차원 분석 여러 기준(예: 지역, 제품, 기간, 담당자)을 동시에 적용하여 데이터를 교차 분석하고, 숨겨진 패턴이나 추세를 발견합니다.

❸ 필터링 및 상위/하위 N개 분석 특정 조건에 맞는 데이터만 보거나 매출 상위 제품, 실적 하위 지점 등을 쉽게 파악합니다.

❹ 보고서 자동화 및 시각화 원본 데이터가 변경될 때마다 피벗 테이블을 새로 만들 필요 없이 새로고침만으로 보고서를 자동 업데이트하고, 피벗 차트를 통해 시각적으로 명확한 보고서를 만듭니다.

실습 2   슬라이서와 타임라인 활용하기

1 [피벗 테이블 분석] 탭에서 [동작] 그룹의 [지우기]-[모두 지우기]를 클릭해서 피벗 테이블을 초기화하고 '필드 목록'에서 ❶ '제품명', '지역', '매출액'을 클릭한 후 ❷ '행' 영역은 '제품명', '열' 영역은 '지역', '값' 영역은 '매출액'으로 지정합니다.

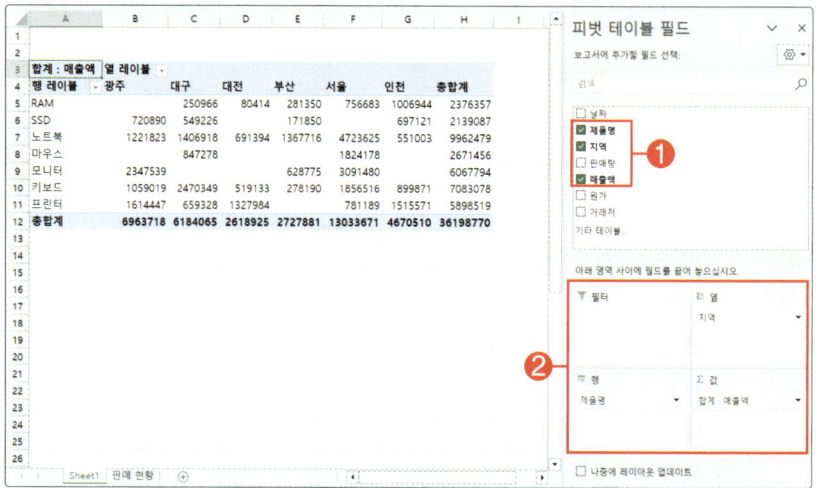

2 ❶ [피벗 테이블 분석] 탭의 [필터] 그룹에서 ❷ [슬라이서 삽입]을 선택합니다. [슬라이서 삽입] 대화상자가 나타나면 ❸ '거래처'를 선택하고 ❹ [확인] 버튼을 클릭합니다.

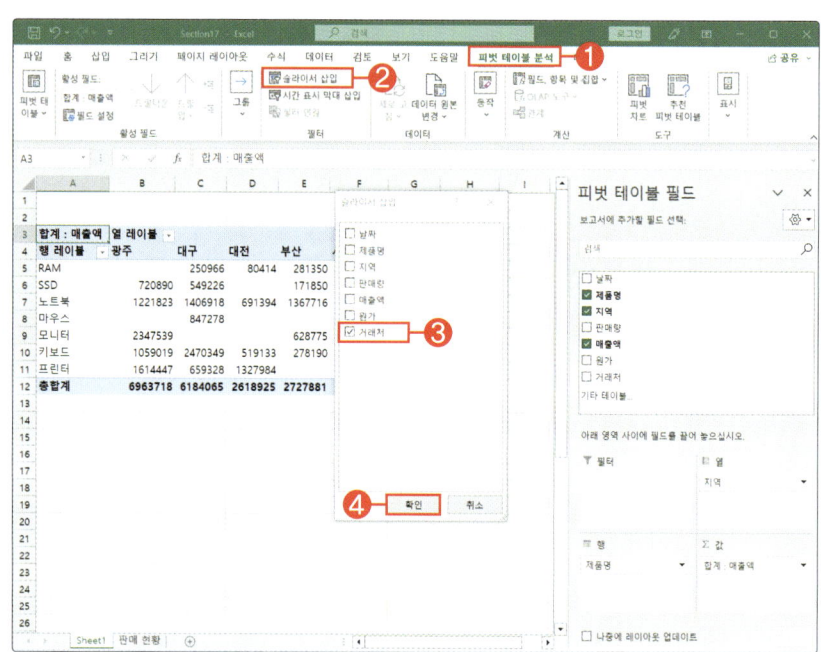

3 '판매 현황' 시트의 거래처 명단이 슬라이서로 표시됩니다.

TIP 슬라이서에 표시된 거래처 버튼을 클릭하면 해당 거래처에 대한 제품별, 지역별 매출을 표시해 줍니다.

4 ❶ [슬라이서] 탭의 [단추] 그룹에서 ❷ '열'에 '5'를 입력하고 [크기] 그룹에서 ❸ '높이'는 '2.5cm', '너비'는 '17cm'로 지정한 후 [슬라이서 스타일] 그룹에서 ❹ '연한 노랑, 슬라이서 스타일 밝게 4'를 선택합니다.

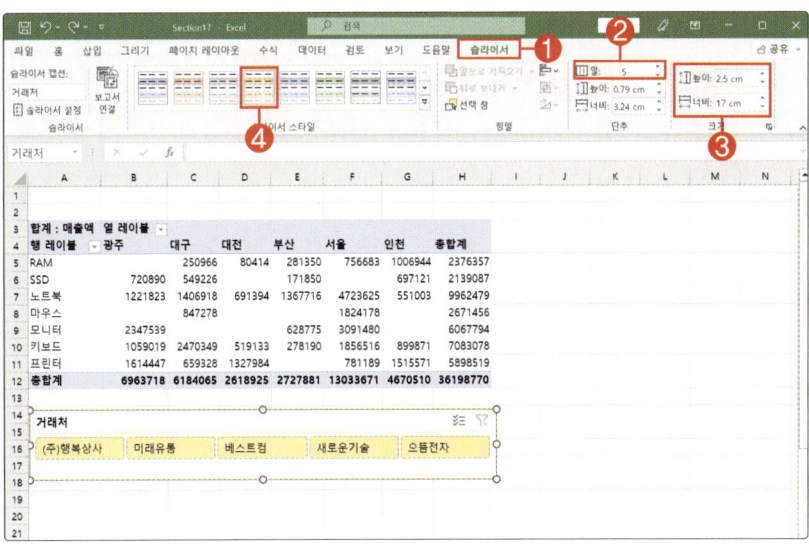

5 ❶ [A3] 셀을 선택하고 ❷ [피벗 테이블 분석] 탭의 [필터] 그룹에서 ❸ [시간 표시 막대 삽입]을 클릭합니다. [시간 표시 막대 삽입] 대화상자가 나타나면 ❹ '날짜'를 선택하고 ❺ [확인] 버튼을 클릭합니다.

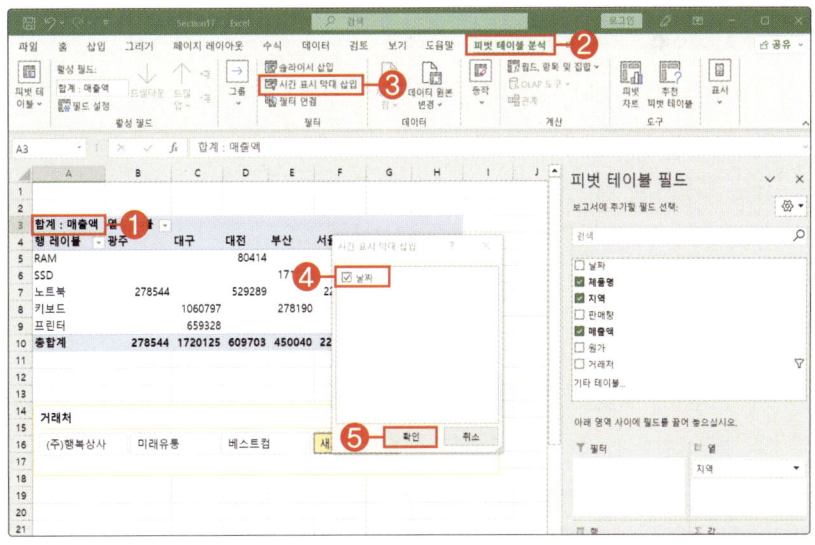

6 날짜와 관련된 타임라인이 화면의 중간에 표시됩니다.

TIP 화면에 타임라인이 생성되면 [타임라인] 탭이 표시됩니다. 여기에서 타임라인의 스타일이나 크기를 변경할 수 있습니다.

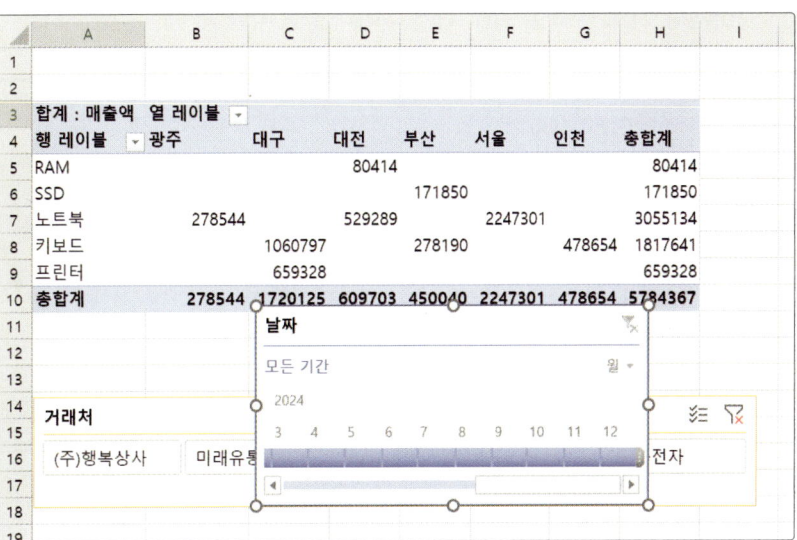

167

7 타임라인의 위치를 슬라이서 아래로 배치하고 ❶ 오른쪽 중간 조절점을 클릭한 채로 오른쪽으로 드래그하여 타임라인의 너비를 변경합니다.

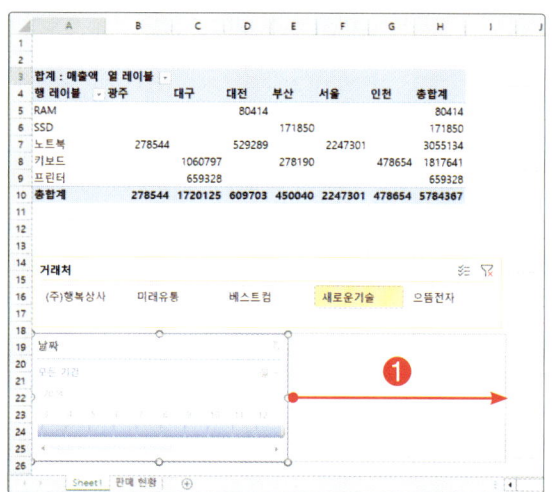

> TIP 타임라인이나 슬라이서의 크기는 리본 메뉴에서 너비나 높이를 입력하여 조절할 수도 있지만 8개의 조절점을 드래그하여 변경할 수도 있습니다.

LEARN MORE

피벗 테이블의 그룹화

그룹화는 피벗 테이블의 필드 항목들을 사용자가 정의한 기준에 따라 묶어 더 큰 범주로 요약하는 기능입니다. 특히 날짜나 숫자처럼 연속적인 값을 갖는 필드에 매우 유용하며, 복잡한 데이터를 간결하게 정리하고 추세를 파악하는 데 필수적입니다. [피벗 테이블 분석] 탭의 [그룹] 기능으로 항목을 묶거나 그룹 해제를 할 수 있습니다.

• 시간 기반 분석

가장 흔하게 사용되는 기능으로, '날짜' 필드를 '월', '분기', '연도' 단위로 그룹화하여 시간 흐름에 따른 매출, 비용, 생산량 등의 추이를 분석할 수 있습니다. 예를 들어 'ABC 상사'의 일별 매출 데이터를 월별 또는 분기별로 그룹화하여 계절적 요인이나 특정 기간의 성과 변화를 쉽게 파악할 수 있습니다. 이는 마케팅 캠페인의 효과를 측정하거나, 재고 예측을 위해 과거 데이터를 분석할 때 매우 효과적입니다.

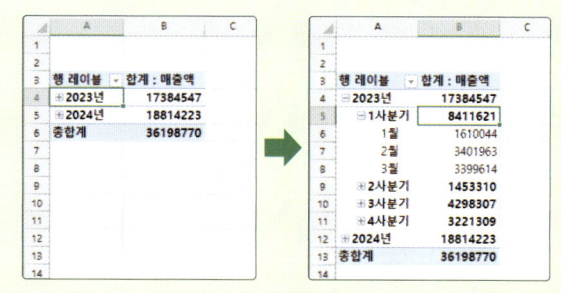

• 범주형 데이터 집계

숫자 데이터를 특정 구간으로 묶어 분석할 수 있습니다. 예를 들어 고객의 연령 데이터를 '20대', '30대', '40대' 등으로 그룹화하여 연령대별 구매 패턴을 분석하거나, 제품의 단가를 '저가', '중가', '고가' 등으로 그룹화하여 가격대별 판매량을 비교할 수 있습니다. 이는 시장 세분화 전략을 수립하거나 제품 포트폴리오를 최적화하는 데 중요한 정보를 제공합니다.

• 보고서 간소화

데이터의 양이 너무 많아 보고서가 복잡해질 때, 그룹화를 통해 필요한 수준으로 데이터를 요약하여 보고서의 가독성을 높이고 핵심 내용을 빠르게 전달할 수 있습니다.

8 타임라인의 오른쪽 ❶ '월'을 클릭한 후 바로 가기 메뉴가 나타나면 ❷ [분기]를 선택합니다.

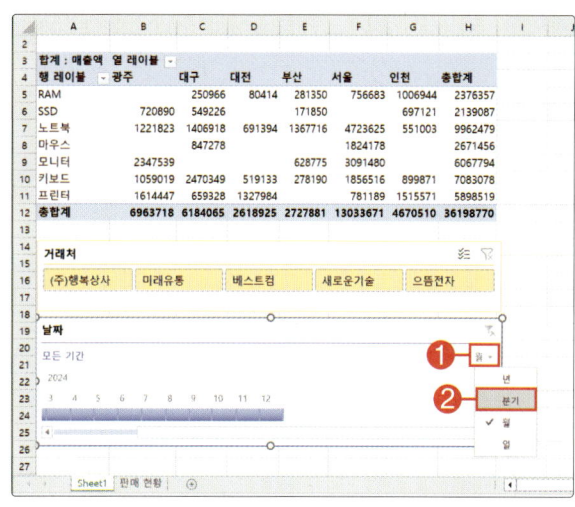

> **TIP** 타임라인은 '판매 현황' 시트의 날짜 열에 입력된 날짜를 기준으로 연, 분기, 월, 일로 표시해 줄 수 있습니다.

9 매출액을 확인하고자 하는 거래처를 ❶ 슬라이서에서 선택하고 타임라인에서 ❷ 해당 분기를 선택하면 관련된 데이터만 표시해 줍니다. 피벗 테이블은 방대한 데이터에서 원하는 데이터만 추출할 때 매우 편리한 기능입니다.

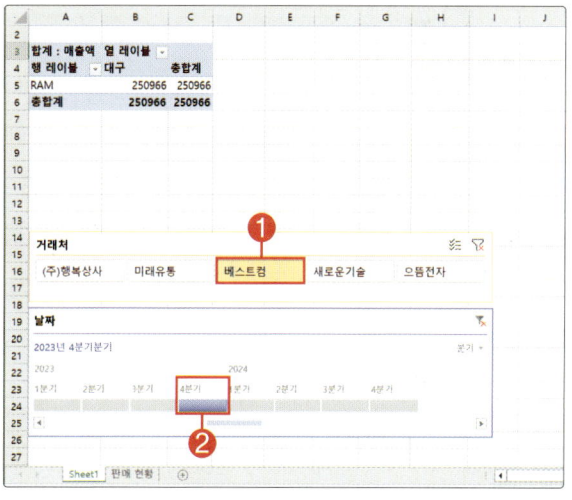

LEARN MORE

피벗 테이블의 드릴다운

드릴다운은 피벗 테이블에서 요약된 특정 값(예: 총합계, 부분합)을 더블클릭했을 때, 해당 요약 값을 구성하는 원본 데이터의 상세 내역을 새로운 워크시트에 자동으로 추출하여 보여주는 기능입니다. 요약된 결과에 대한 상세한 개별 데이터를 즉시 확인하고 심층적으로 분석할 수 있게 해 줍니다. 드릴다운은 이상치를 분석하고 원인을 파악하거나 데이터를 검증하고 세부 보고서를 생성할 때 유용합니다.

1 'Section17-기초.xlsx' 파일을 불러온 후 다음 조건을 적용해 보세요.

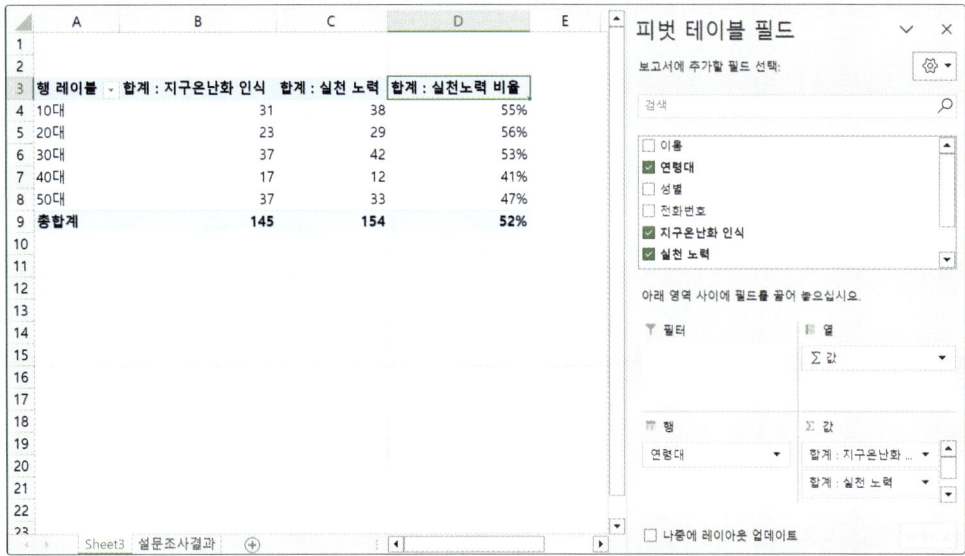

조건
- '설문조사결과' 시트의 데이터를 이용해서 피벗 테이블을 생성하고 '연령대', '지구 온난화 인식', '실천 노력'을 선택하여 데이터를 표시합니다.
- [피벗 테이블 분석] 탭에서 [계산] 그룹의 [필드 항목 및 집합]–[계산 필드]를 선택해 서 실천 노력이 전체에서 차지하는 비율을 추가합니다.
- 실천 노력 비율이 구해졌으면 백분율로 변경합니다.

2 1에서 작성한 피벗 테이블에 다음 조건을 적용해 보세요.

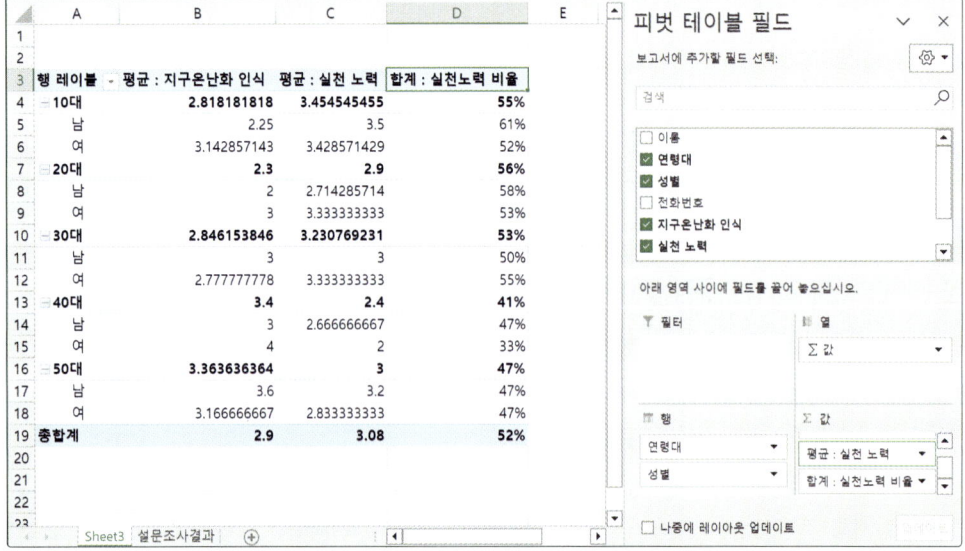

조건
- 피벗 테이블 필드에서 '성별'을 '행' 영역에 추가하고 '지구온난화 인식'과 '실천 노력'의 데이터를 평균으로 변경합니다.

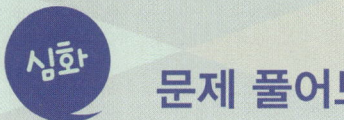

1 'Section17-심화.xlsx' 파일을 불러온 후 다음 조건을 적용해 보세요.

조건

- '자동차 판매' 시트의 데이터를 이용해서 피벗 테이블을 생성하고 '자동차 모델'과 '판매 대수'를 선택하여 데이터를 표시합니다.
- [슬라이서 삽입]을 이용해서 '자동차 모델'과 '영업사원'에 대한 슬라이서를 만들고 [슬라이서 스타일] 그룹에서 '자동차 모델'은 '연한 노랑, 슬라이서 스타일 밝게 4', '영업사원'은 '연한 주황, 슬라이서 스타일 밝게2'로 지정합니다.

2 1에서 만들어진 피벗 테이블에 다음 조건을 적용해 보세요.

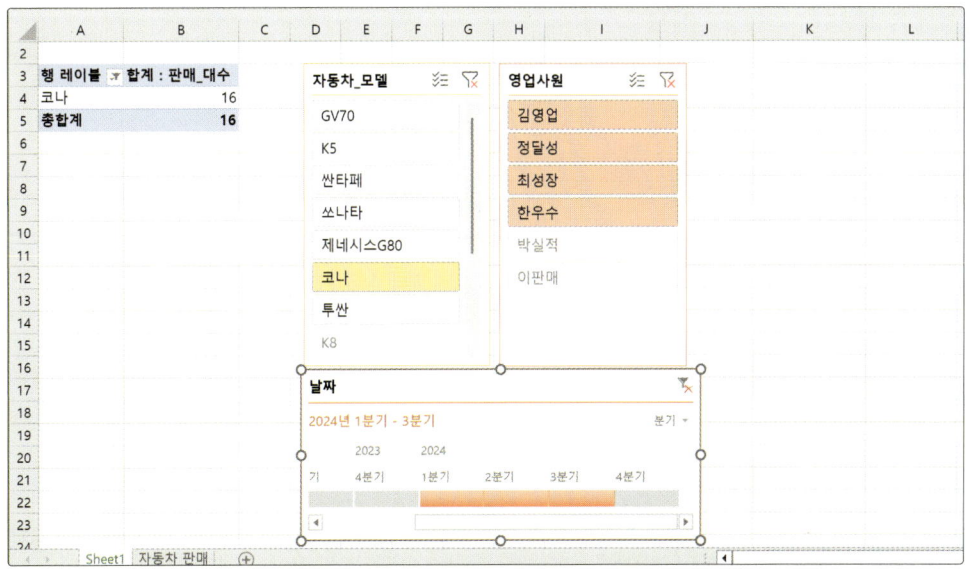

조건

- [시간 표시 막대 삽입]을 이용해서 날짜를 표시하는 타임라인을 만든 후 날짜별 판매된 모델과 판매한 영업사원 및 판매 대수를 확인해 봅니다.

171

18
SECTION

데이터 가상 분석하기

엑셀의 가상 분석 기능은 미래의 불확실한 상황이나 특정 목표를 달성하기 위한 조건을 시뮬레이션하고 분석하는 데 사용됩니다. 여기에서는 가상 분석의 핵심 기능인 '시나리오 관리자', '목푯값 찾기', 그리고 '데이터 표'를 활용하는 방법에 대해 알아보겠습니다.

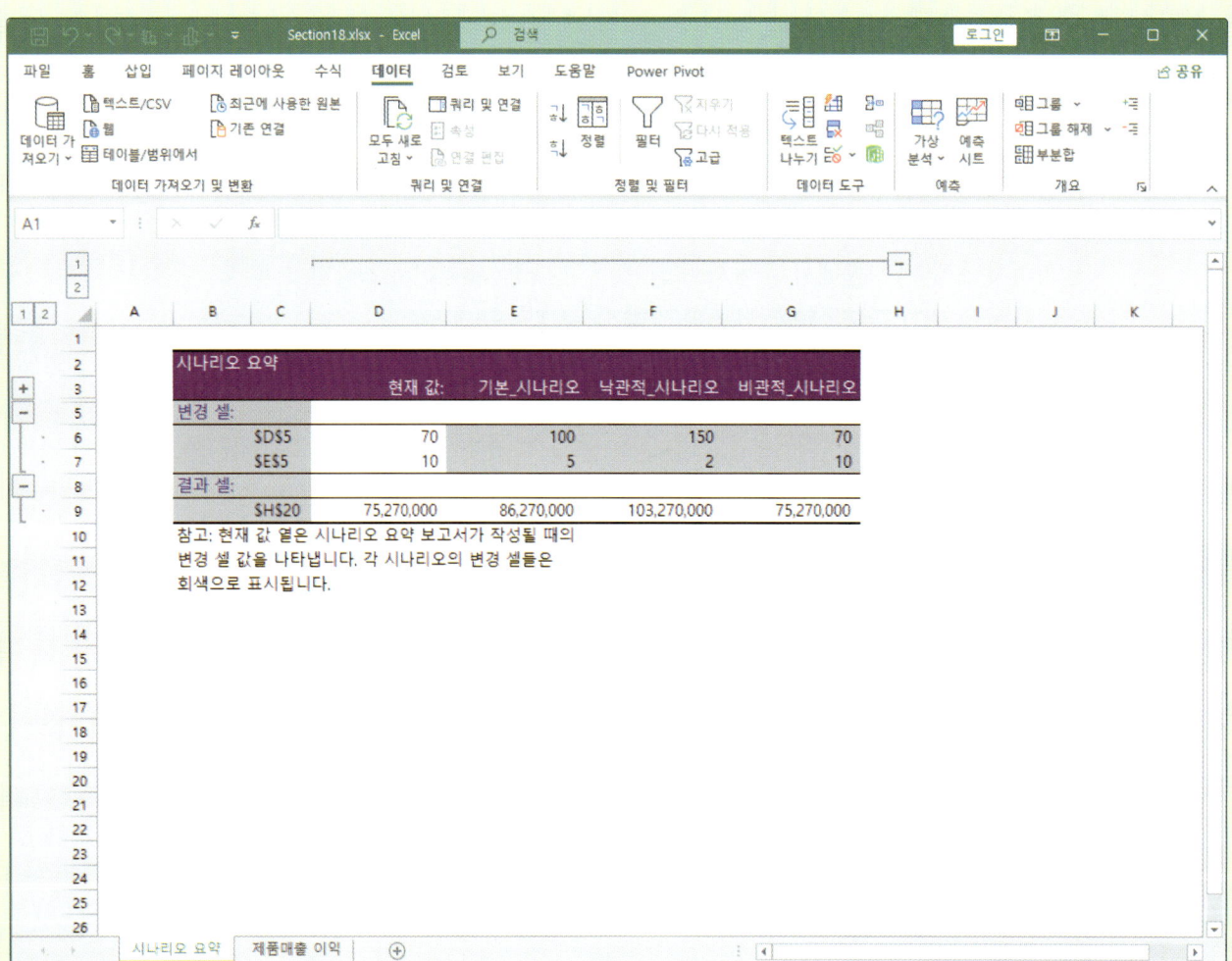

MISSION

실습 1 시나리오 관리자

실습 2 목푯값 찾기

실습 3 데이터 표 활용하기

CHECK POINT

포인트 1 시나리오 관리자를 이용해서 가상의 값으로 시나리오 요약 시트를 만듭니다.

포인트 2 목푯값 찾기를 이용해서 가상의 값을 구해 봅니다.

포인트 3 데이터 표 기능을 이용하여 다양한 변수에 따라 변화될 값을 구해 봅니다.

시나리오 관리자

실습파일 Section18.xlsx

1 ❶ [F5] 셀에 수식 '=C5*D5*(1−E5/100)'을 입력한 후 [F19] 셀까지 자동 채우기를 하고 [F20] 셀은 [F5:F19] 영역의 합계를 구합니다. ❷ [H5] 셀에 수식 '=F5−(G5*D5)'를 입력한 후 F열과 같은 방식으로 자동 채우기를 하고 합계를 구합니다. 수식으로 모든 값을 채웠으면 ❸ [데이터] 탭의 [예측] 그룹에서 [가상 분석]의 ❹ [시나리오 관리자]를 선택합니다.

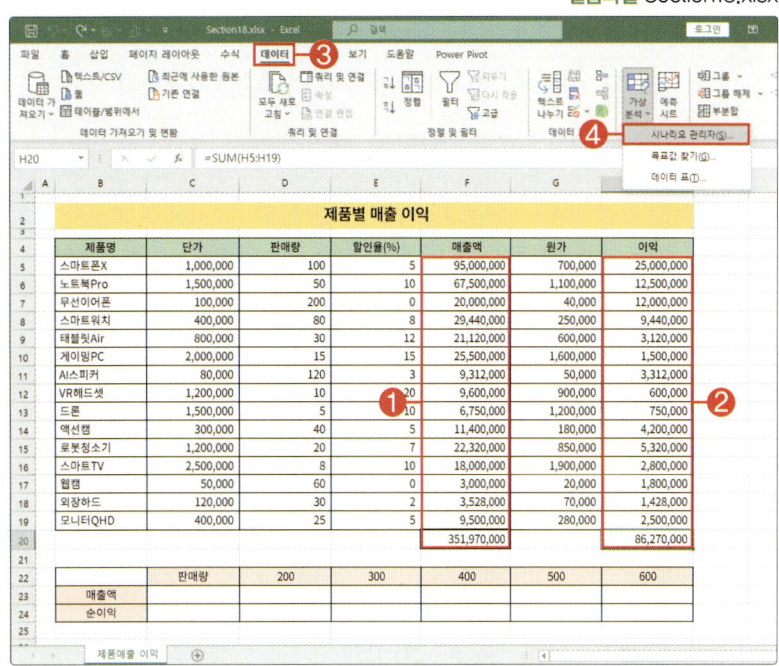

2 [시나리오 관리자] 대화상자가 나타나면 ❶ [추가] 버튼을 클릭합니다. [시나리오 추가] 대화상자의 '시나리오 이름'에 ❷ '기본_시나리오'를 입력하고 '변경 셀'에서는 ❸ 'D5, E5'로 지정한 후 ❹ [확인] 버튼을 클릭합니다. 계속해서 [시나리오 값] 대화상자에서 ❺ '1:'은 '100', '2:'는 '5'를 확인하고 ❻ [확인] 버튼을 클릭합니다.

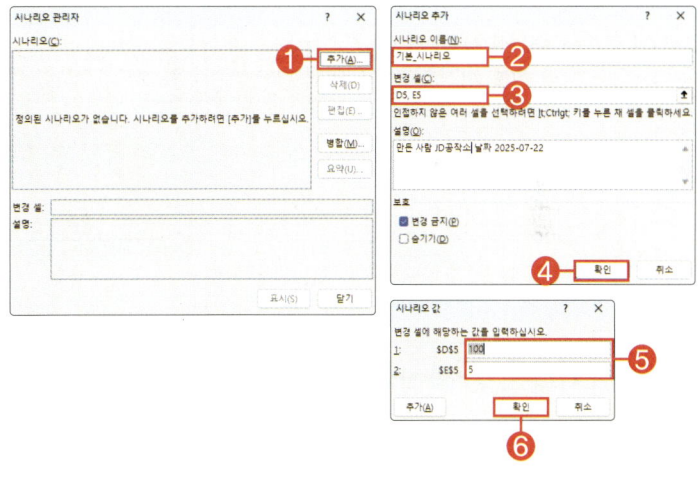

3 [시나리오 관리자] 대화상자에 '기본_시나리오'가 입력되었습니다. 다시 ❶ [추가] 버튼을 클릭합니다. [시나리오 추가] 대화상자에서 '시나리오 이름'에 ❷ '낙관적_시나리오', '변경 셀'에 ❸ 'D5, E5'를 입력하고 ❹ [확인] 버튼을 클릭합니다. [시나리오 값] 대화상자에서 ❺ '1:'은 '150', '2:'는 '2'를 입력하고 ❻ [추가] 버튼을 클릭합니다.

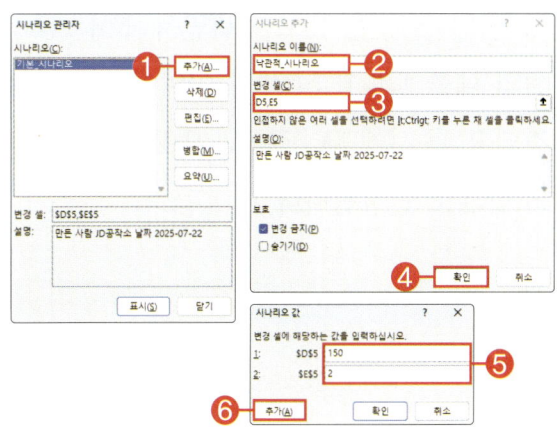

4 [시나리오 관리자] 대화상자에서 다시 한번 [추가] 버튼을 클릭합니다. [시나리오 추가] 대화상자에서 '시나리오 이름'에 ❶ '비관적_시나리오', '변경 셀'에 ❷ 'D5, E5'를 입력하고 ❸ [확인] 버튼을 클릭합니다. [시나리오 값] 대화상자에 ❹ '1:'은 '70', '2:'는 '10'을 입력하고 ❺ [확인] 버튼을 클릭합니다.

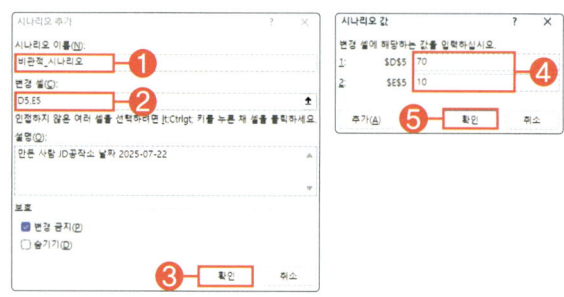

5 [시나리오_관리자] 대화상자에 세 개의 시나리오 목록이 추가되었습니다. ❶ '기본_시나리오'를 선택하고 ❷ [표시] 버튼을 클릭합니다. [D5] 셀의 판매량과 [E5] 셀의 '할인율(%)'은 변경되지 않습니다.

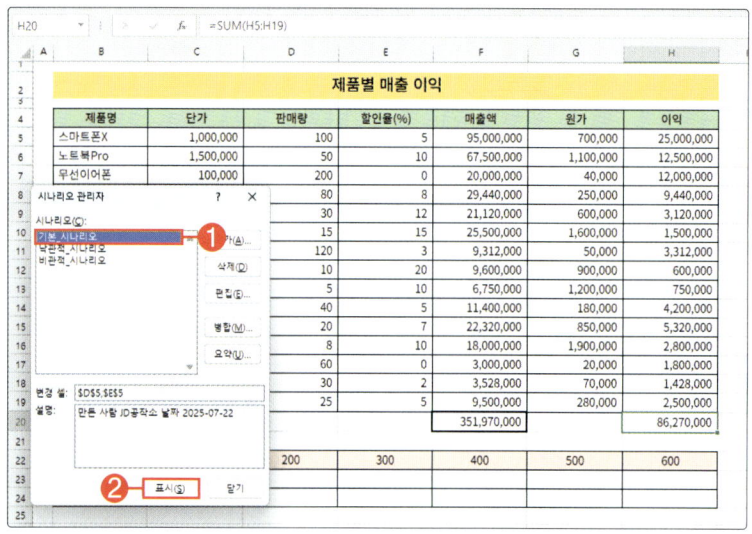

6 [시나리오 관리자] 대화상자에서 ❶ '낙관적_시나리오'를 선택하고 ❷ [표시] 버튼을 클릭하면 ❸ [D5] 셀의 판매량은 '150', [E5] 셀의 '할인율(%)'은 '2'로 바뀌면서 [F5] 셀의 매출액과 [H5] 셀의 이익이 변경되고, 동시에 ❹ [F20]과 [H20] 셀의 합계도 변경됩니다.

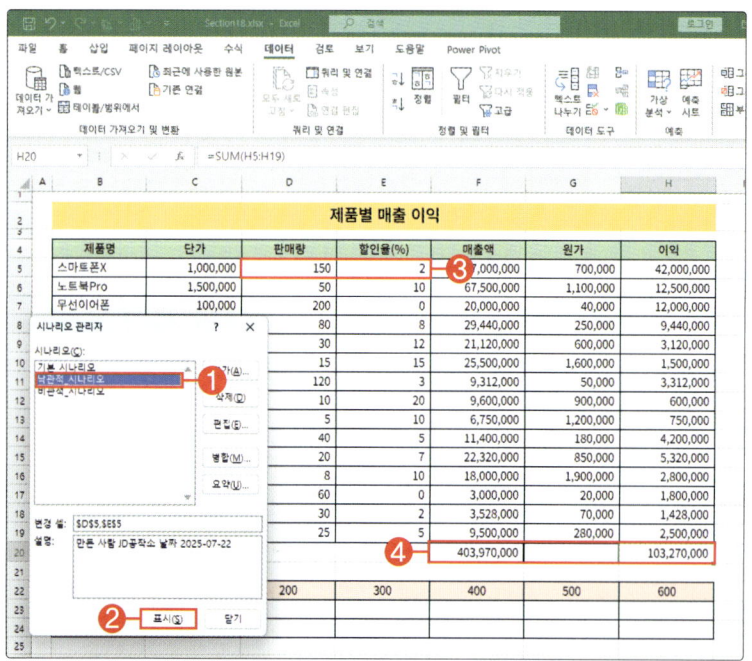

7 [시나리오 관리자] 대화상자에서 ❶ '비관적_시나리오'를 선택하고 ❷ [표시] 버튼을 클릭합니다. ❸ [D5] 셀의 판매량은 '70', [E5] 셀의 '할인율(%)'은 '10'으로 바뀌면서 [F5] 셀의 매출액과 [H5] 셀의 이익이 변경되고, ❹ [F20]과 [H20] 셀의 합계도 변경됩니다. 시나리오 요약 보고서를 만들기 위해서 ❺ [요약] 버튼을 클릭합니다.

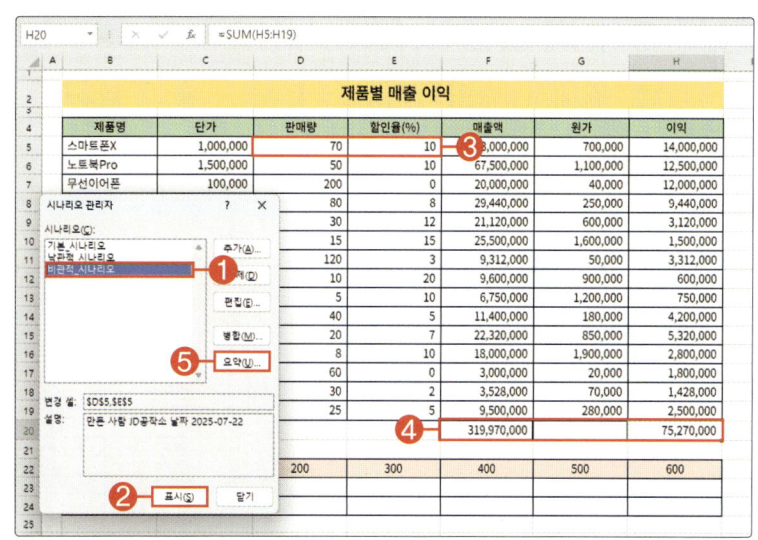

> **TIP** 요약 보고서를 만들지 않고 확인만 한다면 [시나리오 관리자] 대화상자에서 [닫기] 버튼을 클릭합니다.

8 [시나리오_요약] 대화상자가 나타나면 '보고서 종류'는 ❶ '시나리오 요약', '결과 셀'은 ❷ 'H20'으로 입력하고 ❸ [확인] 버튼을 클릭합니다.

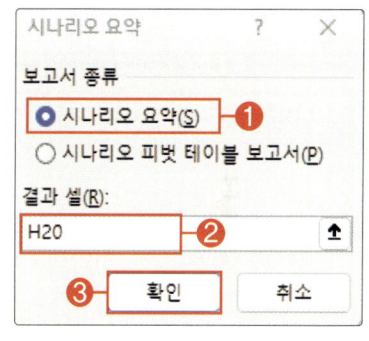

> **TIP** '시나리오 피벗 테이블 보고서'를 선택했을 경우 결과를 피벗 테이블로 보여주면서 '필터'에는 '작성자', '행 레이블'에는 '시나리오 이름'과 각각의 결 괏값을 표시해 줍니다.

9 '시나리오 요약'이라는 새로운 시트에 시나리오 요약 보고서가 만들어집니다.

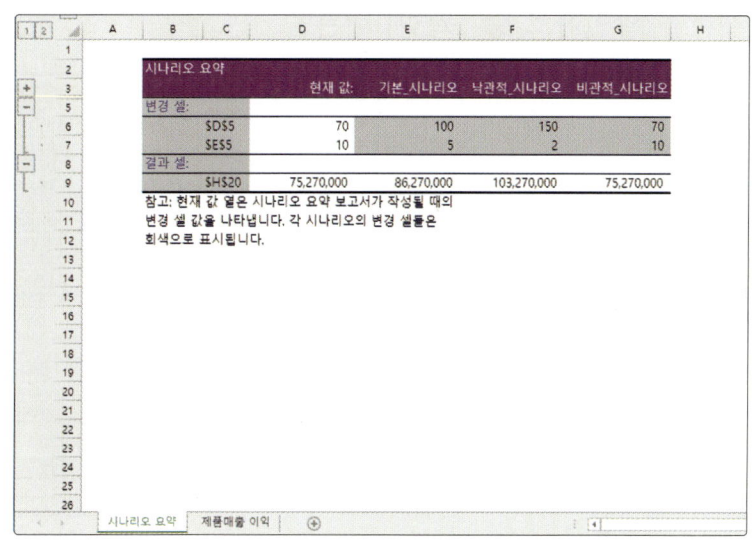

실습 2 목푯값 찾기

1 총이익이 '100,000,000'이 되기 위해서 '스마트폰X'를 몇 대를 팔아야 하는지 알아보려고 합니다. 총이익이 있는 ❶ [H20] 셀을 선택하고 ❷ [데이터] 탭의 [예측] 그룹에서 [가상 분석]의 ❸ [목표값 찾기]를 선택합니다.

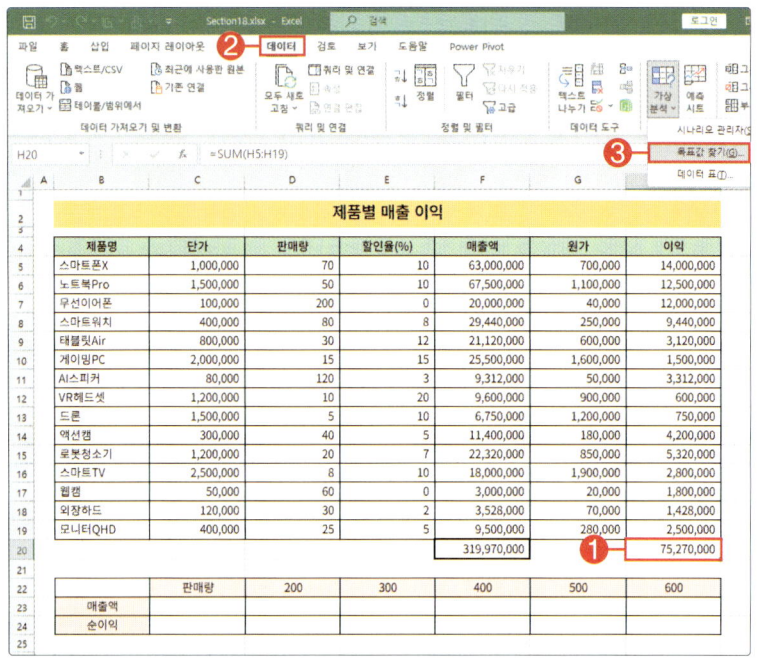

2 [목표값 찾기] 대화상자가 실행되면 '찾는 값'은 ❶ '100000000'을 입력하고 '값을 바꿀 셀'에서는 ❷ [D5] 셀을 선택하여 '$D$5'로 설정한 후 ❸ [확인] 버튼을 클릭합니다.

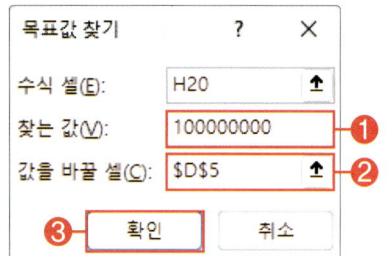

3 [목표값 찾기 상태] 대화상자가 나타나면서 목푯값과 현재값을 확인하고 ❶ [확인] 버튼을 클릭합니다.

> **TIP** [목표값 찾기 상태] 대화상자가 나타나면서 목푯값과 현재값을 일치시키기 위해 숫자가 변경되는 것을 확인할 수 있습니다. [확인] 버튼을 클릭하면 [H20] 셀이 목푯값으로 변경되고 [취소] 버튼을 클릭하면 이전 값을 그대로 유지합니다.

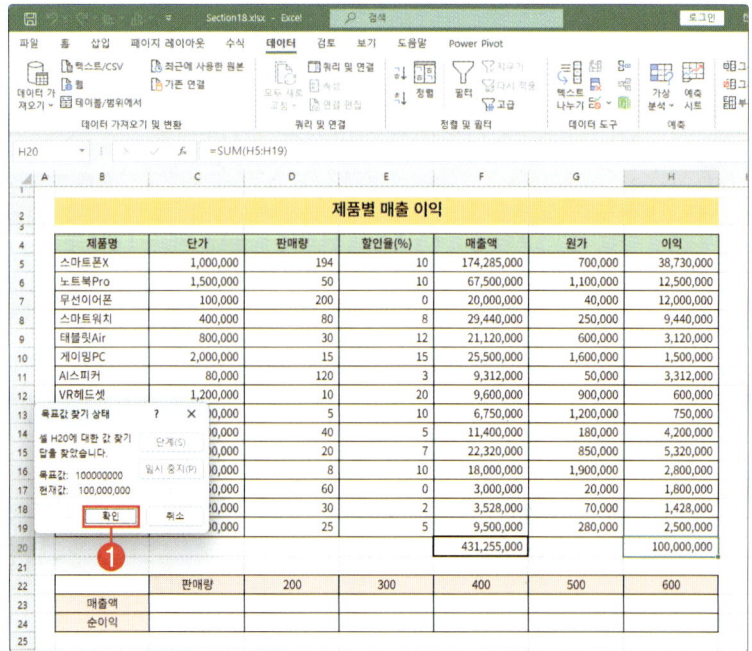

데이터 표 활용하기

1 [B11] 셀의 'AI 스피커'를 200 개부터 600개까지 100개 단위마다 매출액과 순이익을 계산해 보겠습니다. ❶ [C23] 셀을 선택하고 '=F11'을 입력하여 AI 스피커의 '매출액'을 표시합니다.

제품명	단가	판매량	할인율(%)	매출액	원가	이익
스마트폰X	1,000,000	194	10	174,285,000	700,000	38,730,000
노트북Pro	1,500,000	50	10	67,500,000	1,100,000	12,500,000
무선이어폰	100,000	200	0	20,000,000	40,000	12,000,000
스마트워치	400,000	80	8	29,440,000	250,000	9,440,000
태블릿Air	800,000	30	12	21,120,000	600,000	3,120,000
게이밍PC	2,000,000	15	15	25,500,000	1,600,000	1,500,000
AI스피커	80,000	120	3	9,312,000	50,000	3,312,000
VR헤드셋	1,200,000	10	20	9,600,000	900,000	600,000
드론	1,500,000	5	10	6,750,000	1,200,000	750,000
액션캠	300,000	40	5	11,400,000	180,000	4,200,000
로봇청소기	1,200,000	20	7	22,320,000	850,000	5,320,000
스마트TV	2,500,000	8	10	18,000,000	1,900,000	2,800,000
웹캠	50,000	60	0	3,000,000	20,000	1,800,000
외장하드	120,000	30	2	3,528,000	70,000	1,428,000
모니터QHD	400,000	25	5	9,500,000	280,000	2,500,000
				431,255,000		100,000,000
	판매량	200	300	400	500	600
매출액	=F11 ❶					
순이익						

2 이번에는 ❶ [C24] 셀에 '=H11'을 입력해서 AI 스피커의 '이익'을 표시합니다.

제품명	단가	판매량	할인율(%)	매출액	원가	이익
스마트폰X	1,000,000	194	10	174,285,000	700,000	38,730,000
노트북Pro	1,500,000	50	10	67,500,000	1,100,000	12,500,000
무선이어폰	100,000	200	0	20,000,000	40,000	12,000,000
스마트워치	400,000	80	8	29,440,000	250,000	9,440,000
태블릿Air	800,000	30	12	21,120,000	600,000	3,120,000
게이밍PC	2,000,000	15	15	25,500,000	1,600,000	1,500,000
AI스피커	80,000	120	3	9,312,000	50,000	3,312,000
VR헤드셋	1,200,000	10	20	9,600,000	900,000	600,000
드론	1,500,000	5	10	6,750,000	1,200,000	750,000
액션캠	300,000	40	5	11,400,000	180,000	4,200,000
로봇청소기	1,200,000	20	7	22,320,000	850,000	5,320,000
스마트TV	2,500,000	8	10	18,000,000	1,900,000	2,800,000
웹캠	50,000	60	0	3,000,000	20,000	1,800,000
외장하드	120,000	30	2	3,528,000	70,000	1,428,000
모니터QHD	400,000	25	5	9,500,000	280,000	2,500,000
				431,255,000		100,000,000
	판매량	200	300	400	500	600
매출액	9,312,000					
순이익	=H11 ❶					

3 데이터 표가 될 ❶ [C22:H24] 셀을 범위 지정하고 ❷ [데이터] 탭의 [예측] 그룹에서 [가상 분석] 의 ❸ [데이터 표]를 선택합니다.

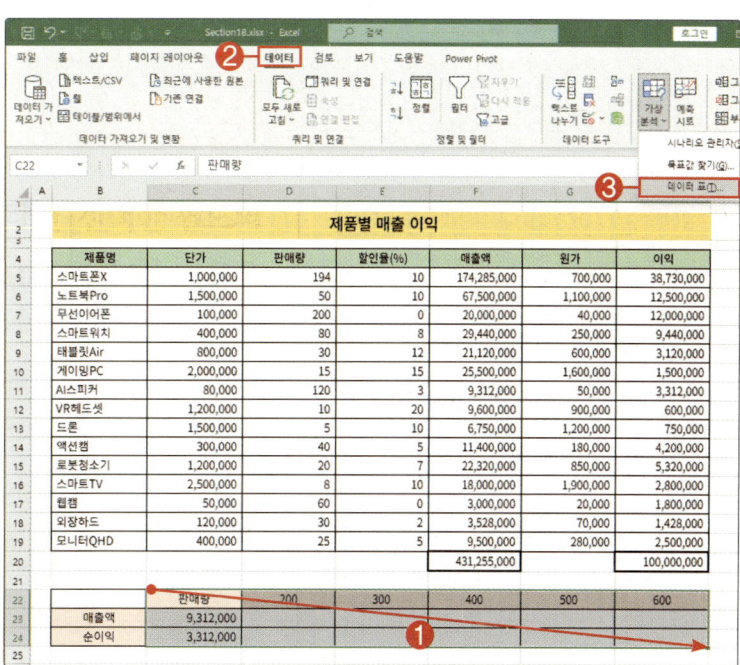

> **TIP** 데이터 표는 한 개 또는 두 개의 변 숫값을 변경하면서 결괏값의 변화를 자동 계산해 주는 기능입니다.

4 [데이터 테이블] 대화상자가 나타나면 ❶ '행 입력 셀'에서 [D11] 셀을 클릭하여 '$D$11'로 설정한 후 ❷ [확인] 버튼을 클릭합니다.

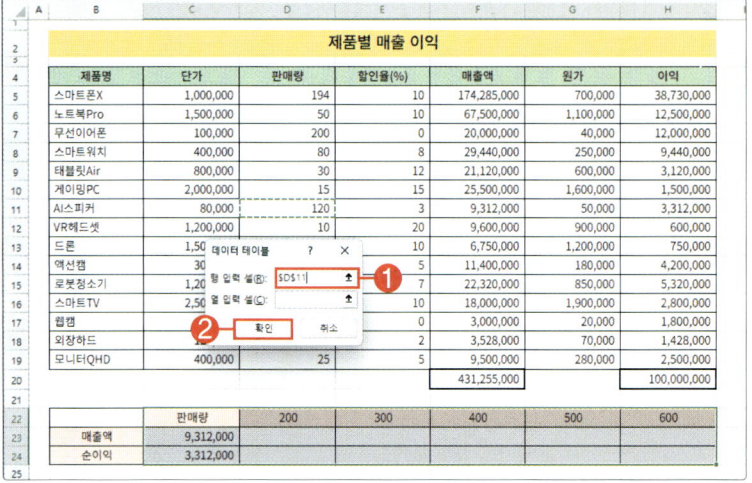

5 [D23:H24] 셀에 매출액과 순이익이 자동 계산되었습니다. 표를 보면 'AI 스피커' 판매량에 따라서 매출액과 순이익이 어떻게 달라지는지 확인할 수 있습니다.

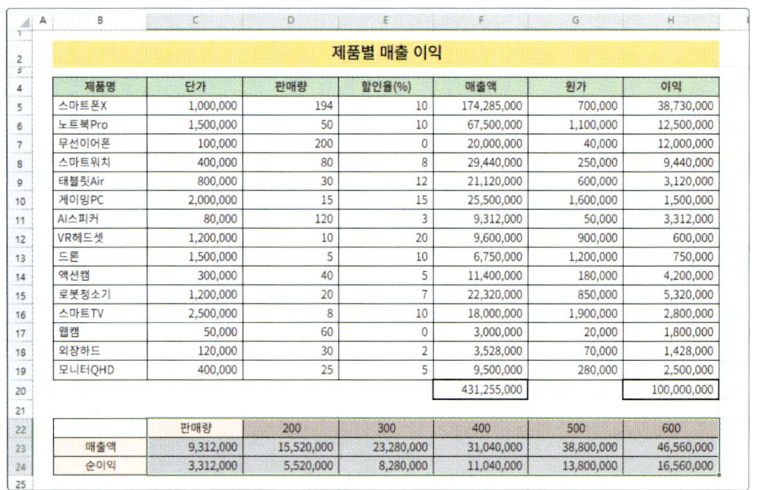

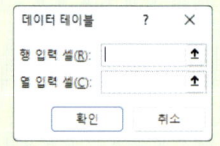

[데이터 표] 대화상자 사용법

데이터 표는 하나 또는 두 개의 입력 변수에 따라 결과가 어떻게 달라지는지 표 형태로 보여주는 강력한 도구입니다. [데이터 표] 대화상자의 '행 입력 셀'과 '열 입력 셀'은 데이터 표의 첫 행/첫 열에 입력된 변수가 원본 수식의 어떤 셀에 대입되어 계산될 것인지를 알려주는 역할을 합니다. 그러므로 변수의 배치 방향에 따라 적절한 옵션을 선택해야 합니다.

❶ 하나의 변수만 변경할 때(단일 변수 데이터 표)

• 변수가 세로 방향(열 방향)으로 나열되어 있다면 열 입력 셀만 사용하고 '행 입력 셀'은 비워둡니다.
• 변수가 가로 방향(행 방향)으로 나열되어 있다면 행 입력 셀만 사용하고 '열 입력 셀'은 비워둡니다.

❷ 두 개의 변수를 변경할 때(두 변수 데이터 표)

• 데이터 표의 가장 첫 번째 열에 나열된 값에 해당하는 원본 셀을 열 입력 셀에 지정합니다.
• 데이터 표의 가장 첫 번째 행에 나열된 값에 해당하는 원본 셀을 행 입력 셀에 지정합니다.

데이터 표를 이용해 행과 열에 있는 두 변수 계산하기

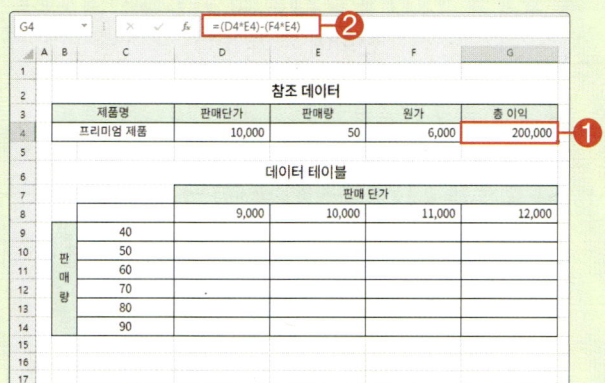

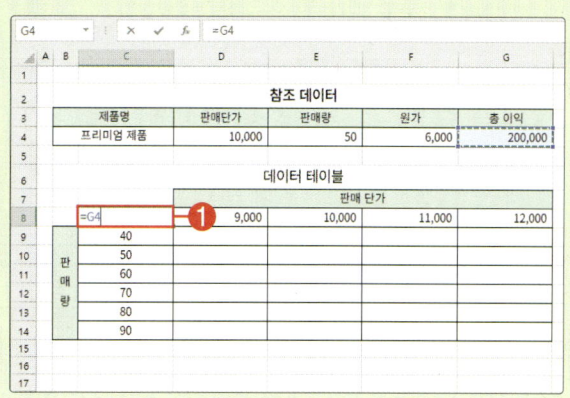

1 ❶ [G4] 셀을 클릭하고 ❷ 수식 '=(D4*E4)-(F4*E4)'를 입력하여 총이익을 구합니다.

2 ❶ [C8] 셀은 '=G4'로 설정하여 총이익이 입력되도록 합니다.

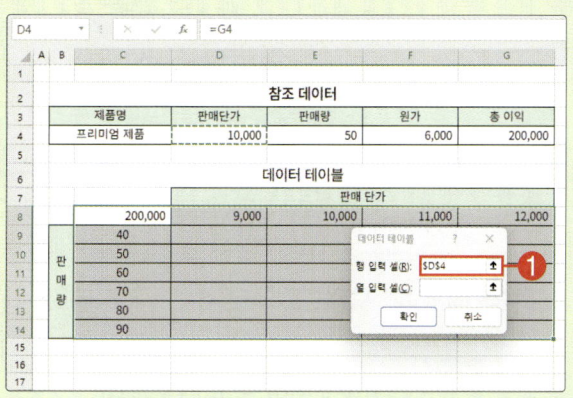

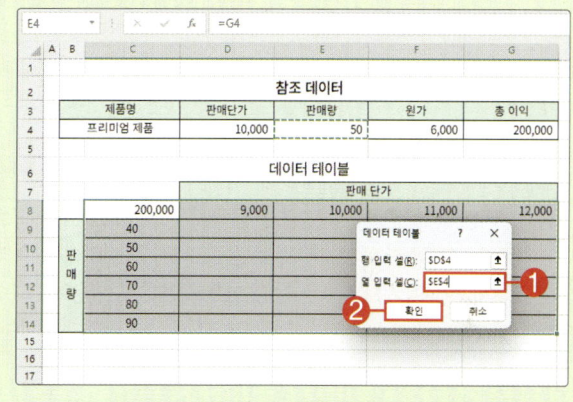

3 [C8:G14] 셀을 범위 지정하고 [데이터] 탭에서 [예측] 그룹의 [가상 분석]-[데이터 표]를 선택한 후 [데이터 테이블] 대화상자의 ❶ '행 입력 셀'은 [D4] 셀을 클릭하여 '$D$4'로 설정합니다.

4 계속해서 [데이터 테이블] 대화상자의 ❶ '열 입력 셀'은 [E4] 셀을 클릭하여 '$E$4'로 설정하고 ❷ [확인] 버튼을 클릭합니다.

C8	fx	=G4			
	A	B	C	D	E	F	G
			참조 데이터			
제품명		판매단가	판매량	원가	총 이익
프리미엄 제품		10,000	50	6,000	200,000
			데이터 테이블		
			판매 단가		
	200,000	9,000	10,000	11,000	12,000
	40	120,000	160,000	200,000	240,000
판매량	50	150,000	200,000	250,000	300,000
	60	180,000	240,000	300,000	360,000
	70	210,000	280,000	350,000	420,000
	80	240,000	320,000	400,000	480,000
	90	270,000	360,000	450,000	540,000

5 가로 변수 '판매 단가'와 세로 변수 '판매량'에 따른 '총이익'이 구해집니다.

1 'Section18-기초.xlsx' 파일을 불러온 후 다음 조건을 적용해 보세요.

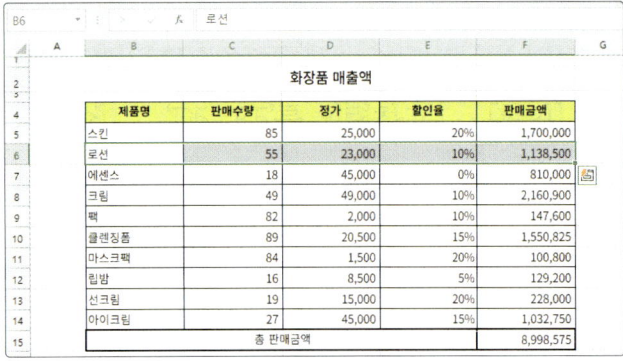

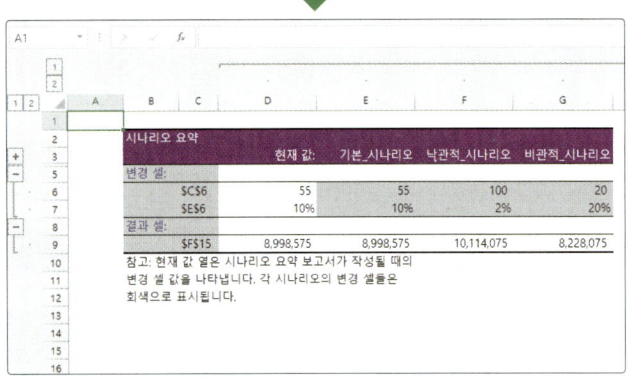

- '로션 제품'의 판매 수량과 할인율 변화에 따라 [F15] 셀의 총판매금액의 변화를 알아봅니다.
- [시나리오 관리자] 대화상자를 실행하고 '로션 제품'의 '기본_시나리오', '낙관적_시나리오', '비관적_시나리오'를 각각 다음과 같이 지정하고 시나리오 요약을 생성합니다.

기본_시나리오 판매수량 55,
할인율 10%

낙관적_시나리오 판매수량 100,
할인율 2%

비관적_시나리오 판매수량 20,
할인율 20%

2 1에 이어서 '시나리오 관리자' 시트에 다음 조건을 적용해 보세요.

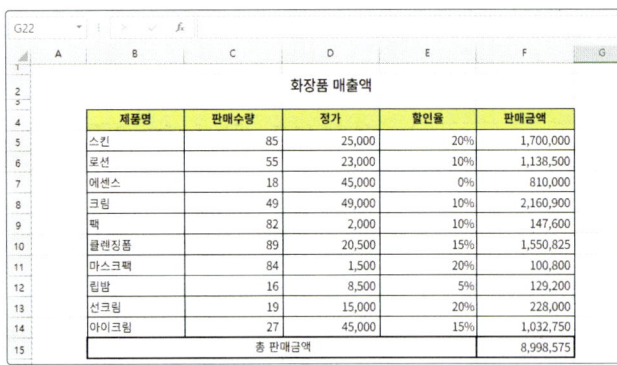

- [F15] 셀의 '총판매금액'이 '10,000,000'이 되기 위해서 '크림' 제품의 판매 수량이 얼마나 될지를 목푯값 찾기 기능을 이용해 알아봅니다.

문제 풀어보기

CHALLENGE

1 'Section18-심화.xlsx' 파일을 불러온 후 '이자율' 시트에 다음 조건을 적용해 보세요.

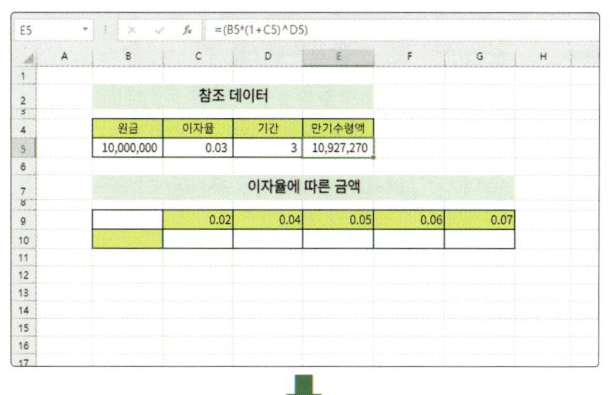

조건
- '이자율' 시트에서 [B10] 셀에 [E5] 셀을 적용합니다.
- [B9:G10] 셀을 범위 지정하고 [데이터 표] 대화상자를 이용해서 각 이자율 변수의 만기 수령액을 구합니다.

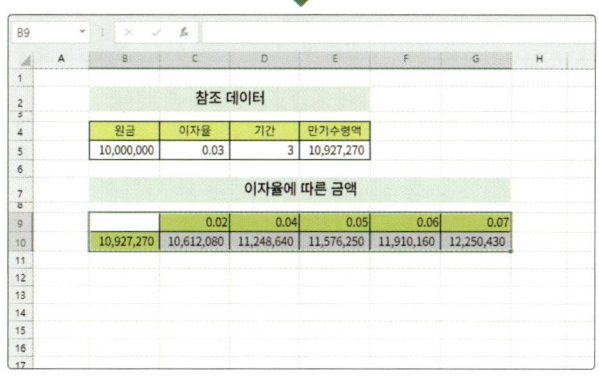

TIP [E5] 셀의 수식에서 '^' 연산자가 사용되었습니다. 연산자 '^'은 거듭제곱의 의미입니다. 수식은 원금에 (1+이자율)을 기간 수만큼 거듭제곱한 값을 의미합니다.

2 'Section18-심화.xlsx' 파일의 '화장품' 시트에 다음 조건을 적용해 보세요.

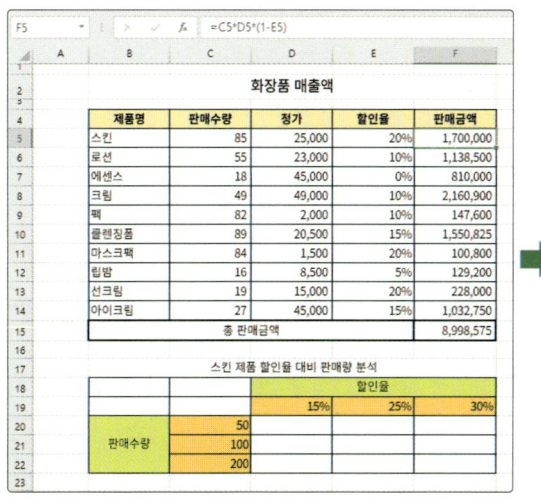

조건
- [C19] 셀에 스킨 제품의 판매 금액을 수식으로 입력하고 스킨 제품의 각 할인율과 판매 수량을 데이터 표를 이용해서 구합니다.

19

문서 자동화를 위한 매크로 활용하기

매크로는 동일한 작업을 반복적으로 수행하는 기능입니다. 자주 사용하는 작업 내용을 순서대로 기록해 두고 양식 컨트롤을 사용하여 필요할 때마다 기록해 둔 매크로를 실행하면 됩니다. 매크로가 포함된 워크시트는 Excel 매크로 사용 통합 문서(.xlsm) 형식으로 저장해야 합니다.

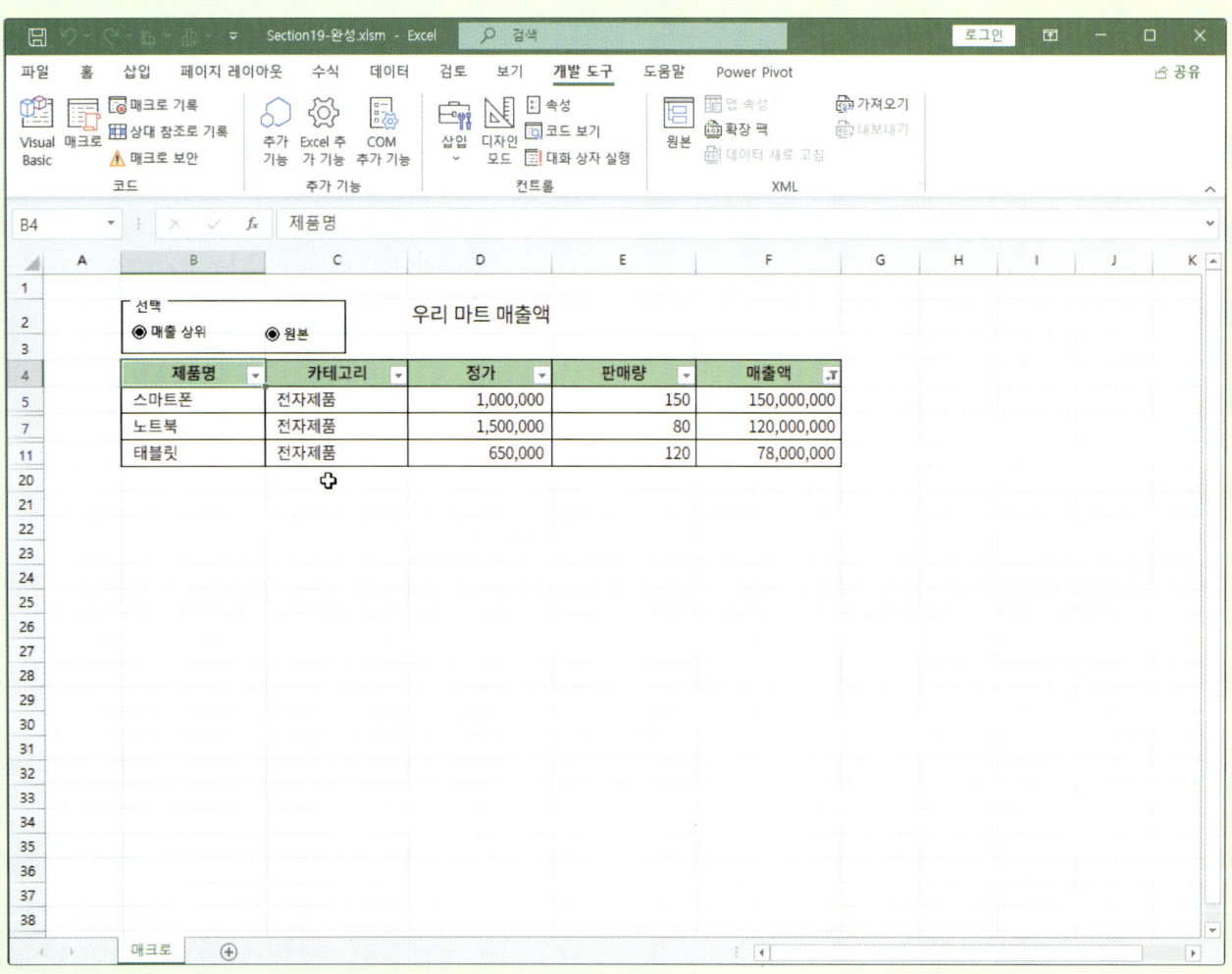

MISSION

실습 1 매크로 기록과 실행

실습 2 양식 컨트롤을 이용한 자동화 문서

실습 3 양식 컨트롤에 매크로 연결하기

CHECK POINT

포인트 1 매크로 관련 명령에 필요한 개발 도구 사용 환경을 설정합니다.

포인트 2 매크로 이름을 설정하고 자주 사용하는 작업을 순서대로 매크로에 기록합니다.

포인트 3 양식 컨트롤을 생성하고 매크로를 지정하면 버튼을 클릭하여 매크로를 실행합니다.

실습 1 매크로 기록과 실행

MISSION

실습파일 Section19.xlsx

1 ❶ [빠른 실행 도구 모음]을 클릭하고 ❷ [기타 명령]을 선택합니다.

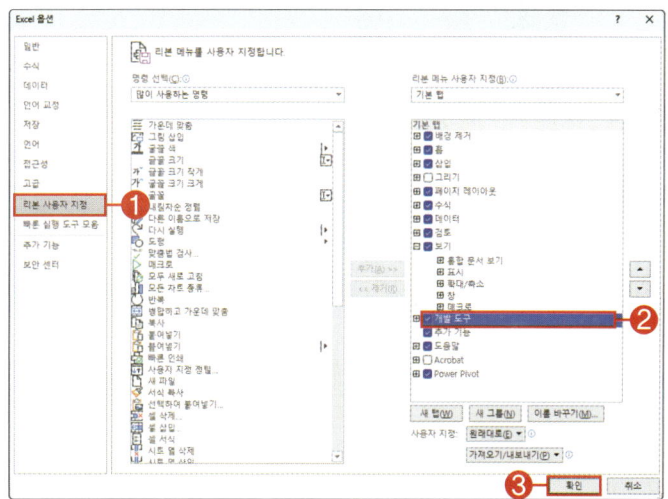

> **TIP** 매크로는 반복되는 작업을 자동으로 실행하기 위해 기록하거나 VBA 코드로 작성한 명령어 집합으로, 버튼이나 단축키와 연결해 클릭한 번으로 복잡한 작업을 빠르게 처리할 수 있습니다.

2 [Excel 옵션] 대화상자가 나타나면 ❶ '리본 사용자 지정'을 선택하여 오른쪽의 '리본 메뉴 사용자 지정'에서 ❷ '개발 도구'에 체크 표시를 한 후 ❸ [확인] 버튼을 클릭합니다.

> **TIP** 매크로 기능은 [보기] 탭에서 사용할 수 있지만 양식을 적용하는 컨트롤 관련 도구들은 [개발 도구] 탭에서 사용할 수 있습니다.

3 ❶ [개발 도구] 탭에서 [코드] 그룹의 ❷ [매크로 기록]을 선택합니다. [매크로 기록] 대화상자가 나타나면 '매크로 이름'에 ❸ '매출_상위권', '매크로 저장위치'를 '현재 통합 문서'로 입력하고 ❹ [확인] 버튼을 클릭합니다.

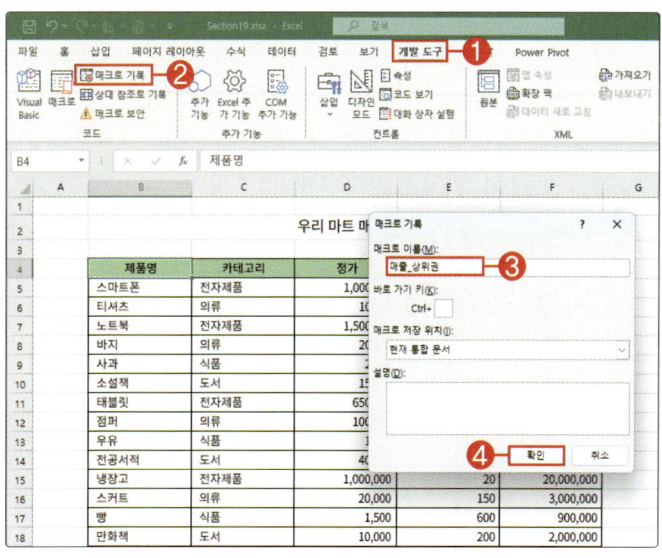

> **TIP** [매크로 기록] 대화상자에서 '매크로 이름'을 입력할 때 띄어쓰기를 사용할 수 없습니다.

4 ❶ [데이터] 탭에서 ❷ [정렬 및 필터] 그룹의 [필터]를 클릭합니다. '매출액' 옆에 있는 ❸ 자동 필터 버튼(▼)])을 클릭한 후 ❹ '숫자 필터'의 ❺ '상위 (10)'을 선택합니다.

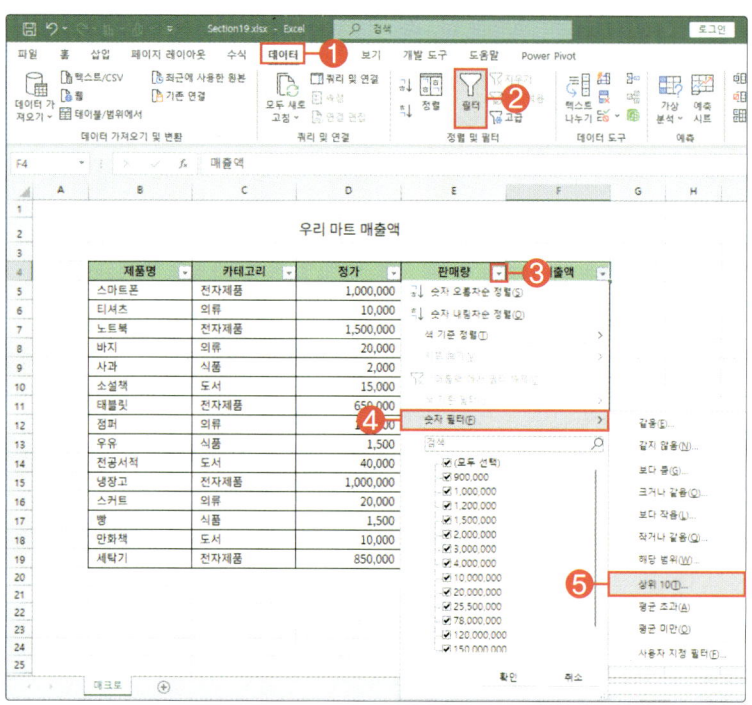

> TiP 매크로 기록 중에는 오류가 발생하지 않도록 해야 합니다. 만일 작업 중 실수가 발생하면 오류가 생길 수 있으므로 매크로 기록을 중지하고 삭제한 후 다시 기록해야 합니다.

5 [상위 10 자동 필터] 대화상자가 나타나면 ❶ '표시'를 '상위', '3', '항목'으로 설정하고 ❷ [확인] 버튼을 클릭합니다.

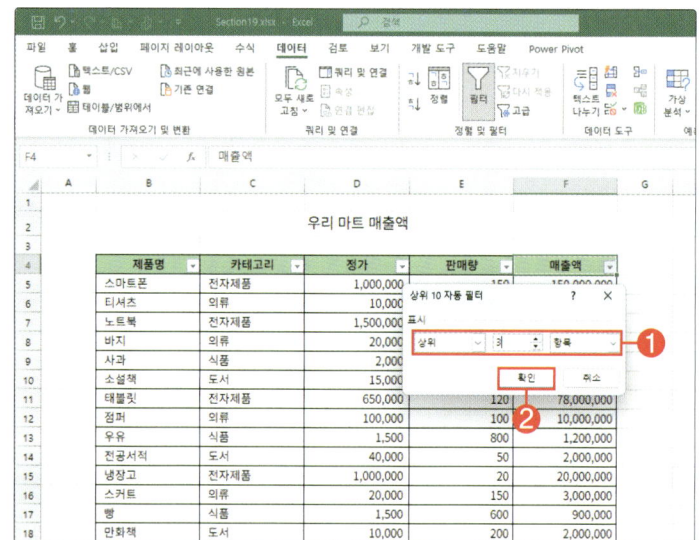

6 작업이 완료되었으면 ❶ [개발 도구] 탭에서 [코드] 그룹의 ❷ [기록 중지]를 클릭하여 매크로 기록을 중지합니다.

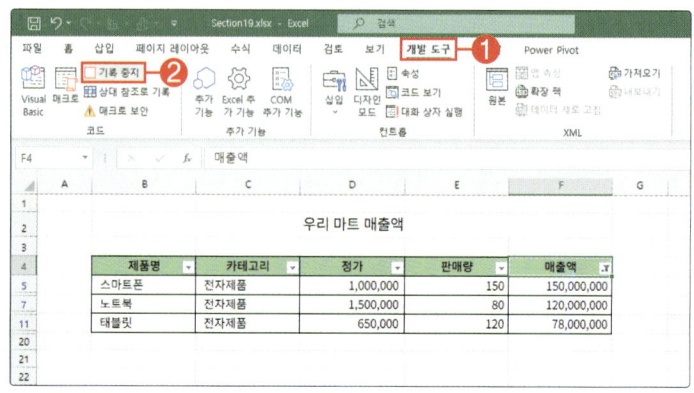

7 ① [개발 도구] 탭에서 [코드] 그룹의 ② [매크로 기록]을 선택하여 [매크로 기록] 대화상자가 나타나면 '매크로 이름'은 ③ '필터해제', '매크로 저장 위치'는 '현재 통합 문서'로 지정하고 ④ [확인] 버튼을 클릭합니다.

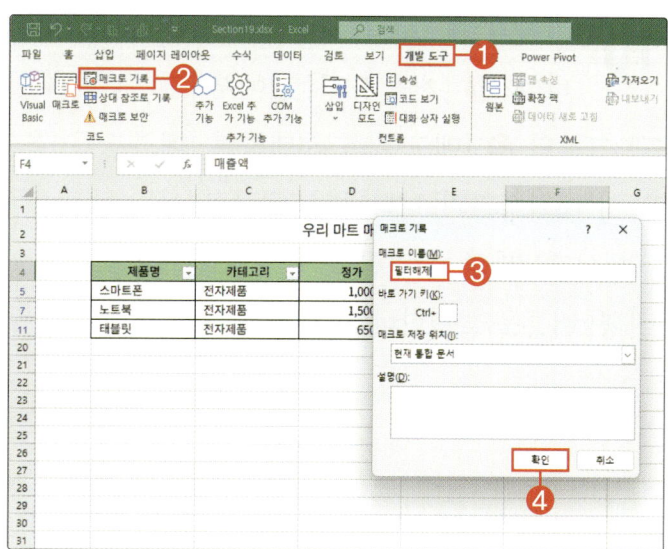

8 ① [데이터] 탭에서 [정렬 및 필터] 그룹의 ② [필터]를 클릭하여 자동 필터를 해제합니다.

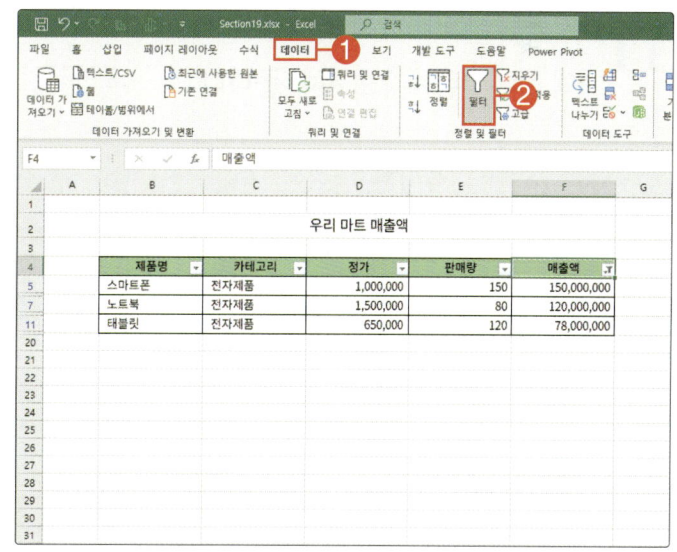

9 ① [개발 도구] 탭에서 [코드] 그룹의 ② [기록 중지]를 클릭하여 매크로 기록을 중지합니다.

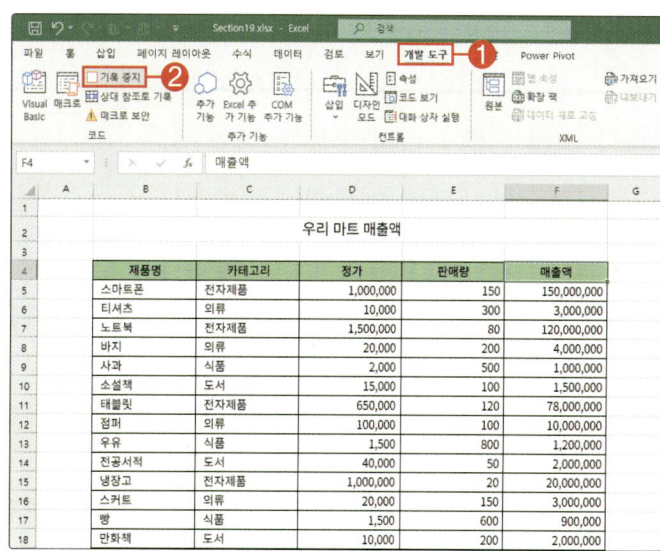

10 기록된 매크로를 확인해 보겠습니다. ❶ [개발 도구] 탭에서 [코드] 그룹의 ❷ [매크로]를 선택하여 [매크로] 대화상자가 나타나면 '매크로 이름'에서 ❸ '매출_상위권'을 선택하고 ❹ [실행] 버튼을 클릭합니다.

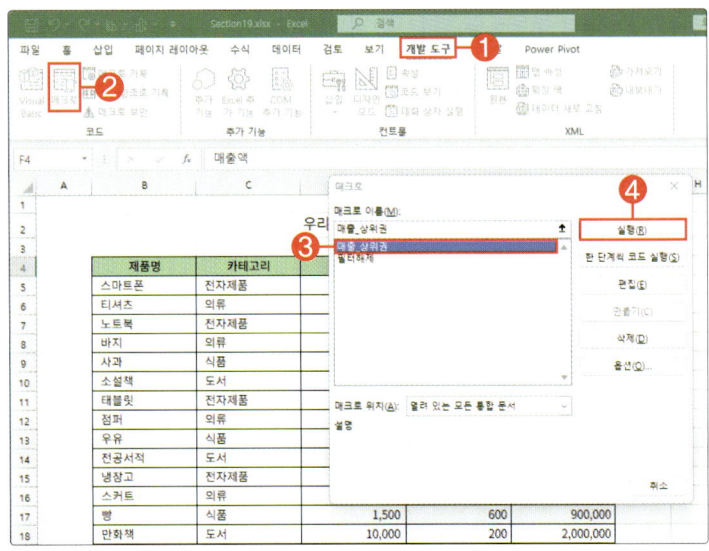

11 기록된 매크로가 실행되면서 매출액 상위 3위까지 표시해 줍니다.

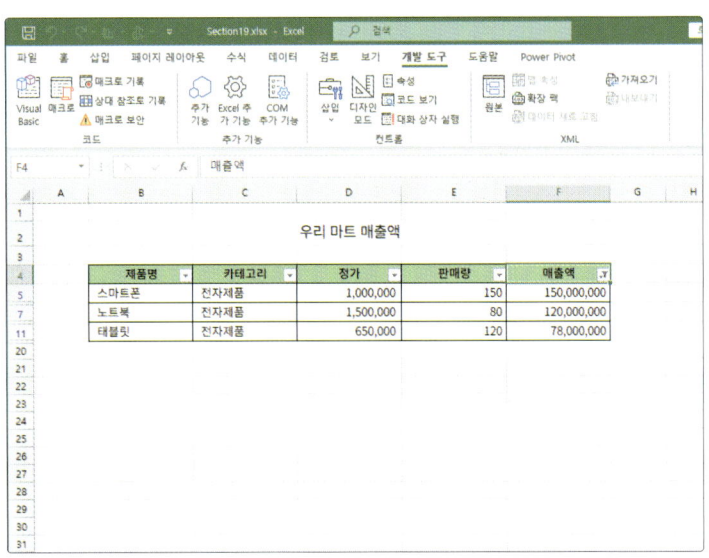

12 ❶ [개발 도구] 탭에서 [코드] 그룹의 ❷ [매크로]를 선택하여 [매크로] 대화상자가 나타나면 '매크로 이름'에서 ❸ '필터해제'를 선택하고 ❹ [실행] 버튼을 클릭하여 워크시트를 원래의 상태로 되돌립니다.

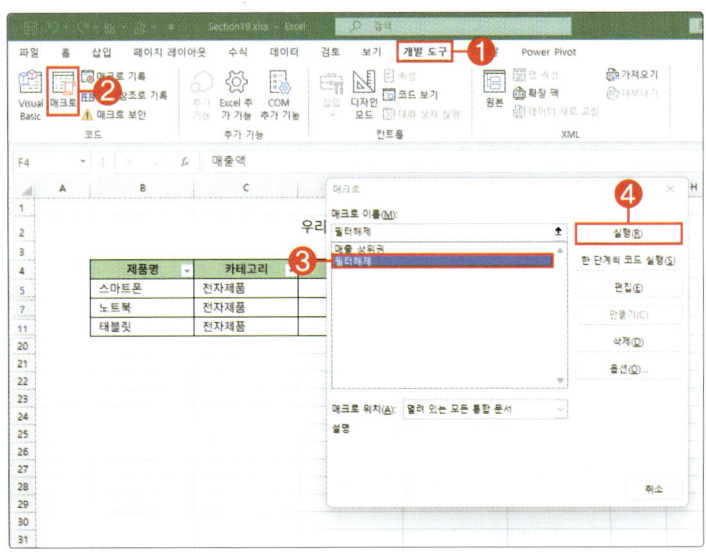

1 ❶ [개발 도구] 탭에서 [컨트롤] 그룹의 ❷ [삽입]을 클릭한 후 '양식 컨트롤'에서 ❸ '그룹 상자(가나다)'를 선택합니다.

> **TIP** 양식 컨트롤은 버튼, 선택 버튼, 콤보 상자 등 사용자 인터페이스 요소를 시트에 삽입해 사용자 입력을 받을 수 있게 해 주는 도구로, 매크로나 셀 값과 연결하여 자동화 작업이나 데이터 선택 기능을 손쉽게 구현할 수 있습니다.

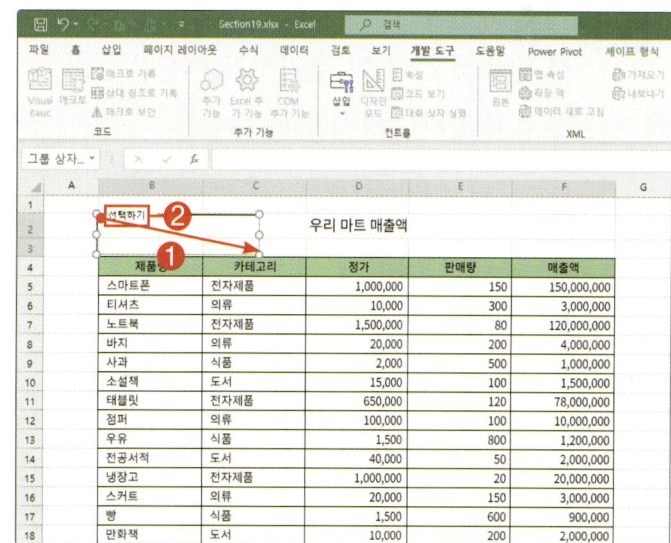

2 다음과 같이 ❶ [B2:C3] 사이를 드래그하여 그룹 상자를 생성하고 '그룹 상자 1'을 클릭하여 이름을 ❷ '선택하기'로 변경합니다.

3 ❶ [개발 도구] 탭에서 [컨트롤] 그룹의 ❷ [삽입]을 클릭한 후 '양식 컨트롤'에서 ❸ '옵션 단추(◉)'를 선택합니다.

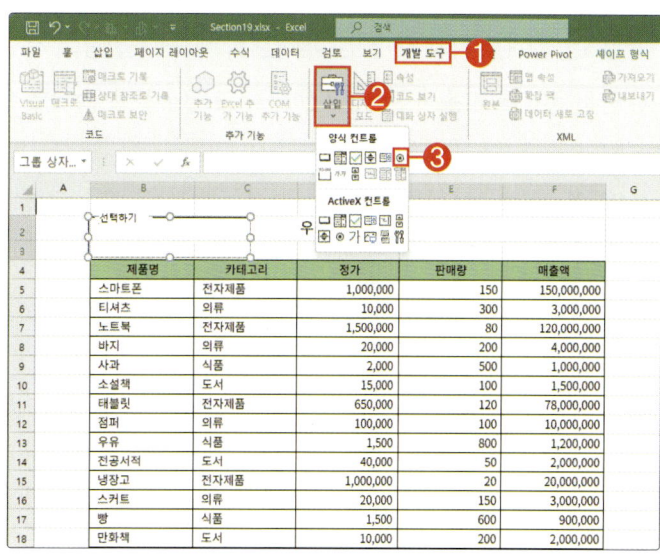

4 '선택하기' 그룹 상자 안에서 드래그 하여 삽입하고 이름을 ❶ '옵션 단추'에서 '매출 상위'로 변경합니다.

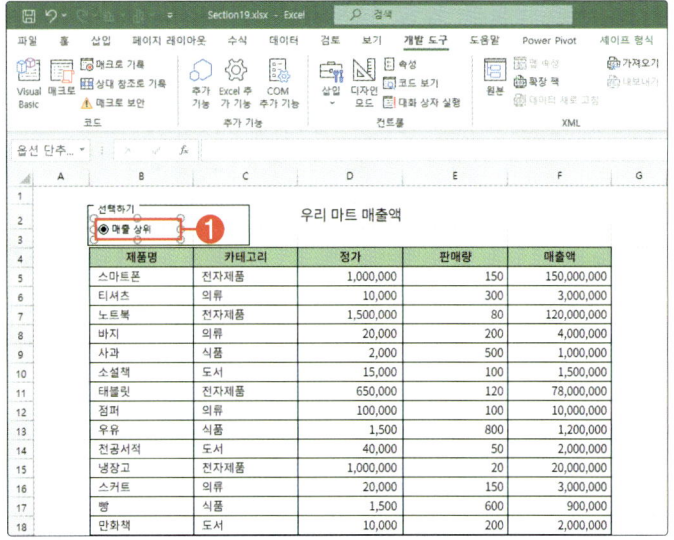

5 '매출 상위' 옵션 단추 옆에 새로운 옵션 단추를 하나 더 추가하고 이름을 ❶ '원본'으로 수정하여 양식을 만듭니다.

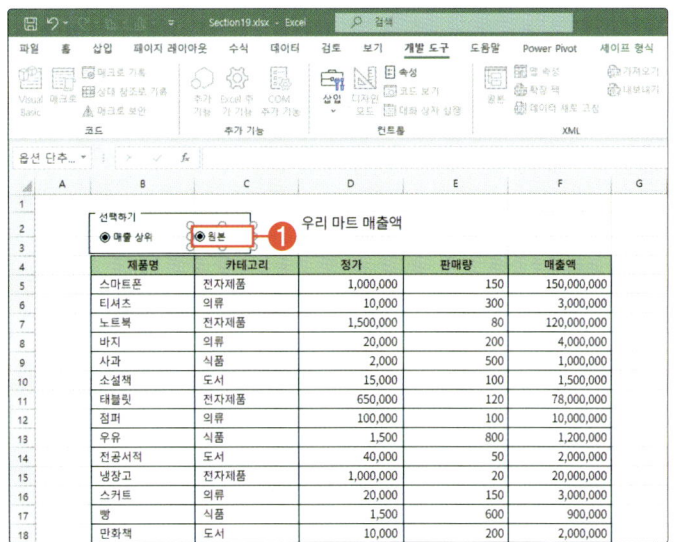

LEARN MORE

옵션 단추의 크기 변경과 선택 여부 설정하기

양식 컨트롤의 옵션 단추(선택 버튼) 크기나 선택 상태를 변경하려면 [컨트롤 서식] 대화상자를 사용해야 합니다. 옵션 단추 위에서 마우스 오른쪽 버튼을 클릭한 후 바로 가기 메뉴에서 [컨트롤 서식]을 선택하면 [컨트롤 서식] 대화상자가 나타납니다. [크기] 탭에서는 높이와 너비, 회전 등 원하는 크기나 위치를 지정할 수 있으며 [컨트롤] 탭에서는 옵션 단추의 선택 여부를 설정할 수 있습니다.

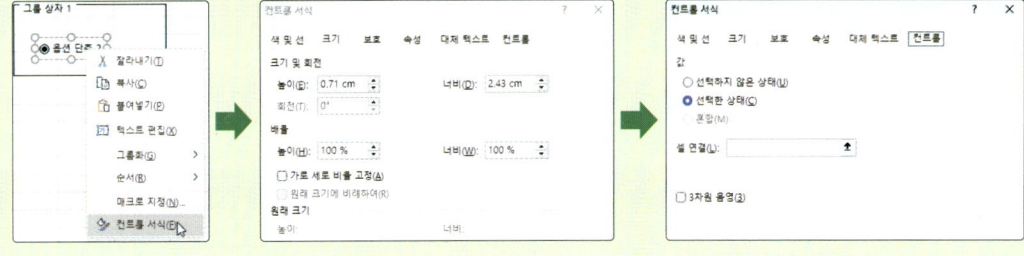

양식 컨트롤에 매크로 연결하기

MISSION

1 ❶ '매출 상위' 옵션 단추를 선택하고 마우스 오른쪽 버튼을 눌러 바로 가기 메뉴가 나타나면 ❷ [매크로 지정]을 선택합니다.

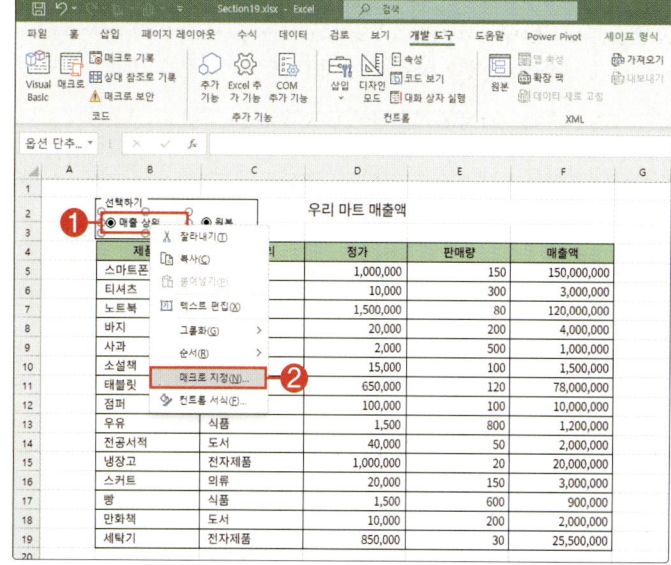

2 [매크로 지정] 대화상자가 나타나면 ❶ '매출_상위권'을 선택하고 ❷ [확인] 버튼을 클릭합니다.

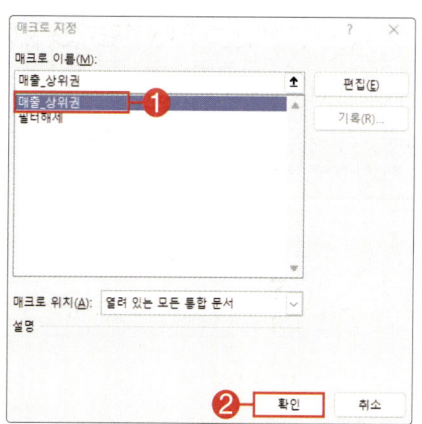

3 ❶ '원본' 옵션 단추를 선택하고 마우스 오른쪽 버튼을 눌러 바로 가기 메뉴가 나타나면 ❷ [매크로 지정]을 선택합니다.

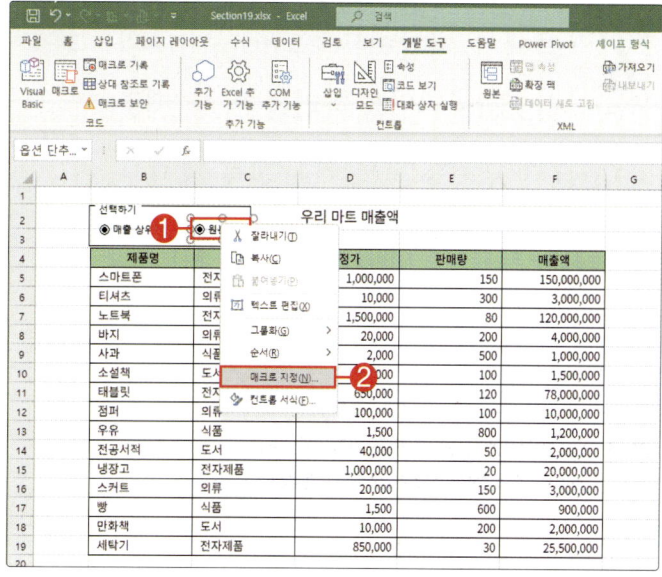

4 [매크로 지정] 대화상자가 나타나면 ❶ '필터해제'를 선택하고 ❷ [확인] 버튼을 클릭합니다.

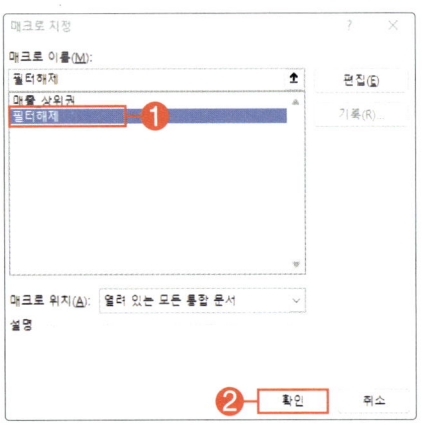

5 매크로 지정이 완료되었으면 [파일] 탭에서 ❶ [다른 이름으로 저장]을 선택합니다. [다른 이름으로 저장] 대화상자가 나타나면 ❷ '파일 이름'은 'Section19-완성', ❸ '파일 형식'을 'Excel 매크로 사용 통합 문서(.xlsm)'로 지정하여 저장합니다.

6 앞에서 저장해둔 'Section19-완성.xlsm' 파일을 불러온 후 ❶ '매출 상위' 옵션 단추를 클릭하여 '매출 상위권' 매크로가 적용되는지 확인합니다.

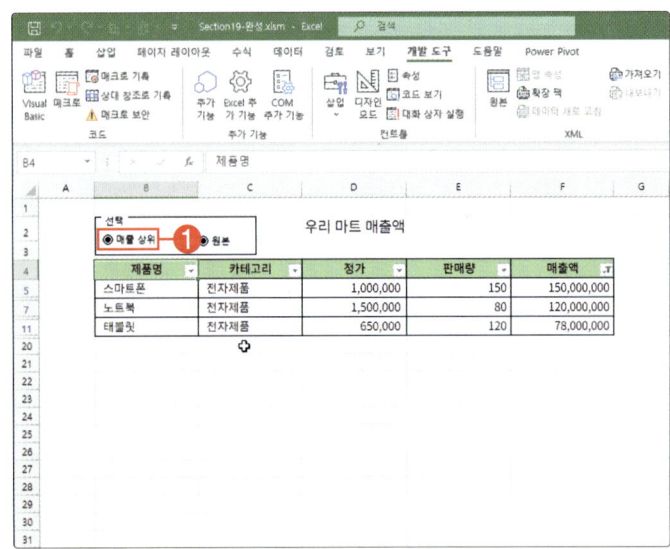

7 이번에는 ❶ '원본' 옵션 단추를 클릭하여 '필터 해제' 매크로가 적용되는지 확인해 봅니다.

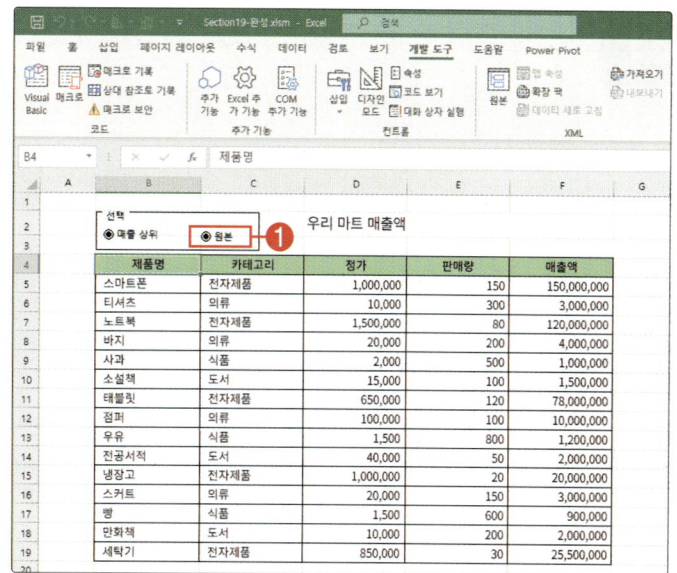

LEARN MORE

매크로 실행 오류 메시지 알아보기

'xlsm' 파일을 실행했을 때 오류 메시지 창이 나타나는 이유는 매크로의 오류가 있을 때입니다. 오류가 발생했을 때에는 다음과 같이 표시됩니다.

❶ 오류 메시지 상자 매크로가 실행되다가 문제가 발생하면 '런타임 오류'와 관련된 메시지 창이 나타납니다. 이 창에는 오류 번호와 함께 오류의 원인(예: 'Range 클래스 중 AutoFilter 메서드에 오류가 있습니다.')이 간략하게 표시됩니다.

❷ 노란색 하이라이트 오류 메시지 창에서 [디버그] 버튼을 클릭하면 VBA 편집기로 이동하며, 오류가 발생한 코드 줄이 노란색으로 강조됩니다. 이 노란색 표시는 엑셀이 더 이상 코드를 진행할 수 없는 지점, 즉 매크로가 멈춘 위치를 정확하게 알려줍니다.

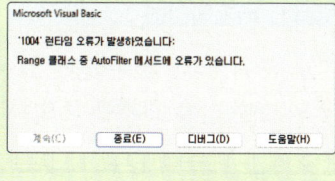

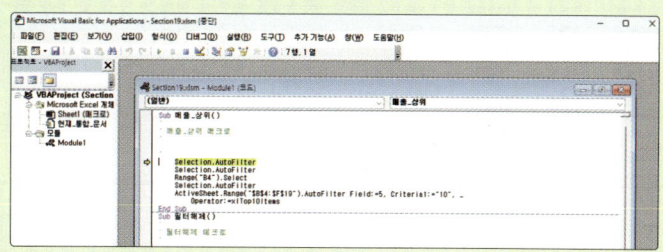

오류 발생 시 대처법

❶ 메시지 확인 오류 메시지 상자를 꼼꼼히 읽어봅니다. 'Range 클래스 중 AutoFilter 메서드에 오류가 있습니다.'와 같은 메시지는 필터를 잘못 적용했다는 의미합니다.

❷ 노란색 줄 확인 VBA 편집기에서 노란색으로 강조된 줄을 찾아 어떤 코드가 문제를 일으켰는지 파악합니다.

❸ 일시적 조치 초보자라면 코드를 직접 수정하기 어려울 수 있습니다. 가장 간단한 방법은 문제가 되는 매크로 코드를 삭제하고, 매크로 기록 기능을 다시 사용하여 새로운 매크로를 만드는 것입니다. 또는 전문가에게 도움을 요청하거나 오류 메시지를 인터넷에서 검색하여 해결 방법을 찾아볼 수도 있습니다.

1 'Section19-기초.xlsx' 파일을 불러온 후 다음 조건을 적용해 보세요.

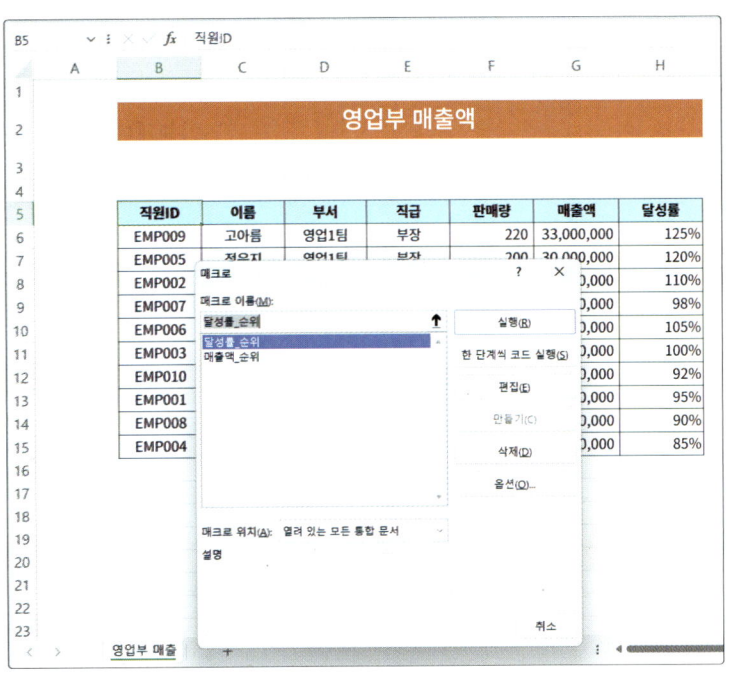

조건
- '달성률_순위' 이름으로 [H6:H15] 범위의 달성률을 내림차순으로 기록합니다.
- '매출액_순위' 이름으로 [G6:G15] 범위의 매출액을 내림차순으로 기록합니다.

2 1에 이어서 다음 조건을 적용한 후 'Section19-기초_완성.xlsm' 파일로 저장해 보세요.

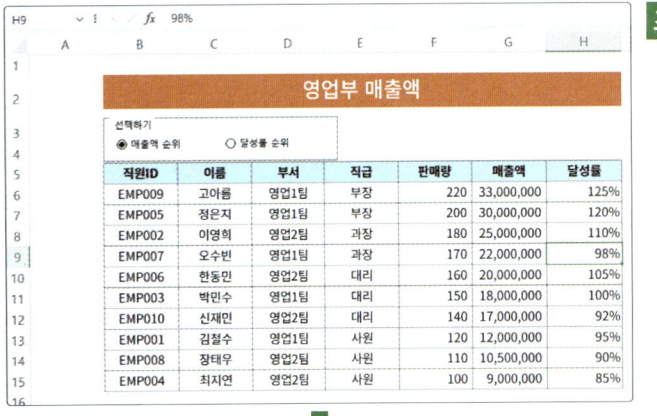

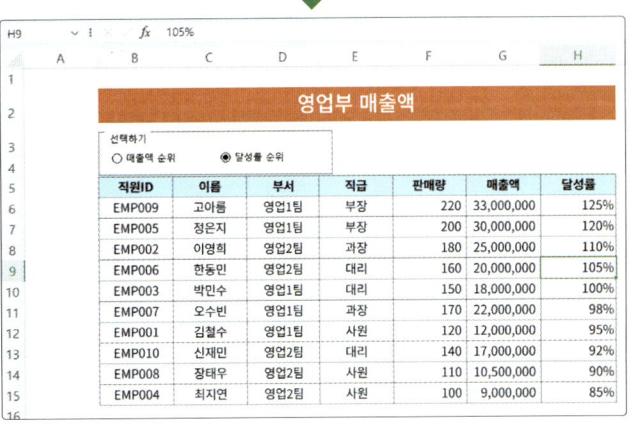

조건
- '그룹 상자' 양식을 추가하고 '선택하기'로 이름을 변경합니다.
- '옵션 단추' 양식 두 개를 나란히 추가하고 '매출액 순위', '달성률 순위'로 이름을 변경합니다.
- '달성률 순위' 옵션 단추에는 '달성률_순위' 매크로를 '매출액 순위' 옵션 단추에는 '매출액_순위' 매크로를 적용합니다.
- 파일 형식을 'xlsm'으로 저장한 후 각각의 옵션 단추를 눌러 정상적으로 작동하는지 확인합니다.

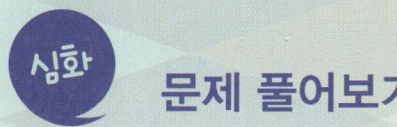
1 'Section19-심화.xlsx' 파일을 불러온 후 다음 조건을 적용해 보세요.

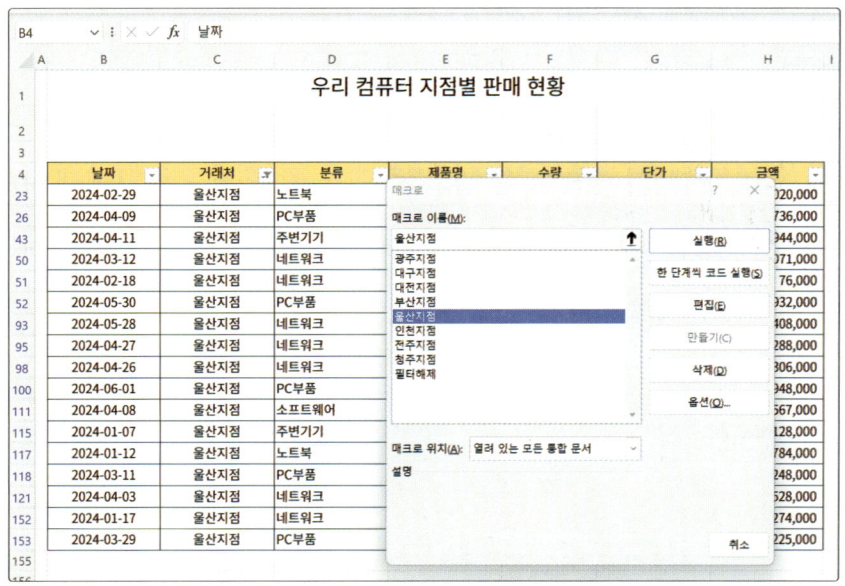

조건

• 자동 필터 기능을 이용해서 C열을 지점별로 필터링하는 매크로를 기록합니다.

• '필터해제'라는 이름으로 자동 필터를 해제하는 매크로를 기록합니다.

• 각 매크로가 정상 작동하는지 확인합니다.

2 1에 이어서 다음의 조건을 적용한 후 'Section19-심화_완성.xlsm' 파일로 저장해 보세요.

조건

• '그룹 상자' 양식을 추가하고 '선택하기'로 이름을 변경합니다.

• '옵션 단추' 양식을 지점별로 만들고 맨 뒤에 '원본'이라는 이름으로 옵션 단추를 만듭니다.

• 기록된 매크로를 지점별로 적용하고, '원본' 옵션 단추는 '필터해제' 매크로를 적용합니다.

• 'xlsm' 파일로 저장한 후 지점별 옵션 단추를 클릭하여 정상 작동하는지 확인합니다.

20 SECTION 인공지능(AI) 활용하기

함수를 잘 몰라도 생성형 인공지능을 활용하면 필요한 함수 수식을 쉽게 조합하여 엑셀에 적용할 수 있습니다. 또한 엑셀 파일에 사용할 데이터를 생성형 인공지능에 질문하여 CSV 형식으로 결과를 얻어서 엑셀에 활용할 수도 있습니다.

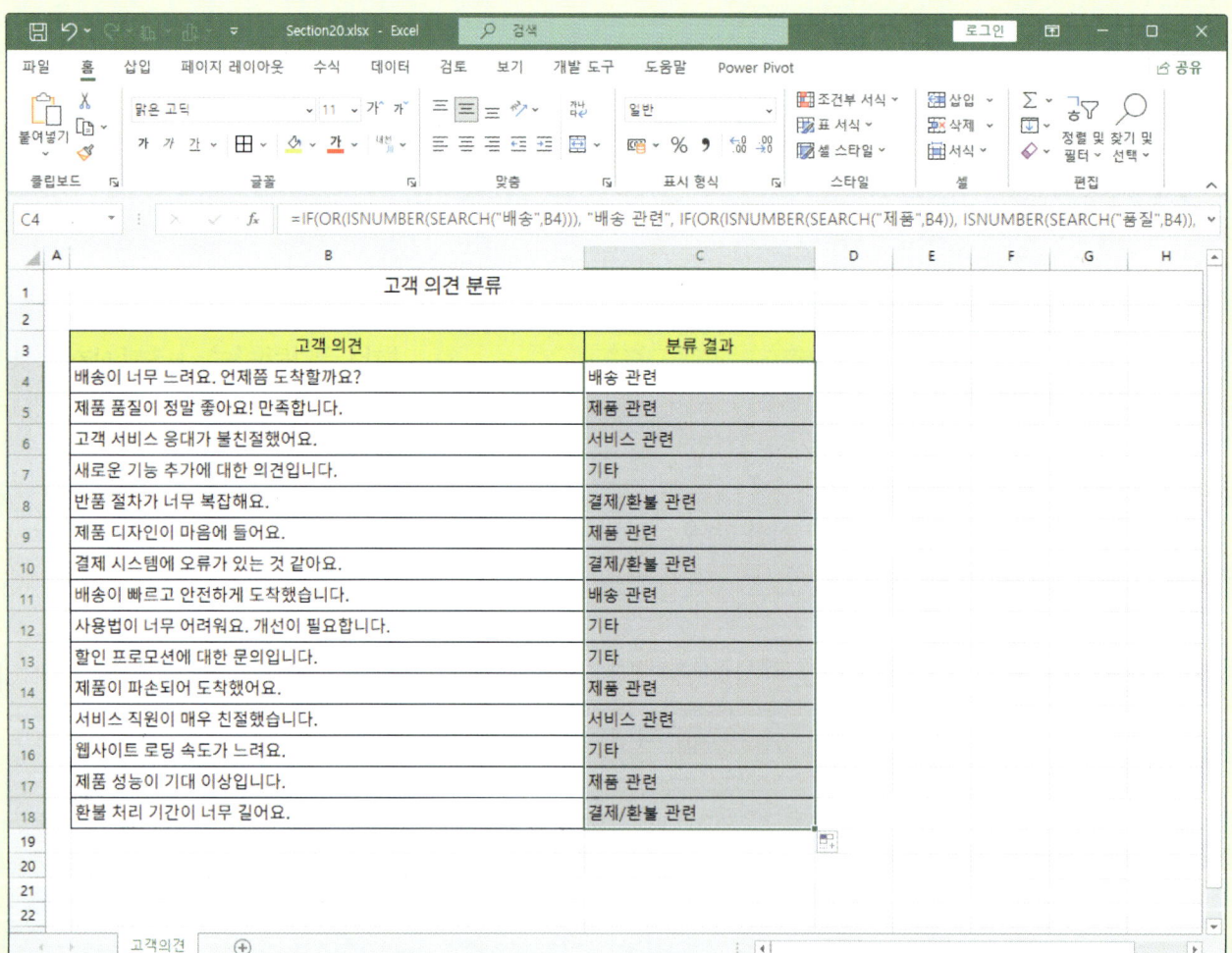

MISSION

실습 1 생성형 인공지능으로 함수 생성하기

실습 2 생성형 인공지능으로 엑셀 문서 만들기

CHECK POINT

포인트 1 생성형 인공지능을 이용해서 함수를 생성하여 엑셀에 입력합니다.

포인트 2 생성형 인공지능으로 정보를 얻어서 엑셀 통합 문서에서 활용합니다.

실습 1 생성형 인공지능으로 함수 생성하기 MISSION

실습파일 Section20.xlsx

1 [C4:C18] 셀에 [B4:B18] 셀의 키워드를 참조하여 '배송 관련', '제품 관련', '서비스 관련', '결제/환불 관련', '기타'를 자동 입력하려고 합니다.

키워드	입력 내용
배송	배송 관련
제품, 품질, 성능	제품 관련
서비스	서비스 관련
결제, 환불, 반품	결제/환불 관련
그 외	기타

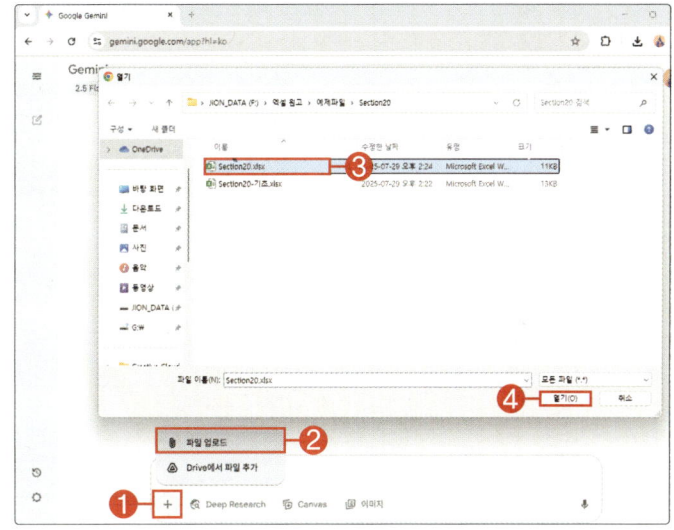

2 구글 Gemini(https://gemini.google.com)에 접속해서 하단의 ❶ [+]를 클릭하여 바로 가기 메뉴가 나타나면 ❷ [파일 업로드]를 선택합니다. [열기] 대화상자가 나타나면 다운로드받은 예제 파일 중에서 ❸ 'Section20.xlsx'를 선택하고 ❹ [열기] 버튼을 클릭합니다.

3 선택한 엑셀 파일이 등록되었으면 ❶ 내용을 입력하고 Enter 키를 누릅니다.

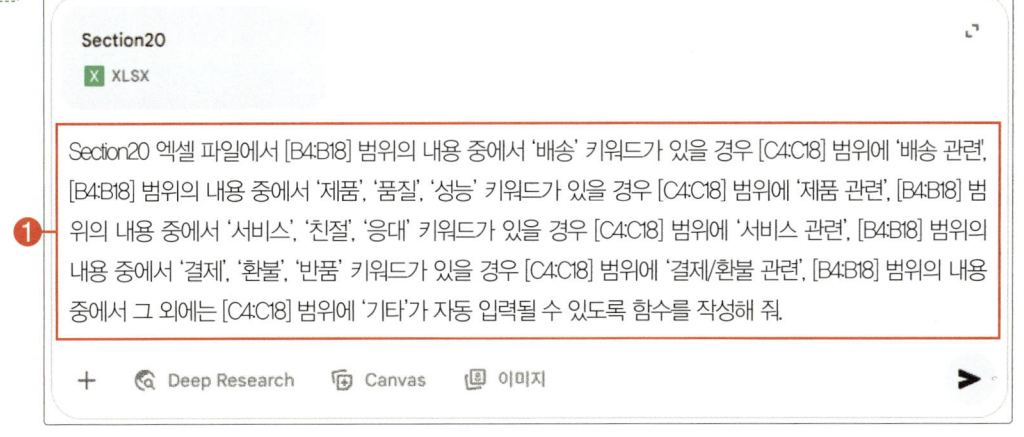

195

4 질문에 대한 답변이 나타나면서 함수도 표시됩니다. 함수의 오른쪽 위에 있는 [코드 복사] 아이콘을 클릭합니다.

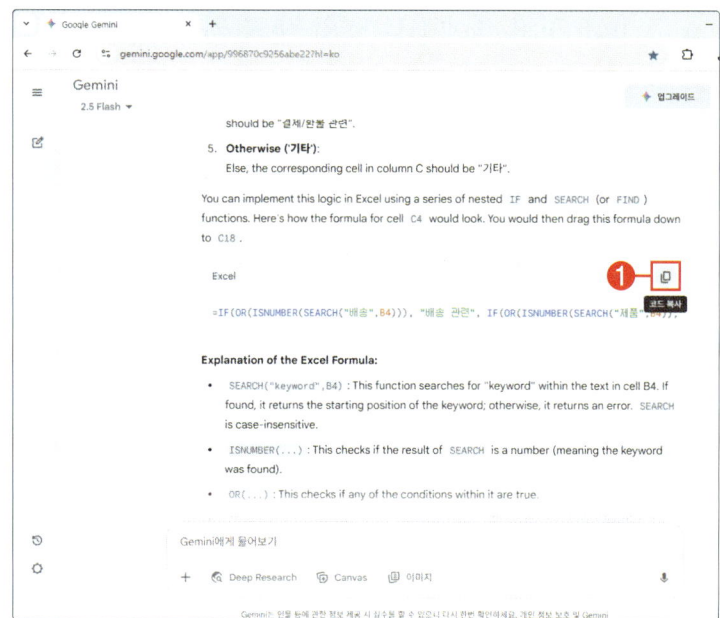

TIP 예제에서는 답변이 영문으로 표시되었지만 사용자의 설정에 따라 한글로 표시될 수도 있습니다.

LEARN MORE

Gemini와 Excel로 업무 효율 극대화하기

❶ 지저분한 데이터 정리하기

엑셀에 데이터를 입력하다 보면 의도치 않게 오타가 나거나, 같은 내용인데 다른 방식으로 입력되는 경우가 많습니다. 예를 들어, '김철수'를 '김철쑤'로 잘못 입력하거나, '서울시'를 '서울'로만 작성하는 것입니다. 이렇게 정돈되지 않은 데이터는 나중에 정확한 계산이나 분석을 방해할 수 있습니다. 이럴 때 Gemini에 '이 엑셀 파일에서 이름에 오타가 있거나 같은 이름이 여러 번 반복되는데 깔끔하게 정리해 줄 수 있을까?'라고 질문을 남기면 해답을 얻을 수 있습니다.

❷ 어려운 수식 만들기

엑셀의 가장 큰 장점은 수식을 사용한 자동 계산 기능입니다. 간단한 덧셈, 뺄셈부터 복잡한 조건에 따른 계산까지 다양하게 할 수 있지만 어떤 수식을 써야 할지, 어떻게 입력해야 하는지 모를 때가 많습니다. 이런 경우에 이 섹션에서 실습해 볼 방법을 활용할 수 있습니다.

❸ 데이터에서 숨겨진 의미 찾기

엑셀에 숫자가 잔뜩 있어도 이 숫자들만 봐서는 어떤 의미가 있는지 한눈에 파악하기 어렵습니다. '내가 어디에 돈을 가장 많이 썼지?', '어떤 달에 지출이 가장 많았지?'라는 의문이 생겼을 때 Gemini를 이용하면 이 숫자들 속에 숨어있는 재미있는 사실이나 중요한 정보를 찾을 수 있습니다. 만일 현금 출납부나 용돈 기입장의 데이터가 있다면 '엑셀 파일에서 이번 달에 어디에 돈을 가장 많이 썼는지 알려줘. 그리고 지난 6개월간 내 지출이 어떻게 변했는지 어떤 그래프로 보는 게 좋을까?'라고 질문을 하면 해결 방법을 얻을 수 있습니다.

5 'Section20.xlsx' 파일에서 ❶ [C4] 셀을 선택하고 ⌈Ctrl⌉ + ⌈V⌉ 키를 눌러 붙여 넣고 ⌈Enter⌉ 키를 누릅니다.

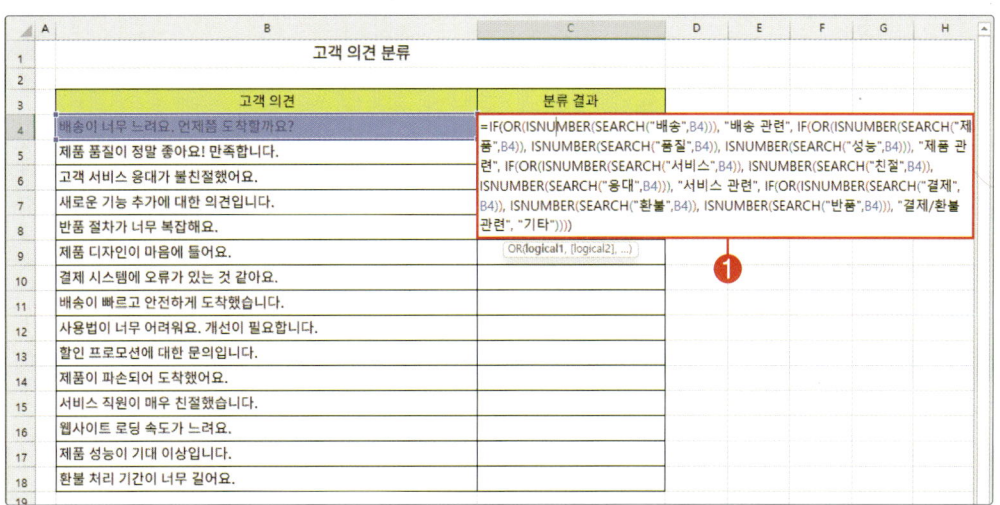

6 [C4] 셀에 '배송 관련'이 입력되었으면 [C18] 셀까지 ❶ 자동 채우기 기능을 이용하여 분류 결과를 입력합니다.

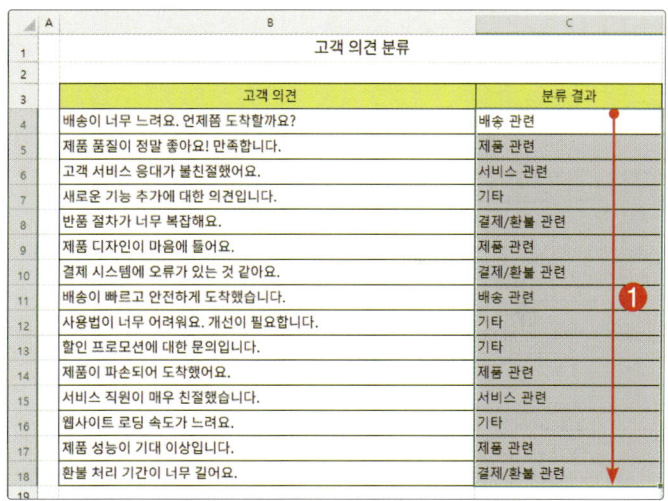

고객 의견 분류에 사용된 수식 알아보기

SEARCH("키워드", B4) [B4] 셀의 내용에서 특정 '키워드'를 찾습니다. 키워드를 찾으면 해당 키워드의 시작 위치(숫자)를 반환하고, 찾지 못하면 오류를 반환합니다. SEARCH 함수는 대소문자를 구분하지 않습니다.

ISNUMBER(...) SEARCH 함수의 결과가 숫자인지 (즉, 키워드가 발견되었는지) 확인합니다.

OR(...) 괄호 안의 조건 중 하나라도 참이면 TRUE를 반환합니다.

IF(조건, 참일 때 값, 거짓일 때 값) 핵심 논리 함수입니다. 조건이 참이면 두 번째 인수를 반환하고, 거짓이면 세 번째 인수를 반환합니다. 이 함수는 여러 개의 IF 함수를 중첩하여 사용자의 여러 분류 조건을 순서대로 검사합니다.

실습 2 생성형 인공지능으로 엑셀 문서 만들기

1 우리나라 공휴일을 인공지능을 활용하여 간단한 표로 작성하려고 합니다. 구글 Gemini (https://gemini.google.com) 홈페이지에 접속하여 ❶ 질문합니다.

❶ 우리나라의 2026년 주요 공휴일을 목록으로 만들어 줘.
공휴일의 이름, 날짜, 의미를 간략하게 적어 줘.
각각 쉼표로 구분해 줬으면 좋겠어.
엑셀에 사용할 수 있도록 CSV 형식이면 좋을 거 같아.

TIP CSV(comma separated values) 파일은 데이터를 저장하는 파일 형식 중 하나로, 데이터를 쉼표로 구분하는 파일 형식입니다.

2 Gemini의 답변에서 ❶ [코드 복사] 아이콘을 클릭하여 내용을 복사합니다.

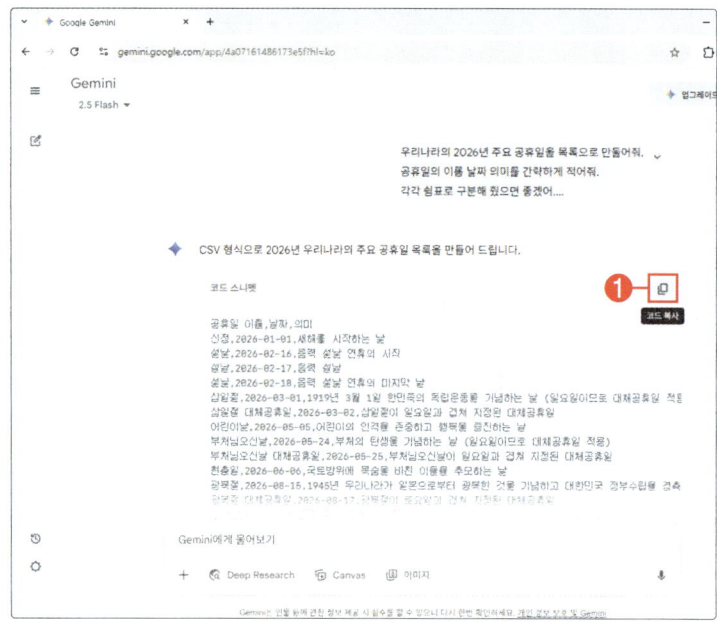

3 새로운 통합 문서를 생성하고 ❶ [B2] 셀을 클릭한 후 Ctrl + V 키를 눌러 붙여 넣기를 합니다.

198

4 ❶ [데이터] 탭에서 [데이터 도구] 그룹의 ❷ [텍스트 나누기]를 클릭한 후 [텍스트 마법사-3단계 중 1단계] 대화상자에서 '원본 데이터 형식'을 ❸ '구분 기호로 분리됨'을 선택하고 ❹ [다음] 버튼을 클릭합니다.

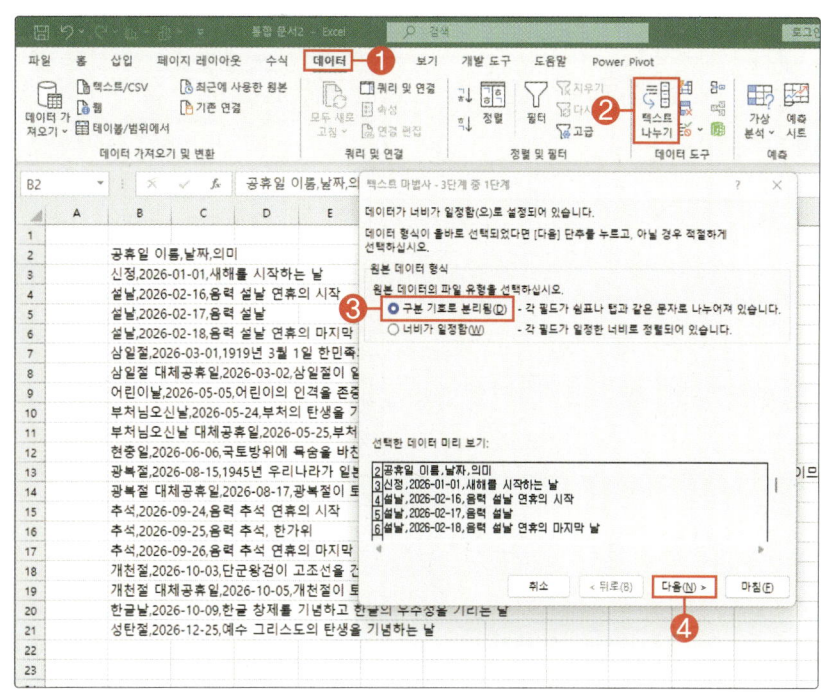

5 [텍스트 마법사-3단계 중 2단계] 대화상자에서 '구분 기호'의 ❶ '쉼표'를 선택하고 ❷ [다음] 버튼을 클릭합니다.

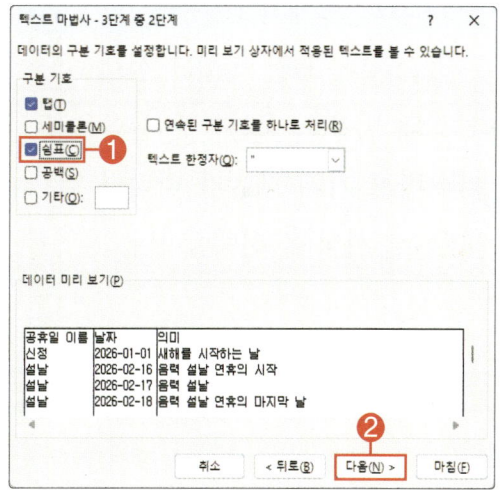

6 [텍스트 마법사-3단계 중 3단계] 대화상자에서 '열 데이터 서식'의 ❶ '일반'을 선택하고 ❷ [마침] 버튼을 클릭합니다.

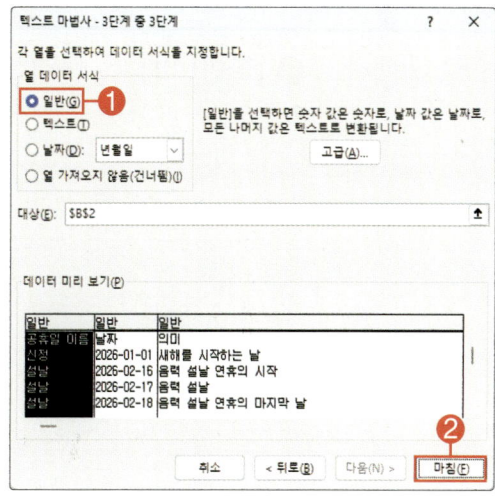

7 공휴일 이름, 날짜, 의 미가 열로 나뉘어 표가 만들어집니다.

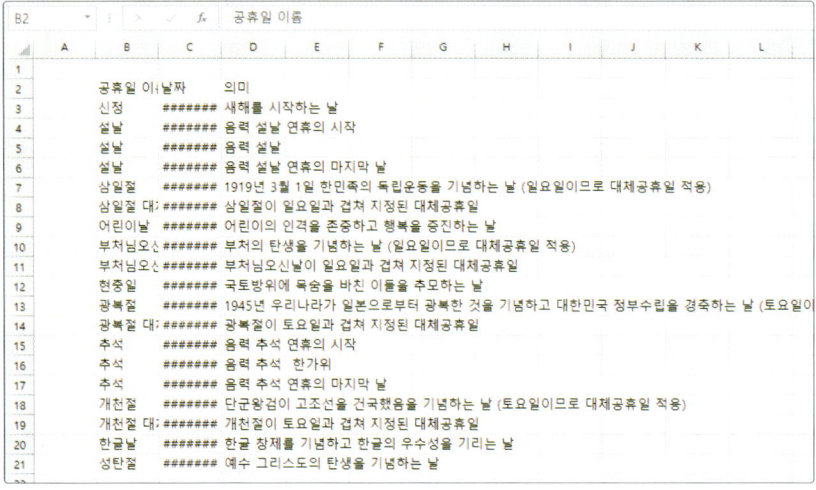

8 열 너비를 조절해도 D 열은 텍스트가 너무 길어서 워크시트에서 모두 표시할 수 없습니다. D열 전체를 선택하고 ❶ 마우스 오른쪽 버튼을 눌러 바로 가기 메뉴가 나타나면 ❷ [셀 서식]을 선택합니다.

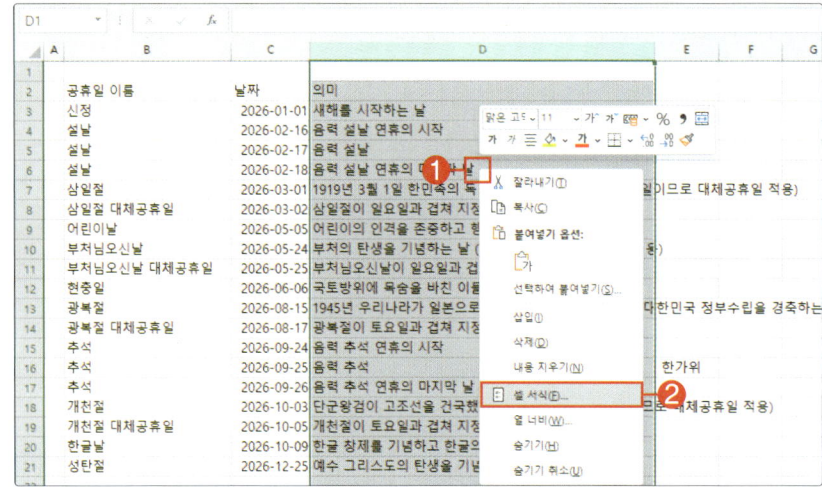

9 [셀 서식] 대화상자가 나타나면 ❶ [맞춤] 탭을 선택하고 '텍스트 조정'을 ❷ '자동 줄 바꿈'으로 선택하고 ❸ [확인] 버튼을 클릭합니다.

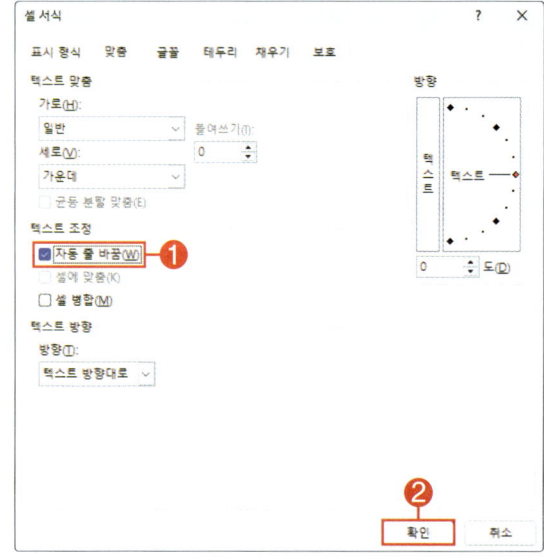

10 D열의 너비보다 텍스트가 긴 경우 자동으로 줄바꿈이 되어 표시됩니다. ❶ E열에 입력된 내용과 같이 잘못 입력된 데이터는 삭제합니다.

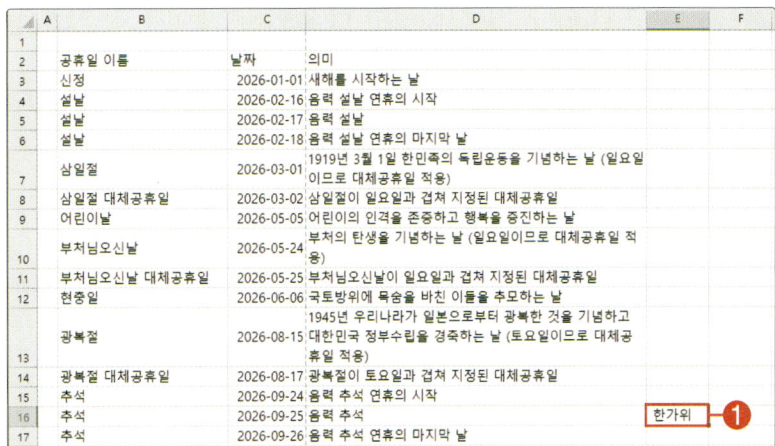

11 ❶ [B2:D21] 범위를 드래그하여 영역으로 지정하고 ❷ [홈] 탭에서 [글꼴] 그룹의 ❸ [테두리] 목록을 선택하고 ❹ [모든 테두리]를 클릭합니다.

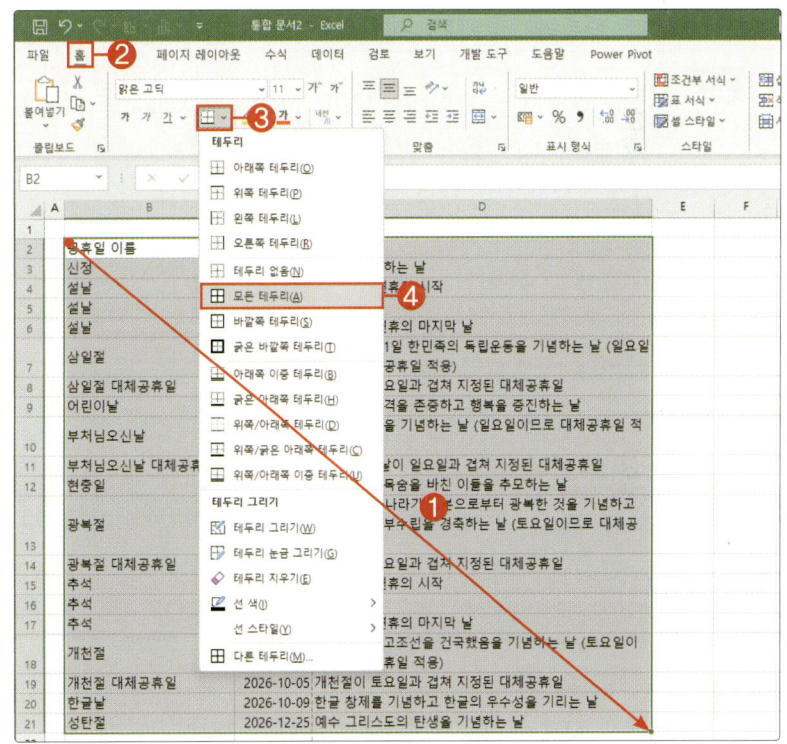

12 머리글을 가운데 맞춤으로 정렬하고 배경색을 넣는 등의 서식 작업을 합니다.

공휴일 이름	날짜	의미
신정	2026-01-01	새해를 시작하는 날
설날	2026-02-16	음력 설날 연휴의 시작
설날	2026-02-17	음력 설날
설날	2026-02-18	음력 설날 연휴의 마지막 날
삼일절	2026-03-01	1919년 3월 1일 한민족의 독립운동을 기념하는 날 (일요일이므로 대체공휴일 적용)
삼일절 대체공휴일	2026-03-02	삼일절이 일요일과 겹쳐 지정된 대체공휴일
어린이날	2026-05-05	어린이의 인격을 존중하고 행복을 증진하는 날
부처님오신날	2026-05-24	부처의 탄생을 기념하는 날 (일요일이므로 대체공휴일 적용)
부처님오신날 대체공휴일	2026-05-25	부처님오신날이 일요일과 겹쳐 지정된 대체공휴일
현충일	2026-06-06	국토방위에 목숨을 바친 이들을 추모하는 날
광복절	2026-08-15	1945년 우리나라가 일본으로부터 광복한 것을 기념하고 대한민국 정부수립을 경축하는 날 (토요일이므로 대체공휴일 적용)
광복절 대체공휴일	2026-08-17	광복절이 토요일과 겹쳐 지정된 대체공휴일
추석	2026-09-24	음력 추석 연휴의 시작
추석	2026-09-25	음력 추석
추석	2026-09-26	음력 추석 연휴의 마지막 날
개천절	2026-10-03	단군왕검이 고조선을 건국했음을 기념하는 날 (토요일이므로 대체공휴일 적용)
개천절 대체공휴일	2026-10-05	개천절이 토요일과 겹쳐 지정된 대체공휴일
한글날	2026-10-09	한글 창제를 기념하고 한글의 우수성을 기리는 날
성탄절	2026-12-25	예수 그리스도의 탄생을 기념하는 날

1 구글 Gemini를 실행하고 다음의 조건으로 질문해서 답변을 얻어 보세요.

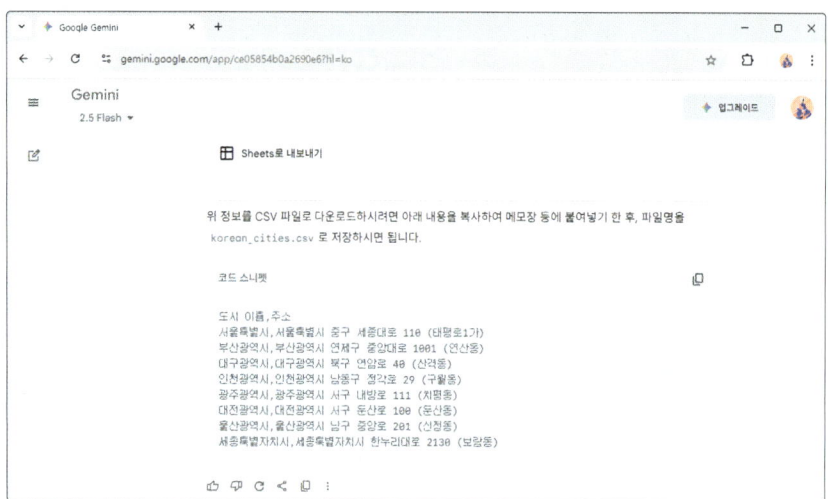

조건
- '특별자치시를 포함해서 우리나라의 광역시에 해당하는 도시 이름과 주소를 표로 정리해서 CSV 파일로 다운로드할 수 있도록 해줘.'라고 질문해서 답변을 얻습니다.
- [코드 복사] 아이콘을 클릭해서 답변을 복사합니다.

2 새로운 워크시트를 생성하고 다음 조건을 적용해 보세요.

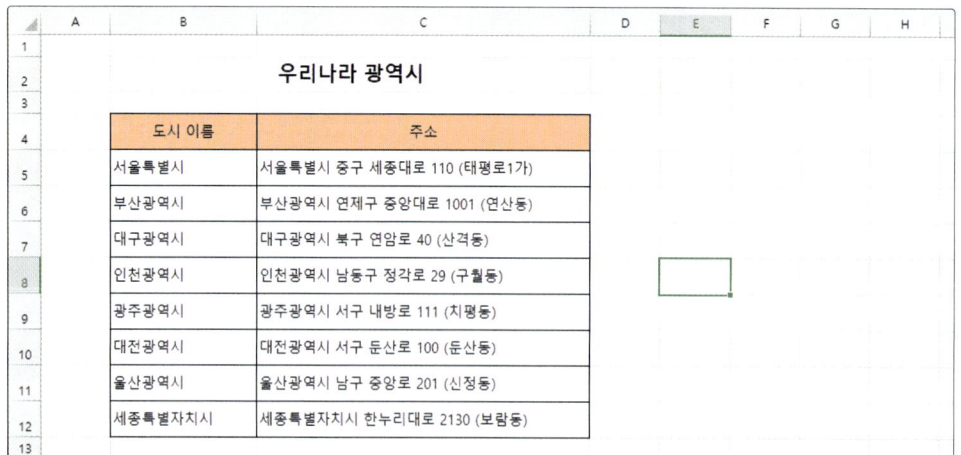

조건
- 복사한 함수 코드를 [B4] 셀에 붙여 넣습니다.
- 열 너비와 행 높이를 조절합니다.
- 제목 열에 배경색을 넣고 가운데 맞춤으로 정렬합니다.
- 파일을 'Section20-기초_완성.xlsx' 파일로 저장합니다.

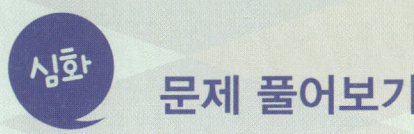
1 구글 Gemini를 실행하고 다음의 조건으로 질문해서 답변을 얻어 보세요.

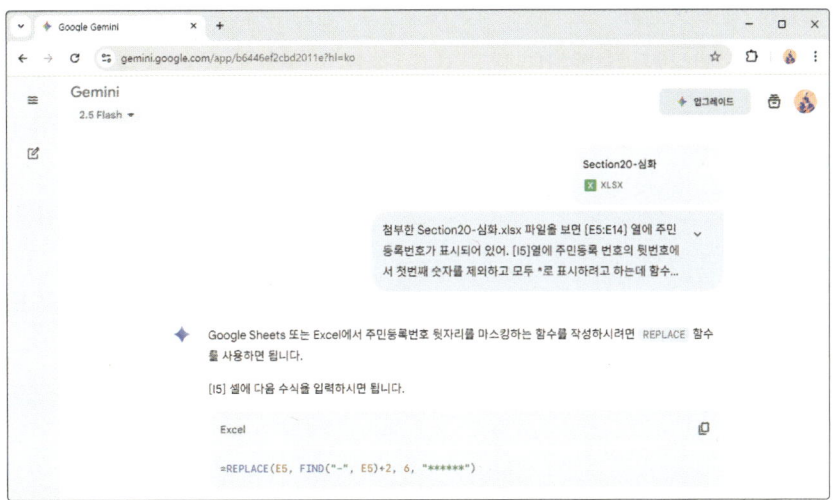

조건
- 'Section20−심화.xlsx' 파일을 Gemini에 업로드합니다.
- '첨부한 Section20−심화.xlsx 파일을 보면 [E5:E14] 열에 주민등록번호가 표시되어 있어. [I5] 셀에 주민등록 번호의 뒷번호에서 첫 번째 숫자를 제외하고 모두 *로 표시하려고 하는데 함수를 작성해 줄 수 있어?'라고 질문을 해서 답변을 얻습니다.
- [코드 복사] 아이콘을 클릭해서 함수를 복사합니다.

2 'Section20−심화.xlsx' 파일을 실행하고 다음의 조건을 적용해 보세요.

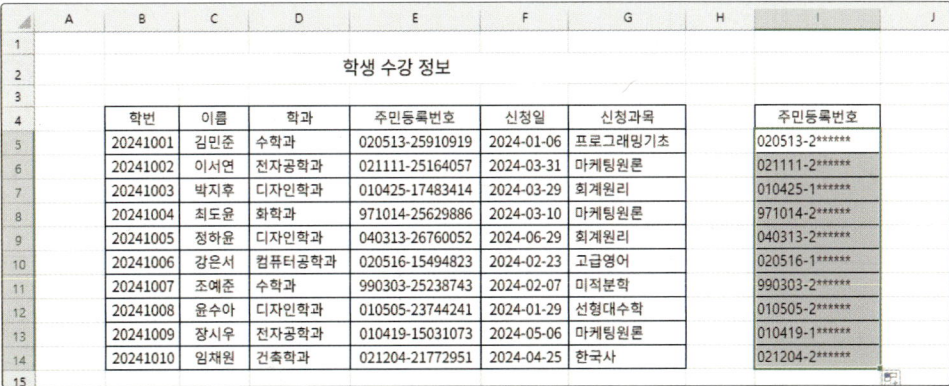

조건
- [I4] 셀에 '주민등록번호' 텍스트를 입력하고 [I5] 셀을 선택한 다음, Ctrl + V 키를 눌러 복사해 둔 함수를 붙여넣습니다.
- 예제 파일에서는 주민등록번호 뒷자리를 8자리로 만들어 놓았기 때문에 맨 뒤에 9가 표시됩니다.
- 9를 삭제하기 위해서 수식 입력줄에서 '=REPLACE(E5, FIND("−", E5)+2, 6, "******")'를 '=REPLACE(E5, FIND("−", E5)+2, 7, "******")'로 수정합니다.
- 자동 채우기 기능으로 [I14] 셀까지 드래그하여 입력하고 [I5:I14] 영역에 테두리를 지정합니다.

저자 JD공작소

JD공작소는 꿈을 심어 주는 책을 만드는 출판전문기획사입니다.
《포토샵 CS3 알찬 예제로 쉽게 배우기》, 《HTML CSS 디자인 레시피》 등의 IT 전문도서를 기획 집필 및 번역하였고
2022 개정교육과정 《중학교 정보》, 《고등학교 정보》, 《고등학교 소프트웨어 생활》과
충북교육청에서 개발한 2022 개정교육과정 《인공지능 생활탐구》, 《인공지능 교과탐구》의 편집을 진행한 바 있습니다.
우리가 만든 책이 사람들의 마음속 씨앗이 되어
미래의 꽃 한 송이, 열매 하나, 나무 한 그루가 되기를 바랍니다.

엑셀 2021

New My Love 시리즈

2025년 10월 10일 초판 1쇄 인쇄
2025년 10월 20일 초판 1쇄 발행

펴낸곳   (주)교학사

펴낸이   양진오

주 소   (공장)서울특별시 금천구 가산디지털1로 42 (가산동)
            (사무소)서울특별시 마포구 마포대로14길 4 (공덕동)

전 화   02-707-5310(편집), 02-838-5673(주문)

문 의   itkyohak@naver.com

팩 스   02-864-3723(주문)

등 록   1962년 6월 26일 〈18-7〉

교학사 홈페이지 https://www.kyohak.co.kr

책을 만든 사람들
저 자 ㅣ JD공작소
진 행 ㅣ 이은정
디자인 ㅣ 송지선